제복과의 대화

제1차 세계대전과 제2차 세계대전에서
라이벌과 민군관계

김광진

공군사관학교를 졸업하고 전투기 조종사로 시작하여 공군대학 총장까지 역임한 공군 장군이면서 정치학 박사이다. 국방대학교에서 군사전략과 군비통제 연구로 석사 공부를 하였고, 2007년에 미국 미주리 대학교에서 국제분쟁 연구로 정치학 박사 학위를 받았고, 2012년에는 하버드 대학교 국제문제연구소에 객원연구원(Fellow)으로 있었다. 합동참모본부에서는 핵WMD 대응센터 차장과 대북군사정책과장으로 핵 미사일 대응 전략과 대북 군사 전략을 담당했었다. 국방부에서는 미국정책과에서 오랫동안 한미동맹 관련 실무를 담당했다. 공군에서는 제3훈련비행단장을 역임하였고 공군본부에서 군비통제 총괄기획을 담당하였다. 국방연구원에서 국가안보실 지침을 받아 북핵 대비 TF 총책임자로 북한 핵미사일 대응 전략 연구를 주도하였고, 공군대학에서는 공군의 지침을 받아 항공우주력 연구 TF 총책임자로 스페이스 오디세이 프로젝트 등 미래 우주력 발전 연구를 주도하였다. 주요 연구 분야는 핵 안보, 핵미사일 대응 전략, 대북 정책, 한미 동맹, 우주 안보, 군비통제, 국제분쟁, 민주 평화, 전쟁사, 외교사 등이다. 2008년에 영문 저서 *The Stages of Development and the Termination of Wars Between States: A Strategy for Conflict Management*를 출간하였고, 2014년에는 한글 단행본 「민주국가의 전쟁: 이라크 전쟁과 코소보 전쟁 그리고 한미동맹」을 출간하였다. 주요 연구 논문으로는 "미소 군비감축 성공사례 분석" (2002), "국제분쟁 결정은 합리적 선택인가?"(2008), "Learning from the Great War? : The Origin of Democratic Peace" (2010, Patrick James 공저), "미래전 변화 양상에 따른 항공우주력 건설 방향" (2020) 등이 있다.

서강학술총서
133

제복과의 대화

제1차 세계대전과 제2차세계대전에서 라이벌과 민군관계

김광진 지음

서강대학교출판부

서강학술총서 133

제복과의 대화

제1차 세계대전과 제2차 세계대전에서 라이벌과 민군관계

초판 1쇄 발행 | 2021년 7월 28일
2쇄 발행 | 2023년 12월 27일

지 은 이 | 김광진
발 행 인 | 심종혁
편 집 인 | 하상응
발 행 처 | 서강대학교출판부
등록 번호 | 제2002-000170호

주 소 | 서울특별시 마포구 백범로 35(신수동)
전 화 | (02) 705-8212
팩 스 | (02) 705-8612

ISBN 978-89-7273-373-7 94390
ISBN 978-89-7273-139-9(세트)

값 36,000원

* '서강학술총서'는 SK SUPEX 기금의 후원으로 제작됩니다.

책머리에

국가 간 전쟁의 원인과 종결에 대한 나의 첫 번째 책 The Stages of Development and the Termination of Wars between States를 출간한 지 6년 후에 민주주의 국가들의 전쟁 패턴에 대한 두 번째 책 「민주국가의 전쟁」을 내고, 다시 6년이 지나서 전쟁사와 민군관계에 대한 세 번째 단행본을 쓰게 되었다. 전쟁에 관한 나의 학문적 관심과 현역 군인으로서의 직업적인 필요로 인한 오랜 전쟁 연구 속에서 느낀 것 중의 하나는 전쟁이 대단히 복잡한 현상들로 구성되어 있다는 것이다. 즉 전쟁은 군사작전 뿐 아니라 필연적으로 정치외교와 사회경제와도 관련이 있을 수 밖에 없고, 따라서 군사작전의 전문성을 지닌 제복을 입은 군인들 뿐 아니라 다른 분야의 전문가들도 전쟁에 관여해야 할 필요가 있다는 것이다. 그런 의미에서 민군관계를 전쟁 속에서 일어나는 제복을 입은 사람들과 제복을 입지 않은 사람들 간의 관계로 재조명해보고 싶었다. 그래서 이러한 관계를 '제복과의 대화'라고 이름 지어보았고, 전쟁이라는 거대한 도전에 대응해야 하는 국가에서의 바람직한 제복과의 대화 특성을 찾아보고자 했다. 나의 국방부와 합동참모본부 근무 경험에 의하면 안보 분야의 의사결정에 있어 군대를 배경으로 한 전문성도 필요했지만, 군 경험을 초월하는 다른 분야에서의 전문성이 요구된 경우도 많았다. 그러므로 민군관계를 문민이 군대를 통제한다는 의미를 넘어서서 제복을 입은 사람들의 전문성과 그렇지 않은 사람들의 전문성을 융합시키는 수단으로 조망해보고 싶었다.

그리고 전쟁이라는 특별하고도 위중한 상황에서 제복과의 대화 특성이 중요 의사결정에 미치는 영향을 살펴보기 위해 제1차 세계대전과 제2차 세계대전을 사례로 선택한 것에는 방법론적 고려 외에도 개인적인 이유가 있었다. 양차 세계대전의 사례는 교전국들이 총력을 기울였던 전면전과, 그리고 그로 인한 국가 운명의 존폐라는 장대한 역사를 담고 있다. 그런 의미에서 당시 국가적으로 결정적 의사결정 장면들은 오늘날 주기적으로 전쟁의 위기를 맞이하면서 국가안보를 고뇌해야 하는 우리 입장에서 살펴볼 만한 가치가 크다고 봤다. 또한 제2차 세계대전을 중심으로 한 전쟁 역사는 전쟁사를 의무적으로 배우는 군인들 뿐 아니라 국내에 팬덤을 형성할 수도 있을 정도로 관심있는 독자층이 두터운 편이기 때문에, 이들을 대상으로 구태의연하지 않은 보다 신선한 전쟁사 해석들을 새롭게 조명해보고도 싶었다. 전쟁사 해석에 있어서도 세대 차이는 존재한다. 비교적 최근 세대 연구에서는 제1차 세계대전을 강대국 간의 경쟁으로 인한 필연적이고 구조적 결과로 보는 관점을 넘어서, 개별 국가의 위기관리와 정책 결정의 실패로 인해 피할 수도 있는 전쟁을 유발시켰다는 견해도 제시하고 있다. 그리고 제2차 세계대전의 종식은 연합국의 노르망디 상륙 이후 프랑스 해방과 라인강 돌파로 결정된 것이 아니라, 동부 전선에서 독일과 소련의 투쟁 결과였다라는 해석도 존재한다. 이때 독일과 소련의 전쟁 역시 독일군의 전격전으로 유명한 전쟁 머신이 러시아의 광활한 영토와 무한대의 인력 자원 속에서 녹아 없어진 것이 아니라는 견해도 있다. 즉 독일과 소련 모두 비슷한 인력과 자원 부족에 시달렸고, 궁극적으로 소련에서 독일을 압도하는 전쟁 머신이 출현함에 따라 전쟁이 끝났다는 해석이다. 이와 비슷한 맥락에서 태평양 전쟁에서도 일본이 미국에게 패배한 것이 절대적으로 열세한 국력과 군사력으로 인한 필연적 결과라기보다는 잘못된 의사 결정의 누적과 조직의 적응 부족 때문이라는 설명도 있다. 이와 같은 전쟁사에 대한 비교적 새로운 해석들은 보다 이전 세대의 전쟁 해석들을 신화라고까지 비판할 정도로 견해 차이를 보여주고 있기도 한다. 따라서 이처럼 다양한 견해들을 종합적으로 고려하여 전쟁 사례들을 다루어 보는 것도 의미가 있을 것 같았다. 나의 이와 같은 생각은 전쟁의 역사를 다룬 몇 권의 명저들로부터도 영향을 받았다. 제1차 세계대전과 제2차 세계대전에 대한 역사서를 쓴 키건(John Keegan)과 톨런드(John Toland), 오버리(Richard Overy)의 저술과 제1차 세계대전과 제2차 세계대전 사이의 전간기 군사 역사를 정치학적으로 분석한 키에르(Elizabeth Kier)의 저서가 특별히 많은 영감을 가져다 주었다.

또한 민군관계와 제1, 2차 세계대전 전쟁사 연구는 관심있는 개인들에게만 흥미로운 것이 아니고, 미래의 국방정책을 설계하고 있는 오늘날의 관점에서도 의미 있는 통찰을 제공해 줄 수 있어 보였다. 오늘날 미래전 대비 연구와 정책은 과학기술의 발전에 너무 주목하는 경우가 있어 과학기술만으로는 해결할 수 없는 전쟁의 복잡성과 불확실성이 상대적으로 간과되는 경향이 있다. 이때 전쟁의 복잡성에 대비하고 전쟁의 불확실성으로 인한 문제를 극복하기 위한 아이디어들을 가장 풍부하면서도 드라마틱하게 제공해주는 출처가 과거 전쟁의 역사라 할 수 있다. 그런 의미에서 제1, 2차 세계대전의 역사 속에서의 민군관계에 관한 인과관계 분석은 미래에 바람직한 국방정책을 찾아낼 수 있는 유용한 교훈들을 제공해 줄 것이다.

이 책을 쓸 때 중요한 결정 중의 하나는 방대한 외교사와 전쟁사의 저술 수준을 정하는 것이었다. 모든 중요한 역사 현상들을 빠뜨리지 않고 책에 담는다면 역사적 사료로의 가치는 있겠지만, 이 책에서 주목하고 있는 현상들 간의 의미있는 인과관계 전달에는 오히려 장애가 될 수 있었다. 그래서 외교사에 해당되는 현상들은 라이벌 국가들을 중심으로 인과관계의 환경들을 묘사하는 범위에 한정하여 선별하였다. 그리고 전쟁사에 해당되는 현상들 역시 국가 수준의 의사 결정 관점으로 한정하여 주로 군 사령부급 이상의 기록들을 중심으로 선택하였다. 그럼에도 전반적인 역사적 흐름에 있어 의미가 있다고 보여지는 단위 부대, 소장파 인물, 함정의 명칭 등은 포함시켰다. 그리고 이 책에서의 인물과 지명은 시간과 공간의 통일성이라는 관점에서 개별 국가 언어가 아니라 영어식 발음과 표기로 일관하였다.

이 책이 이렇게 쓰여지기까지에는 나의 전쟁사와 민군관계에 대한 관심이 실제 글로 옮겨지게 되는 계기가 필요했다. 우연하게도 그 계기가 되어 준 상황이 다가왔는데, 그것은 공군대학 총장으로 재직하던 중 맞이하게 된 군사학 세미나였다. 공군대학에서 군사학 세미나를 준비하는 과정에서 공군대학 교수진과 세미나에 초대될 민간 대학과 연구소 전문가들이 공통적으로 관심을 갖을만한 주제로 민군관계가 적합하다고 생각되어졌다. 그리고 군사학 세미나의 주요 청중이 될 우리 군의 장교들에게 보다 참신하면서도 깊이가 있는 전쟁사 분석을 소개해주고 싶은 열망도 있었다. 이와 같은 바램들을 갖고 나는 공군대학의 군사학 세미나 기획안을 직접 작성했으나, COVID-19 상황이 심각해지면서 군사학 세미나는 결국 취소되고 말았다. 그러나 내게는 민군관계와 전쟁사에 대한 심도 있는 세미나 기획안이 남아있었다. 그래서 세미나 기획안을 바탕으로 직접 연구 저술을 시작한 결과가 제복과의 대화라는 나의 세 번째 단행본 저술이 되었다.

이 책의 초기 원고는 축약된 형태로 웨비나와 포럼에서 발표되어서 여러 선생님들의 조언을 들을 수 있었다. 서강대학교 이근욱 교수님이 이끌어 온 안보연구모임 웨비나와, 숙명여대 홍규덕 교수님과 함께 기획한 공군대학-숙명여대 공동 주관 항공우주 포럼에서 발표되면서 많은 도움을 받았다. 그리고 KAIST 방효충 원장님과 ADD 허기봉 원장님과 함께 준비한 공군대학 포럼에서의 발표에서도 공군대학 교관님과 교수님들로부터 조언을 얻을 수 있었다. 이 책이 발간되기까지는 내가 감사드려야 할 여러 선생님들이 계신 것이었다. 그리고 이 책의 미래 독자 입장에서 아이디어를 적극적으로 제안해 준 공군대학 박세환, 김우빈, 하은진 님의 도움도 컸다.

이 책을 마무리하는 시점에 공교롭게도 나는 공군대학 총장을 끝으로 군 생활도 마무리하게 되는 시기가 되었다. 우연일 수도 또는 필연일 수도 있겠지만, 사관학교 생도 시절까지 포함하여 36년 이상의 군 생활을 끝내고 제복을 벗게 되는 시점에 제복과의 대화라는 글을 쓰게 된 것이다. 그동안 제복을 입고 전쟁을 대비하며 연구해왔다면, 이제는 제복을 벗은 상태로 전쟁과 안보를 고민해야 할 때가 된 것이다. 이처럼 제복을 입은 군인과 제복을 입지 않은 민간인과의 대화라는 의미의 제복과의 대화처럼, 내게도 인생에서 제복을 입었던 시간과 제복을 벗기 시작한 시간과의 대화가 시작되는 것이다. 그리고 제복을 입었던 마지막 시간들을 공군대학에서 보낼 수 있었던 것은 이 책을 쓰는데 있어서 행운이었다. 군에서의 마지막 지휘관 임무를 수행하며 교육과 연구에 매진할 수 있었던 공군대학에서의 재임 기간은 일과 후와 주말을 활용해 글을 쓰기에는 적절한 환경이었다. 물론 이렇게 공군대학에서 후진 양성을 하며 군 생활을 잘 마칠 수 있게 된 것 자체가 축복이었고, 하나님께 감사드린다. 그리고 그동안 도움과 지도편달을 남겨 주신 공직의 선배님들과 함께 내가 합동참모본부의 과장과 차장, 비행단장, 그리고 공군대학 총장 직위를 마칠 때까지 항상 나를 믿고 따라준 나의 부서원들과 부대원들 모두에게도 감사를 전한다. 물론 오늘날 나의 학문적 배경이 되어 준 미주리 대학과 국방대학교, 그리고 하버드 대학에서 만났던 모든 배움의 선생님들께도 감사드린다. 또한 서울과 대전의 대학과 연구소, 정부 부처에서 만날 수 있었고, 깊이 있는 연구의 필요성을 행동으로 일깨워주셨던 모든 분들께도 감사를 전하고, 다시 한번 서강학술 총서로 나의 글을 선택해 준 서강학술총서 기획위원회에 대해서도 감사드린다. 그리고 이 책이 나오기까지는 가족들의 성원이 큰 힘이 되어 주었다. 무엇보다도 격려와 신뢰로 항상 도와주고 있는 나의 사랑하는 아내 혜정에게 크게 감사한다. 더불어 자랑스러운 두 딸 예나와 한나도 내게 항상 영감과 힘을 주어서 고맙다는 말을 전하고, 나의 가족에게 이 책을 먼저 전달하고 싶다.

2021년 6월

자운대 공군대학 교정에서 김광진

목 차

제1부
서 론

제1장
역사: 전쟁에서의 도전과 대응

인류의 역사 속에서 국가라는 개념이 등장한 이래로 국가 간의 무력 사용을 의미하는 전쟁이라는 개념 역시 인류와 함께 동거해왔다고 할 수 있다. 그리고 국가가 역사의 중요한 주인공이 된 이후부터는 전쟁의 결과에 따라 국가의 운명이 결정되어 온 사례가 많았기 때문에, 국가들은 전쟁에서 바람직한 결과를 얻기 위해 노력해왔다. 20세기 이후로 새로운 역사학을 개척한 것으로 평가 받는 토인비(Arnold Toynbee)는 일찍이 인류의 역사를 도전과 대응이라고 설명했다.[1] 이런 관점에서 전쟁의 역사도 전쟁으로부터의 도전과 국가의 대응이라는 현상들의 연속이라고 할 수 있다. 이때 전쟁의 도전에 대한 국가의 대응은 어떻게 선택될 것인가? 이 질문은 정치학과 역사학의 영역에 속한다. 지금까

1 Arnold J. Toynbee, *A Study of History*, (New York: Oxford University Press, 1963), p.60.

지 두 학문 영역에서 전쟁에 대한 연구들은 전쟁의 원인, 전쟁의 결과, 그리고 전쟁에서 성공하기 위한 방법에 대한 많은 발견과 분석을 제시해왔다. 그럼에도 지금까지의 연구들은 도전과 대응이라는 관점에서 전쟁 중에 발생하는 국가들의 선택을 경험적으로 분석하는 시도에 대해서는 관심이 적었다. 그런데 역사에는 전쟁에서의 도전과 대응에 관한 경험적 분석을 필요로하는 의문들이 존재한다. 다음은 경험적 분석이 요구되는 의문들이 잘 드러나는 몇가지 역사적 실례들이다.

첫 번째 실례는 프랑스 혁명으로부터 시작된다. 1790년대 혁명 전쟁 기간 중 파리(Paris) 혁명 정부는 유럽 왕실 군대와 권력을 되찾으려는 프랑스 왕실 세력으로부터 도전을 받고 있었다. 이런 도전 속에서 이탈리아와 이집트에서 연일 군사적 성공을 거두었던 유능한 프랑스 장군이 있었다. 후일 군사적 천재라고 일컬어질 나폴레옹 보나파르트(Napoleon Bonaparte) 장군의 당시 도전에 대한 대응은 군사 쿠데타였다. 1799년 혁명 달력으로 브뤼메르(Brumaire) 달 18일에 나폴레옹은 휘하 군대를 이끌고 의회를 점령했고, 황제가 되기 위한 첫 발걸음을 내디뎠다. 나폴레옹이 군사 영역을 넘어서 민간 정치 영역의 권력까지 장악하기 시작한 브뤼메르 18일은 쿠데타라는 표현을 유명하게 만든 날이기도 했다.

그리고 두 번째 실례는 제1차 세계대전이 한창인 1915년에서 찾을 수 있다. 당시 러시아 군대는 독일 군대에게 동부 전선에서 심각한 타격을 당하고 있었다. 제1차 세계대전 발발과 함께 독일군에게 사상 최대의 패배를 당했던 러시아군은 1915년에 바르샤바(Warsaw)도 빼앗기고 많은 병력을 잃고 있었다. 그리고 손실된 병력을 충원하기 위한 러시아 국민을 대상으로 한 징병은 너무 가혹했고, 그런 가운데 러시아 국내에서는 황제에 대한 반발이 쌓여가고 있었다. 이것이 제1차 세계대전에서 러시아 제국 차르(Tzar) 니콜라이 2세(Nicholas Ⅱ)가 마주친 도전이었다. 그러자 니콜라이 2세는 수도 페트로그라드(Petrograd)를 떠나 러시아군 최고사령부 스타프카(Stavka)가 있는 모길레프(Mogilev)로 가서 최고사령관에 취임하여 스스로 군사작전을 지휘하기 시작하는 것으로 도전에 대응한다. 이때부터 러시아의 민간 권력자인 니콜라이 2세가 군사 영역을 장악했고, 러시아 혁명의 불씨도 거세지기 시작했다.

세 번째 실례는 제1차 세계대전이 종결된 이후인 1918년에서 찾을 수 있다. 제1차 세계대전이 끝난 후 전쟁 중에 독일군을 총지휘했던 루덴도르프(Erich Ludendorff) 장군은 회고록을 썼다. 그는 전쟁 기간에 독일이 만난 도전을 모든 국민이 전쟁에 참여해야만 하는 총력전(total war)이라고 표현했다. 총력전이라는 표현은 그때부터 유명해지기 시작했고, 루덴도르프 장군은 총력전에 대응하기 위해서는 국가의 전쟁 지도부가 한 사람에 의해 통제되어야 한다고 주장했다. 실제로 제1차 세계대전 중 독일 군사 영역의 최고위직 군인이었던 루덴도르프 장군은 총력전 수행이라는 도전에 대응하기 위해 대부분의 민간 영역까지 통제하고 감독했었다.

마지막 네 번째 실례는 제2차 세계대전을 배경으로 하고 있다. 제2차 세계대전을 치르고 있던 나치 독일에서는 히틀러(Adolf Hitler)가 권력의 중심부에 있었고, 그를 정점으로 제2인자라 할 법할 민간 권력자들이 있었다. 그런 인물 중의 한명인 힘러(Heinrich Himmler)는 정규군 경력 없이 나치 당의 준 군사 조직에서 경력을 쌓아오고 있었다. 그러던 힘러는 친위대(Schutzstaffel, SS)라는 대규모 준 군사 조직의 지도자가 되었다. 그리고 나치 독일이 전쟁이라는 도전 속에 있을 때, 힘러는 친위대를 군대처럼 무장시켰고 1944년부터는 독일의 집단군 사령관이 되어 서부 전선과 동부 전선에서 군대를 직접 지휘했다. 제2차 세계대전 말 나치 독일이 동서 양쪽에서 대규모 군대의 진격을 마주하며 국가의 운명이 파국으로 가고 있는 동안 민간 권력자 힘러는 독일 군사 영역 중 거의 절반 정도를 장악했다.

이처럼 전쟁 중의 도전에 대한 국가적 대응의 역사에서 군인이 민간 영역을 접수하기도 하고 민간 권력자가 군인 역할을 떠맡기도 한다. 마치 군인과 민간 권력자가 서로 라이벌이라도 된 듯하고 또는 서로 대화라도 나누는 듯한 이런 현상은 어떤 과정을 거쳐 일어나게 되는가? 그리고 전쟁에서의 도전을 맞이한 국가가 바람직한 결과를 얻기 위해서는 어떻게 해야 할 것인가? 여기에 대한 대답은 전쟁에서의 도전을 포괄적으로 개념화하고 국가적 대응의 경험적 사례를 찾는 것으로부터 시작될 수 있다.

이때 전쟁에서 도전과 대응 중 먼저 살펴보고자 하는 도전은 우선 전쟁의 복잡성으로부터 발생된다. 전쟁 연구의 고전으로 알려진 '전쟁론'의 저자 클라우제비츠(Carl von Clausewitz)는 전쟁의 복잡성을 다음과 같이 전쟁의 3중성(trinity)으로 설명한 바 있다.

"전쟁의 전체적 현상은 주목할 만한 3중성을 갖는다. 전쟁의 3중성은 세가지의 요소로 이루어진다. 첫 번째 요소는 원시적 폭력, 적대감, 증오로 이루어지며, 이로 인해 전쟁은 맹목적이고 원초적인 본능과 같아진다. 두 번째 요소는 우연과 확률의 대결이며, 이 안에서 전쟁은 자유롭게 활동하는 창조적 정신과 같아진다. 세 번째 요소는 정책의 도구로 종속되는 특성이며, 이때의 전쟁은 이성에 의해서만 지배된다. 그리고 세 가지 요소 중 첫 번째 요소는 주로 국민에게 속하고, 두 번째 요소는 군대와 장군들에게 속하며, 세 번째 요소는 정부에 속한다."[2]

클라우제비츠가 제시한 전쟁의 3중성은 전쟁이 군대, 정부, 국민이라는 세가지 속성으로 집약됨을 의미한다. 즉 전쟁에는 상대를 파괴하고 영토를 획득하는 군대의 역할만 존재하지는 않는 것이다. 전쟁에는 군대의 역할과 함께, 전쟁의 목표를 설정하고 대외적으로 외교적 지지를 확보하는 정부의 역할과 대내적으로 군대를 건설하고 지속적으로 지원해주는 국민의 역할도 존재하는 것이다. 따라서 국가가 전쟁을 수행한다는 것은 최소한 세 가지 분야에서의 노력이 존재한다는 것을 의미한다. 그 세 가지 분야는 영토의 경합 또는 군사력 파괴 경쟁으로 표현되는 군사작전, 동맹과 협상 등 정치적 수단을 활용하는 정치외교, 그리고 경제력 등 국가 내부의 국력을 동원하는 사회경제 분야를 뜻한다. 이런 의미에서 전쟁의 복잡성이라는 도전에 대해 바람직한 결과를 얻기 위해서는 국가의 대응에 전쟁의 3중성이라는 특성이 제대로 반영되어야할 것이다. 따라서 전쟁 중 발생하는 국가의 선택이 전쟁의 3중성을 모두 고려한 정책 결정일 때, 전쟁의 복잡성으로부터 바람직한 결과를 얻을 수 있는 국가의 대응이라고 할 수 있다.

또한 전쟁에서의 도전은 전쟁의 불확실성으로부터도 발생된다. 전쟁의 안개라는 표현이 있듯이, 전쟁 중에는 갑작스러운 기상 변화와 같

2 Carl von Clausewitz, Michael Howard and Peter Paret ed. and trans. *On War,* (Princeton: Princeton University Press, 1976), p.89.

은 미리 예상하지 못한 상황이 계속 발생한다. 더구나 전쟁의 당사자들인 국가들은 국가 간의 행동을 규제하고 통제할 방법이 없는 무정부적인 정치 환경 속에서 행동한다. 이와 같은 환경에서 상대방 국가에 대한 정보는 불확실해질 수 밖에 없다. 그리고 국가들이 서로의 능력과 의지를 알 수 없다는 특성은 서로의 정보를 왜곡하고 기만하여 상대방 국가를 손쉽게 굴복시키려는 생각을 하게끔 만든다. 국제정치학에서 전쟁을 연역적으로 설명하고 있는 '전략협상(bargaining)' 이론에서는 국가의 정보 왜곡과 기만을 다음과 같이 정보의 불확실성이라는 개념으로 설명하고 있다.

"국가들이 서로의 [능력, 의지, 군사 기술, 군사전략, 제3국의 개입 가능성]에 대해 각자 다르게 평가하는 것은 국제정치 환경의 속성이기도 하다. 국가의 전쟁 능력과 의지에 관한 정보를 투명하게 교환할 수 있는 기회는 존재하지 않는다. 그리고 국가들은 자신의 능력과 의지를 상대방에게 기만하려고 하기 때문에 국제관계는 더욱 악화될 수 있다. 많은 국가들이 군사력 뿐만 아니라 산업 능력까지 비밀로 유지하고 있으므로 적대국의 전쟁 능력은 대략적으로만 추산할 수 있다. 더구나 국가들은 자신의 군사전략과 군사 기술이 노출되면 기습 효과를 상실하기 때문에 군사전략과 기술 역시 철저히 비밀로 유지한다."[3]

"개별 국가들은 스스로의 비밀 정보를 과장하려는 의도를 갖고 있고, 그 결과 상대방 국가의 전쟁 수행 의지에 대한 오판이 일어난다. 같은 이유로 인해 국가들은 서로 상대방의 국력에 대해서도 오판을 하게

3 Dan Reiter, *How Wars Ends*, (Princeton: Princeton University Press, 2009), p.14.

된다. 국가들은 국가간의 협상에서 유리함을 얻기 위해서라도 스스로의 능력을 실제보다 과장한다."[4]

이처럼 전략협상 이론에서 묘사하는 정보의 불확실성은 전쟁을 불확실하게 만드는 가장 큰 이유이기도 하다. 이러한 관점에서는 국가들이 전쟁에서의 도전에 대해 바람직한 결과를 얻기 위해서는 전쟁의 불확실성으로 인해 필연적으로 발생할 수 밖에 없는 실수와 실패를 신속히 극복해야만 한다. 이때 국가들의 극복 방법 중의 하나는 실수와 실패로부터의 학습이며, 전쟁이라는 경쟁 상황에서는 상대방보다 신속한 학습이 이루어져야 상대방보다 앞설 수 있을 것이다. 즉 전쟁 중에 발생하는 적과의 학습 경쟁에서 우월해져야하는 것이다. 특히 라이벌 국가와의 전쟁과 같은 일대일 경쟁 상황에서는, 우리 측의 실수와 실패는 상대방의 상대적 우세로부터 기인하는 경우가 많으므로 학습 경쟁에서 앞서기 위한 가장 확실한 방법 중의 하나는 상대방의 우세한 점을 신속히 학습하는 것이다. 따라서 전쟁 중 적으로부터의 학습은 전쟁의 불확실성으로부터 바람직한 결과를 얻을 수 있는 국가의 대응이라고 할 수 있다.

4 James Fearon, "Rationalist Explanations for War" *International Organization* 49:3 (1995), p. 398.

제2장
전쟁 연구: 군사전략과 민군관계 연구

지금까지 전쟁에서의 도전과 대응을 전쟁의 복잡성과 불확실성이라는 관점에서 살펴보았다. 사실 전쟁에서의 도전에 대한 국가적 대응은 정치학과 역사학을 넘나드는 군사전략 분야 연구에서 주로 다루는 주제이기도 하다. 그리고 이 분야의 주요 연구들은 공통적으로 군사전략 유형 분류로부터 시작하고는 하는데, 이때 대표적인 유형 분류로는 '기동(maneuver)', '소모(attrition)', '처벌(punishment)' 등이 있다.[5] 여기서

5 Geoffrey P.R. Wallace, "Alliances, Institutional Design, and the Determinants of Military Strategy" *Conflict Management and Peace Science* 25:3 (2008), pp. 225-226 ; Avi Kober, "From Blitzkrieg to Attrition: Israel's Attrition Strategy and Staying Power" *Small Wars and Insurgencies* 16:2 (2007), pp. 217-218 ; Dan Reiter and Curtis Meek, "Determinants of Military Strategies 1903-1994, A Quantitative Empirical Test" International Studies Quarterly 43:2 (1999), pp. 363-387 ; Allan C. Stam Ⅲ, *Win, Lose, or Draw : Domestic Politics and the Crucible of War* (Ann Arbor : University of Michigan Press, 1996), pp. 51-53 ; John Mearsheimer, *Conventional Deterrence* (Ithaca: Cornell University Press, 1983), pp. 33-42.

'기동'은 군대의 신속한 이동 속도를 활용하여 상대방 군사력을 마비시키고 무력화시키는 유형이고, '소모'는 군대의 화력으로 상대방 군사력을 체계적으로 파괴하는 것에 중점을 둔 유형이다. 그리고 '처벌'은 정치 지도부의 전쟁 수행 의지 또는 국민의 사기 등을 저하시키기 위한 목적으로 군사력을 운용하는 유형이다.[6] 이와 같은 유형 분류를 바탕으로 군사전략의 효과에 대한 연구도 이루어졌다. 그와 같은 연구 중의 하나를 수행했던 페이프(Robert Pape)는 우선 군사전략 유형을 보다 정교하게 '참수(decapitation)', '거부(denial)', '처벌(punishment)', '점진적 위협 강제(gradual risk)'의 네 가지로 구분하였다.[7] 이때 '참수'는 상대방 지휘통제 핵심을 먼저 제거하여 상대의 전쟁 수행을 불가능하게 만드는 방식이고, '거부'는 상대가 군사적 목표를 달성하지 못하도록 하는 것을 의미한다. 그리고 '처벌'은 상대의 군사력이 아닌 국민의 피해를 목표로 하며, '점진적 위협 강제' 방식은 상대의 손실을 점진적으로 증가시켜 궁극적으로 상대의 전쟁 수행 의지를 감소시키는 것을 목표로 한다. 그리고 이와 같은 유형 중에서 바람직한 전쟁 결과를 위해 가장 유용한 것이 '거부'라고 제시하였다. 페이프는 제2차 세계대전 당시 독일 공군의 전격전과 영국과 미국의 전략폭격 역사부터 시작하여 한국전, 베트남전, 중동전, 1991년 걸프 전쟁까지 사례를 분석하며, 어떤 종류의 군사전략 유형이 전쟁에서 유용했는지를 탐구하였다. 페이프의 결론은 상대의 군사전략 자체를 좌절시키는 목표를 지닌 '거부' 전략이 가장 효

6 김광진, 『민주국가의 전쟁: 이라크 전쟁과 코소보 전쟁 그리고 한미동맹』, (서울: 서강대학교 출판부, 2014), p.109.

7 Robert A. Pape, *Bombing to Win: Airpower and Coercion in War* (Ithaca: Cornell University Press, 1996), pp. 18–19.

과적이었다는 것이다.

군사전략의 효과에 대한 또다른 연구를 수행한 비들(Stephen Biddle)은 무기체계 기술이나 군사력의 우위 뿐 아니라, 군사력이 현대적인 군사력 운용 방식과 결합될 때 바람직한 전쟁 결과를 얻는다고 주장하였다.[8] 비슷한 관점에서 아레귄 토프트(Ivan Arreguin–Toft)는 군사전략 유형을 '재래식 공격(conventional attack)', '체계적 파괴(barbarism)', '재래식 방어(conventional defense)', '게릴라전(guerrilla warfare)'으로 분류했다. 그리고 국력이 열세할 경우에 상대방과 같은 유형의 군사전략을 선택하면 패배할 것이고, 상대방과 다른 군사전략을 선택해야만 바람직한 전쟁 결과를 얻을 수 있다고 하였다.[9] 아레귄 토프트의 연구는 최근 200년간의 전쟁 역사 사례에서 국력이 약한 국가가 어떻게 국력이 강한 국가에게 승리했는지의 이유를 찾아내기 위한 것이기도 했다. 그는 국력이 약했던 아프간이 1979년 초강대국 소련과의 전쟁에서 성공했으나, 2002년에 또다른 초강대국인 미국과의 전쟁에서는 실패했던 이유를 군사전략 유형의 차이로 설명하려고 했다. 그의 연구에 의하면 1979년에 소련이 아프간을 침공하여 '체계적 파괴'에 해당되는 정규작전을 펼쳤을 때, 아프간은 소련군과는 완전히 다른 '게릴라전' 전략을 구사하였기 때문에 소련이 전쟁에서 실패하도록 만들었다. 반면 2002년에 미국이 아프간을 침공할 때는 미국이 아프간과 유사한 '게릴라전' 전략을 사용하며 토착 세력인 북부동맹과 연합작전을 펼쳤기 때문에 미국이 전

---

8 Stephen Biddle, *Military Power: Explaining Victory and Defeat in Modern Battle*, (Princeton: Princeton University Press, 2004), pp.28–29.

9 Ivan Arreguin–Toft, *How the Weak Win Wars: A Theory of Asymmetric Conflict*, (Cambridge: Cambridge University Press, 2005), pp.44–45.

쟁에서 성공할 수 있었다고 했다.

지금까지 살펴본 페이프, 비들, 아레귄 토프트의 연구는 군사전략의 효과에 대한 연구였는데, 군사전략 유형에 기반한 연구들에는 국가의 군사전략 선택에 초점을 둔 것도 있었다. 대표적인 국가의 군사전략 선택 연구로 포즌(Barry Posen)과 키에르(Elizabeth Kier)의 저술을 들 수 있다. 포즌은 군사전략의 출처를 탐구하는 그의 저서에서 제1차 세계대전과 제2차 세계대전 사이에 영국, 프랑스, 독일의 군사전략이 선택되는 과정을 분석하였다.[10] 이때 포즌은 군사전략 유형 선택을 조직 이론과 세력균형 이론으로 설명했다. 여기서 조직 이론은 군사력 운용을 책임지는 군사 조직의 특성이 군사전략의 선택에 미치는 영향을 설명하는데 활용되어졌다. 포즌은 조직 이론을 활용하여 군사 조직이 집단적 이익과 집단의 확장을 위해 정치권력으로부터의 독립을 요구하는 성향이 있음을 입증해 보였다. 그리고 이와 같은 성향으로 인해, 포즌은 군사 조직이 강하게 독립을 추구하고 민간 정치 지도자들의 군사 분야 이해 능력이 부족하다면, 정치와 군사가 국가 전략적으로 통합되지 못할 것이라고 결론을 내렸다. 또한 세력균형 이론을 활용하여서는, 국가들 스스로 약점을 보완하고 강점을 활용하려는 노력들로 인해 무정부 상태와 같은 국제 체제 안에서 국가들이 마치 세력균형을 지향하는 것 같이 행동한다고 했다. 그리고 포즌은 이러한 세력균형 지향적 행동들로 인해 군사전략이 선택되지만, 새로운 군사전략을 선택할 수 있는 군사혁신은 민간 정치 지도자가 군사 분야에 적극적으로 개입해야만

10 Barry R. Posen, *The Sources of Military Doctrine: France, Britain, and Germany between the World Wars*, (Ithaca: Cornell University Press, 1984), p.58.

가능하다고 했다. 이렇듯 포즌은 군사전략의 선택을 설명하면서 조직의 특징과 세력균형을 언급하면서, 민간 정치 지도자와 군부의 관계도 함께 강조했다.

이러한 포즌의 연구 결과에 추가하여 키에르는 국내 정치 세력들 간의 힘의 분배와 함께 군의 조직 문화를 군사전략 선택요인으로 강조하였다.[11] 이와 같은 관점에서 키에르는 제2차 세계대전을 앞둔 영국과 프랑스의 군사전략 형성 과정을 분석했다. 그리고 그 결과로 키에르는 국가들의 외부 안보 환경이 유사하더라도 국내 정치적 힘의 분배와 군의 조직 문화가 다르다면 군사전략 선택은 달라진다고 하였다. 키에르의 핵심 논지는 국내 정치적 힘의 분배와 군의 조직 문화에 따라 민간 정치 지도자들의 군사 분야 개입 수준이 결정되고, 그 개입 정도에 따라 군사전략이 변화되거나 또는 고착된다는 것이었다. 이렇듯 군사전략 분야의 기존 연구들은 전쟁에서 바람직한 결과를 얻기 위한 국가의 대응을 군사전략의 효과와 선택이라는 관점에서 바라보고 있다. 그런데 그 중 국가의 정책 결정에 해당되는 군사전략의 선택 과정을 조명한 포즌과 키에르의 연구는 민간 정치 지도자와 군부와의 관계가 전쟁에 대한 국가의 대응에 큰 영향을 미칠 것임을 암시하고 있다.

포즌은 민간 정치 지도자만이 군사 조직들의 편협한 집단 이해 관계로부터 벗어나 정치적 목적과 군사적 목적을 연계시킬 수 있다고 했다.[12] 키에르도 군사 분야에 대한 민간 분야의 개입이 중요하며, 특히

11 Elizabeth Kier, *Imagining War: French and British Military Doctrine between the Wars*, (Princeton: Princeton University Press, 1997) p.32.

12 Barry R. Posen, *The Sources of Military Doctrine: France, Britain, and Germany between the World Wars*, (Ithaca: Cornell University Press, 1984), p.58.

민간과 군사 분야간 접촉과 교류가 원활하지 못하다면 바람직하지 못한 군사적 교조주의에 빠질 가능성이 크다고 했다.[13] 이것은 민간 분야와 군사 분야 간의 관계가 전쟁에서의 도전에 대한 국가적 대응에도 영향을 미친다는 것을 의미한다. 이러한 민간 분야와 군사 분야 간의 관계는 민군관계(civil military relation) 영역의 연구 대상이기도 하다. 그리고 이 영역의 기존 연구 성과들에서도 민군관계가 전쟁에 미치는 영향이 나타나고 있다. 이러한 부류의 연구 결과 중에는 민간 정치 지도자와 군인이 서로 상대방의 영역에 과도하게 개입할수록 민간 또는 군사 분야의 전문성이 손상될 것이라는 주장이 있다.[14] 또한 개발 도상국의 경우 민군관계의 특성에 따라 최신 무기체계 수용 여부가 결정되고, 그것으로 인해 전쟁의 결과까지 결정될 것이라는 주장도 있다.[15] 또다른 민군관계 영역의 연구 결과에서는 문민통제(civilian control) 개념을 제시하고, 문민통제의 수준에 따라 군사력의 공격성 정도가 결정된다는 주장도 있다.[16] 이처럼 여러 기존 연구들이 민군관계와 전쟁의 연관성을 폭넓게 보여주고 있는데, 이것은 전쟁에서의 도전에 대한 국가적 대응과 민군관계가 밀접한 관련이 있음을 의미한다.

13 Elizabeth Kier, *Imagining War: French and British Military Doctrine between the Wars,* (Princeton: Princeton University Press, 1997) p.32.

14 Samuel P. Huntington, *The Soldier and The State: The Theory and Politics of Civil-Military Relations,* (Cambridge: Harvard University Press, 1956), pp.316–317.

15 Stephen Biddle and Robert Zirkle, "Technology, civil–military relations and warfare in the developing world", *The Journal of Strategic Studies* 19:2 (June 1996) pp.173–175.

16 Jack Snyder, "Civil–Military Relations and the Cult of the Offensive, 1914 and 1984", *International Security* 9:1 (Summer 1984), pp.109–110.

제3장
이론: 제복과의 대화

앞서 살펴 본 군사전략 연구가 정치학과 역사학이 혼재된 영역이었다면 지금부터 다룰 민군관계 연구는 주로 정치학의 영역에 속한다고 할 수 있다. 정치학계에서의 민군관계 연구에서는 국내 정치에서 군사력의 위험성을 부각시키거나, 군대가 시민의 자유를 위협할 가능성에 대한 대책이 주류를 이루어왔다.[17] 그런 의미에서 민군관계 연구에서 가장 중요한 주제는 군대로부터 국민의 자유를 보호하기 위한 국가적 대책을 의미하는 문민통제라고 말할 수 있다. 문민통제 연구들은 군대의 권력을 통제할 수 있는 제도적 장치를 찾는 노력으로부터 출발했다. 그리고 제도적 개선과 보완을 넘어서서 군을 사회의 일부로 파악하고 군과 사회와의 관계를 규명하여 문민통제를 이루려는 연구가 그 뒤

17 Peter D. Feaver, "Civil-Military Relations" *Annual Review Political Science* 1992:2. (1999), pp.212-213.

를 이었다. 이와 함께 냉전 시대의 특징적 현상인 공산주의 국가들의 권력 구조와 신생 독립국가들에서 많이 발생하는 군사 쿠데타도 연구 대상으로 편입되어졌다. 그래서 공산주의 국가에서의 민군관계 특징과 함께 군사 쿠데타를 방지하기 위한 대책도 주요 연구 대상이 되었다.

이와 같은 민군관계 분야 기존 연구들은 문민통제의 필요성에 대한 규범적인 연구와 문민통제의 다양한 형태에 대한 경험적 연구들로 구성된다. 이 연구들의 주요 주장은 크게 네 가지 주제로 구분할 수 있는데 '군과 민간 지도자 간의 책임 분할', '군과 사회의 관계', '군과 민간 분야의 거래', '군의 건전성과 효과성을 위한 바람직한 민군관계'가 그것이다. 첫 번째 주제인 '군과 민간 지도자 간의 책임 분할'은 문민통제를 위해 군대를 어떻게 통제할 것인가라는 질문에 대한 대답이기도 하다. 문민통제 연구의 기반을 다졌다고 할 수 있는 헌팅턴(Samuel Huntington)은 군대가 직업적으로 전문화되어 정부로부터 상호 독립적인 자율성을 인정받으면서, 사회 이념이 군대를 배척하지 않을 때 문민통제가 성공할 수 있다는 객관적 문민통제(objective civilian control) 개념을 제시하였다.[18] 헌팅턴은 객관적 문민통제와 대칭적인 주관적 문민통제(subjective civilian control) 개념도 함께 제시하였는데, 군대를 정치적으로나 사회적으로 통수권자와 지배 계층에 완전히 종속시켜 통제한다는 의미였다. 이에 반해 객관적 문민통제는 필요한 만큼 군의 자율성을 인정해주면서 필요한 만큼 군의 기능을 통제한다는 의미를 갖고 있다. 군과 민간 지도자 간 책임 분할이라는 주제에 대해서는 헌팅턴의 연구

18 Samuel P. Huntington, *The Soldier and The State*, pp.83-84.

를 뒤이어 국가의 정치 발전 수준과 대내외적 환경에 중점을 둔 연구 결과들이 배출되었다. 스테판(Alfred Stepan)은 개발 도상 국가와 제3세계 국가들에서는 군대가 전문 직업화될수록 오히려 정치에 더욱 깊게 관여할 것이라고 주장했다.[19] 또한 데쉬(Michael C. Desch)는 문민통제의 수준은 국가가 직면한 외부로부터 침략 위협과 국내정치적 안정 정도에 따라 결정될 것이라고 했다.[20]

이러한 '군과 민간 지도자간의 책임 분할'이라는 주제에 관한 연구들은 군에 대한 법적 통수권을 지닌 민간 정치 지도자가 군사 분야에 개입하는 수준이 국가별로 다를 수 있음을 보여주고 있다. 역사적 실례를 들면 영국군은 명목상으로 '국왕 폐하의 군대(His or Her Majesty's Armed Force)' 상태를 계속 유지해왔지만, 영국 국왕은 1688년 명예 혁명 이후로 '왕은 군림하지만 통치하지 않는다'의 원칙에 의한 입헌 군주였으므로 군사적 결정에 거의 개입하지 않았다. 이것은 군 통수권자가 군사 분야에 최소로 개입하는 사례에 해당된다고 볼 수 있다. 반면에 제1차 세계대전 당시 러시아 제국의 차르(Tzar) 니콜라이 2세(Nicholas Ⅱ)는 전쟁 중 스스로 러시아 제국 최고사령관에 취임해서 군사작전에 대해 직접 책임을 졌다. 이것은 군 통수권자가 군사 분야에 최대로 개입했던 사례라고 할 수 있다. 이같이 국가별 군 통수권자의 군사 분야 개입 수준 차이는 민군관계 특징 중의 하나가 될 수 있다.

---

19 Alfred Stepan, *Rethinking Military Politics: Brazil and the Southern Cone*, (Princeton: Princeton University Press, 1988); 임길섭 외 집필진, 『국방정책 개론』(서울:한국국방연구원, 2020), p.323. 재인용.

20 Michael C. Desch, *Civilian Control of the Military: The Changing Security Environment*, (Baltimore: The Johns Hopkins University Press, 1999), pp.13–15.

민군관계 연구에서의 두 번째 주제인 '군과 사회의 관계'는 군이라는 특수한 집단을 사회와 어떻게 조화시켜 통제할 것인가에 대한 대답이기도 하다. 군대 사회학이라는 연구 분야를 개척해 온 자노위츠(Morris Janowitz)는 군이 시민 사회의 가치와 원칙을 공유해야만, 군부와 민간 정치 지도자 간의 이견이 감소되어 문민통제가 원활히 이루어질 수 있다고 했다. 즉 문민통제에 적합한 군과 사회의 관계는 군부와 민간 사회가 서로 동질감이 높아질 때 이루어진다는 것이다. 그리고 군과 사회의 동질감을 향상시키기 위해서는 군의 구성원이 사회의 다양한 계층으로부터 충원되도록 하여 군과 민간 사회를 보다 밀착시킬 필요가 있다고 했다.[21] 이와 같은 '군과 사회의 관계'라는 주제는 군사 조직과 민간 정부 조직 간의 역할 구분에 관한 연구에서도 다루어진다. 이런 부류의 경험적 연구들은 현대로 거슬러 올수록 정치와 군사적 목표 달성을 위해 군사 조직과 민간 정부 조직 또는 민간 사회 단체 간의 협력이 중요하다고 주장하고 있다. 그리고 그 실례로 1990년대 이후 국제 평화유지 작전, 2001년 이후 아프간 전쟁에서의 평화재건 활동, 2003년 이후 이라크 전쟁에서의 대분란전(counter-insurgency)에서 군사 분야와 민간 분야가 구분되기보다는 서로 조화되고 협력하여 군사와 정치적 성공을 거둔 경험들을 제시하고 있다.[22]

---

21 Morris Janowitz, *The Professional Solider: A Social and Political Portrait*, (Glencoe: Free Press, 1960); 온만금 · 김인수, 『군대와 사회』, (서울: 육군사관학교 화랑대연구소, 2002), pp.215-216. 재인용.

22 Frederik Rosen, "Third-generation Civil-Military Relations: Moving Beyond the Security-Development Nexus" *Prism* 2:1 (12/2010), p.30.; Rebecca L. Schiff, "Civil-Military Relations Reconsidered: A Theory of Concordance" *Armed Force & Society* 22:1 (1995), pp.10-11.

이와 같은 '군과 사회의 관계'라는 주제는 냉전 시대에 출현한 공산주의 국가들의 민군관계에 대한 연구에서도 찾아볼 수 있었다. 이런 연구에서는 군사 조직에 대한 공산당의 침투와 사상통제, 그리고 당의 목적에 종속되도록 군을 당의 군대로 만드는 과정을 공산주의식 군과 사회의 관계로 이해하고 있다.[23] 여기서 '군과 사회의 관계'에 관한 기존 연구는 군이 정치에 종속되고 있는지 또는 군이 정치를 주도하는지에 따라 군부의 특성을 다르게 규정할 수 있다는 주장까지 이르렀음을 보여준다. 이런 주장처럼 군부의 특성이 상반되었던 사례들을 1910년대 역사에서 찾아볼 수 있다. 1918년 러시아 내전 당시 볼세비키(Bolsheviki) 혁명을 이끌던 민간 정치가인 트로츠키(Leon Trotsky)는 구제정 러시아군들로 구성된 백군과 싸우기 위해 붉은 군대를 건설하고 있었다. 당시 트로츠키는 군대를 혁명의 도구로 만들기 위해, 본인 스스로가 지휘권을 갖고 당의 정치위원들을 군에 파견하여 붉은 군대를 장악하였다. 이 경우는 군부가 정치에 종속된 실례가 된다. 반면에 제1차 세계대전 중인 1916년부터 독일 육군 참모총장이었던 힌덴부르크(Paul von Hidenburg) 장군과 그의 대리인 루덴도르프(Erich Ludendorff) 장군은 군사작전 뿐 아니라, 휴전과 전쟁 지속을 선택하는 외교적 판단과 병력의 징집과 자원의 재배치와 같은 전시 경제 동원에 대한 의사결

23 Roman Kolkowicz, *The Soviet Military and the Communist Party*, (Princeton: Princeton University Press, 1966); William Odom, "The Party–Military Connection: A Critique" in Dale R. Herspring and Ivan Volgyes ed. *Civil-Military Relations in Communist System*, (Boulder: Westview, 1978), pp.27–52; Timothy J. Colton, Commisars, *Commanders and Civilian Authority*, (Cambridge: Harvard University Press, 1979); 온만금 · 김인수, 『군대와 사회』, (서울: 육군사관학교 화랑대연구소, 2002), p.227. 재인용.

정도 지배했다. 이것은 군부가 정치에 주도적으로 관여했던 사례가 된다. 이처럼 국가별 군부의 특성에는 군부와 정치 권력 간의 관계라는 측면에서 국가 간 차이가 존재했다. 그런 의미에서 국가별 군부의 특성 역시 민군관계 특징 중의 하나로 간주 될 수 있다.

민군관계 연구의 세 번째 주제인 '군과 민간 분야의 거래'는 민간 분야의 여러 행위자가 지속적으로 군을 감시하고 개입하여 문민통제를 달성한다는 주장이다. 피버(Peter Feaver)는 시민사회와 군대와의 관계를 계약으로 거래 관계를 갖게 되는 주인–대리인(principal–agent) 관계와 같다고 규정하였다. 이 관계에서는 주인 역할을 하는 시민사회가 대리인 역할을 하는 군을 감시하게 된다. 이때 주인이 지정한 일을 대리인이 성실히 수행하는지 감시하고, 그 결과에 따라 보상과 처벌을 해야 건강한 민군관계가 이루어진다고 했다.[24] 이 주장에 의하면 문민통제는 군의 직업 전문성만으로 이루어질 수는 없으며, 군을 감독해야 하는 시민 사회가 군을 적극적으로 감시하고 통제해야 가능하다는 것이다. 이와 같은 주장은 기존의 민군관계 연구들에서 제시되어 온 다양한 문민통제 방안들을 적극적으로 활용해야한다는 의미이기도 하다. 오늘날까지 이어진 문민통제를 위한 제도적 장치들은 군대가 민간 정치 지도자를 전복시키지 못하도록 군의 능력을 제한하거나, 군이 민간 정치 지도자의 명령에 불복하면 불이익이 발생하게 만드는 두 가지 유형

24 Peter D. Feaver, "The Civil–Military Problematique: Huntington, Janowitz and the Questions of Civilian Control" *Armed Forces & Society* 23 (1996), pp.149–178; Peter D. Feaver, *Armed Servants: Agency, Oversight, and Civil-Military Relations*, (Cambridge: Harvard University Press, 2003), pp.38–41.

으로 구분된다.[25] 그리고 유형별 구체적 방법들로는 군대를 정치적 중심지로부터 먼 위치에 배치하거나, 명령에 복종해야 한다는 규범을 군의 직업 전문성의 한 부분으로 규정하여 지속적으로 훈련 시키는 것 등이 있다. 군대와 정치 중심지 간 공간적 분리의 사례로는 스페인 내전 직전인 1936년의 역사에서도 찾아볼 수 있다. 당시 스페인 좌파 연합인 인민전선은 총선에서 승리한 후 정치적 반대 세력인 우파를 지지하고 있던 스페인 군대가 쿠데타를 일으킬 것을 우려하였다. 그래서 스페인 인민전선 정부는 쿠데타를 일으킬 가능성이 높다고 판단되는 프랑코(Francisco Franco) 장군을 스페인 본토로부터 바다를 사이에 두고 분리되어 있는 섬인 카나리아(Canary) 제도로 보냈던 바가 있다. 결과적으로는 스페인 인민전선 정부의 조치에도 불구하고 프랑코 장군이 마침내 스페인 내전의 도화선이 되는 반란을 일으키고야 말았다. 그리고 군인에게 충성을 교육시키는 실례로는 1808년 프러시아 군인의 충성 맹세를 들 수 있다. 당시 충성 맹세는 신과 국가에 대한 것이 아니었다. 그 맹세는 프러시아 군인이 신과 국가의 이름으로 프러시아 왕 프리드리히 빌헬름 3세(Friedrich Wilhelm Ⅲ) 개인에게 완벽히 복종할 것을 규정하고 있었다. 프러시아 군인의 맹세는 제1차 세계대전이 끝나는 해인 1918년까지는 성공적으로 작동했던 것으로 보인다. 여기서 '군과 민간 분야의 거래'에 관한 연구로부터는 주인 역할을 담당해야 할 민간 분야 행위자들이 어느 정도로 단합하여 군부를 감시하고 개입할 수 있느냐가 무척 중요하며, 민군관계 특징 중의 하나이기도 함을 알 수 있

25 Peter D. Feaver, "Civil–Military Relations" p.225.

다. 이때 민간 분야 행위자들의 단합과 영향력 행사를 개념화하기 위해서는 정치학에서 발전시켜 온 거부권 또는 비토(veto) 행위자 개념이 유용하다. 비토 행위자는 정책을 변화시킬 때 반드시 동의가 필요한 제도권 내의 정치 행위자를 의미하는데, 민주주의 제도 뿐 아니라 공산주의를 포함한 권위주의 제도에서도 존재할 수 있다. 특정한 제도 속에서 비토 행위자가 많이 존재할수록, 비토 행위자 간 합의가 어려워지기 때문에 개별 행위자만의 성향에 의해 정책을 변화시키기는 어려워진다는 특성이 있다. 결국 비토 행위자의 숫자는 정책의 유동성 정도를 결정하게 되는 것이다.[26] 그러므로 군과 민간 분야와의 관계에 있어, 민간 분야 비토 행위자 규모는 민간 분야가 어느 정도로 단합하여 군사 분야에 영향을 미칠 수 있는지를 규정하는 제도적 특성을 의미한다. 이때 민간 분야의 비토 행위자 규모로 표현되는 민간 제도의 특성도 또 하나의 민군관계 특징이 될 수 있다.

민군관계 연구의 네 번째 주제인 '군의 건전성과 효과성을 위한 바람직한 민군관계'는 문민통제와 군사력 사용의 효율성이 함께 충족되어야 한다는 요구에 대한 대답이기도 하다. 그런 의미에서 이 주제에 대한 연구는 민군관계의 목표를 문민통제 뿐 아니라 군사적 효용까지 확장시켰다고 볼 수 있다. 이때 바람직한 민군관계가 되기 위해서 군의 건전성 측면에서는 사회에 대한 군사적 우위가 배제되는 문민통제 상태이어야 하고, 군의 효과성 측면에서는 전쟁에서 성공해야 하는 것이

26 George Tsebelis, *Veto Players: How Political Institutions Work*, (Princeton: Princeton University Press, 2002), pp.37-39.

다.[27] 여기서 군사 조직에 대한 문민통제 주요 방안으로는 군을 군종에 따라 다수의 군사 조직으로 분할하여 서로 견제하도록 하거나, 정규 군사 조직을 견제할 수 있는 비밀 경찰 조직이나 준 군사 조직 활용이 제시되고 있다.[28] 그러나 군사 조직의 분화는 문민통제라는 군의 건전성에는 긍정적이지만, 군사 조직들이 각자 이해 관계에만 몰두할 경우 군의 효과성에는 부정적으로 작동할 수 있다. 그러므로 군의 효과성을 향상시키기 위해서는 군사 조직이 조직 이해 관계와 근시안적 이익만으로 군사혁신과 같은 시대적 변화를 거부하는 상황을 조정하고 통제할 수 있는 민군관계가 중요해진다.[29] 이처럼 문민통제와 군사혁신을 동시에 목표로 삼은 실례로는 미국의 국방 개혁을 위한 1986년 골드워터-니콜스 법안(Goldwater-Nichols Defense Reorganization Act of 1986)을 들 수 있다. 미국은 이 법안을 통해서 문민통제 원칙을 행사하면서 군사 조직 간 합동성을 증대시켰고, 그 결과 이라크를 상대로 한 1991년 걸프전쟁(Gulf War) 당시 군의 효과성이 강화되었다는 평가가 있다.[30] 골드워터-니콜스 법안은 민간 관료인 미국 국방성 장관이 미군을 직접 통제할 수 있는 권한을 강화시키고, 개별 군이 지니고 있던 권한들을 합동부대에 위임시키는 내용을 담고 있었다. 그로 인해 이 법안은 미국 군대의 합동성을 증대시켰다는 평가도 받고 있다. 이때 군의 건전성

27 임길섭 외 집필진, 『국방정책 개론』, p.333.

28 Peter D. Feaver, "Civil-Military Relations" *Annual Review Political Science* 1992:2. (1999), p.225.

29 Burak Kadercan, "Strong Armies, Slow Adaptation: Civil-Military Relations and the Diffusion of Military Power", *International Security* 38:3 (Winter 2013/2014), pp.118-119.

30 임길섭 외 집필진, 『국방정책 개론』, p.350.

이 문민통제로 달성된다면, 군의 효과성은 문민통제를 위해 분화되어진 군사 조직들을 효율적으로 조화시키는 것에 달려있다고 할 수 있다. 여기서 효율적인 조화가 강조되는 이유는 군사 조직들 간의 관계는 육지, 바다, 공중 등의 군사력이 사용되는 환경의 특수성을 강조하는 입장과 모든 환경을 아우르는 보편성을 강조하는 입장이 서로 충돌할 수 있는 특성을 갖고 있기 때문이다. 이때 특수성에만 의존하면 군사력을 종합적으로 건설하고 사용하려는 노력을 저하시키는 문제가 발생하고, 반면에 보편성만 강조하면 육지, 바다, 공중이라는 환경별로 각각 요구되는 전문성이 약화되는 문제가 생겨난다.[31] 이것을 군사 조직 간의 상호 관계 측면에서 보면 보편성이 강하다는 것은 군사 분야에서 거부권을 지닌 비토 행위자 규모가 적다는 것이고, 특수성이 강하다는 것은 그 반대가 된다. 그런 의미에서 군사 분야 비토 행위자 규모는 개별 국가의 군사 조직 특성을 결정할 수 있게 된다. 따라서 군사 분야 비토 행위자의 규모로 표현되는 군사 조직의 특성 역시 민군관계를 규정하는 요소 중의 하나가 될수 있다.

지금까지 살펴본 바와 같이 기존 민군관계 연구의 네 가지 주제로부터 각각 군 통수권자의 특성, 군부의 특성, 민간 제도의 특성, 군사 조직의 특성이라는 민군관계를 구성하는 네 가지 차원이 식별되어졌다. 첫 번째 차원인 통수권자의 특성은 법적으로 군 통수권을 지닌 민간 정치 지도자가 군사 분야에 개입하려는 의지와 능력 수준으로 규정된다. 이때의 개입 정도는 민간 정치 지도자가 군의 지휘까지 겸임하는

31 고든 레더만, 김동기 · 권영근 역, 『합동성 강화: 미 국방개혁의 역사』 (서울: 연경문화사, 2015), pp.26-27.

완전 개입 수준으로부터 민간 정치 지도자가 절대 우위에 서는 적극 개입 수준, 군에게 권한을 위임하되 중요 결정은 직접 관할하는 조정 통제 수준, 군에게 대부분의 권한을 위임하고 개입을 자제하는 최소 개입의 수준으로 구분될 수 있다. 두 번째 차원인 군부의 특성은 정부가 군을 철저하게 통제하여 군부가 정치에 종속된 상태, 군이 전문 직업군으로서 독립성을 인정받아 군부와 정치가 분리된 상태, 그리고 군부 지도자가 상당한 정치적 영향력을 행사하며 군부가 정치에 관여하는 상태로 구분된다. 이때 첫 번째와 두 번째 차원의 민군관계 특징들은 사실상 문민통제 수준을 결정한다. 이러한 문민통제 수준을 중심으로 한 민군관계 특징의 시각화된 표현이 다음 그림 1에 나와있다.

〈그림 1〉 문민통제 수준을 중심으로 한 민군관계 특징

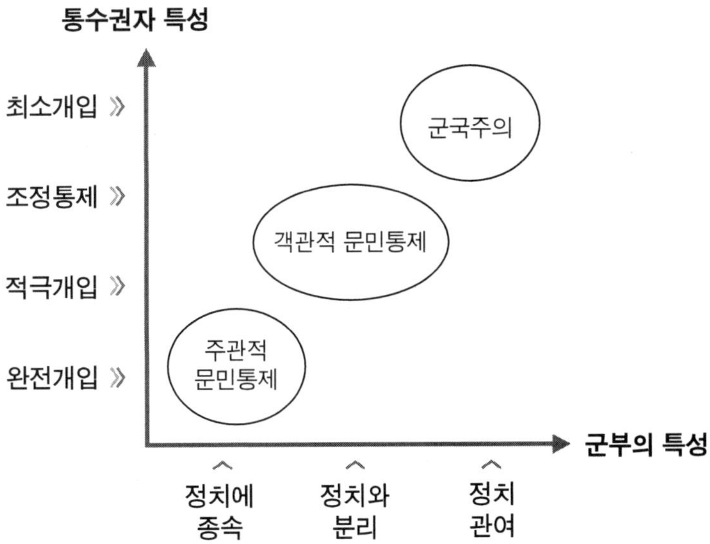

그림 1에서 통수권자 특성이 '완전개입' 방향에 가깝고 군부의 특성이 '정치에 종속' 방향에 가깝게 될수록, 문민통제 수준은 헌팅턴이 제

시한 주관적 문민통제 개념에 유사한 모습이 된다. 반면 통수권 특성이 '적극개입'이나 '조정통제'에 가깝고 군부의 특성이 '정치와 분리'에 근접할 때, 문민통제 수준은 헌팅턴의 객관적 문민통제 개념과 유사한 모습이 된다. 또한 통수권자 특성이 '최소개입' 방향에 가까우면서 군부의 특성이 '정치 관여' 방향에 가까울 때, 문민통제 수준은 군이 정부를 조종하고 통제하는 군국주의와 비슷해진다.

그리고 민군관계 특징의 세 번째 차원인 민간 제도의 특성은 민간 분야 비토 행위자의 규모를 의미한다. 민간 분야 비토 행위자가 많을수록 통수권자를 상대할 수 있는 행위자도 많아지기 때문에 통수권자가 자의적으로 군사 분야에 개입하기 어렵게 된다. 그리고 민간 분야의 비토 행위자가 많을 경우, 민간 분야 전체가 일사분란하게 단합하여 군사 분야에 개입하는 것도 어려워진다. 그러므로 이때 군의 자율성은 커지고 문민통제의 여건은 어려워진다. 이러한 개별 국가마다 군의 자율성에 차이가 있다는 주장은 '의원내각제에서의 문민통제가 대통령제보다 실현되기 용이하다'[32]라는 기존 주장의 설득력을 강화시킬 수 있다. 그것은 행정부와 입법부의 동질성이 강한 의원내각제에서는 행정부와 입법부가 완연히 구분되는 대통령제보다 민간 분야 비토 행위자 규모가 적고, 그 결과 군의 자율성도 낮아지고 문민통제 여건은 좋아지기 때문이다. 또한 민군관계 특징의 네 번째 차원인 군사 조직의 특성은 군사 분야 비토 행위자의 규모를 의미한다. 군사 분야의 비토 행위자 규모가 크다는 것은 군사력을 책임지는 정규 군사 조직 또는 준 군사 조직

---

32 Michael C. Desch, *Civilian Control of the Military*, p.9; Samuel P. Huntington, *The Soldier and The State*, p.164.

의 숫자가 많다는 의미이다. 통상 준 군사 조직은 정규 군사 조직을 견제하거나 감시하는 목적으로 창설되는데, 군사 조직 간에도 그와 같은 견제 관계가 발생할 수 있다. 따라서 군사 조직 숫자가 많으면 군 전체의 자율성은 약화될 것이며, 반면에 군사 조직 숫자가 적어서 단일 집단 성격이 강하다면 군 전체의 자율성은 강화된다.[33] 따라서 세 번째와 네 번째 차원의 민군관계 특징은 군의 자율성을 나타내며, 사실상 문민 통제의 환경 여건이기도 하다. 이러한 군의 자율성 수준을 중심으로 한 민군관계 특징을 시각화한 표현이 다음 그림 2에 나타나 있다. 그림 2에서는 민간 분야 비토 행위자 규모가 적고 군사 분야 비토 행위자 숫자가 많을 경우 군의 자율성이 약화됨을 보여주고 있다. 그리고 그 반대의 경우는 군의 자율성이 강화되는 것도 알려주고 있다.

〈그림 2〉 군의 자율성 수준을 중심으로 한 민군관계 특징

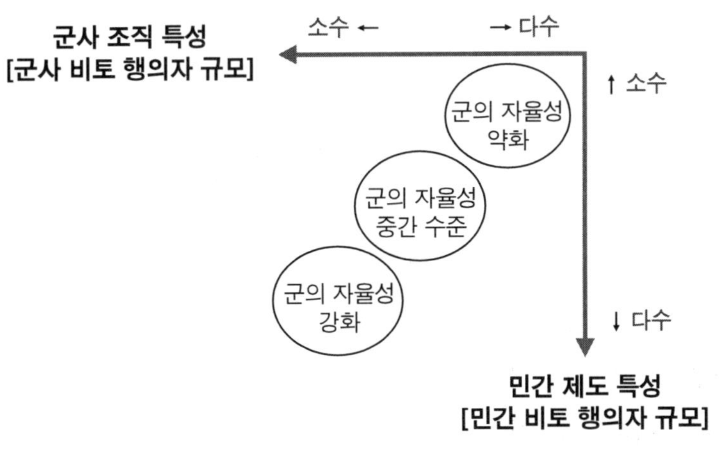

지금까지 살펴 본 것처럼 전쟁에서의 도전에 대한 국가적 대응에 영향을 미칠 수 있는 민군관계 특징은 통수권자 특성, 군부 특성, 민간

33 Burak Kadercan, "Strong Armies, Slow Adaptation" p.126.

제도 특성, 군사 조직 특성이라는 네가지 차원으로 구성된다. 이때 앞서 그림 1의 문민통제 수준과 그림 2의 군의 자율성 수준을 통합하면 민간 분야 행위자와 군사 분야 행위자 간의 관계를 문민통제 수준과 여건이라는 하나의 프레임으로 보여줄 수 있다. 그림 3은 민군관계의 네 가지 차원의 특징을 하나의 도표에 시각화한 것이다.

〈그림 3〉 문민통제의 수준과 여건

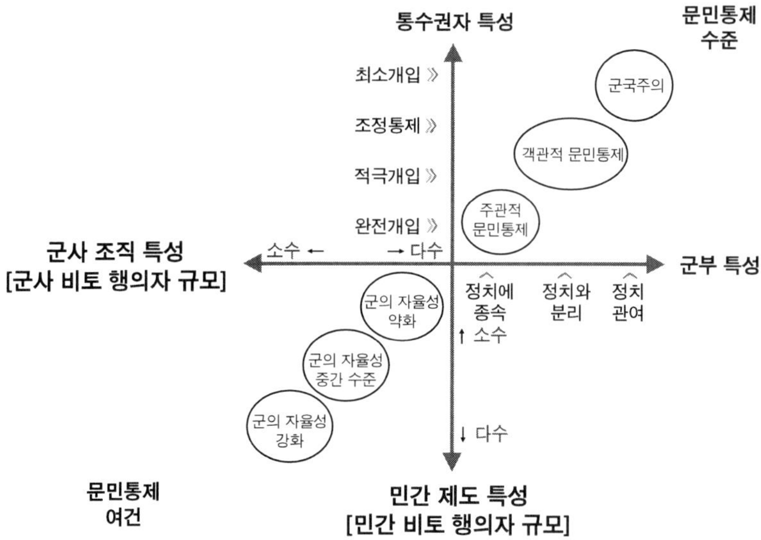

그러나 위의 그림 3에서 네 가지 차원으로 구성된 민군관계 특징은 문민통제의 수준과 여건을 묘사하기에는 적절하지만, 전쟁의 도전에 대한 국가적 대응이라는 관점에서의 변화를 직접적으로 포착하기는 어려워 보인다. 따라서 민군관계 특성을 구성하는 네 가지 차원을 각각 민간 분야와 군사 분야 별로 재구성하여, 국가적 대응에 관한 정책 변화를 측정할 수 있는 변수들을 찾아낼 필요가 있다. 실제로 민군관계의 특징에서의 네 가지 차원은 사실상 민간 분야와 군사 분야 행위자들의 집합적 특성이기도 하다. 따라서 네 가지 차원을 민간과 군사 분야라는 두 가지 부류로 구분하면, 민간과 군의 상호작용을 측정할 수 있는 변수들로 재조합될 수 있게 된다. 이때 앞의 그림 3에서 민군관계 특징의 첫 번째 차원인 통수권자의 특성과, 세 번째 차원인 민간 제도의 특성은 모두 민간 분야 행위자들의 집합적 속성을 의미한다. 그러므로 이 두 가지 차원을 민간으로부터 군으로의 영향력을 측정할 수 있는 하나의 변수로 통합할 수 있다. 여기서 '통수권자 특성' 차원은 민간이 군사 분야에 개입하려는 의지를 대표하고, '민간 제도 특성'은 민간의 군사 분야 개입을 보장해주는 제도적 여건을 의미한다. 따라서 이 두 가지 차원이 통합되면 민간의 군사 분야에 대한 개입 의지와 여건을 측정할 수 있게 된다. 여기서는 두 가지 차원을 통합한 변수를 민간과 군의 상호작용이라는 관점에서 '민간의 선택적 개입'이라 명명하고자 한다. 이때 '민간의 선택적 개입' 변수는 그림 3에서의 통수권자 특성과 민간 제도 특성의 변화를 통해 측정된다. 즉 '민간의 선택적 개입' 변수 측정시 군 통수권자의 특성이 '완전 개입' 방향으로 변화한다면, 다른 표현으로 그림 3 도표에서 중앙을 향하는 방향으로 변화할수록 '민간의 선택적 개입'이 강해지고 있음을 의미한다. 반면에 민간 제도 특성에서 비토 행위자 규모가 적을수록, 즉 그림 3 도표에서 중앙을 향하는 방향으로 변화할수록 '민간의 선택적 개입'은 강해지고 있음을 의미한다.

이와 같은 '민간의 선택적 개입'이라는 첫 번째 변수 도출에 이어서, 나머지 민군관계 차원들로부터 두 번째 변수가 식별될 수 있다. 이때 두 번째 민군관계 차원인 군부 특성과 네 번째 민군관계 차원인 군사 조직 특성은 모두 군사 분야 행위자들의 집합적 속성을 의미한다.

따라서 이 두 가지 차원도 군으로부터 민간으로의 영향력을 측정하기 위한 변수로 통합될 수 있다. 여기서 군이 민간 분야에 개입하려는 의지는 '군부 특성' 차원을 대표하고, '군사 조직 특성'은 군의 민간 분야 개입을 허용할 수 있는 여건을 의미한다. 따라서 이 두 가지 차원이 통합되면 민간에 대한 군의 개입 의지와 여건을 측정할 수 있게 된다. 여기서는 이 두 가지 차원을 통합한 변수를 민간과 군의 상호작용 측면에서 '군의 협상력'이라 명명하고자 한다. 이때 '군의 협상력' 변수 측정시 군부의 특성이 정치 관여 쪽으로 변할수록, 즉 그림 3 도표에서 바깥쪽으로 변화할수록, '군의 협상력'이 증가하고 있음을 의미한다. 그리고 군사 조직 특성에서 군사 분야 비토 행위자가 적을수록, 즉 그림 3에서 바깥쪽으로 변화할수록, '군의 협상력' 역시 증가하고 있음을 의미한다.

지금까지 민군관계 특성 네 가지를 민간과 군사 분야 행위자들을 대표할 수 있도록 재구성하여 '민간의 선택적 개입'과 '군의 협상력'이라는 변수들을 도출하였다. 이 새로운 변수들은 문민통제 수준과 여건을 넘어서 전쟁에서의 도전을 극복하기 위한 국가적 대응에 영향을 미치는 군과 민간의 관계를 포착하고 있다. 여기서 군과 민간의 관계는 민군관계에서 군과 민간의 대화라는 측면을 강조하는 기존 연구 성과와도 어느 정도 관련이 있다. 군과 민간의 대화라는 개념은 전쟁 중에 군사력 운용의 목표와 방법을 결정하는 과정에서 군 뿐 아니라 민간 정치 지도자나 민간 정부 기관도 스스로의 입장을 계속 표현하고 있음을 전제로 삼고 있다. 이때 민간 정치 지도자가 자신에게 부여된 최종 결정 권한을 확고하게 행사한다면, 군과 민간의 대화는 민간이 군보다 우월한 '불평등 대화'라고 할 수 있게 된다.[34] 이와 같은 군과 민간의 불평등 대화는 민간 정치 지도자의 개인 역량, 민간 정부가 군사 분야를 검토할 수 있는 체제, 민간 정부 기관의 정책 결정 참여를 제도화하는 국방 기획 관리 시스템 등에 의해서 강화될 수 있다.[35] 이때 군과 민간의 대화 결과에서는 민간 정치 지도자가 군보다 우월하다는 불평등이 인정되지만, 군과 민간의 대화 자체는 평등한 상황에서 이루어져야 각자의 전문성이 보장되고 그 결과 군사력 운용의 효과성도 높아질 수 있다고도 한다.[36] 이처럼 군사와 민간 분야 간의 상호작용은 군과 민간의 대화라고도 불리어진다. 이때의 대화는 군이라는 제복을 입은 집단과 민간이라는 제복을 입지 않은 집단들간의 대화를 의미한다. 이런 뜻에서 '민간의 선택적 개입'과 '군의 협상력'이라는 변수들도 민간으로부터 군에 대한 영향력과 군으로부터 민간에 대한 영향력을 대표하고 있으므로, 두 개의 변수들을 포괄하여 '제복과의 대화'로 명명하고자 한다. 그리고 지금부터는 '제복과의 대화'를 중심으로 전쟁에서의 도전과 대응을 살펴보고자 한다.

앞서 민군관계가 전쟁에서의 도전에 대한 국가적 대응과 밀접한 관련이 있다고 한 것과 같은 맥락에서, 제복과의 대화 특징도 전쟁 중 국가적 대응에 영향을 미칠 것이다. 그런 의미에서 전쟁의 3중성으로

34 엘리엇 코언, 이진우 역, 『최고사령부: 전쟁을 승리로 이끈 위대한 정치지도자의 리더십』, (서울: 가산, 2002), pp.339-340.

35 김정섭, "민군간의 불평등 대화: 한국군의 헌팅턴 이론 극복과 국방기획에 대한 문민통제 강화", 『국가전략 17:1』 (2011), pp.101-104.

36 이근욱, "한국 육군과 한국 민주주의, 기여와 미래", 이근욱 편, 『민군관계와 대한민국 육군』, (서울: 한울 아카데미, 2018), pp.122-124.

표현되는 전쟁의 복잡성에 대응하기 위한 전시 정책 결정과, 그리고 전쟁의 불확실성에 대응하기 위한 전쟁 중 적으로부터의 학습 여부는 모두 제복과의 대화에 의해 영향을 받을 것이다. 즉 제복과의 대화의 특징을 측정할 수 있는 민간의 선택적 개입과 군의 협상력이라는 변수들의 변화에 따라 전쟁 중 국가적 대응이 변화하는 것이다.

전쟁 중이라는 특정 상황에서는 군사 행위자의 역할이 커지기 때문에, 전쟁의 복잡성을 의미하는 정치외교, 사회경제, 군사작전 분야 중에서도 군사작전이 우선적으로 주목받을 가능성이 있다. 그런 가운데서도 전쟁 중 정책 결정시 군사작전과 함께 정치외교와 사회경제 분야도 충분히 고려되기 위해서는 민간 행위자의 역량이 충분해야 한다. 이런 의미에서 제복과의 대화 특징에서 민간의 선택적 개입이 충분히 일어나고 군의 협상력이 과도하지 않을 경우 전쟁의 복잡성을 고려한 전시 정책을 결정할 가능성 역시 커진다고 볼 수 있다.

그리고 전쟁의 불확실성으로 인한 실수와 실패로부터 상대방보다 신속히 학습하기 위해서는, 군사 행위자가 스스로의 실패를 인정하고 상대방의 우수한 영역을 수용해야 할 필요가 있다. 그러나 군사 행위자들이 서로 강하게 결집되어 있고 민간 분야보다 정치적으로 우월할수록 스스로의 실패를 수용하지 않고 군사혁신과 변화에 저항하는 경향이 있다.[37] 이때 민간 행위자의 역량이 충분하여 군사 행위자로 하여금 신속히 적으로부터 학습을 실행하게 한다면 전쟁 중 학습 경쟁에서 우월해질 것이다. 즉 군사와 민간 분야의 상호작용은 전쟁 중 군사 조직

37 Burak Kadercan, "Strong Armies, Slow Adapdation" pp.125–126.

의 학습 능력과 의지에도 영향을 미치게 된다. 따라서 제복과의 대화 특징에서 민간의 선택적 개입이 강하고 군의 협상력이 약해질수록, 전쟁의 불확실성을 극복하기 위한 적으로부터의 학습이 일어날 가능성은 높아질 것이다.

물론 전쟁의 복잡성을 고려하는 전쟁 중의 정책 결정과 전쟁의 불확실성을 극복하려는 적으로부터의 학습이 제복과의 대화 특징만으로 결정되는 것은 아니다. 전쟁 중의 국가적 대응에 관한 정책 결정에는 앞서 포즌과 키에르의 연구에서 제시된 바와 같이 안보 환경과 국내 환경이 영향을 미친다. 일반적으로 안보 환경은 국가 간의 경쟁에 임하는 국가들의 태도, 국력의 상대적 차이, 동맹, 잠재적인 경제력 등으로 특징지어진다. 그리고 일반적인 국내 환경은 국가의 전통과 경험, 의사결정 조직의 문화, 정치 집단의 이해관계 등으로 구성된다. 이와 같은 안보 환경과 국내 환경을 포괄하는 전략 환경은 전쟁에서의 도전에 대한 국가적 대응에 영향을 미치는 구조적 여건이 될 것이다.

〈그림 4〉 제복과의 대화 특징을 중심으로 한 인과관계

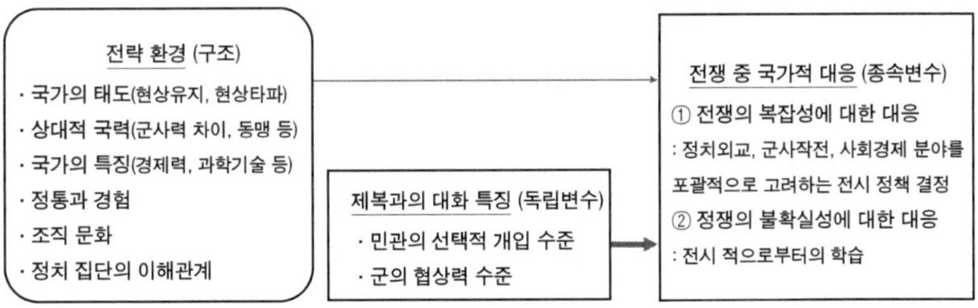

그러므로 이러한 구조적 여건 속에서 제복과의 대화 특징에 따라 국가적 대응이 결정될 것이다. 위의 그림 4는 이러한 전략 환경과 제복과의 대화 특징이 전쟁의 복잡성과 불확실성에 대한 국가적 대응에 미

치는 영향력을 표현하고 있다.

그리고 그림 4에서 표현된 제복과의 대화 특징을 중심으로 한 인과 관계를 검증하기 위한 두 개의 가설(hypothesis)을 다음과 같이 설정해볼 수 있다.

H1. 민간의 선택적 개입이 강하고 군의 협상력이 약해질수록, 전쟁의 복잡성을 고려하는 전쟁 중 정책 결정이 일어날 가능성이 커진다.

H2. 민간의 선택적 개입이 강하고 군의 협상력이 약해질수록, 전쟁의 불확실성에 대응하기 위한 적으로부터의 학습이 일어날 가능성은 높아진다.

제4장
사례: 제1차 세계대전과 제2차 세계대전

전쟁의 복잡성과 불확실성에 대한 국가적 대응이 제복과의 대화 특징에 의해 영향 받을 것이라는 가설은 전쟁 역사에서 라이벌 국가 간의 비교 분석을 통해 검증해 볼 수 있다. 이때 검증이라는 과정을 통해 역사와 이론과 정책은 서로 연계된다. 국가는 바람직한 전쟁의 결과, 즉 승리하거나 또는 패배를 모면하기 위해 전쟁을 대비해왔다. 이렇게 국가가 전쟁을 대비해왔던 과거 사례들을 수집하고 해석하는 것은 역사의 영역이다. 그리고 역사적으로 수집되고 해석되어진 현상들 속에서 원인과 결과라는 인과관계를 찾는 것이 이론의 영역이다. 그 다음에 이론은 다시 역사 사례 속에서 경험적으로 검증된다. 그리고나면 이론으로부터 도출되고 역사 사례를 통해 검증된 인과관계는 현실 세계에 적용될 수 있게 되는데, 이때부터가 정책의 영역이다. 즉 역사에서 검증된 보편적인 인과관계는 개별 국가의 특수한 환경에 적용되도록 변환되어져 정책으로 집행되는 것이다. 이처럼 역사는 과거를 해석하고, 이론은 보편성을 찾고, 정책은 밝혀진 인과관계를 현실의 특수성에 적용한다는 일련의 과정이 존재한다. 이러한 과정은 과거의 경험을 간과하지 않고 논리적인 방법으로 교훈을 찾아 미래를 대비하는 과정이기도 하다. 이와 같은 과정에서 제복과의 대화 특징이 전쟁의 복잡성과 불확실성에 대한 국가적 대응에 미치는 영향을 설명하는 가설을 검증하기 위해서는 적절한 역사적 사례가 필요하다. 역사 사례 선택에 있어서 20세기 이후라는 시대 범위는 너무 오래 전의 과거가 아니기 때문에 충분한 사료를 보장해주고, 장기간에 걸친 총력전 실례는 국가가 국력의 다양한 요소를 동원하는 과정을 포착하기에 적합해 보인다. 그래서 20세기 이후 총력전 역사가 사례로 선택되었다. 20세기부터의 현대 총력전 사례로는 제1차 세계대전과 제2차 세계대전이 있다. 그리고 이 두 가지의 역사적 현상 속에서 분석 대상 국가를 선정시 국제적 영향력과 전쟁 목표 등 유사한 요인들이 많아 그만큼 검증 과정에서 통제가 용이할 수 있는 강대국들만을 여러 참전국 중에서 선택했다. 그리고 그런 가운데서도 참전 강대국들의 전략 환경과 제복과의 대화 특징의 유사성과 차이점을 비교 가능한 제1차 세계대전과 제2차 세계대전에서 세 쌍의 라이벌 강대국 사례들을 선정했다. 그 결과 제1차 세계대전에서는 서부 전선에서의 라이벌이었던 독일과 영국, 제2차 세계대전에서는 독소전쟁에서의 라이벌이었던 독일과 소련, 그리고 제2차 세계대전 태평양 전선에서의 라이벌이었던 일본과 미국을 비교 대상으로 선정하였다.

제1차 세계대전의 라이벌 강대국 사례로 선정된 독일과 영국의 전략 환경은 일반적으로 차이가 크다기보다는 비슷한 편에 가깝다. 독일과 영국은 모두 강력한 육군과 해군을 각각 보유하고 있었고, 유럽의 강대국들을 자기 진영으로 끌어들이려는 동맹 경쟁에서도 대등했다. 또한 세계 최고 수준의 경제력을 보유하였으며, 국내적으로도 사회 전체가 분열되기보다는 단합되었다는 점에서도 유사했다. 반면에 독일과 영국에서 제복과의 대화 특징은 서로 공통점보다 차이점이 많았다. 제1차 세계대전 당시 독일의 군 통수권자 카이저(Kaiser) 빌헬름 2세(Wilhelm Ⅱ)는 군사 분야에 최소한의 개입만을 했고, 군부는 전쟁이 지속됨에 따라 정치에 깊숙하게 관여해 갔다. 정치 제도에 있어서 독일은 의회와 행정부가 분리되어 있지 않은 의원내각제이면서도 군주제의 잔재가 많이 남아 있었으므로, 민간 분야 비토 행위자의 규모는 상대적으로 작았다. 그리고 독일의 군사 조직은 육군과 해군만으로 구성되어 있어서 군사 분야 비토 행위자 규모는 작았고, 군부 지도자의 정치 개입 수준은 높았다. 그러나 같은 시기에 영국은 전시 내각의 수상과 내각 각료들은 군사 분야에 적극적으로 개입하려는 의지와 전문성을 지녔고, 군부의 특성 상 군과 정부는 분리되어 있었다. 영국의 정치 제도는 의원내각제였지만 자유당과 보수당이 전시 연립 내각을 구성했던 까닭에 민간 분야 비토 행위자 숫자는 상대적으로 많았다. 반면 영국의 군사 조직은 육군과 해군밖에 없어서 군사 분야 비토 행위자 규모는 작은 편이었다. 이와 같이 독일과 영국의 제복과의 대화 특징은 서로 차이가 많았다. 즉, 독일과 영국은 전략 환경이 유사하고, 제복과의 대화 특징에서는 차이가 컸던 비교 사례이다.

제2차 세계대전의 라이벌 나치 독일과 소련의 경우, 서로의 전략 환경은 유사하다. 독일과 소련 모두 이데올로기적으로 대외 팽창 성향이 강했고, 국방력 우선 정책으로 인해 강력한 군사력을 구비했다. 그리고 중공업 중심의 경제와 함께 독재자의 카리스마와 선전을 기반으로 국내 정치적 단합이 유지되었다는 점에서도 유사했다. 그리고 제복과의 대화 특징도 두 나라 모두 강력한 독재자가 통치했기 때문에 유사한 편이었다. 제2차 세계대전 당시 독일은 히틀러(Adolf Hitler)가 나치 독일의 최고 수장인 퓨러(Führer)로서 군을 통제할 뿐 아니라, 소련과의 전쟁 기간에는 군을 직접 지휘하였기 때문에 군 통수권자의 개입 수준은 완전 개입이었다. 독일의 군부 지도자들은 히틀러에게 철저하게 종속되기는 했으나, 공군과 무장 친위대(Waffen SS)는 나치 수뇌부 안에서 정치적 영향력을 보유하고 있었으므로 군부의 특성은 정치 관여라 할 수 있는 측면도 지니고 있었다. 그러나 전체적으로 군은 히틀러에게 철저히 통제되고 있었다. 그리고 테러에 의해 통치되는 독재체제에서 민간 분야 비토 행위자는 제도적으로 보장되어 있지 않았다. 반면 독일의 군사 조직은 육군, 해군, 공군이 병립하면서도 준 군사 단체인 무장 친위대까지 있어서 군사 분야 비토 행위자 규모는 컸다.

같은 시기의 소련은 스탈린(Joseph Stalin)이 공산당의 지도자로서 그리고 최고사령관으로서 군을 통제하였기 때문에 통수권자의 개입 수준은 완전 개입에 가까웠다. 그러나 독소전쟁이 진행됨에 따라 스탈린은 독일의 히틀러에 비해서는 군 지휘관에게 권한을 위임해주는 편으로 변화되었다. 군부 지도자는 비밀 경찰 군사 조직인 엔카베데(NKVD) 뿐 아니라 당에서 파견된 정치위원들의 감시까지 받았다. 또한 소련 붉은 군대의 창설 목표 자체가 당의 군대였던 만큼 군은 공산당에 철저히 종속되어 있었다. 그리고 소련 공산당이 일당 독재 체제를 유지하며 비밀경찰과 테러에 의한 통치를 구사하고 있었으므로 민간 분야 비토 행위자 숫자는 적었다. 소련의 군사 조직은 이론적으로는 육군과 해군 그리고 공군이 존재했으나 현실적으로는 지상군에 종속적이었으므로 사실상 군사 조직 간의 구분은 희박했다. 그러나 엔카베데가 군의 감시 뿐 아니라 실제 군사작전까지 실행하였으므로, 여러개의 군사 조직이 존재했다고 할 수 있고, 군부 지도자는 정치적으로 당에 종속되어 있었다고 볼 수 있다.

당시 독일과 소련의 제복과의 대화 특징은 서로 비슷한 측면이 많았다. 그러나 히틀러의 군사 분야 개입은 스탈린보다 더 강했고, 군부 지도자들의 정치적 영향력은 독일이 소련보다 강했다는 측면에서 두 국가 간의 차이점이 있기는 했다. 그럼에도 전반적으로는 독일과 소련의 제복과의 대화 특징은 유사했다고 할 수 있다. 따라서, 제2차 세계대전에서 독일과 소련은 전략 환경과 제복과의 대화 특징이 모두 유사한 비교 사례이다.

이와 달리 제2차 세계대전 태평양 전선의 라이벌인 일본과 미국은 전략 환경에서부터 큰 차이가 있었다. 일본은 주요 참전 강대국이기는 하지만 일본의 국력과 군사력은 주로 동아시아 무대에 한정되어서 평가 받아왔고, 태평양을 넘어선 세계 무대에서는 미국에 비해 국력과 군사력 모두 열세했다. 그리고 미국이 다른 강대국과 중견국들과의 군사 협력을 바탕으로 태평양에서 현상 유지적인 대외 정책을 펼쳤던 반면, 일본은 다른 강대국들과의 군사적 협력이 없는 상태로 침략적인 현상 타파적인 대외 정책을 고수했다. 국내적으로도 미국은 거대 규모의 전시 경제로 확장될 수 있는 잠재력을 지니고 있었으나, 사회적으로 고립주의와 개입주의 간의 대립 현상이 있었다. 반면 일본에서는 일찌감치 전시 경제로 전환했던 것만큼 빨리 성장의 한계 상황에 도달했지만, 국내적으로 일본 사회는 강력하게 단합되어 있었다.

이와 같은 전략 환경의 차이만큼이나 일본과 미국은 제복과의 대화 특징에서도 차이가 컸다. 일본의 제도적 군 통수권자인 덴노[日王]는 전쟁 기간 중에 군사 분야의 의사결정에 거의 개입하지 않았으며, 대체로 최소 개입 수준을 유지했다. 군부의 특성은 현역 군인이 수상까지 맡으며 정치에 직접 관여하는 수준이었다. 그리고 전쟁 발발 이전부터 일본 내 의회와 민간 정당의 정치적 영향력이 상당히 퇴조하였으므로, 민간 분야 비토 행위자는 일부 원로 정치가들과 왕실 인척 정도였고 그 규모가 대단히 적었다. 군사 조직의 경우는 육군과 해군 두 개 군이었으며, 군사 분야 비토 행위자 규모는 적었다.

반면 같은 시기의 미국의 군 통수권자인 대통령은 중요한 결정 외에는 군 지도자들에게 권한 위임을 많이 했으므로, 통수권자의 개입 정도는 조정 통제 수준이라 할 수 있었다. 그리고 미국의 군 지도자들은 정치 관여를 삼가했으며 군과 사회의 분리 상태도 뚜렷하였다. 그리고 대통령제 특성을 지닌 미국의 정치 제도에서는 의회 자체가 대통령에 대해 비토 권한을 행사할 수 있는 행위자였으며, 대통령 선거 등에 영향을 미칠 수 있는 비토 행위자 숫자가 의원내각제였던 영국에 비해서도 많았다. 군사 조직으로 육군 내에는 반독립적인 육군항공군이 있었고 해군성 안에는 해군과 해병대가 공존했으므로 군사 분야 비토 행위자는 많은 편이었다. 따라서 제2차 세계대전에서 일본과 미국은 전략 환경과 제복과의 대화 특징 모두 큰 차이가 있었던 비교 사례이다.

이때 제1차 세계대전과 제2차 세계대전에서 비교 분석 사례로 선정된 6개의 라이벌 강대국들을 시간과 공간을 교차하여 비교하면 6개의 제복과의 대화 특징 형태로 세분화할 수 있다. 다음 그림 5는 라이벌 국가들의 제복과의 대화 특징 비교를 시각화한 것이다.

〈그림 5〉 6개 라이벌 국가들의 제복과의 대화 특징 비교

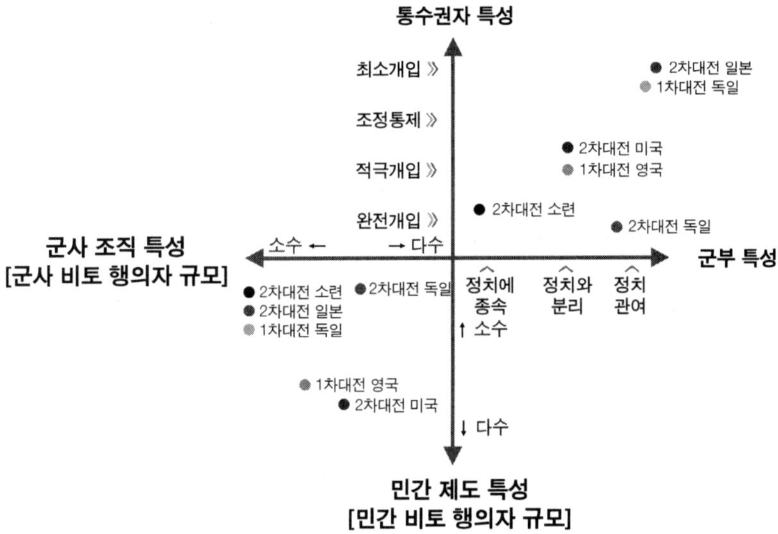

그림 5에서와 같이 시간과 공간을 교차한 사례 비교에서 제복과의 대화 특징은 제1차 세계대전 당시 독일과 제2차 세계대전 당시의 일본이 유사하다. 그럼에도 제1차 세계대전 당시 독일에서는 육군과 해군 중 육군이 군사전략을 주도했던 반면, 제2차 세계대전 당시 일본의 육군과 해군은 전쟁 전략 계획과 수행 측면에서 상호 대등했고 서로 견제할 수 있는 관계였다는 점에서 독일과 달랐다. 그리고 제1차 세계대전 당시 영국과 제2차 세계대전 당시 미국은 서로 민주주의라는 제도적

공통점을 지녔다. 그러나 제1차 세계대전 때 영국의 민간 정치 지도자가 적극적으로 군사 분야에 개입하고 통제했던 것과 달리, 제2차 세계대전 때 미국의 민간 정치 지도자는 군사 분야에 선별적으로 개입했다는 차이가 있다. 그리고 제2차 세계대전 당시 나치 독일과 소련은 모두 독재적 통수권자들이 강력하게 군사 분야에 개입하였다는 공통점이 있지만, 소련의 경우 통수권자가 군 지휘관들에게 위임한 권한이 시간이 갈수록 커진 반면 독일은 그 반대였다는 차이가 있었다. 그리고 독일의 군사 조직들은 서로 경쟁적이고 견제하는 관계였던 것에 비해, 소련의 군사 조직들은 상호 역할 분담에 비교적 충실했다는 특징이 있었다.

이와 같은 라이벌 국가들의 제복과의 대화 특징에서의 차이점들은 전략 환경이라는 구조적 여건과 더불어 전쟁에서의 도전에 대한 국가들의 대응을 결정했던 것으로 보인다. 이 책의 다음 제2부에서부터 살펴 볼 라이벌 국가들의 비교 분석은 전쟁에서 도전과 대응에 있어 제복과의 대화 특징과 전략 환경이 어떤 역할을 해왔는지를 보여줄 것이다. 이 책은 모두 5부로 구성되어 있다. 다음 제2부에서는 제1차 세계대전 당시 독일과 영국의 전략 환경과 함께 제복과의 대화 특징을 식별한 후, 전쟁 개시 결정부터 해양봉쇄 결정을 포함한 전쟁 중 주요 국가적 대응과 제복과의 대화 특징 간의 관계를 비교할 것이다. 그리고 제3부에서는 제2차 세계대전 독소전쟁을 배경으로 소련과 독일의 전략 환경과 제복과의 대화 특징을 살펴 본 후, 전쟁 중 전격전에 관한 적으로부터의 학습 결정을 포함한 전쟁 중 국가적 대응과 제복과의 대화 특징 간의 관계를 비교한다. 이어서 제4부에서는 제2차 세계대전 태평양전쟁을 배경으로 일본과 미국의 전략 환경과 제복과의 대화 특징을 검토한 후, 전쟁 중 주요 국가적 대응과 제복과의 대화 특징 간의 관계를 비교 분석한다. 마지막으로 제5부에서는 이론적 발견과 경험적 분석을 바탕으로 한 현실 정책에서의 적용 방안을 모색할 것이다.

제2부

제1차 세계대전에서 베를린 vs. 런던

제1장

역사의 무대: 제1차 세계대전 서부 전선

전쟁에서의 도전과 대응에 제복과의 대화 특징이 미치는 영향에 대한 첫 번째 라이벌 비교는 제1차 세계대전에서의 독일과 영국 사례이다. 당시 두 나라의 제복과의 대화 체계는 서로 상당히 달랐으나, 국력의 수준, 대외 정책 목표, 경제와 사회적 여건 등 전략 환경에 있어서는 유사한 면이 많았다. 사실 제1차 세계대전이 시작할 때까지 유럽은 세계를 지배하고 있었고, 독일과 영국은 유럽 역사에서 중요한 주인공들이었다. 역사적으로 유럽은 아시아와 북아프리카에 비해 후진적 지역이었던 시절이 있었으나, 대항해 시대(The Age of Discovery)를 통한 지리적 발견과 산업혁명을 거치며 아시아와 아프리카 대부분을 유럽의 식민지로 만들며 세계를 지배하였다. 그 시절 유럽 대륙에서의 패권은 곧 세계의 주인을 의미했으므로 유럽 대륙에서 강대국 간의 전쟁은 세계 역사의 주요 사건이 되었다. 그런 가운데 유럽의 역사는 군사적 천재로 유명했던 나폴레옹(Napoleon Bonaparte)이 역사의 무대에서 퇴장한 이후로 한때나마 전쟁이 없는 시대를 맞이하고 있었다. 유럽의 강대국들은 정교한 세력균형 노력과 함께 경제적으로나 사회적으로도 긴밀하게 교류하는 사이가 되어 있었던 것이다. 그런 분위기 속에서 문명화된 유럽에서 그 문명을 파괴할만한 큰 전쟁은 더 이상 일어나지 않을 것이라는 기대도 부풀어 올랐다. 그런데 그 시점에 중부 유럽에서 프러시아 왕국이 주변의 제후국들을 통합하며 세력을 키우기 시작했다. 그리고 프러시아가 1870년에 프랑스를 전쟁으로 제압하고는, 프랑스의 수도 파리 근교의 베르사이유(Versailles) 궁전에서 통일된 독일 제국을 선포하면서부터 새로운 긴장의 씨앗이 자라기 시작했다. 유럽의 군사 강대국으로 등극한 독일 제국은 국제적 야심이 컸고, 따라서 해외 식민지 쟁탈 경쟁에도 적극적으로 뛰어들었다. 그 결과는 세계에서 가장 많은 식민지를 지배하고 있어서 해가 지지 않는 제국으로 불리었던 영국과의 경쟁으로 이어졌다. 독일과 영국은 식민지 경쟁도 벌였고, 식민지와 본토를 연결시켜주는 해양을 지배하기 위한 해군력 경쟁에도 돌입했다. 그리고 두 나라는 서로의 패권 대결에 도움이 될 동맹국 확보 경쟁에도 뛰어들었다. 이와 같은 독일과 영국의 경쟁은 제1차 세계대전의 배경이기도 했고, 유럽에서의 국지적 전쟁을 세계대전으로 증폭시킨 원인이기도 했다.

더구나 20세기 유럽 분위기는 인류의 문명이 만개할 것이라는 희망만이 지배적이었다고는 할 수 없었다. 유럽에서는 여전히 민족과 종교와 언어의 차이를 배경으로 한 지배와 피지배, 저항과 탄압, 영토 전쟁과 같은 현상도 존재했다. 특히 유럽 대륙의 남동쪽 끝단에 위치하여 아시아와 가장 가깝게 연결되는 발칸(Balkan) 반도에서는 세계의 화약고로 불릴 정도로 국제적 긴장과 충돌이 빈번했다. 발칸 반도는 지리적으로 유럽의 최남단에 위치한 그리스로부터 시작되어 동쪽으로 보스포러스(Bosporus) 해협을 건너 아시아 대륙으로 이어진다. 발칸 반도의 아시아와 유럽의 연결 지역에는 오스만 터키 제국이 위치하고 있었다. 오스만 터키 제국은 발칸 반도에 있던 동로마 제국을 멸망시키면서 유럽을 호령했었으나, 20세기에는 개혁에 실패한 힘 잃은 제국의 모습으로 남아있었다. 그럼에도 오스만 터키는 여전히 발칸 반도에 거주하는 이슬람 교도들의 수호자를 자처하고 있었다. 이 당시 발칸 반도의 북쪽은 오스트리아 제국의 동부 국경 지대이기도 했다. 오스트리아는 종교적으로는 카톨릭을 신봉하면서 다양한 민족들을 제국이라는 이름 아래로 통치하려고 했는데, 오스트리아 지배 계층과는 종교도 민족도 달랐던 슬라브 민족의 상당수가 발칸 반도에서 오스트리아의 지배를 받고 있었다. 따라서 오스트리아와 슬라브 민족 간에는 긴장이 발생할 가능성이 있었으며, 오스트리아 주변의 슬라브 민족 독립 국가들로 인해 그 긴장 가능성은 더 높아지고 있었다. 당시 발칸 반도의 슬라브 민족 독립 국가인 세르비아와 전 세계 슬라브 민족의 보호자를 자처하는 러시아 제국은 서로 민족적 동질감과 함께 그리스 정교라는 종교적 공통점 때문에 공동 보조를 맞추고 있었다. 이와 같은 상황으로 인해 오스트리아, 세르비아, 러시아는 오스트리아 내 슬라브 민족의 거취를 두고 항상 날카롭게 대치하고 있었다. 그리고 슬라브 민족의 거취 뿐 아니라 발칸 반도에서 점점 힘을 잃어가는 오스만 터키의 공백을 차지하기 위해서도 오스트리아와 슬라브 민족 국가들 간의 갈등은 첨예해져 가고 있었다. 이때 독일은 오스트리아의 동맹국이었고, 영국은 프랑스와 함께 러시아의 동맹국이었다.

결국 제1차 세계대전은 세계의 화약고인 발칸 반도로부터 시작되었다. 1914년에 오스트리아 제국의 황태자가 세르비아 청년에게 암살당하는 사건이 오스트리아와 세르비아의 전쟁으로 촉발되면서 발칸 반도의 전쟁이 일어났던 것이다. 이렇듯 제1차 세계대전의 시작은 남동부 유럽이었다. 그러나 발칸 반도의 국지전쟁이 세계대전이 되어 버린 것은 뒤이은 독일과 영국의 결정 때문이었다. 오스트리아의 동맹국이었던 독일은 오스트리아를 도와 참전을 결정하고는 러시아의 동맹국인 프랑스를 공격하였다. 이렇게하여 남동부 유럽에서 시작된 국지전쟁은 서부 유럽으로 확대되면서 유럽 대륙의 전쟁이 되어버렸다. 그리고 프랑스의 동맹국인 영국이 참전을 결정하면서 유럽 대륙의 전쟁은 세계대전이 되었다. 영국이 중립이 아닌 참전을 결정함에 따라 유럽 대륙의 전쟁을 중재해 줄 국가가 사실상 사라졌고, 그것은 전쟁이 중재국 없이 상대가 완전히 항복할 때까지 계속해야 하는 총력전이 되어 버렸다는 의미에서의 진정한 세계대전의 시작이었다.

1914년에 전쟁이 시작될 때만 해도 참전국 국민들은 속전속결을 예상하며 열렬히 전쟁을 지지했으나, 예상과 달리 전쟁 기간은 길어졌다. 그리고 전쟁의 공간도 중동과 동부 아프리카로부터 동아시아와 남아메리카 해안까지 확대되었다. 이렇듯 넓은 지리적 공간에서 펼쳐진 전쟁이었지만, 유럽의 전쟁을 세계의 전쟁으로 만든 곳은 유럽의 서부 전선이었다. 그리고 참전국들의 속전속결에 대한 기대를 무너뜨린 곳도, 궁극적으로 전쟁을 종결시킨 곳도 유럽의 서부 전선이었다. 전쟁이 시작되었을 때 독일은 서부 전선에서 신속하게 승부를 결정짓고자 하였으나 1870년과는 달리 독일군은 파리를 포위하는 것에도 실패했고, 영국군까지 상대해야했다. 그 결과 서부 전선은 장기간의 참호 전쟁으로 이어졌고 유럽 원정군을 보낸 영국 뿐 아니라 전쟁을 일으킨 독일 역시 막대한 인명 피해를 감수해야 했다. 제1차 세계대전 당시 유럽 대륙 이외 지역에서의 전투는 대규모 병력이 동원되지도 않았고, 전세에 결정적인 영향을 주지도 않았다. 그리고 유럽의 동부 전선에서는 독일과 러시아가 주인공이었고 두 나라 군대 간의 역동적인 진격과 후퇴가 발생했지만, 1917년 러시아 혁명 발생과 함께 러시아가 전열에서 이탈하면서 동부 전선 상황은 종료되었다. 따라서 전쟁의 마지막 노력들은 서부 전선에 집중되어졌다. 마침내 미국이 영국과 프랑스 편으로 참전하여 연합군을 구성해 대규모 공격을 시작하고, 독일 국내에서 정치적 반발과 소요가 발생했을 때 서부 전선의 상황도 종료되었다. 그리고 세계대전도 끝이 났다.

전쟁이 끝나면서 독일 제국과 오스트리아 제국의 왕실은 전쟁 중에 일어난 혁명으로 사라진 러시아 제국의 왕실의 뒤를 따라 함께 사라졌다. 이렇듯 제1차 세계대전의 종결과 함께 유럽의 주요 제국들도 종말을 맞이했다. 그리고 미국의 부상과 함께 유럽이 세계를 결정한다거나 문명화된 인류가 전쟁을 종식시킬 것이라는 등의 믿음도 사라졌다. 전쟁이 끝난 후에는 독일이 다시는 침략 행위를 저지르지 못하도록 제재하는 것을 골자로 하는 전후 체제가 생겨났다. 전후 체제의 합의는 역설적으로 독일이 1871년에 통일 제국을 선포했던 곳과 같은 장소인 베르사이유 궁전에서 서명되면서 베르사이유 체제로 불리어졌다. 그러나 베르사이유 체제가 독일의 침략 능력과 의도를 계속 통제할 수 있을 것인지, 아니면 오히려 영국 등의 승전국에 대한 복수심을 더 불타오르게 만들지는 불분명했다.

지금부터 살펴 볼 제1차 세계대전 역사에서 나타난 독일과 영국의 라이벌 관계는 시간의 흐름에 따라 총 3개의 국면 속에서 확인된다. 첫 번째 국면은 세계대전이 개전될 때까지이고, 두 번째 국면은 개전 이후부터 1917년초까지 기간이며, 세 번째 국면은 전쟁이 종결될 때까지이다. 제1차 세계대전을 앞두고 독일과 영국은 국력이 비슷했고 동맹국들을 확보하기 위한 경쟁을 했다는 점에서 서로의 전략 환경이 유사하다. 그러나 제복과의 대화 특징에서는 군대의 영향력이 강한 독일과 민간의 군부 통제가 강했던 영국은 서로 큰 차이를 갖고 있었다. 이제 제1차 세계대전 이전 독일과 영국의 전략 환경과 제복과의 대화 특징을 살펴 본 후, 전쟁에서의 도전과 대응에 미친 영향을 확인해보고자 한다.

제2장
전쟁 전의 독일

1. 전략 환경: 떠오르는 세계 제국

1890년대부터 제1차 세계대전 발발 직전까지 독일의 전략 환경은 독일이 폭발적인 경제 성장과 국가통합을 배경으로 세력균형 외교를 탈피하고, 식민지 경쟁과 해군력 증강을 선택하는 것으로부터 형성되었다고 할 수 있다. 그후 독일의 급격한 식민지와 해군력 경쟁으로 인해 독일은 유럽 강대국들 사이에서 외교적 고립 상태에 빠져들게 된다. 그러자 독일은 고립을 타파하기 위해 강압외교를 선택하게 되고, 그 결과는 유럽 전체에서 외교의 군사화 현상이 일어나고 이것과 함께 전쟁 위기도 발생한다. 그에 따라 독일은 유럽 대륙에서의 전쟁을 대비하여 해군력 증강 정책 대신 육군력 증강 정책으로 전환하며 제1차 세계대전의 전야를 맞이하게 되는 것이 독일이 맞이한 전략 환경의 요약이다.

이때 제1차 세계대전의 발발이라는 위기를 향한 출발은 아이러니하게도 독일 경제의 급속한 성장부터였다. 1890년 이후 독일 국내 상황은 폭발적인 성장이라고 표현할 수 있을 정도의 경제 호황이었다. 독일의 석탄과 강철 생산량은 세계 최고 수준이었으며, 전기와 화학 산업도 세계를 주도하고 있었다.[38] 이러한 성장을 바탕으로 독일 국내 산업자본가 계층이 부상하기 시작했다. 그리고 대규모 농업과 토지에 기반을 둔 귀족 출신 지주 계층도 여전히 큰 세력을 이루고 있었다. 독일에서는 대토지에 기반을 둔 귀족 지주들인 융커(junker) 계층과 농업 인구를 위한 보호무역 정책이 계속되어왔고, 독일 정부는 곡물에 대한 보호관세로 독일 동부의 전통적 지주 계층의 이익을 지켜왔다.[39] 이러한 환경을 배경으로 전통적인 지주 계층과 산업자본가 계층은 동맹을 형성했고, 이들은 국가 경제의 지속적 팽창의 수단으로 식민지 진출을 선택했다.[40] 이때 산업 발전은 필연적으로 노동조합과 사회주의를 확산시켰으므로, 노동자 계층을 대표하는 사회민주당(Social Democratic Party of Germany, SPD)의 영향력도 증대되고 있었다. 노동조합과 사회주의는 독일의 전통 지배층에게 가장 큰 위협이었으므로 한때 사회민주당의 영향력 약화가 독일 정부의 주요 국내 정치 목표였던 시기가 있었다. 그 시기에 사회민주당을 약화시키기 위한 법 조항들이 많이 제정되기도 했었다. 그러나 1895년 이후 지속된 경제 호황 속에서 독일 국내에

38 폴 케네디, 이일수 등 역, 『강대국의 흥망』, (서울:한국경제신문사, 1989), pp.293-294.

39 정해본, 『독일근대사회경제사』, (서울: 지식산업사, 1991), p.147.

40 제바스티안 하프너, 안인희 역, 『비스마르크에서 히틀러까지』, (서울: 돌베개, 2016), p.91.

서의 계급 간 투쟁은 점차 약화되었다. 그러자 사회민주당 역시 혁명을 포기하고 제도권 내에서의 개혁으로 목표를 전환하였다.[41] 그 결과 독일 국내에서의 정치 사회적 긴장은 대부분 해소되어졌고, 이와 같은 사회적 화합과 경제적 호황은 독일이 해외 식민지 쟁탈을 위해 도발적인 대외 정책까지 선택할 수 있게 해준 든든한 버팀목이 되었다.

이와 같은 배경 속에서 독일은 외교적으로 세력균형 정책으로부터 탈피하여 보다 공격적인 대외 정책을 선택하게 되었다. 이것은 독일 제국의 원래 외교노선으로부터 많이 벗어난 것이었다. 1871년 독일 제국 선포 이후로 독일의 비스마르크(Otto von Bismarck) 수상은 주도면밀하게 설계한 세력균형 체제를 유지하려고 노력했었다. 비스마르크의 세력균형 외교의 골자는 독일에게 패배하고 복수심에 불타는 프랑스를 견제할 수 있는 동맹의 구축이었다. 따라서 비스마르크 수상이 재임하는 동안 독일은 영국이 명예로운 고립 정책을 유지하는 틈을 활용하여 러시아와 오스트리아를 협력 대상으로 만들기 위한 노력을 많이 기울여왔었다. 그 결과 독일은 오스트리아와의 동맹을 유지하며 러시아와는 상호 중립보장 조약을 지속해왔다. 그러나 1888년에 독일의 새로운 카이저 빌헬름 2세(Wilhelm Ⅱ)가 즉위하면서 비스마르크 체제는 종식되고, 세력균형 외교도 폐기되었다. 1890년에 비스마르크 수상이 퇴임한 이후 독일은 신중한 세력균형 외교 대신 공격적 외교를 선택했고, 따라서 프랑스를 견제한다는 목적으로 러시아에게 불편을 무릅쓰고 제공했던 타협과 양보도 중단하기로 했다. 그 결과 독일과 러시아의 상호

41 제바스티안 하프너, 『비스마르크에서 히틀러까지』, p.89.

중립보장 조약은 종료되었고, 러시아는 그후 1894년에 프랑스와 동맹을 맺게 되었다. 이것은 비스마르크가 피하려고 했던 위험한 상황이었는데, 즉 독일의 동서 양쪽에 적대국이 위치하는 상황이었던 것이다.

세력균형 외교의 탈피와 함께 독일은 해외 식민지 쟁탈에도 본격적으로 뛰어들었다. 1893년 독일의 거대 은행 도이치 방크(Deutsche Bank)가 바그다드(Baghdad) 철도 부설권을 확보하는데, 이것은 독일이 수도 베를린부터 시작하여 발칸 반도를 거쳐 중동의 바그다드까지 이어지는 철도 건설 계획을 포함한 거대한 해외 팽창 정책의 신호탄이기도 했다. 이러한 식민지 쟁탈 정책이 본격화되면서 독일 국내에서는 해외 식민지와 본토 사이의 해양을 통제하기 위한 해군력 건설 요구도 함께 부상했다. 당시 독일 해군은 세계에서 가장 많은 식민지를 보호하고 있는 영국 해군과 같은 수준의 해군력 건설을 목표로 삼았다. 그것은 독일이 영국 해군을 상대로 경쟁하겠다는 의미이기도 했다. 1897년 독일 해군성 장관 티르피츠(Alfred von Tirpitz) 제독은 영국 해군과의 대결을 목표로 독일 해군을 발전시키는 방안을 카이저에게 제출하였다. 1900년에 2차 해군 예산 법안이 승인받을 때 독일 해군의 주력 함정 건설 목표는 38척이었고, 이 규모는 전 세계 어느 나라에서도 찾아볼 수 없었던 영국 해군에 대한 심각한 도전이었다. 그 결과 영국과 독일의 해군력 경쟁이 시작되었다.

영국은 독일과의 해군력 경쟁 이후로 그 동안의 명예로운 고립 정책을 버리고 적극적으로 동맹 정책에 뛰어들기 시작했다. 실제로 영국은 1902년에 일본과 동맹을 맺었고, 1904년에는 프랑스와 화친 조약을 체결하였다. 이와 같은 영국의 행동으로 인해 이미 러시아와 프랑스를 적대국으로 돌려놓고 있던 독일은 외교적 고립에 빠지게 되었다. 이때부터 독일은 외교적 고립을 타파하기 위한 노력을 시작하는데, 그 방법은 주로 강압 외교였다. 그리고 그 결과로 유럽 강대국들의 외교가 군사력에 의존하게 만드는 외교의 군사화 현상이 나타나게 되었다.

독일은 외교적 고립 타파를 위해 러시아가 1904년 일본과의 전쟁에서 패전하여 힘이 약해진 틈을 타서 보다 공격적인 외교로 적대국들의 단결을 와해시키기 위한 노력을 시작했다. 독일의 노력은 대부분 강압적이었고 첫 번째 강압외교의 결과로 제1차 모로코 위기가 발생했다. 독일은 프랑스와 영국이 아프리카에서 모로코와 이집트에서의 영향력을 상호 교차 승인하며 협력이 깊어지는 것을 우려했다. 그래서 프랑스가 모로코를 보호국으로 만들려는 계획도 저지하고 동시에 영국과 프랑스 사이도 갈라놓고자했다. 이러한 목적으로 독일 카이저 빌헬름 2세는 1905년에 모로코를 직접 방문하여 모로코가 프랑스로부터 독립하는 것을 독일이 적극적으로 지원하겠다고 선언하였다. 당시 독일은 프랑스의 고립과 영국의 중립을 기대하며 프랑스에게 전쟁을 개시하겠다고까지 협박하였다. 이와 같은 독일의 강압 외교는 프랑스와 전쟁 직전 상황까지 가도록 만들었다. 당시 독일 육군 참모총장 슐리펜(Alfred von Schliffen)은 프랑스에 대한 예방 공격까지도 건의하였다. 그러나 독일 뷜로(Bernhard von Bulow) 수상과 카이저 빌헬름 2세는 독일의 군사준비태세가 부족하다는 이유로 공격을 승인하지 않았다.[42] 그리고 그 시점에 독일의 예상과 달리 영국을 포함해 독일을 지지하는 강대국도

42 David Stevenson, "Militarization and Diplomacy in Europe before 1914" *International Security* 22:2 (Summer 1997), p.130.

없었다. 결국 독일의 강압 외교가 촉발시킨 제1차 모로코 위기는 전쟁으로 확대되지는 않았으나, 독일은 외교적 고립을 여전히 타파하지 못하고 있었다. 그리고 이 시기를 계기로 유럽 강대국들의 외교정책이 군사력에 의존하는 외교의 군사화 현상이 본격화되었다.

제1차 모로코 위기에 이어서 외교의 군사화는 3년후 발칸 위기로 또 한번 그 모습을 드러냈다. 발칸 위기의 시작 단계에서 독일이 직접 관여한 것은 없었지만, 발칸 위기의 당사자가 독일의 거의 유일한 동맹국인 오스트리아였기 때문에 독일은 필연적으로 개입할 수 밖에 없었다. 당시 오스트리아는 발칸 반도의 슬라브 민족들로 구성된 보스니아 헤르체비고나를 1908년에 합병하였는데, 이 사건은 주변의 모든 슬라브 민족들에게 위협으로 받아들여졌다. 그래서 발칸 반도의 슬라브 민족 국가인 세르비아가 가장 먼저 오스트리아를 겨냥한 전쟁 준비 태세를 갖추기 시작했다. 이어서 같은 슬라브 민족이면서 모든 슬라브 민족의 보호자를 자처하고 있던 러시아도 중앙 아시아의 병력 일부를 유럽으로 이동시키면서 발칸 위기가 고조되기 시작했다. 이때 독일은 오스트리아의 동맹국으로서 발칸 위기를 활용해 유럽에서 전쟁을 일으켜 그동안의 외교적 고립 문제를 해결할 가능성을 검토하기 시작했다. 당시 독일 육군 참모총장 몰트케(Helmuth von Moltke) 장군은 독일이 유럽 대륙의 전쟁에 개입할 경우 승리할 것이라고 장담하면서 군사력 사용을 조언하였다. 그러나 독일이 전쟁을 공식적으로 결심하기 전에 오스트리아와 세르비아가 서로 양보를 하게 됨에 따라 1908년 발칸 위기는 종료되었다. 따라서 발칸 위기에 독일이 직접 개입할 수 있는 기회는 없었다. 그럼에도 발칸 위기가 진행되는 가운데 독일은 러시아가 1904

년의 러일전쟁 패배로부터 회복되고 있으며, 앞으로 더욱 세력이 강해진 러시아와의 발칸 반도에서 대결은 피할 수 없게 될 것이라고 생각하게 되었다. 이와 같은 독일의 판단은 강압 외교와 외교의 군사화 현상을 가속화시켰다.

그런 가운데 러시아는 신속한 군사력 동원을 가능하게 해 줄 수 있는 육군 재조직을 시작했고, 프랑스와의 결속을 강화하고 있었다. 독일은 이런 상황에서 러시아에 대한 예방 전쟁 필요성을 검토하면서 동시에 프랑스와 러시아를 중심으로 한 강대국 간의 결속을 교란하기로 했다. 그래서 1905년에도 시도한 바 있던 모로코에 대한 강압 외교를 한 번 더 하기로 했다. 마침 프랑스는 모로코를 중립화한다는 강대국들 간의 합의를 무시하고 모로코에 프랑스 군대를 보낸 상태였다. 독일은 프랑스에 대한 항의와 프랑스 군의 철수를 기대하며, 6년만에 모로코에 대한 강압외교를 다시 시도하였다. 이러한 독일의 두 번째 강압외교를 위해서 독일 전함 판터(Panther)호가 모로코 항구인 아가디르(Agadir)로 출동했다. 이렇게 해서 1911년 제2차 모로코 위기가 시작되었다. 독일 해군의 강압 외교에 대해 영국은 해군의 전쟁 태세를 최고 수준으로 높였고, 프랑스는 국경의 군사력을 증강시키는 것으로 대응했다. 이때 독일은 예상보다 강한 대응을 마주하면서 아직까지 영국 해군보다 열세인 해군력으로 전투를 벌이기보다는 외교적 협상안을 받아들이기로 판단했다. 결국 독일은 전함 판터를 철수시키면서 제2차 모로코 위기는 전쟁으로까지 확대되지는 않게 되었다. 그러나 유럽 강대국들의 외교의 군사화 현상은 더욱 가속화되고 있었고, 1900년대 이후 지속되어 온 독일의 공격적 외교가 강대국 간의 전쟁을 촉발시킬 가능성은 이제 그 어느 때보다 커져 있었다.

이처럼 외교의 군사화 현상이 고도화되는 가운데 제1차 세계대전 발발 전 마지막이자 최대의 위기가 1912년 발칸 반도에서 발생했다. 이 위기는 세르비아가 오스만 터키 제국을 상대로 전쟁을 일으키면서 시작했고 발칸 전쟁이라고도 불리웠다. 발칸 전쟁이 발발했을 당시 러시아는 과거 러일전쟁의 패배를 거의 극복하고 경제력과 군사력을 모두 전쟁 이전 수준으로 복원시킨 상태였다. 그러므로 발칸 전쟁에서 러시아는 같은 슬라브 민족인 세르비아를 강력하게 지원해 줄 수 있었다. 러시아는 발칸 전쟁에 개입하지 않는다고 선언은 하였지만, 러시아군에게는 부분 동원이 발령되었다. 그리고 오스트리아와의 접경지역에는 러시아 병력이 증강되고 있었다. 이렇게 오스트리아와 러시아 간의 긴장이 고조됨에 따라 독일은 오스트리아의 동맹국으로서 러시아와의 전쟁을 심각하게 검토했다. 독일은 카이저 빌헬름 2세가 주관한 그해 12월 군 지휘관 회의에서 러시아와 프랑스를 겨냥한 전쟁과 군사정책을 공식화할 정도였다.[43] 이때 영국 육군성 장관 홀데인(Richard Haldane)은 독일이 러시아와 전쟁에 돌입한다면, 영국은 러시아와 그 동맹국인 프랑스 편에서 독일을 상대로 참전할 수 밖에 없음을 경고했다. 영국의 경고로 인해 독일과 러시아는 1912년 발칸 전쟁을 더 이상 확대시키지 않기로 하면서 제1차 세계대전 발발 2년 전의 최대 위기는 전쟁까지 치닫지는 않고 종결되었다. 발칸 전쟁은 유럽 강대국들의 외교의 군사화 현상이 최고조에 도달하게 만든 사건이기도 했다.

---

43 박상섭, 『1차세계대전의 기원: 패권 경쟁의 격화와 제국체제의 해체』, (파주: 아카넷, 2014), pp.84-85.

독일은 이때부터 유럽 대륙에서 러시아를 포함한 강대국과의 전쟁이 일어날 가능성이 높다고 보고, 그동안의 식민지 쟁탈과 함께 추진했던 해군력 증강 정책을 육군 중시 정책으로 전환하였다. 그 결과 독일은 1912년 육군법 승인을 계기로 본격적으로 육군 병력을 증강하기 시작했다. 이제 유럽 대륙 내에서의 전쟁 가능성은 더 높아졌다. 1905년 제1차 모로코 위기부터 1908년 발칸 위기, 1911년 제2차 모로코 위기를 거쳐 1912년 발칸 전쟁까지 독일은 외교적 고립 탈피를 위한 강압외교를 계속 구사했고 그로 인해 영국, 프랑스, 러시아와의 대결 상황이 계속 이어졌다. 그리고 위기가 거듭될수록 독일과 유럽 강대국들이 외교를 군사력에 의존하는 경향도 커져갔다. 그런 가운데 독일은 러시아와 프랑스의 군대를 동시에 상대하기 위해 유럽 대륙에서 대규모 육군력을 사용할 수 있도록 군사력을 증강해 나갔다. 그러면서도 독일은 영국과의 해군력 경쟁을 포기하지 않았으므로, 영국은 여전히 독일의 강력한 잠재적 적대국이었다. 이와 같은 제1차 세계대전 발발 이전 독

〈그림 6〉 떠오르는 세계 제국, 독일의 전쟁 전 전략 환경

1890년에 독일 수상 비스마르크가 카이저 빌헬름 2세로부터 더 이상 신임받지 못하고 퇴임하게 된 사건은 영국 언론에서 "항해 중인 선박을 떠나는 수로 안내인"이라는 제목의 삽화로 소개되었다. 위의 왼쪽 그림이 당시 언론 삽화이다. 이때부터 독일은 세력균형 외교보다 모험적인 외교에 나서기 시작했고, 위의 오른쪽 사진에서 나타나 있는 베를린-바그다드 간 철도 공사는 독일의 적극적인 식민지 팽창 정책의 신호탄이었다.

위의 왼쪽 사진은 독일과 영국의 해군력 경쟁을 주도하였던 독일 해군성 장관 티르피츠 제독이 카이저 빌헬름 2세와 만나는 장면이다. 독일과 영국 두 나라의 해군력 경쟁과 함께 유럽 강대국들 간의 외교의 군사화 현상은 위의 오른쪽 삽화에서처럼 점차 심화되어 갔다.

일의 전략 환경은 전쟁에서의 도전과 독일의 대응을 구조적으로 제약할 수 있는 여건이었다.

2. 제복과의 대화: 프러시아의 철십자

전쟁에서의 도전에 대한 독일의 대응을 전략 환경과 함께 설명해줄 제복과의 대화 특징은 프러시아군의 전통이라는 배경을 지니고 있다. 1871년부터 시작된 독일 제국의 역사는 프러시아 왕국을 중심으로 한 독일 통일에 기초하고 있는 만큼, 독일 군대의 전통 역시 프러시아 군대로부터 시작된다. 실제로 프러시아의 호헨촐레른(Hohenzollern) 왕조가 자신들의 선조로 여기고 있는 독일 기사단이 사용했던 검은색 십자가 모양의 철십자(iron cross)는 독일 제국 군대의 문장으로 계승되어졌다. 프러시아 장교단의 주류였던 동부 독일의 농장 지주들인 융커 계층의 특징인 왕에 대한 충성심과 군사적 유능함은 곧 프러시아군의 전통이기도 했다. 독일 군대는 1871년 독일 제국 선포까지의 통일 전쟁에서 오스트리아와 프랑스를 연달아 격파하면서 국민들로부터 큰 존경을 얻었으며, 당시 군부 지도자 개인들의 전국적인 명성도 높아졌다. 이때부터 시작된 군대에 대한 국민적 명성과 위신은 제1차 세계대전 시기까지 지속되었다.[44]

프러시아의 전통은 독일 군부와 정부 내각 간 관계 정립의 배경이 되기도 했다. 프러시아 시절이기도 했던 1821년부터 1825년까지 사이에 군의 수뇌인 육군 참모본부는 정부 내각의 육군성으로부터 독립해 나왔다.[45] 그리고 1866년에 참모본부의 수장인 참모총장은 군 통수권자로부터 전쟁 지휘권을 위임받게 되었다. 이어서 독일 제국 시대에 들어선 1883년에 참모총장은 군 통수권자인 카이저에 대한 직접 상신권을 부여받았다.[46] 이때부터 독일 군부는 정부 내각의 통제로부터 벗어나서 정부와 대등한 관계가 되었다. 즉, 군 통수권자와 군부와의 관계에 정부 내각이 개입할 수 없게 된 것이다. 이것은 제도적으로 독일 군부를 통제할 수 있는 권한은 군 통수권자에게만 있고, 정부 내각의 그 누구도 군 통수권자를 대리하여 군부를 통제 할 수 없음을 의미했다.

이와 같은 제도적 환경 속에서 독일군 장교단도 정부 내각으로부

44 Samuel P. Huntington, *The Soldier and The State*, pp.102−104.

45 Walter Görlitz, 강달호 역, 『독일군 이야기: 전쟁과 정치』, (서울: 해드림, 2018), p.119.

46 게하르트 그로스, 진중근 역, 『독일군의 신화와 진실: 총참모부 작전적 사고의 역사』, (과천: 이미지프레임, 2016), p.80.

터 독립을 보장받아야 하며, 상황에 따라서는 군부가 정부 내각을 주도할 수도 있다는 사고방식을 갖게 되었다. 프러시아 시대부터 군부는 전쟁이 정상적인 국제관계인 까닭에 국가의 운명이 걸린 전쟁에 항상 대비해야 하며, 전쟁으로 귀결될지도 모르는 외교 정책을 민간인에게 전적으로 맡길 수는 없다고 생각해왔다.[47] 이러한 군부의 사고방식은 1870년에 독일 육군 참모총장이었던 몰트케 장군의 비망록에 다음과 같은 표현으로 잘 나타나 있다.

"군사는 정치를 위해 최선을 다해 그 소임을 다하고, 정치적 목표를 달성하기 위해 존재한다. 하지만 그 실행은 철저히 독립적이다."[48]

몰트케 장군의 기록은 정치란 전쟁의 시작과 종결에만 관여하며, 전쟁 중에 간섭을 해서는 안된다는 뜻을 담고 있었다.

이렇듯 독일 군부는 제도적으로도 관념적으로도 정부 내각으로부터 독립되어 있었다. 그렇기 때문에 1870년 전쟁 이후 몰트케의 뒤를 이은 후대 독일 육군 참모총장들 역시 유사한 태도를 견지했다. 1891년부터 참모총장이었던 슐리펜은 재임 기간 중 병력, 예산, 군수 물자에 대한 권한과 책임을 갖고 있던 정부 내각의 육군성 장관에게 전쟁 계획을 한번도 알려주지 않았다. 또한 1870년 당시 참모총장 몰트케의 조카이자 제1차 세계대전 당시에 참모총장이었던 몰트케 장군 역시 전쟁 계획에 관해 정치 지도부와 대화를 한 바가 없었으며, 육군성 장관

47 볼프람 베테, 김승렬 역, 『독일 국방군: 2차대전과 깨끗한 독일군의 신화』, (서울: 미지북스, 2011), p.190.

48 게하르트 그로스, 진중근 역, 『독일군의 신화와 진실: 총참모부 작전적 사고의 역사』, p.39.

에게 전쟁 개시 2년 전까지도 전쟁 계획을 통보하지 않았다.[49] 즉 독일 군부는 정부 내각으로부터의 통제는 거의 받지 않았고, 오히려 외교 문제를 놓고 정부 내각과 함께 논의를 할 수 있는 지위였던 것이다.

이처럼 정부 내각으로부터 독립적이었던 군부는 제도적 군 통수권자인 카이저에게만 책임을 졌다. 그러나 헌법이 지정한 독일 군대의 통수권자인 카이저의 군사 분야에 대한 개입 의지는 1910년대 이전과 그 이후가 달랐다. 1910년대 이전까지 카이저는 정부 내각의 각료와 군부 지도자들의 조언을 받으며 중요한 군사와 외교 문제에 대해 직접 결정을 내렸다. 그 시절의 카이저는 군사력 사용에 대한 군부 지도자들의 조언을 승인하거나 거부함으로써 독일 군부를 통제해왔던 것이다. 따라서 최소한 1910년대 초반까지는 독일 군부의 실질적인 영향력은 군사 분야에 한정되어 있었다. 당시에도 독일 군부를 대표하는 참모본부가 외교 정책에 관한 제안을 할 수는 있었으나 최종 판단은 카이저의 몫이었다. 그리고 카이저는 항상 정부 내각의 관료들과의 논의를 통하여 결정을 내렸다. 따라서 카이저의 주요 논의 상대였던 정부 내각의 수상도 간접적으로 군부에 대해 영향력을 행사할 수 있었다. 그러나 1905년 제1차 모로코 위기 이후 외교의 군사화 현상이 고조되고 위기의 순간들이 계속되자, 카이저와 수상 모두 군사적 방안을 우선적으로 생각하는 습성에 길들어져 갔다. 그리고 그때부터 카이저와 수상이 군부의 세부적인 계획까지 통제할 수 있는 능력도 점차 약화되어갔다. 그것은 군 통수권자의 군사 분야에 개입하려는 의지가 국제적 위기가 지

49 Ibid, p.193.

속됨에 따라 점차 약화되어 갔음을 의미했다.

카이저 빌헬름 2세의 군사 분야에 개입하려는 의지의 약화는 정치적 비토 행위자들의 증가로 인해 더 조장되었다. 카이저에 대한 정치적 비토 행위자는 비스마르크 수상 시절에는 수상 그 자신이었지만, 비스마르크 수상이 떠난 이후로 비토 행위자가 거의 없다시피한 시절도 있었다. 그러나 1913년 총선에서 사회주의를 신봉하고 노동자를 대표하는 사회민주당이 406석 중 67석을 차지할 때는 카이저를 위협하는 정치 개혁이 곧 다가올 것 같은 분위기가 조성되었다.[50] 이것은 1914년이 되면서 독일 의회를 중심으로 한 민간 분야 비토 행위자 규모가 증가했다는 것을 의미했고, 카이저의 군사 분야에 대한 영향력 행사가 과거보다 쉽지 않게 되었다는 것이기도 했다.

이렇듯 독일 국내 정치 상황 변화로 인해 민간 분야 비토 행위자 규모는 증가하고 있었지만, 독일의 군사 조직들로 구성되어지는 군사 분야 비토 행위자 규모에는 변동이 없었다. 독일의 군사 조직인 육군과 해군은 서로 경쟁적으로 예산 확보 노력을 해왔으며, 전쟁 계획과 정보를 공유하지 않는 관계였다. 독일은 1905년 제1차 모로코 위기가 끝난 이후부터 영국과의 해군력 경쟁에 몰입하였다. 당시 국방 예산의 상당 부분은 독일 해군으로 할당되었고 육군의 예산 증액은 거의 없었다. 그 시절 독일 해군성 장관 티르피츠는 독일 해군의 목표를 영국에게 위험을 안겨줄 수 있는 함대(risk fleet) 건설이라고 부르며, 영국과의 해군

50 Hans Wilhelm Gatzke, *Germany's Dirve to the West: A Study of Germany's Western War Aims during the First World War*, (Baltimore: The Johns Hopkins Press, 1966), p.120.

력 경쟁을 주도했었다.[51] 같은 시기에 독일 육군은 슐리펜 계획이라 불리우는 프랑스에 대한 우선적 공격 계획을 세우고 96개 사단에 이르는 압도적인 병력의 서부 전선 배치를 요구하고 있었다. 그러나 이와 같은 계획에서 요구되는 병력에 비해 독일의 실제 병력은 부족한 상태였다. 그러므로 육군의 슐리펜 참모총장은 새로운 3개 군단의 육군 편성을 요구했다. 그러나 1905년부터 1906년까지 서부 전선에 배치된 독일 육군은 62개 사단이었고, 새로운 3개 군단 편성도 이루어지지 않았으며 장비 개선만이 국방예산에 반영되었다.[52] 그런 상황에서 1912년 발칸 전쟁을 계기로 독일이 중부 유럽에서의 지상 전투 필요성을 보다 중요시하게 되면서 해군 중시 정책은 육군 증강 정책으로 전환되었다. 따라서 1913년에 수정된 육군법이 통과하면서 새로운 3개 군단 창설에 필요한 병력 증강도 이루어졌다.[53] 이렇듯 독일 육군과 해군은 서로 독립적으로 전쟁을 준비했고, 자원을 확보하기 위해 끊임없이 경쟁했다.

이처럼 독일의 제복과의 대화 특징에 있어 군의 통수권자인 카이저는 군사 분야의 개입을 계속 감소시켜갔다. 그리고 독일 의회의 정치 지형 변화로 인해 민간 분야 비토 행위자 규모는 카이저의 영향력을 다소 제한할 수 있을 정도로 증가되었다. 그러므로 제복과의 대화 특징에서 민간의 선택적 개입은 낮은 수준이라 할 수 있었다. 그리고 민군관

51 Jack Snyder, "Better Now Than Later: The Paradox of 1914 as Everyone's Favored Year for War" *International Security* 39:1 (Summer 2014), p.83.

52 박상섭, 『1차세계대전의 기원: 패권 경쟁의 격화와 제국체제의 해체』, pp.165-166.

53 박상섭, 『1차세계대전의 기원: 패권 경쟁의 격화와 제국체제의 해체』, pp.178-180.

계에서 독일 군부는 정부로부터는 대단히 독립적이면서 외교 분야에도 관여할 수 있는 지위를 갖고 있었고, 육군과 해군은 서로 대등한 위치에서 경쟁을 벌이는 관계였다. 따라서 제복과의 대화 특징에서 군의 협상력은 비교적 높은 수준이라고 할 수 있었다. 이와 같은 제1차 세계대전 발발 이전 독일에서 제복과의 대화 특징은 뒤에 살펴 볼 전쟁의 도전에 대한 독일의 대응에 상당한 영향을 미칠 수 있었다.

〈그림 7〉 프러시아 철십자, 독일에서 제복과의 대화

독일의 군주 카이저와 정부 내각으로부터 독립적이었던 독일 육군 참모본부의 수장인 참모총장과의 관계는 제복과의 대화 특징에 상당한 영향을 미쳤다. 위의 왼쪽 첫 번째와 두 번째 사진은 독일 카이저 빌헬름 1세와 빌헬름 2세의 모습이다. 그리고 세 번째와 네 번째 인물들은 각각 1870년 당시 육군 참모본부의 수장 몰트케 참모총장과 그 후임 슐리펜 참모총장이다. 네 명의 인물 모두 프러시아 전통 중의 하나인 철십자 훈장을 지니고 있다.

독일 제국의 육군과 해군은 서로 대등하면서 경쟁적인 관계였으나, 1912년 이후 독일에서 육군력 증강이 선택되면서부터 육군의 정치적 영향력이 더 강해져 갔다. 위의 왼쪽 사진은 독일 드레스덴 대학 도서관에서 소장 중인 1900년대 독일 육군 병사들의 모습이고, 그 오른쪽 사진은 비슷한 시기에 독일 전함 '몰트케'호에 탑승해 있는 독일 해군 수병들의 모습이다.

제3장
전쟁 전의 영국

1. 전략 환경: 해가 지지 않는 제국

1890년대부터 제1차 세계대전 발발 직전까지 영국의 전략 환경은 오랫동안 세계 패권을 유지해온 영국의 능력과 의지를 바탕으로 형성되었다고 할 수 있다. 한동안 영국은 유럽 강대국들과의 직접 대결보다는 식민지 경쟁과 같은 간접 대결에 치중하는 대외정책을 고수해왔다. 그러나 독일과의 해군력 경쟁을 계기로 영국은 유럽 강대국들로부터의 명예로운 고립이라는 정책을 버리고 적극적인 동맹 정책으로 선회하기 시작했다. 이어서 유럽 대륙에 영국이 개입하겠다는 공약을 서서히 강화하면서 제1차 세계대전의 전야를 맞이하게 되는 것이 영국을 중심으로 한 전략 환경의 요약이다.

영국이 세계대전까지 감수하겠다는 결정을 내릴 수 있었던 기반은 세계 패권 유지를 위한 능력과 의지였다. 사실 20세기가 시작될 당시만 해도 세계 최고였던 영국 경제는 서서히 생산성과 경쟁력이 약화되는 중이었다. 1880년 세계 제조업 생산량의 22.9%까지 차지했던 영국 경제는 1913년에는 13.6%까지 감소한 상태였다.[54] 그럼에도 영국의 조선 산업은 세계 최고였고 영국은 여전히 대단히 부유한 국가였다. 1910년대까지 전세계 강대국 중에서 국방비의 절대량으로는 영국이 가장 앞서 있었다. 그리고 1910년 이전까지 집권했던 보수당(Conservatvie Party) 정권은 전세계의 식민지를 관리하면서 대영제국의 패권을 유지한다는 목표를 갖고 있었다. 또한 그 뒤를 이은 자유당(Liberal Party) 정권도 자유주의적 제국주의자들이 주류를 이루었기 때문에, 보수당과 협력하여 영국의 세계적 지위 확보를 주요 정치적 목표로 삼았다.[55] 영국 경제의 성장에 따라 노동자 계층을 대표하는 노동당(Labour Party)이 창당되었지만, 노동당 역시 제국주의에 반대하는 사회주의 이념을 채택하지는 않았다.[56] 이와 같은 영국의 경제 능력과 국내정치적 단합은 세계 패권 유지 정책을 계속할 수 있는 중요한 기반이었다.

이처럼 세계를 선도할만한 능력과 의지를 지닌 영국이었지만 세계 패권을 유지하기 위한 방법은 시대에 따라 달랐다. 1890년대 빅토리아(Victoria) 여왕 시대부터 집권해 온 영국 보수당 정권의 세계 패권 유지 방식은 명예로운 고립 원칙과 함께 3C 정책과 그레이트 게임(The Great

54 폴 케네디, 『강대국의 흥망』, pp.318-319.

55 나카니시 테루마사, 서재봉 역, 『대영제국 쇠망사』, (서울: 까치, 2000), pp.164-165.

56 강정인 · 오향미 · 이화영 · 홍태영, 『유럽 민주화의 이념과 역사』, (서울:후마니타스, 2010), p.113.

Game)으로 요약되는 식민지 경영이었다. 영국은 유럽 대륙에 개입하지 않겠다는 명예로운 고립 원칙에 따라 유럽 강대국들과의 동맹을 거부하고 있었다. 반면 식민지 경영에 있어서는 유럽 강대국들과의 대결도 사양하지 않았다. 영국 식민지에서 중요한 3개의 도시 카이로(Cairo), 케이프타운(Cape Town), 캘커타(Calcutta)의 알파벳 머리글자들로 만들어진 3C 정책은 상당히 공격적인 식민지 정책이었다. 이 정책은 아프리카의 북쪽 끝단인 이집트의 카이로와 아프리카의 남쪽 끝인 남아프리카의 케이프타운을 남북으로 연결하고, 동시에 아시아 대륙 인도의 캘커타와 아프리카 대륙의 카이로를 동서로 연결하여 식민지를 경영한다는 구상이었다. 특히 이 정책에서 아프리카를 남북으로 종단하려는 구상은 같은 아프리카 대륙을 동서로 횡단하려는 프랑스의 식민지 정책과 경쟁할 수 밖에 없었다. 그 결과 1898년에 아프리카를 남북으로 관통하려는 영국군과 동서로 가로지르려는 프랑스군이 북아프리카 수단의 도시 파쇼다(Fashoda)에서 마주치는 위기까지 있었다. 그리고 영국의 아시아 대륙을 겨냥한 3C 정책은 중앙아시아부터 동아시아에 걸쳐 남하 정책을 펼치고 있는 러시아와 충돌하였다. 러시아는 중앙아시아의 페르시아, 아프가니스탄, 티베트, 위구르와 동아시아 지역에서까지 얼지 않는 항구를 노리면서 남하하여 식민지를 확장해오고 있었다. 영국과 러시아 간의 식민지 경쟁은 '그레이트 게임'이라고 불리울 정도로 유명했다.

이렇게 공격적인 식민지 경영에도 불구하고 유럽 대륙에 대해서는 명예로운 고립을 지켜왔던 영국의 대외정책은 독일이 부상함에 따라 변화하기 시작했다. 독일의 적극적인 해외 식민지 진출은 1893년 독일 도이치 방크의 바그다드 철도 부설권 확보를 계기로 본격화되었다. 이때 독일의 철도 부설은 베를린으로부터 동유럽을 거쳐 유럽과 아시아를 잇는 관문인 콘스탄티노플(Constantinople)의 옛 이름 비잔티움(Byzantium)을 지나 중동의 바그다드까지 이어진다는 구상이었다. 그리고 이 계획은 베를린, 비잔티움, 바그다드의 알파벳 머리 글자를 따서 독일의 3B 정책으로 불리워지며, 영국 3C 정책의 라이벌처럼 인식되었다. 더구나 영국과 독일의 식민지 경쟁이 양국 간의 해군력 경쟁으로 이어지면서 영국 내에서 독일을 위협으로 생각하는 인식이 확산되어갔다. 그 결과는 영국의 명예로운 고립 원칙 포기와 적극적인 동맹 정책의 시작이었다.

영국 대외 정책 변화의 신호탄은 1902년 일본과의 영일 동맹 체결이었고, 그것은 1904년에 프랑스와의 화친조약으로 이어졌다. 그리고 그레이트 게임의 상대였던 러시아가 일본과의 전쟁에서 패배하면서 식민지 쟁탈 경쟁에서 한발 물러서게 되자, 그 틈을 이용해 영국은 1907년에 러시아와도 분쟁 종식을 합의하였다. 이와 같은 영국의 외교적 노력은 항후 영국, 프랑스, 러시아 간 삼국협상(Triple Entente) 체결의 기틀이 되었다. 그리고 영국의 변화된 대외정책 결과 중의 하나는 독일이 영국의 유력한 경쟁자로 떠오르게 되었다는 것이다. 영국과 독일의 대립은 해군력 건설 경쟁을 통해 더욱 격화되었다. 영국 해군 참모총장 피셔(John A. Fisher) 제독은 독일 해군의 증강에 대비하여 1904년부터 해군 개혁을 시작했다. 이에 따라 영국 해군은 중국, 북아메리카, 남대서양 함대를 폐지하고 독일과의 대결을 대비하여 영국 본토를 중심으로 함대를 집결시키기 시작했다. 그리고 1906년에 영국 해군에 드렛노트(Dreadnought)급 전함이 등장하면서 독일과의 해군 경쟁에는 기술력 경쟁까지 추가되었다. 드렛노트급 전함은 이전 세대의 4개의 12인치 주포와 18노트 속도를 내는 석탄 추진 피스톤 엔진의 전함과 달리 8개의 15인치 주포와 25노트 속도를 보장하는 석유 추진 터빈 엔진을 장착하고 있어 전함의 세대를 바꾸어 놓았다.[57] 이러한 해군 개혁과 기술 혁신 속에서 영국은 1909년부터 1912년까지 해군력을 집중 증강했고, 궁극적으로는 독일 해군에 대한 영국의 비교 우위를 계속 유지하고자 했다.

이와 같은 해군력 경쟁으로부터 비롯된 독일에 대한 영국의 적대감은 영국이 프랑스와 협력하여 유럽 대륙에 개입하겠다는 공약이 강화되도록 해주었다. 영국의 유럽 대륙 개입 공약의 현실화는 1905년에 영국의 육군성 장관 홀데인이 대륙원정군 파견을 위해 프랑스와 실무 협의를 시작하면서부터 본격화되었다. 그리고 이것을 바탕으로 1906년부터 영국에서는 대륙원정군이 준비되기 시작했고, 1911년에 영국 대륙원정군 14만5천명의 프랑스 파견 계획이 결정되었다.[58] 이렇게 1905년 제1차 모로코 위기 이후 유럽에서 반복되는 위기 속에서 영국은 유럽 대륙 개입 공약을 단계적으로 강화해나갔지만, 동시에 영국은 위기의 중재자 역할을 담당하기도 했다. 유럽에서 위기 중재 노력의 일환으로 영국은 독일과의 관계 개선을 타진하기 위해 1912년에 육군성 장관 홀데인을 독일로 파견하여 해군력 경쟁을 완화시키는 방안을 독일 수뇌부와 협의하도록 했다. 그러나 영국과 독일의 해군력 경쟁 완

57 John Keegan, *The First World War*, (New York: Vintage Books, 1998) pp.258-259.

58 김정섭, 『낙엽이 지기 전에』, (서울: 엠아이디, 2017), pp.81-82.

화 협의는 실패했고, 그 결과 영국은 프랑스와 러시아 급의 2개국 해군을 합친 것보다 강한 해군력 건설이라는 기존의 '2개국 기준(Two Power Standard)'을 폐기하고, 독일 해군만을 상대하겠다는 것을 공식화했다.[59] 그런 가운데서도 영국의 위기 중재 역할이 중단되지는 않았다. 1912년 발칸 전쟁이 발발했을 때 영국은 위기 중재 노력을 시작했고, 1913년에는 영국 외무성 장관 그레이(Edward Grey)가 관련국 회의를 주재하며 발칸 전쟁을 해결하기 위한 노력을 지속했다. 그레이 장관은 영국이 동맹국 때문에 행동의 자유를 잃어서는 안된다고 생각했으므로, 회의 기간에 독일과 러시아 사이에서 중립을 유지하고자 노력하였다. 그러나 이와 같은 노력 속에서도 궁극적으로 그레이 장관은 프랑스와 러시아와의 관계를 희생하면서까지 독일과의 관계 개선을 추구하지는 않았다.

이처럼 1914년까지 영국은 외교의 군사화 현상 속에서도 위기 중재 노력을 하며 동시에 유럽 대륙 방위라는 또 하나의 목표에도 열중하고 있었다. 그런 가운데서도 여전히 경쟁력이 강했던 영국 경제와 세계 패권 유지 정책에 대한 국내 정치적 지지는 영국이 유럽 대륙에 개입하여 전쟁을 치룰 수도 있다는 자신감의 원천이기도 했다. 이것은 영국과 독일이 세계 패권을 지향할만큼 국력도 유사했고, 동맹 정책의 목표와 전쟁에 대한 결의에 있어서도 비슷했다는 의미였다. 제1차 세계대전 발발 이전까지 이와 같은 영국의 전략 환경은 전쟁의 도전에 대한 영국의 대응을 구조적으로 제약하는 여건이었다.

59 박상섭, 『1차세계대전의 기원: 패권 경쟁의 격화와 제국체제의 해체』, p.81.

〈그림 8〉 해가 지지 않는 제국, 영국의 전쟁 전 전략 환경

위의 왼쪽 그림은 1892년에 언론에 실린 '카이로부터 케이프타운'이라는 제목의 삽화로 영국이 아프리카 대륙을 남쪽 끝부터 북쪽 끝까지 사실상 지배하려는 모습을 풍자하고 있다. 당시 영국은 유럽으로부터는 명예로운 고립 상태였지만 적극적인 해외 식민지 경영 정책을 펼치고 있었다. 영국은 1902년부터 동맹 확대 정책을 시작하여 영국, 프랑스, 러시아 간 삼국협상(Triple Entente)에까지 이르게 된다. 위의 오른쪽 사진은 파리에서 개최된 영국, 프랑스, 러시아 재무 장관 회의이다. 오른편 끝쪽에 있는 인물이 영국 재무 장관이면서 후일 영국 수상이 되는 로이드 조지이다.

영국과 독일의 해군력 경쟁은 1904년부터의 영국 해군의 개혁을 불러왔고, 1906년부터 드렛노트 급 전함이 진수되면서부터는 해군력의 기술 경쟁까지 시작되었다. 위의 왼쪽 사진은 영국 해군 개혁을 이끌었던 해군 참모총장 피셔 제독이고, 그 오른쪽 사진은 영국 해군의 전함 드렛노트 호이다.

2. 제복과의 대화: 레드 코트(Redcoat)와 젠틀맨(Gentleman)

전쟁에서의 도전에 대한 영국의 대응을 전략 환경과 함께 설명해

줄 제복과의 대화 특징은 19세기 빅토리아 시대 영국군의 전통을 배경으로 하고 있다. 19세기 영국 육군이 나폴레옹 전쟁과 여러 식민지 전쟁에서 얻은 경험은 당시 착용했던 붉은 색 군복을 의미하는 레드 코트(Redcoat)라는 별명과 함께 영국군의 전통을 만들어 나갔다. 특히 영국군은 시민사회와 융합된 젠틀맨 장교단(gentleman-officer)이라는 특성을 갖고 있었다.[60] 젠틀맨 장교단의 특징은 군대가 사회로부터 분리되었다기보다 시민사회의 일원이며, 전문 직업 집단이기보다 시민사회의 가치를 반영하는 집단이라는 것에 있다. 그래서 영국군 장교단에서는 명석함이나 능력보다는 용기와 명예와 같은 가치가 더 중요시되었고, 군대의 사기가 전투력의 핵심이라고 생각되어졌다. 이와 같은 영국의 젠틀맨 장교단은 병영에서의 군사 훈련과 시민사회의 학교 교육이 합쳐져서 양성되어지고 있었다.

이러한 영국의 레드 코트와 젠틀맨 장교단 전통은 군부와 정부 내각과의 관계 정립의 배경이 되었다. 의원내각제라는 영국 정치 제도 속에서 가장 권한이 컸던 의회는 시민사회에 영향력을 행사하는 것과 같은 수준으로 군부에 대해서도 영향을 미치기를 원했다. 영국 의회는 군부를 수월하게 통제하기 위해 다른 유럽국가와는 달리 소규모의 아마추어 군대만을 원했고, 따라서 직업장교단이나 징병제도가 정착되지 않았다. 특히 1640년대 영국의 청교도 혁명 당시 호국경(Lord Protector) 크롬웰(Oliver Cromwell)이 스스로 창설한 신형 군대(New Model Army)로 독재정권을 유지했던 경험이 있었던 만큼, 영국 의회는 크롬웰 시대 이

60 Elizabeth Kier, *Imagining War*, p.109.

후로 군사 독재가 다시 등장하지 않도록 엄격히 군대를 통제했다. 따라서 영국 의회는 군사 조직들을 통합하는 단일 지휘계통을 거부했고 의회 내에 군대를 전담하는 부처를 설립하는 것도 오랫동안 허용하지 않았다. 그래서 대부분의 유럽 국가들이 독일식 참모본부 제도를 도입할 때도 영국 의회는 현대적인 참모본부 건설에 반대했었다. 영국에서는 1898년 남아프리카 식민지에서의 네덜란드 계 독립주의자들과의 전쟁이었던 보어 전쟁(Boer War)에서 영국군의 군사적 능력 부족이 본격적으로 부각될 때까지도 참모본부 조직이 승인되지 않았다. 즉 영국 의회와 의회로부터 구성되어지는 정부 내각은 영국 군부를 강력하게 통제해 왔던 것이다.

이처럼 영국 의회의 강력한 권한에 의해 일방적으로 지배되어 오던 영국 군부는 보어 전쟁의 실패에 대한 반성이 영국 내에 확산된 시점에 이르러서야 정부 내각에 참여할 기회를 얻을 수 있었다. 보어 전쟁에서 전쟁 수행의 비효율과 혼선을 경험한 영국 벨포어(Arthur Balfour) 수상은 1902년에 국가 안보와 군사 문제를 종합적으로 다루기 위한 정부 부처 간 비공식 협의 기구인 제국 국방 위원회(Committee of Imperial Defense, CID)를 설치했다. 제국 국방 위원회는 1904년에 정부가 발표한 국방개혁안에 따라 법적 근거를 갖게 되었고, 이어서 수상 직속의 전략 조정 기구가 되었다. 여기서 영국 역사상 최초로 민간 정치가와 육군과 해군 고위 장교가 외교와 국방 현안에 대해 논의하기 시작했다. 이것은 군부 입장에서는 의회와 정부 내각의 지시만을 따라야만 했던 상황이 이제 민간 정치가들과 협의를 할 수 있는 상황으로 변화되었음을 의미했다. 즉 영국 군부는 이때부터 의회와 정부 내각으로부터 군의 고유한 영역을 인정받기 시작한 것이었다.

영국 정부 내각과 군부와의 관계를 통해 알 수 있듯이 영국군의 통수권은 의회가 지니고 있었고 정부 내각의 대표자인 수상이 최종적인 권한을 갖고 있다. 그럼에도 수상이 군 통수권을 행사할 때 사안에 따라서는 정부 내각의 합의 과정을 거쳐야만 했다. 제1차 세계대전 발발 직전 영국 수상 애스퀴스(Herbert Henry Asquith)는 자유주의적 제국주의자로서 자유당 정권을 이끌면서 영국의 세계적 패권 지위 유지를 위해 적극적으로 군사 분야에 개입하였다. 그러나 중요 정책 결정을 위해서는 정부 내각의 합의가 필요했으므로 전쟁 정책들은 주로 애스퀴스 수상과 해군성 장관 처칠(Winston Churchill), 육군성 장관 키치너(Herbert Kitchener) 장군의 협의를 통해 이루어졌다. 그리고 의회는 내각 내부에서의 협의 이외에 국방 예산의 조정과 위원회 활동을 통해서도 국방정책의 방향을 결정할 수 있었다. 이것은 의원내각제라는 영국 정치 제도와 강력한 의회의 전통으로 인해 영국 내 민간 분야 비토 행위자 규모가 상당히 크다는 것을 의미한다.

이처럼 영국 내 민간 분야 비토 행위자 규모는 컸지만, 군사 분야 비토 행위자는 육군과 해군 뿐으로 규모가 크지 않았고, 군사 조직간의 상호 관계는 비교적 협력적이었다. 영국에서는 전통적으로 유럽 대륙보다 전세계에 걸쳐있는 제국의 식민지가 군사적 관심의 대상이었다. 영국의 안보는 식민지 보호와 식민지와 본토 간의 원활한 교역에 달려 있다고 할 수 있었으므로 해군력이 상대적으로 중요했다. 그리고 영국 해군은 육군보다는 더 훈련되고 경험이 많은 인력을 필요로 했으므로 국방예산의 우선 순위도 항상 높았다. 그런 가운데 영국에서 유럽 대륙에 개입하겠다는 공약이 강화됨에 따라, 강력한 해군력을 인정하는 가운데서도 대륙원정군을 건설하기 위한 육군의 개혁이 이루어졌다. 1904년 이전까지 영국 육군의 관심은 인도 북부를 향한 러시아의 남진을 저지하기 위한 식민지 방어가 우선이었으나, 이제 유럽 대륙이 중요해졌고 프랑스와도 협력을 시작해야 했다. 그런 가운데 영국 육군과 해군의 갈등은 비교적 원만하게 조정되어졌다. 1911년 8월 제국 국방 위원회 회의가 대륙원정군을 창설하겠다는 육군의 주장과, 해군 예산의 감축 가능성 때문에 대륙원정군에 반대하는 해군의 주장을 조정하기 위해 개최되었다. 당시 영국 육군은 대륙원정의 필요성을 제시했지만, 해군은 유럽 대륙 전체를 바다로부터 봉쇄하면서 유럽 북부의 발트 해 연안으로 상륙 작전을 하는 방안을 선호했다. 그러나 최종적인 회의 결과는 육군 주장의 선택이었다. 그리고 이때부터 영국 육군은 식민지 통제군이 아니라 대륙원정군으로 성격을 전환하게 되었고, 해군도 이제 범세계적 해양 통제만이 아니라 대륙원정군 지원전략까지 만들어야 했다. 영국 육군성 장관 홀데인은 대륙원정군이 전쟁 중에 프랑스로 안전하게 이동될 수 있는 완벽한 계획을 해군에게 요구했다.[61] 이제 제1차 세계대전 발발을 앞두고 영국 육군과 해군의 관계는 서로 경쟁적이라기보다 상호 보완적 성격이 더 강해지고 있었다.

지금까지 살펴 본 영국의 전통과 정치 제도는 제복과의 대화 특징을 결정짓고 있다. 영국의 제복과의 대화 체계에서 군의 통수권을 행사하는 정부 내각의 수상은 군사 분야에 개입하겠다는 의지가 강했다. 그

61 J.A. English, "The Trafalgar Syndrome: Jutland and the Indecisiveness of Modern Naval Warfare" *Naval War College Review* 32:3 (May–June 1979), p.63

러나 의원내각제도의 특징 속에서 수상은 정부 내각의 합의가 필요했고, 의회의 강력한 전통으로 인해 수상에게 영향을 미칠 수 있는 민간 분야 비토 행위자 규모는 컸다. 따라서 독일과 비교하여 제복과의 대화 특징에서 민간의 선택적 개입은 높은 수준이라고 할 수 있었다. 그리고 제복과의 대화 특징에서 영국 군부는 1902년 이후로 정부 내각에 참여하기 시작했으나 여전히 의회의 통제를 받고 있었고 육군과 해군으로 구성된 군사 분야 비토 행위자 규모는 작았다. 따라서 제복과의 대화

〈그림 9〉 레드 코트와 젠틀맨, 영국에서 제복과 대화

영국에서 제복과의 대화 특징 중의 하나는 영국 군부에 대한 의회의 통제가 강했다는 것이다. 위에서 가장 왼쪽의 인물은 보수당의 리더로 활약했던 벨포어 수상이다. 그 오른쪽은 자유당 정부를 이끌었던 애스퀴스 수상이며, 그 옆은 전시 내각을 이끌었던 자유당의 로이드 조지 수상이다. 가장 오른쪽 인물은 전쟁 초 영국 정부 내각에서 유일한 군인이었던 육군성 장관 키치너 장군이다.

영국이 유럽의 개입을 결정한 이후로 영국 육군은 해외 식민지 통제라는 목표를 탈피하고 대륙 원정을 준비하게 되었다. 위의 왼쪽 사진은 당시 영국 육군 보병의 모습이다. 그 시점에 이르러 세계의 해양을 통제하던 영국 해군은 대륙 원정을 지원하는 역할까지 맡게 되었다. 위의 오른쪽 사진은 당시 제식 훈련을 하고 있는 영국 해군 수병들의 모습이다.

특징에서 군의 협상력은 독일에 비해 낮은 수준이었다. 이와 같은 제1차 세계대전 발발 이전 영국에서 제복과의 대화 특징은 전쟁의 도전에 대한 영국의 대응에 상당한 영향을 미칠 수 있었다.

제4장

독일과 영국, 도전과 대응의 시작

1. 도전과 대응 무대의 시작: 1914년 7월의 위기

1914년 제1차 세계대전 발발 전까지 독일과 영국 간 전략 환경의 유사성과 제복과의 대화 특징에서의 차이점은 계속 유지되었다. 그리고 제1차 세계대전은 유럽의 화약고였던 발칸 반도에서 발생한 7월의 위기라고도 불리우는 국제 위기로부터 시작되었다. 보다 정확히는 1914년 6월28일 보스니아 헤르체고비나의 수도 사라예보(Sarajevo)의 총성으로부터 시작되었다고 할 수 있다. 이미 그 당시까지 독일과 영국을 포함한 유럽의 강대국들은 반복되는 국제 위기 속에서 외교의 군사화라는 현상을 경험하던 중이었다. 사라예보 총성이 들리기 전에 이미 1905년 제1차 모로코 위기부터 1908년 발칸 위기, 1911년 제2차 모로코 위기와 1912년 발칸 전쟁을 거치면서 외교보다는 군사적 수단에 의존하는 경향이 강해져왔던 것이다. 따라서 1914년 시점의 유럽 주요 강대국들은 전쟁을 중요한 외교적 수단으로 간주하고 있는 상태였다.[62] 그런 상황에서 오스트리아 제국의 황제가 될 예정되었던 황태자 페르디난트(Ferdinand) 대공이 발칸 반도를 방문했다. 방문 장소는 1908년 발칸 위기 당시 오스트리아 제국이 합병한 보스니아 헤르체비고나의 수도 사라예보였다. 보스니아 헤르체비고나는 슬라브 민족이 주류 거주민이었고, 이웃의 같은 슬라브 민족 국가인 세르비아는 1912년 발칸 전쟁 당시부터 오스트리아로부터 보스니아 헤르체비고나를 독립시켜 세계 슬라브 민족주의를 달성하려는 강한 의지를 갖고 있었다. 이와 같은 배경 속에서 세르비아 청년 프린치프(Gavrilo Princip)가 1914년 6월 28일 사라예보에서 역사의 한 획을 긋는 오스트리아 황태자 저격 사건을 일으켰다. 오스트리아 황태자는 그날로 사망했고 이로부터 1914년 7월의 위기가 시작되었다.

오스트리아 입장에서는 황태자를 저격한 사람의 국적이 세계 슬라브 민족주의를 지원하는 세르비아라는 것만으로도 그동안 눈의 가시였던 세르비아에 대해 전쟁을 선포할 이유가 될 수 있었다. 그래서 오스트리아 육군 참모총장 콘라드(Franz Conrald von Hotzendorf) 장군은 세르비아에 대한 즉각적인 선전포고를 주장했고, 오스트리아 정부는 세르비아와의 전쟁 가능성을 앞두고 동맹국 독일의 의중을 파악하기 시작했다. 세르비아 역시 슬라브 민족주의의 맹주이자 동맹국인 러시아의 지원 가능성을 타진했다. 이때부터 독일과 러시아의 대응이 7월 위

62 David Stevenson, "Militarization and Diplomacy in Europe before 1914" pp.127–129.

기의 고조 여부를 결정지을 중요한 관건이 되었다.

우선 세르비아의 요청을 받은 러시아는 각료회의를 통해서 세르비아에 대한 지지 입장을 재확인하였다. 그때 7월 위기를 폭발적으로 고조시킨 중대한 사건이 뒤를 이어 발생하는데, 바로 독일이 오스트리아에게 전폭적인 지원을 의미하는 백지 수표 보장을 한 것이다. 독일이 백지 수표 보장을 한 이유는 여러 가지로 해석되어왔다. 독일은 러시아를 상대로 예방전쟁을 할 필요성도 느끼고 있었고, 독일 왕실 입장에서는 같은 왕족이 피살되었다는 것에 대한 거부감을 갖고 있었다. 그리고 독일 수상 베트만 홀베크(Theobald von Bethmann-Hollweg)는 당시 위기 상황에서 영국이 계속 중립을 유지할 것으로 가정했었다.[63] 베트만 홀베크 수상은 독일이 서부 전선에서 방어상태만 유지하고, 오스트리아와 함께 러시아를 상대로 전쟁을 한다면 영국이 중립을 유지할 것이라고 판단했던 것이다.[64] 이와 같은 독일의 상황 인식이 오스트리아에게 백지 수표를 보장하는데 일조했던 것으로 보인다. 이렇게 독일의 지원을 확약받자 오스트리아 정부는 세르비아 국내에서 오스트리아가 직접 황태자 암살 사건을 조사하고 사법처리까지 하겠다는 최후통첩을 세르비아 정부에 보냈다. 오스트리아의 최후통첩 내용은 한 나라가 다른 주권국가에게 보낸 문서 가운데 가장 가공할만하다라는 평가를 들을 정도였다.[65] 독일의 오스트리아에 대한 백지 수표 보장은 7월의 위기를

63 Jack S. Levy, "Preferences, Constraints, and Choices in July 1914" *International Security* 15:3 (Winter 1990-1991), pp.160.

64 제바스티안 하프너, 『비스마르크에서 히틀러까지』, p.114.

65 김정섭, 『낙엽이 지기 전에: 1차 세계대전 그리고 한반도의 미래』, p.140.

큰 폭으로 확대시켰다. 이때부터 세르비아도 러시아의 지원을 믿고 강경한 대응으로 선회하기 시작했던 것이다.

이렇게 해서 사라예보의 총성으로부터 시작된 1914년 7월 위기는 전쟁으로 치닫기 시작했다. 곧이어 7월 위기는 연속적인 아홉 가지의 중요한 결정들이 뒤따르며 세계대전으로 확대되었다.[66] 첫 번째 중요한 결정은 7월25일에 오스트리아가 최후통첩에 대한 세르비아의 협조적인 답변을 무시하기로 한 것이었다. 세르비아의 최초 대응은 오스트리아의 최후통첩 내용을 대체로 수용하는 긍정적인 답변의 전달이었었다. 그러나 오스트리아는 독일의 백지 수표 지원까지 얻어낸 이번 기회에 1912년 발칸 전쟁부터 골치덩이였던 세르비아를 전쟁까지 밀어붙일 심산이었고, 따라서 세르비아의 답변은 무시되어졌다. 7월27일에 두 번째 중요한 결정이 역시 오스트리아에서 일어났다. 발칸에서의 전쟁 발발이 임박해진 것을 막기 위해 영국이 위기 당사국들 간의 긴급 다자 평화 회담을 제안하였으나, 오스트리아가 거부하였던 것이다. 세 번째 중요한 결정은 7월28일 오스트리아의 대 세르비아 선전포고였다. 이어서 네 번째 중요 결정은 7월29일 오스트리아의 세르비아 수도 베오그라드(Belgrade)에 대한 포격이었다. 이렇게 해서 발칸 전쟁은 시작되었다. 그리고 다섯 번째 중요한 결정이 7월30일에 러시아와 영국에서 일어났다. 러시아는 세르비아를 보호하기로 결정하고 비밀리에 동원령을 지시하였다. 이때 오스트리아를 지원하고 있던 독일은 세계대전으로의 확전을 방지하기 위해 영국에게 중립을 요청하지만 영국은 이것을 거

66 Keir A. Lieber, "The New History of World War 1 and What It Means for International Relations Theory" *International Security* 32:2 (Fall 2007), p.184.

부하였다. 이어서 여섯 번째 중요한 결정이 오스트리아와 독일에서 일어났다. 7월31일에 오스트리아는 국제사회가 제시한 모든 중재안을 거부하였고, 독일은 러시아에게 군사적 대비태세 증강 중지를 요구하는 최후통첩을 전달하였다. 그리고 일곱 번째 중요한 결정이 8월1일에 일어났다. 독일은 최후통첩에 대한 대답을 러시아로부터 듣지 못하였으므로, 그 대응으로 독일의 총동원령을 지시하면서 러시아에 대해 선전포고를 하였다. 이때 독일의 전쟁 계획은 러시아의 동원이 충분히 이루어지기 전에 동맹국인 프랑스를 먼저 공격하는 것이었으므로, 러시아에 대한 선전포고는 곧 프랑스에 대한 전쟁 시작을 의미했다. 그러나 그 시점에서 카이저 빌헬름 2세는 독일이 프랑스를 공격하지 않는다면, 영국이 중립을 지킬 것이라는 정보를 얻었다. 카이저는 전쟁을 유럽 대륙내의 전쟁만으로 제한하기 위하여 프랑스를 향한 독일군의 배치와 이동을 중지시키고, 모든 군대가 러시아를 향해 동쪽으로 재배치될 것을 요구하였다. 그러나 당시 독일 육군 참모총장 몰트케는 계획에 없던 독일군의 재배치는 불가능하며, 프랑스에 대한 공격을 지연한다면 군사적 승리를 잃게 될 것이라고 경고하였다.[67] 카이저는 독일 군부의 주장을 무시할 수 없었고, 따라서 서부 전선으로의 공격 준비가 우선적으로 진행되었다. 이때 독일 베트만 홀베크 수상의 숙명론적인 발언이 뒤를 이었다.

"이제 철의 주사위가 던져졌다. 신의 가호가 우리에게 있기 바란

67 Keir A. Lieber, "The New History of World War 1 and What It Means for International Relations Theory" p.184.

다."[68]

이어서 여덟 번째 중요한 결정이 독일에서 일어났다. 8월3일에 독일은 프랑스에 대해 선전포고를 했던 것이다. 이제 발칸에서의 전쟁은 유럽 대륙 전체의 전쟁이 되었다. 그리고 아홉 번째 중요한 결정이 영국에서 일어났다. 그것은 영국의 선전포고였다. 8월3일 영국 외무성 그레이 장관은 의회에서 벨기에 조약의 의무를 강조하며, 영국이 중립 노선을 중지해야 할 필요성을 다음과 같이 주장했다.

"벨기에 조약의 의무, ... 프랑스에 생길 일 등과 같은 상황에도 불구하고 ...... 우리가 중립 노선을 선택한다면, ... 우리는 우리의 존엄성과 깨끗한 명성과 평판을 희생시키게 될 뿐 아니라 매우 심각하고 중대한 경제적 손실도 피할 수 없을 것입니다."[69]

8월4일에 독일군이 프랑스로 진격하기 위해 벨기에를 침공하자, 영국은 독일에 대해 선전포고를 했다. 오래전부터 체결되어 있었던 영국의 벨기에 중립 보장 공약은 영국 의회에서 자유당과 보수당 정치 세력이 모두 독일에 대한 전쟁 선포에 합의할 수 있는 명분과 근거가 되었다. 이렇게 해서 발칸 반도의 국지전쟁을 촉발시킨 사라예보의 총성은 유럽 대륙의 전쟁을 넘어서서 세계대전으로 확대되었다. 1914년 7월 위기 당시 전쟁의 도전에 대한 국가들의 대응은 전쟁의 복잡성을 대표하는 정치외교, 군사작전, 사회경제 분야에 걸친 정책 결정들이었고, 이 결정들은 제복과의 대화 특징으로부터 영향을 받았다.

---

68 John G. Stoessinger, Why Nations Go To War, (New York: St. Martin's Press, 1982), p.2.

69 도널드 케이건, 김지원 역, 『전쟁과 인간』, (서울: 세종연구원, 1997), p.242.

2. 전쟁의 개전과 독일에서 제복과의 대화

1914년 7월 위기부터 전쟁 발발까지 독일의 가장 중요한 정책 결정이었던 프랑스와 벨기에에 대한 공격은 정치외교, 사회경제, 군사작전 전 분야와 관련이 있었다. 그런데 독일에서 제복과의 대화 특징으로 인해 전쟁의 복잡성은 고려되지 못했고 각각의 분야는 서로 조율되지 않았다. 먼저 정치외교 분야에서 독일에게 필요했던 것은 1914년 7월 위기를 세계대전으로 몰아가기보다는 강압외교의 기회로 활용해야 한다는 것이었다. 독일에게 가장 이상적인 시나리오는 1912년의 발칸 전쟁이 여러 강대국들의 협상을 통해 조정된 것처럼, 1914년 7월 위기도 큰 전쟁 없이 독일에게 유리하게 종결되는 것이었다. 만약 독일이 오스트리아를 강력히 지원하여 전쟁으로 밀어붙이더라도 큰 전쟁이 발발하기 전에 러시아와 그 동맹국들로부터 양보를 얻어낼 수만 있었으면, 유럽 대륙에서 독일의 지배적 지위를 확보할 수 있었을 것이다. 그런데 그런 이상적인 시나리오를 실현하기 위해서는 영국의 중립이 필요했다. 오스트리아와 세르비아 간의 전쟁에 러시아가 뛰어들더라도, 프랑스와 영국이 개입하지 않는다면 유럽의 국지전 이상으로 전쟁은 커지지 않았을 것이었다. 그리고 프랑스가 참전하더라도 영국만 중립을 유지한다면, 상황은 유럽 대륙의 전쟁으로만 국한되고 세계대전으로 확전되지는 않았을 것이었다. 그만큼 정치외교 분야에서 독일에게 가장 중요했던 조건은 영국의 중립 유지였다.

사회경제 분야에서 독일에게 중요한 것은 러시아의 사회경제적 국력 증대를 상쇄시킬 수 있는 예방전쟁의 기회였다. 실제로 러시아는

1917년까지 육군의 규모를 40퍼센트 증강시키는 법안을 의회에서 통과시킨 상태였다. 따라서 시간이 지날수록 군사적 균형이 독일에게 불리한 쪽으로 변화할 것이 예상되었고, 특히 러시아의 철도 증설 계획이 완성되어 동원 능력이 현대화될 경우는 러시아의 위협은 더욱 심각해질 것이었다.[70] 사회경제적 관점에서 러시아의 경제력과 인력 동원 능력이 계속 현대화되고 있는 상황은 독일에게 중요한 문제였다. 1914년에 독일 육군의 증강은 정점에 도달해 있던 반면, 러시아는 여전히 군사력을 더 증강시킬 여력이 남아있는 상태였다. 그러므로 사회경제 분야에서 러시아가 독일의 국력을 추월하려는 상황에서, 독일이 당시 유럽 강대국들 사이에서 유행하던 예방전쟁을 수행해야 한다면 그 상대는 러시아였고, 1914년은 적절한 시점이었다.

군사작전 분야에서 독일이 중요하게 생각한 것은 결정적 승리를 프랑스로부터 먼저 쟁취한다는 것이었다. 독일 군부는 유럽 대륙에서 전쟁이 발발하면 가장 현대화되어 있고 가장 독일에게 적대적인 프랑스를 우선적으로 무너뜨린다는 것을 전쟁 계획의 근본으로 삼고 있었다. 따라서 독일 군부는 전쟁 위기가 어느 곳에서 발생하는지와 상관없이 무조건적인 프랑스 공격을 계획하였고, 프랑스를 조기에 석권하기 위해 중립국인 벨기에를 통과하여 진격한다는 계획을 발전시켰다. 독일의 전쟁 계획은 시간이 갈수록 신중함을 잃어가고, 과도한 확신에 의존하는 방향으로 변화했다. 슐리펜 참모총장까지의 독일 육군 참모본부에서는 프랑스와 러시아와의 두 개의 전쟁 가능성을 모두 고려한 신

70 Ja Ian Chong and Todd H. Hall, "The Lessons of 1914 for East Asia Today: Missing the Tress for the Forest" *International Security* 39:1 (Summer 2014), pp.13-14.

중한 전쟁 계획을 갖고 있었다. 그러나 슐리펜의 후임 참모총장인 몰트케 장군은 동부의 러시아와의 전쟁에 관한 예비 대안들을 모두 없애버리고, 프랑스와의 전쟁 계획에만 전념했다. 그래서 1914년 8월1일에 카이저가 프랑스 대신 러시아를 공격할 것을 제안했을 때, 독일 군부는 카이저의 요청을 거부하며 프랑스 공격 이외의 대안은 없다고 대답할 수 밖에 없었다.

결국 1914년 8월3일 독일의 대 프랑스 선전포고와 8월4일 벨기에 침공 결정은 군사작전 분야의 고려사항만 반영된 것이라 할 수 있었다. 정치외교 분야와 사회경제 분야의 고려 사항은 배제되거나 경시되었다. 정치외교 분야에서 고려되어야 했던 영국의 중립 유지 목표는 궁극적으로는 무시되어졌고, 사회경제 분야에서 고려되었던 러시아에 대한 예방전쟁 역시 프랑스에 대한 군사작전의 후순위로 밀려나야했다. 1914년 7월 위기부터 8월까지 독일에서 전쟁의 복잡성을 모두 고려하는 정책 결정이 일어나지 않은 것은 분명했다. 정책 결정 과정에서 군 통수권자인 카이저는 군부의 전쟁 계획을 바꾸려고 하였으나, 군부의 반발과 한계로 인해 실패했다. 민간 분야 비토 행위자를 대표했던 베트만 홀베크 수상을 포함한 정부 내각의 민간 관료들은 군 통수권자에게도 군부에 대해서도 개입하지 못했다. 당시 독일의 제복과의 대화 체계에서 민간의 선택적 개입은 낮은 수준이었다. 반면 독일에서 군의 협상력은 높았고, 육군 참모본부의 판단과 대안은 바뀌지 않았다. 독일이 전쟁의 도전에 대응해 나갈 때, 낮은 수준의 민간의 선택적 개입과 높은 수준의 군의 협상력이라는 제복과의 대화 특징은 전쟁 중 정책 결정시 정치외교, 사회경제, 군사작전 분야가 모두 고려되지 못하고 서로 조율되지도 않게 만들었다. 1914년 세계대전으로 연결되는 독일의 정책 결정에서 분명한 것은 정치외교와 사회경제 분야가 군사작전 분야에 지배되고 경도되었다는 것이다. 이것은 민간의 선택적 개입이 약하고 군의 협상력이 강할수록 전쟁의 복잡성을 고려하지 않는 전시 정책 결정이 일어날 가능성이 크다는 것을 의미한다.

3. 전쟁의 개전과 영국에서 제복과의 대화

1914년 7월 위기부터 전쟁 발발시까지 영국의 가장 중요한 정책 결정은 대 독일 선전포고이었고, 이 결정은 전쟁의 복잡성을 대표하는 정치외교, 사회경제, 군사작전 전 분야 고려사항들과 관련되어 있다. 영국에서는 제복과의 대화 특징으로 인해 독일에 비해 전쟁의 복잡성이 보다 더 고려되고 개별 분야들 간의 조율도 더 원활했었다. 당시 독일과 영국 간 제복과의 특징에서 차이가 있었고, 영국에서는 독일에 비해 전쟁의 복잡성을 보다 고려하는 정책 결정이 일어난 것이다. 먼저 사회경제 분야에서 영국에게 중요한 것은 자유무역의 원칙 아래 식민지와의 해상 교통에 대한 의존성이 컸던 영국 경제와 사회를 보호해야 하는 것이었다. 그러므로 영국의 해외 식민지와 해상 교통로 보호는 특히 중요한 목표였다. 이와 같은 목표를 달성하기 위해서는 영국 다음으로 해외 식민지를 보유하고 있으며, 영국보다는 못하지만 상당한 해군력을 지닌 프랑스가 자유무역과 해상 교통로 보호에 적극적으로 협력하도록 만들 필요가 있었다.

정치외교 분야에서는 영국이 추구해왔던 세계 패권 유지를 위해, 유럽에서의 세력균형이 필요했다. 1914년 7월 위기 상황에서 유럽 대륙은 독일에게 지배될 가능성이 높은 상황이었으므로, 영국이 프랑스와 함께 힘을 합친다면 세력균형이 이루어질 수 있었다. 영국 자유당 정권의 자유주의적 제국주의자 관점에서는 영국이 패권을 유지하기 위해서, 전쟁을 불사하더라도 유럽 대륙에 적극적으로 개입할 필요가 있었다. 이때 1905년부터 본격화되어 온 프랑스와의 군사협력을 고려할 때 프랑스는 유용한 협력 상대였다.

군사작전 분야에서는 독일이 유럽을 석권하여 북해와 영국해협까지 도달한다면, 독일이 영국 해안 뿐 아니라 영국의 심장부까지 바로 노릴 수 있게 된다는 것이 가장 심각한 문제였다.[71] 영국 해군은 독일 해군과의 경쟁에서 우세를 점유하고 있었지만, 영국에 가까운 해협까지 독일의 강력한 해군과 육군이 진출한다면 영국 본토 방어를 계속 장담하기는 어려웠다. 이때 독일군이 영국 해안이 바라보이는 곳까지 오지 못하도록 막을 수 있을만한 국가는 프랑스 밖에 없었다.

결국 영국의 사회경제, 정치외교, 군사작전 세가지 분야에서의 공통적인 고려사항은 프랑스와의 협력이었다. 이와 같은 관점에 의하면 프랑스에 인접한 중립국 벨기에의 보호 역시 중요했다. 영국은 오스트리아의 전쟁 의지가 강력하다고 판단하고 유럽 대륙에서의 전쟁을 상정하기 시작했으나, 1914년 7월27일 이전까지는 위기 중재를 위해서도 노력했다. 이와 같은 노력은 프랑스를 보호하고 프랑스와 협력한다

71 제바스티안 하프너, 『비스마르크에서 히틀러까지』, p.116.

는 목표와도 일치하는 것이었다. 그리고 오스트리아가 평화 회담안을 거부한 7월27일 이후부터 영국은 벨기에의 중립 유지를 조건으로 한 유럽 대륙 참전으로 입장을 전환하였다. 이때도 프랑스와의 협력이라는 정책은 계속 유지되고 있었다.

7월 위기가 한껏 고조되어 전쟁을 눈앞에 두게 되는 시점에서 영국과 프랑스와의 협력을 현실화하기 위해서는 영국군의 대륙 파견이 결정되어야만 했다. 사실 7월29일까지는 영국 내각에서의 참전 결정이 이루어지지 않고 있었다. 영국 내각은 8월1일 각료회의에서 벨기에의 중립이 침해된다면 독일에 대한 중립을 보장할 수 없다는 대 독일 경고 성명서를 채택하였다. 그럼에도 영국군의 즉각적인 프랑스 파견 결정은 연기되었다. 그리고 8월4일 독일군이 벨기를 침공하자, 영국 보수당도 자유당의 전쟁 개입 주장에 합류하기 시작했다. 이때에 이르러 영국의 정부 내각은 독일군의 철수를 요구하는 최후통첩과 함께 선전포고까지 합의할 수 있었다. 중요한 것은 이와 같은 과정 속에서도 8월4일까지 영국의 정책 결정은 정치외교, 사회경제, 군사작전 분야에서의 공통점인 프랑스와의 협력이라는 정책 기조가 계속 지켜지고 있었던 것이다. 영국의 군 통수권자인 수상은 참전 결정에 적극적이었지만, 실제 군대를 움직이려면 정부 내각과 의회의 많은 민간 비토 행위자들과 합의를 이루어야만 했다. 영국 자유당 정부의 애스퀴스 수상은 자유당 내의 의견도 분열되어 있었으므로, 각료들이 사퇴할 경우 내각이 총사퇴해야 하거나 연립정부를 구성할 수 밖에 없는 상황이어서 민간 분야 비토 행위자들과의 합의가 필요했다. 그 과정에서 군부는 민간 정치 지도자의 결정을 계속 기다려야했다. 그런 가운데서도 영국의 대 독일 선전포고 날짜까지 정치외교, 사회경제, 군사작전 전 분야에 걸친 공통적 정책 기조인 프랑스와의 협력은 계속 유지되어 왔던 것이다. 영국에서의 제복과의 대화 체계에서 민간의 선택적 개입은 독일에 비해 높은 수준이었다. 그리고 중요한 정책 결정에서 군부가 주도하는 경우나 군부의 주장만이 유일한 대안이었던 적은 없었다. 즉, 군의 협상력은 독일에 비해 낮은 수준이었던 것이다. 이렇듯 영국에서 제복과의 대화 특징은 독일에 비해 민간의 선택적 개입이 높고 군의 협상력 수준이 낮았다. 그런 상태에서 대 독일 선전포고까지 영국의 대응은 독일에 비해 정치외교, 사회경제, 군사작전 분야에 걸친 전쟁의 복잡성을 고려한 정책 결정들이었다. 이것은 민간의 선택적 개입이 강하고 군의 협상력이 약할수록 전쟁의 복잡성을 고려하는 전시 정책 결정이 일어날 가능성이 커진다는 것을 의미한다.

〈그림 10〉 7월의 위기와 전쟁의 시작

위의 왼쪽 언론 삽화는 1914년 6월28일 사라예보에서 오스트리아 황태자가 세르비아 청년에게 저격당하는 장면이다. 사라예보 저격으로 시작된 7월의 위기는 제1차 세계대전 발발로 이어졌다. 위의 오른쪽 사진은 독일이 러시아에게 선전포고를 한 1914년 8월1일에 독일군 장교가 시민들에게 카이저의 동원 명령을 읽어주고 있는 모습이다.

위의 왼쪽 인물은 제1차 세계대전 발발 당시 독일의 수상 베트만 홀베크이다. 1914년 8월1일에 독일이 영국의 참전을 예상하면서도 서부 전선으로의 공격을 결정했을 때, 베트만 홀베크는 "철의 주사위가 던져졌다"라는 숙명론적인 말을 남겼다. 위의 오른쪽 사진은 같은 해 8월4일에 영국이 독일에 대해 선전포고를 하자 영국 군중들이 런던 버킹검 광장에 모여 환호하고 있는 모습이다. 이때부터 유럽의 전쟁은 세계대전으로 비화 되었다.

제5장
독일과 영국, 도전과 대응의 계속

1. 대륙에서의 도전과 대응

제1차 세계대전은 19세기까지 유럽 강대국들이 경험했던 결정적 전투와 단기 승부와 같은 형식이 될 것이라는 희망 속에서 시작되었다. 이와 같은 단기 속전속결의 희망이 달성될지 여부는 서유럽에서 형성될 서부 전선의 결과에 달려 있었고, 속전속결이 환상으로 밝혀진 곳도 서부 전선이었다. 당시 서부 전선은 북해 연안부터 시작하여 벨기에 영토를 지나 독일과 프랑스 접경지대를 거쳐 스위스 국경까지 이어졌다. 서부 전선의 북쪽 지역은 벨기에 영토인 북해 연안의 플랑드르(Flanders) 지방과, 프랑스 영토인 아르투와(Artois) 지방과 솜므(Somme) 강 연안으로 구성된다. 이곳은 영국의 대륙원정군이 배치된 지역이기도 했다. 그보다 남쪽인 서부 전선의 중앙 지역은 프랑스와 독일의 접경지역으로, 프랑스 영토인 샹파뉴(Champagne) 지방을 포함하며, 프랑스 수도 파리(Paris)의 북방에서 동서로 뻗은 엔(Aisne) 강과, 파리의 남방에서 역시 동서로 이어진 마르느(Marne) 강으로 구성된다. 프랑스의 센(Seine) 강의 지류이기도 한 엔 강과 마르느 강은 모두 제1차 세계대전 전쟁에서 주목받는 지형이었다. 서부 전선의 나머지 부분인 남쪽 지역은 독일이 1870년 전쟁에서 프랑스로부터 빼앗은 알사스 로렌(Alsace–Lorraine) 지역부터 스위스 국경까지로 구성된다.

이렇게 북쪽, 중앙, 남쪽 지역으로 구성된 서부 전선에서 독일은 단기간내에 프랑스를 먼저 격파하고, 그 다음에 군대를 동부로 이동시켜 러시아를 무찌르겠다는 전쟁 계획을 갖고 있었다. 이 계획의 창시자로 알려진 독일 육군 참모총장 슐리펜의 이름이 독일군 전쟁 계획에 명명되어서 슐리펜 계획으로 불리웠다. 대단히 모험적이기도 한 슐리펜 계획에 의하면 독일군의 주력은 서부 전선의 북쪽 지역을 관통한 후 남쪽으로 선회하여, 프랑스 수도 파리 서쪽까지 진출하여 대부분의 프랑스 군을 포위하도록 되어 있었다. 이때 독일의 전쟁 계획에서 6주일이라는 시간이 중요했다. 독일은 러시아의 철도 특성상 동원에 소요되는 기간을 6주일로 예상하였으므로 6주일 이내에 프랑스와 서부에서의 전쟁을 끝낸다는 목표를 갖고 있었다. 그러므로 서부 전선의 전쟁이 시작된 1914년 8월4일부터 6주일 이후인 9월9일은 독일이 원래 계획했던 신속한 전쟁이 가능할 것인지 여부가 결정되는 시점이었다. 독일은 6주일 이내 전쟁 종료를 위해 독일 제1, 2군이 북쪽 지역에서 벨기에 영토 플랑드르 지방을 관통하여 프랑스 영토 아르투와 지방까지 깊숙이 진출하고, 중앙 지역에서는 독일 제3, 4, 5군이 벨기에 남부와 프랑스와 독일 접경지대를 통과해 공격하기로 했다. 이렇게 해서 독일의 5개 군이 거대한 집단을 이루어 회전문처럼 북방의 프랑스군을 격파하고, 그동안 독일 제6, 7군은 남쪽 지역의 알사스 로렌을 굳게 방어한다는 것이 계획의 골자였다.[72]

그러나 독일의 서부 전선 전투는 슐리펜 계획이 희망했던 것처럼 6주일만의 성공으로 끝나지 않았다. 독일은 계획과 달리 서부 전선 뿐아니라 동부 전선에서도 싸워야 했다. 독일은 동부 전선에서 여러 차례 큰 승리를 거두었으나, 전쟁이 장기전으로 변화되는 것을 막을 수는 없었다. 그리고 서부 전선에서는 인류 역사상 유례가 없었던 길고 조직적인 참호 체계가, 북해부터 스위스 국경까지 유럽 대륙을 가로질러 만들어지면서 전쟁은 장기전에 빠져들었다. 결과적으로 전쟁은 장기전으로 전환되었지만, 독일군이 벨기에와 프랑스 침공을 시작하는 시점에서는 전쟁이 그처럼 장기화될 것이라고 예상하는 사람은 별로 없었다.

제1차 세계대전의 시작을 알린 서부 전선 전투는 1914년 8월 독일군의 공격으로 시작되었다. 당시 벨기에를 포함한 북쪽 지역에서 독일군의 공격은 추가 편성된 독일군 군단과 예비병력을 모두 활용하는 것이어서, 영국과 프랑스의 예상보다 공격군의 규모와 공격의 강도가 강했었다. 결국 프랑스군과 영국군은 함께 후퇴할 수 밖에 없었다. 그 시점에서 독일이 슐리펜 계획대로 6주일만에 서부 전선의 전쟁을 끝내기 위한 관건은, 북쪽 지역의 최북단에 위치한 독일 클루크(Alexander von Kluck) 장군이 이끄는 제1군에게 달려있다고 해도 과언이 아니었다. 계

72 피터 하트, 정재면 역, 『더 그레이트 워: 제1차세계대전사』, (서울: 관악, 2014), pp.39-40.

획대로라면 독일 제1군은 북프랑스로 진출한 후 남쪽으로 방향을 바꿔 파리 서부를 장악하여 북쪽 지역과 중앙 지역의 프랑스군에 대한 포위를 완성해야 했다. 그러나 독일군이 벨기에를 관통하여 수도 브뤼셀(Brussels)을 장악하며 엄청난 거리를 진격하는 동안, 독일 보병들은 하루 약 30킬로의 강행군을 해오고 있었다. 그리고 독일군은 계속되는 전투와 행군으로 인한 피로와 함께 병력 부족 현상이 심화되어갔다. 이런 상황을 독일 제1군 사령관 클루크 장군은 회고록에서 다음과 같이 묘사했다.

"[독일] 제1군은 브뤼셀을 통해 파리로 가는 회전문의 3분의2를 완성했다. [그러나] 전략적인 상황으로 인해 진정한 의미에서 남아있는 3분의1을 완성하는 것은 불가능하게 되었다. [독일군에게는] 행군 후 전투, 전투 후 행군이 쉴 사이없이 연이어 이어졌다."[73]

이러한 독일군의 병력 부족과 부대 간 진격 속도 차이로 인해 8월 30일에 독일 클루크 장군의 제1군과 가장 가깝게 있어야 했던 뷜로(Karl von Bülow) 장군의 제2군 사이에 지리적 간격이 발생했다. 만약 프랑스군이 독일 제1군과 제2군 사이 간격을 돌파한다면 대규모 독일군이 포위될 수도 있는 상황이었다. 결국 몰트케 참모총장과 클루크 장군은 파리 서부로 진출하려는 계획을 수정하여, 독일군을 계획보다 일찍 남쪽으로 회전시켜 파리 동부로 진입하게 하여, 독일군 사이에 발생한 간격을 없애기로 하였다. 독일군의 이 결정은 사실상 슐리펜 계획이 의도했던 속전속결의 기회가 사라지게 만든 것이기도 했다. 이렇게 하여

73 피터 하트, 『더 그레이트 워: 제1차세계대전사』, p.77

전쟁의 불확실성이 그 모습을 드러내기 시작했다. 그런 의미에서 8월30일에 슐리펜 계획의 운명이 결정되었다고도 할 수 있었다.[74] 8월30일 몰트케의 지시는 클루크 장군의 제1군이 뷜로 장군의 제2군을 뒤따르며 그 북쪽 측면을 지키라는 것이었다. 그러나 9월3일, 클루크는 뷜로의 측면을 지키라는 명령을 확대 해석해서, 추격해오는 프랑스군과 결정적 전투를 벌이기 위해 파리 동부의 마르느 강을 건넜다. 그 결과로 파리 동부에서의 마르느 강 전투가 시작되었다. 이렇게 독일 제2군의 북쪽 측면을 방어해야 할 독일 제1군이 마르느 강 전투에 돌입하자 독일 제1군과 제2군 사이에 이번에는 상당히 큰 간격이 발생되었다. 그것은 독일 제1군과 제2군의 정면에 몰려들고 있는 영국 대륙원정군과 프랑스군이 독일군 사이의 간격을 이용해 전선을 돌파하여 독일군을 포위할 수도 있는 기회가 열렸음을 의미했다. 이제 전쟁의 불확실성은 최고조에 도달한 것이다. 실제로 독일군의 항공 정찰에 의하면 영국군과 프랑스군은 독일군 사이의 간격을 향해 이미 이동하고 있는 것으로 보였다. 이러한 급박한 상황에서 몰트케 참모총장은 독일 제1군과 제2군의 후퇴를 지시하였다. 결국 독일군은 마르느 강에서 물러나 보다 동북쪽의 엔 강으로 후퇴하고, 강변을 따라 참호를 구축하며 방어로 전환하였다. 그리고 마르느 강에서의 후퇴와 함께 슐리펜 계획을 결정짓는 운명의 6주일도 끝나 버렸다. 마르느 강 전투를 계기로 독일 육군 참모총장은 몰트케 장군에서 팔켄하인(Erich von Falkenhayn) 장군으로 교체되었고, 엔 강에서의 대치를 시작한 독일군과 영국, 프랑스군은 서로

74 John Keegan, *The First World War*, pp.108–109.

북쪽으로 우회하여 포위하기 위해 남은 병력들을 경쟁적으로 투입하였다. 양측 군대가 서로를 우회하기 위해 북쪽으로 진출하는 경쟁은 마치 북해를 향해 경주를 하는 듯한 모습같이 보여서 '바다를 향한 경주(Race to the Sea)'라는 명칭을 얻었다. 그리고 그 결과는 스위스 국경부터 시작되어 북해까지 서부 유럽을 남북으로 가로지르는 거대한 참호 체계의 출현이었다. 이렇게 독일이 애초에 계획했던 운명의 6주일이라는 시간이 지난 후 서부 전선은 역사상 유례없이 길고도 인명 피해가 많았던 참호 전쟁 양상으로 바뀌었다.

서부전선에서 독일이 기대했던 6주일만의 승리라는 환상이 사라지고 있을 때, 프랑스는 러시아의 참전을 재촉했고 그 결과 러시아군은 예상보다 빨리 동부 전선에 등장하였다. 러시아 제1군은 동프러시아(East Prussia)에서 독일군을 일차적으로 패퇴시켰고, 뒤이어 러시아 제2군이 보다 남쪽에서 독일을 향해 진격해왔다. 독일은 서부 전선의 전투가 치열한 상황이어서 동부 전선으로 많은 증원군을 보낼 수는 없었고, 대신 새로운 지휘관을 보냈다. 이때부터 제1차 세계대전에서 가장 유명해진 독일군 장군 콤비 힌덴부르크(Paul von Hindenburg) 사령관과 루덴도르프(Erich Ludendorff) 참모장이 등장했다. 서부전선에서 마르느강 전투가 한창인 상황에 동부전선으로 보내진 힌덴부르크와 루덴도르프는 러시아의 2개 군이 서로 협조되지 않은 진격을 하면서 지리적으로도 분리되어 있다는 것을 알아차렸다. 그래서 독일군은 소규모 병력으로 북쪽의 러시아 제1군의 진격을 지연작전으로 응수하며, 남쪽의 러시아 제2군을 향해 주요 전력을 집중시켰다. 그 결과 8월말 3일간의 전투를 통해 러시아 제2군의 퇴로를 차단하여 포위를 완성하는 대승리를 거두었다. 이 전투는 러시아군 5만명의 전사자가 발생하고 9만2천명이 포로가 되는 제1차 세계대전 사상 최대의 포위 섬멸전으로 기록되어졌다. 독일 힌덴부르크 장군은 1410년에 게르만 민족인 독일 기사단이 슬라브 민족 군대에게 몰살당했던 탄넨베르크(Tannenberg) 전적지가 근처에 있음을 알고, 20세기의 독일이 슬라브 민족 국가인 러시아에게 거둔 대승리를 탄넨베르크 전투라고 명명하였다. 서부 전선에서 마르느 강 전투의 실패와 함께 독일의 속전속결 계획 구상이 무너지고 있는 상황 속에서, 탄넨베르크 전투 승리는 독일의 전황에 큰 도움이 되지는 못했다. 그러나 탄넨베르크를 통해 힌덴부르크 장군과 루덴도르프 장군은 독일 국내에서 흔들리지 않는 확고한 명성을 얻게 되었고, 훗날 독일의 제복과의 대화 체계에 있어 루덴도르프 장군이 강력한 영향력을 발휘하게 되는 출발점이 되었다.

그런 가운데 서부 전선에서는 독일군이 마르느 전투를 끝내고 엔강 방어선으로 퇴각한 이후로 전쟁이 빨리 끝날 희망은 사라진 것처럼 보였다. 그럼에도 몰트케 장군의 뒤를 이어 새로 독일 육군 참모총장이 된 팔켄하인 장군은 새로 편성된 독일 제4군을 투입하여 1914년에 전쟁을 끝내기 위한 공세를 한번 더 시도하기로 결정했다. 팔켄하인 장군은 독일이 서부 전선에서 전쟁을 종결시켜야 한다는 믿음을 다음과 같이 표현했다.

"유감스럽지만 [독일 내에서] 동부 전선에서 승리를 굳혀야 한다는 슬로건이 넓게 퍼져 [있다] ...... 이런 주장을 하는 사람들은 ...... 전쟁의 진정한 성격이나 혹은 자기들의 의지력에 대해 생각을 하지 않고 있다. ...... 동부 전선에서의 그 어떤 결정적 전투로 .... 우리로 하여금 서부 전선에서 전쟁을 하지 않고 타결을 보도록 해주지는 않을 것이다. 독일은 어떤 희생을 치루고서라도 이것을 준비해야한다."[75]

결국 1914년 10월에 독일군은 북쪽 지역의 플랑드르 지방을 공격 방향으로 선택하였고, 벨기에의 도시 이프르(Ypres)에 공격력을 집중하였다. 이프르 전투에서 독일군은 다시 한번 영국 대륙원정군과 대결하였다. 영국군은 이프르 지역을 방어하기 위해 식민지 전쟁에서 숙련된 노련한 정규군 병력을 모두 동원하였다. 이프르 전투에서 영국군 병사들의 우수한 라이플 속사 능력을 발휘하기도 했지만, 결과적으로 많은 사상자만 남기고 별다른 성과없이 종료되었다. 이렇게 해서 단기전의 희망은 전쟁의 불확실성 속에서 사라져갔다. 이프르 전투에서 독일군은 대학교에서 징집되어 온 청년 병사 2만5천명을 포함하여 총 5만명이 전사하는 손실을 입었고, 독일에서는 이와 같은 대학생 출신 병사들의 심대한 희생을 유아 학살(kindermord)이라고 불렀다. 이프르 전투 당시 참호 체계는 철조망 배치, 기관총 진지 운영, 참호의 깊이 등에서 아직 완성도가 높지 않은 초보적 수준이었으므로, 방어 작전에서 희생도 커서 영국군도 2만4천명이 전사했다. 영국군 전사자의 대부분은 타미 애킨스(Tommy Atkins)로 불리우는 식민지 전쟁을 수행해왔던 전문 직업군 병사들이었다. 영국군도 이 전투를 끝으로 저학력 노동자 계층 출신들로 구성된 장기 복무 유급 병사들이면서도, 강력한 전우애를 지녔던 당대의 타미 애킨스 군대를 거의 모두 상실하게 되었다.[76] 또한 이프르 전투의 결과로 인해 1914년에 서부 전선의 전쟁이 끝날 수 없다는

75 피터 하트, 『더 그레이트 워: 제1차세계대전사』, p.148.

76 John Keegan, *The First World War*, pp.132-133.

것이 다시 한번 확인되었고, 그 이후로 독일군은 서부 전선에서 방어 태세를 유지하기 시작했다.

반면 영국과 프랑스는 이프르 전투를 전후로 하여 서부 전선에서의 공세를 계속 이어갔다. 1914년 12월부터 영국과 프랑스는 북쪽 지역과 중앙 지역에서의 공격을 위해 서로 협조하기 시작했다. 1914년이 끝나기 전에 북쪽 지역에서는 아르투와 지방에서 영국과 프랑스의 공동 공격이 있었고, 중앙 지역에서는 샹파뉴 지방에서 프랑스의 단독 공격이 있었다. 1915년에 들어서서는 3월에 영국 대륙원정군이 최초로 대규모 단독 공세를 북쪽 지역의 도시 뇌브 샤펠(Neuve Chapelle)을 향해 개시했다. 그러나 서부 전선에서의 모든 공격은 날이 갈수록 강력해지고 있는 양 진영의 방어 참호 체계로 인해 연이어 실패하고 있었다. 독일군도 참호 돌파를 할 수 없다는 곤경에 빠져있었으므로, 1915년 4월 북쪽 지역 플랑드르 지방의 도시 이프르를 다시 한번 공격할 때는 사상 최초로 독가스를 사용하기도 했다. 제2차 이프르 전투로 불리우는 이 전투에서 사용된 염소 가스는 많은 사상자를 발생시켰지만, 그럼에도 불구하고 독일군은 최초의 혼란을 활용하여 전선을 돌파할 수 있는 전략 예비대가 부족했기 때문에, 독일의 공세는 실패로 돌아갔다. 1915년 7월에 영국과 프랑스는 앞으로의 전쟁 전략을 논의하기 위한 회의를 샹티이(Chantilly)에서 개최하였다. 이때 영국은 병력 증강과 함께 참호 돌파를 위한 새로운 장비와 훈련이 필요하므로, 서부 전선에서의 공격을 1916년 이후로 연기하자고 제안했다. 그러나 프랑스는 동부 전선에서 러시아가 계속 패배하고 있는 상황이었으므로 서부 전선의 공격 연기에 동의하지 않았다.

그 결과 1915년 9월 서부 전선에서 영국과 프랑스가 대규모 공격을 재개하기로 결정되었다. 따라서 북쪽 지역에서 영국군과 프랑스군은 공동으로 아르투와 지방에 대한 공세를 시작하였다. 아르투와 지방의 비미(Vimy) 능선에서 가장 치열한 전투가 벌어졌으나, 영국군도 프랑스군도 모두 전선 돌파에는 실패했다. 같은 시기에 중앙 지역에서는 프랑스 단독으로 샹파뉴 지방에서 공세를 개시했으나, 이곳에서도 방어망을 돌파하지 못했다. 이때까지 영국군의 역할은 프랑스군을 보조하는 성격이 강했다. 그런 가운데 영국에서는 육군성 장관 키치너의 노력 속에 영국 젊은이들의 자원 입대가 최대 규모로 확장되어, 신개념 군대(New Army)로 알려진 대규모의 영국군이 양성되고 있었다. 그 결과 1915년 12월에 영국의 신임 제국 참모총장으로 로버트슨(William Robertson) 장군이 취임하는 시점까지 영국 대륙원정군은 38개 사단의 100만명으로 늘어나게 되었다. 이제 영국군도 서부 전선에서 단독으로 대규모 공세를 취할 능력을 갖추게 된 것이다. 이때 12월에 영국 대륙원정군 사령관은 프렌치(John French) 장군에서 헤이그(Douglas Haig) 장군으로 교체되었으며, 영국과 프랑스는 1916년에 대공세를 준비하기로 합의하고 병력을 재배치하였다.

그런 가운데 영국에서는 그동안 서부 전선의 육군에게만 집중된 국가적 관심을 해군으로 전환하여 서부 전선이 아닌 유럽의 동쪽에서 승기를 잡아야한다는 주장이 부상하고 있었다. 영국 해군성 장관 처칠은 독일과의 동맹을 선택한 오스만 터키를 해군으로 공격하여, 발칸 반도를 통해 독일과 오스트리아 중심부를 공격하자는 계획을 제안했다. 따라서 1915년 3월에 영국 해군은 프랑스 해군과 함께 아시아와 발칸 반도에 연결되면서, 오스만 터키의 수도 콘스탄티노플과도 인접한 다다넬스(Dardanelles) 해로 진격하였다. 목표는 오스만 터키 제국 수도의 연안을 봉쇄하고, 인근의 갈리폴리(Gallipoli) 반도에 상륙작전을 감행하여 오스만 터키를 전열에서 이탈시키고, 더 나아가 남동유럽으로부터 독일의 심장부로 진출한다는 것이었다. 그러나 영국과 프랑스 연합 해군은 다다넬스 해에 설치된 기뢰 때문에 바다를 통과하지도 못했고 제해권을 장악하지도 못하게 되었다. 그런 가운데서도 영국군과 오스트레일리아, 뉴질랜드 육군은 작전 계획대로 4월25일에 갈리폴리 반도에 상륙했다. 그러나 곧 연합국 상륙군은 강력한 오스만 터키군의 방어망에 마주쳤고 많은 인명 피해가 속출했다. 결국 오스트레일리아, 뉴질랜드 연합군(Australia and New Zealand Army Corps, ANZAC)과 영국군은 26만5천명의 사상자를 발생시키며 10월에 공격을 중지하고, 연말까지 갈리폴리에서 철수하게 된다.[77] 갈리폴리 전투는 영국 육군이 서부 전선에서 아직 중요한 역할을 담당하지 못하고 있던 시절에, 서부 전선이 아닌 동부로부터 독일로 진격한다는 새로운 주장의 실험적 적용이기도 했다. 결국 갈리폴리 전투는 제1차 세계대전의 전황에 중대한 영향을 미치지는 못했다. 그러나 이 전투를 통해서 오스만 터키에서는 훗날 터키 근대화를 이끌어 아타투르크(Ataturk) 칭호를 얻을 지도자 케말(Mustafa Kemal)이 전쟁 영웅으로 처음 역사에 등장했다. 그리고 오스트레일리아와 뉴질랜드는 갈리폴리 상륙이 시작된 4월25일을 ANZAC 기념일로 선포하며, 사실상 영국 식민지 거주자들의 연맹 수준이었던

77 John Keegan, *The First World War*, pp.248–249.

두 나라의 국가적 정체성이 전쟁 경험으로 인해 단일 국가 의식을 갖게 되는 계기를 만들어 나갔다.[78]

1916년에 들어서서는 독일과 영국이 소모전이라는 용어를 공공연히 사용하기 시작했는데, 당시 전쟁의 목표는 1914년과 같은 결정적 승리가 아니라 상대방 군사력과 국력을 대량으로 소모시키는 것으로 정해져 있었다. 소모전이라는 용어는 독일 육군 참모총장 팔켄하인 장군이 먼저 사용했다고 알려져 있다. 팔켄하인 장군은 소모전의 목표를 다음과 같이 설명했다.

"우리의 목표는 ..... 적에게 최대로 할 수 있는 피해를 가하되 우리 측의 희생은 최소화하는 것이다."[79]

당시 독일군은 서부 전선을 굳게 지키면서 동부 전선에서 많은 승리를 거두고 있었음에도 불구하고, 계속되는 영국의 해상 봉쇄로 인해 독일 국민들이 식량 부족 사태를 겪고 있었다. 독일 정치권에서는 이와 같은 곤경의 책임이 모두 조기에 전쟁 승리를 거두지 못한 독일 육군 참모총장 팔켄하인에게 있다는 비난이 부상하고 있었다. 팔켄하인은 이와 같은 상황을 타개하고 영국군이 더 증강되기 전에 서부 전선에서 공세를 시작할 필요가 있다고 판단했다. 팔켄하인은 전쟁의 목표가 프랑스의 전쟁 자원을 고갈시키는 소모전임을 명확히 밝히고, 프랑스군을 소모시킬 전투 장소로 베르덩(Verdun)을 선택했다. 팔켄하인의 계획은 베르덩 요새 주변을 공격하면 프랑스군이 국가적 자존심을 걸고 역습을 하게 될 것이고, 그때 강력한 독일군 포병으로 프랑스 예비전력

78 John Keegan, *The First World War*, pp.248–249.

79 피터 하트, 『더 그레이트 워: 제1차세계대전사』, p.255.

을 공격하여 대량의 병력 손실을 강요한다는 것이었다. 독일군의 공격은 1916년 2월에 시작되었는데, 프랑스군의 방어 임무를 지휘한 페탕(Philippe Petain) 장군은 베르덩에서의 실지 탈환 명령을 내렸으므로 독일의 계획처럼 프랑스군의 손실은 크게 증가하였다. 그러나 공격을 담당한 독일 제5군 역시 초기의 성공에 고무되어 영토 확장을 위한 강력한 공세를 계속하게 되면서, 독일의 원래 계획과는 달리 독일군의 손실 역시 증가하게 되었다. 이렇게 전쟁의 불확실성은 다시 모습을 드러냈다. 독일군의 공격에 뒤이은 프랑스의 방어와 반격은 6월말까지 계속되었다. 그 이후 프랑스는 독일군에게 점령당한 영토를 탈환하기 위한 공세를 시작하여 12월까지 전투가 계속되었다. 강력하게 요새화되어 있던 베르덩은 독일군의 치열한 공격 속에서도 끝내 정복되지 않고 살아남았다. 전투 전 기간에 걸쳐 독일과 프랑스 모두 대규모로 전선을 돌파하지는 못했고 여러 고지와 마을들을 빼앗고 빼앗기는 전투를 벌였다. 그러는 동안 베르덩에서의 프랑스군 사상자는 33만7천명이었고, 독일군 사상자는 33만명에 이르렀다.[80] 베르덩 전투에서 독일의 희생도 커지고 있는 동안 독일 육군 참모총장 팔켄하인 장군은 사퇴하고 그 후임으로 동부 전선의 전설 힌덴부르크 장군이 참모총장에 임명되었다. 그리고 역시 동부 전선의 영웅인 루덴도르프 장군이 참모총장의 대리인이 되었다. 결국 베르덩 전투는 궁극적으로 독일 육군 참모본부를 힌덴부르크와 루덴도르프 장군 콤비가 장악하도록 만들어준 것이다.

독일군의 베르덩 공세로 인해 1915년부터 준비해 온 영국과 프랑

80 피터 하트, 『더 그레이트 워: 제1차세계대전사』, p.254.

스군의 공동 공격은 연기되었으나, 베르덩 전투의 희생이 점점 커지자 프랑스는 긴급히 영국의 공격 시작을 요청했다. 따라서 영국군은 1916년 7월부터 북쪽 지역의 솜므(Somme) 강 부근에서 공세를 시작하게 되었다. 대부분의 프랑스군은 베르덩 전투에 참여했기 때문에 솜므 전투에는 영국에서 새로 편성된 신개념 군대가 대거 투입되었다. 신개념 군대는 영국 각지의 자원병들을 출신 고향별로 모아서 부대를 편성했기 때문에, 각각의 영국군 부대들은 지역 문화를 대표했고 신개념 군대 전체는 영국인들의 한 세대 전체를 대표하고 있었다. 솜므 전투는 영국 대륙원정군 역사상 최초로 신개념 군대가 대규모로 투입되었고, 영국의 단독 계획에 의해 실행되었다는 특징을 갖고 있었다. 그러나 영국의 전투 목표는 독일이 베르덩에서 지향했던 것과 거의 같았다. 영국군도 솜므에 대량의 독일군을 끌어들여 베르덩에서의 프랑스의 부담을 경감시켜 주고, 궁극적으로 독일군에게 대량 희생을 강요한다는 것을 목표로 했다. 당시 영국 대륙원정군 사령관 헤이그 장군은 솜므 전투의 목표를 전쟁일지에서 다음과 같이 밝혔다.

"내 작전 의도를 간단히 말하면, ... 프랑스군을 지원할 계획을 수립하여 ...... 베르덩에서의 압력을 완화시키도록 공격한다. 그 이유는 프랑스군의 상황이 그것을 요구하고 있기 때문이다."[81]

솜므 전투에서 승부를 결정지을 관건은, 영국 육군이 그동안의 참호 전쟁에서 얻은 교훈을 실제 전쟁에 제대로 적용하여 방어 참호 체계 돌파에 성공할 수 있을 것인가에 달려 있었다. 당시 영국군의 계획

81 피터 하트, 『더 그레이트 워: 제1차세계대전사』, p.267.

은 포병의 준비 사격이 끝난 후 독일군이 반격을 위해 방어 진지로 돌아오기 전에, 영국군 보병이 전진하여 진지를 점령할 수 있도록 포병 사격과 보병 돌격을 치밀한 시간 계획 속에 통합한다는 것이었다. 그러나 실제 전투가 시작되자 정교한 시간 계획을 실행시켜줄 통신망은 포격의 혼란 속에서 차단되고, 독일군의 반격은 예상보다 신속했다. 전쟁의 불확실성이 다시 고조되었고, 솜므 전투 첫날에만 영국군 전사자는 2만1천명이 발생했다. 솜므 전투는 4개월간 지속되었지만, 영국군은 전선을 16킬로만 이동시켰을 뿐이었고 사상자는 41만9천명이 발생했다. 솜므 전투의 첫날 전사자는 영국군의 전쟁 역사상 최고의 피해였으며, 솜므 전투로 인해 희생된 영국군 병사들은 영국 역사에서 낙천주의로 특징지어지는 한 세대의 증발이라고도 표현되었다.[82] 프랑스에 있어 베르덩이 최대의 군사적 비극 현장이었다면, 영국에게는 솜므가 최대의 비극이 되었다.

2. 해양에서의 도전과 대응

제1차 세계대전에서의 라이벌 독일과 영국은 서부 전선이 위치한 대륙에서만 전쟁에서의 도전에 직면한 것이 아니라, 해양에서도 도전을 극복하기 위한 대응을 선택해야만 했다. 제1차 세계대전의 개전과 함께 영국 해군은 독일에 대한 해상 봉쇄에 돌입했고, 독일은 해군 주

82 John Keegan, *The First World War*, p.299.

력함대 간 결전 대신 U보트로 알려진 잠수함 부대를 활용하여 영국 본토 봉쇄를 시도했다. 영국과 독일의 봉쇄 경쟁은 양국 모두에 식량 부족이라는 도전 요인을 불러왔다. 전쟁 발발과 함께 시작된 영국 해군의 독일 봉쇄는 신중한 해상 작전들로 구성되어졌다. 19세기까지 영국 해군은 적대국의 항만을 직접 봉쇄하는 방식을 선택했지만, 20세기에는 강력한 독일 해군과의 충돌을 고려하지 않을 수 없었다. 따라서 영국 해군은 독일 항만 봉쇄 대신 독일로 향하는 해상 교통로를 먼 바다에서 차단하는 방식을 선택하였다. 이와 같은 방식에서는 영국 순양함들이 독일의 해안까지 연결되는 해상 교통로를 원해에서 차단하기 위해, 영국해협과 북해의 북쪽 출구인 스코틀랜드와 노르웨이가 연결되는 바다를 봉쇄하였다. 영국은 북해를 군사작전 구역으로 규정하고 모든 중립국 선박들도 이 지역을 통과하기 위해서는 항해 시작 전에 검문을 받도록 했다. 이러한 상황에서 독일 해군 주력함대는 영국 해군 기지들이 포진한 북해의 북쪽이나 영국 본토에 접근하는 것을 포기했다. 독일 카이저 빌헬름 2세는 독일 함대가 전투로 인해 상실되지 않고 계속 보존될 경우, 휴전 협상에서 유용한 수단이 될 것으로 생각했다. 그 결과 독일 해군은 전투를 위해 먼 바다로 나가는 대신 안전한 항만에서 전력을 보존하는 형태의 '현존함대(fleet in being)' 전략을 유지했다. 그러나 독일 해군이 함대의 보존만을 중요시하는 동안 독일로 유입되는 원자재와 군수품들의 상당량이 영국의 해상 봉쇄에 의해 차단되기 시작했고, 독일 내의 식량 부족과 자원난은 커져갔다. 이런 상태에서 영국의 봉쇄에 대한 독일 해군의 첫 반격은 잠수함 전력을 활용한 영국 봉쇄였다. 1915년 2월 독일은 영국 주변 바다에 전쟁구역을 선포하였고, 연합국과 중립국 국적을 막론하고 경고없이 격침시키는 무제한 잠수함 공격을 시작하였다. 그러나 1915년 5월 여객선 루시타니아(Lusitania)호가 독일 잠수함 공격으로 격침되고, 128명의 미국 시민까지 희생되자 미국의 강력한 항의가 이어지면서 독일의 무제한 잠수한 공격은 일단 중지되었다.

이런 상황에서 서부 전선의 베르덩 공세를 시작한 독일 팔켄하인 참모총장은 독일 해군도 공세 작전을 펼쳐서 육군을 지원해달라고 요구했다.[83] 그러자 당시 독일 해군 함대 사령관이었던 쉐어(Reinhard Scheer) 제독은 육군의 베르덩 공세에 발맞춰 독일 해군 주력함대의 공격 작전을 준비했다. 쉐어 제독의 목표는 영국 주력함대를 유인하여 독일 주력함대 전력으로 격파하는 것이었다. 영국 해군을 유인하기 위한 미끼가 될 독일 히퍼(Franz von Hipper) 제독의 전투순양함 분견대는 1916년 5월31일에 출격했다. 그때 영국 함대 사령관 젤리코(John Jellicoe) 제독은 이와 같은 독일 해군의 움직임을 탐지했고, 곧 영국 주력함대를 스캐퍼 플로우(Scapa Flow) 해군 기지로부터 출발시켰다. 이렇게해서 5월31일 오후에 독일과 영국 함대의 선두에 있던 분견대가 서로 충돌하게 됨에 따라, 영국이 유틀란트(Jutland) 해전이라고 부르는 제1차 세계대전 최대의 해상전투가 시작되었다. 1900년부터 해군력 경쟁을 해왔던 영국과 독일의 주력함대들은 북해 해상에서, 약 2시간 동안 드렛노트 전함들끼리 포격을 주고받는 역사적인 전투에 돌입한 것이다. 당시 젤리코 제독의 영국 함대는 독일 주력함대를 격멸시키기 위

83 J.A. English, "The Trafalgar Syndrome," p.66.

해, 독일 본토에 더 가깝게 근접하며 기동하는 과감한 방법을 선택할 수도 있었다. 그러나 영국 주력함대는 전투에서의 대승리보다는 함대의 안전을 우선하는 쪽으로 목표를 두기로 했다. 이것은 오랜 시간 많은 자원을 투자해 건설한 주력함대를 한 순간에 잃을 수 있다는 우려로 인한 전쟁의 불확실성이 최고조에 도달한 상황에서의 결정이기도 했다. 그 결과 유틀란트 해전에서 독일 주력함대는 2척의 전함을 잃었지만, 결정적인 반전 기동을 통해 생존할 수 있었다. 그리고 영국 주력함대는 3척의 전함을 잃으면서 독일 주력함대를 놓친 것을 아쉬워해야만 했다. 유틀란드 해전 결과의 의미는 독일 해군이 주력함대로 영국 해군을 격파하겠다는 생각을 완전히 포기하고, 항만에서 함대를 보존하는 현존함대 전략에만 순전히 의존하게 되었다는 것에 있다.

독일 해군의 현존함대 전략에 대해서는 전 독일 해군성 장관 티르피츠 제독이 그 위험성을 다음과 같이 경고한 바 있었다.

"함대를 과보호하는 것은 말도 안된다. 이른바 [현존함대]는 ..... 독일에게는 의미없는 것이다. 왜냐하면 독일의 목적은 반드시 바다를 자유롭게 항해하는 것이기 때문이다. ..... 사실 나태함을 제외하고 우리 함대에 일어날 수 있었던 ..... 것은 아무것도 없었다."[84]

독일 해군의 현존함대 전략은 실제로 티르피츠 제독의 경고처럼 수년 후 독일 주력함대가 나태함에 빠져들면서 수병들의 반란이 일어나게 된 원인이 되고 말았다. 그리고 현존함대 전략으로 인해 유틀란트 해전 이후로 독일 해군에게는 무제한 잠수함작전 재개만이 유일하

84 피터 하트, 『더 그레이트 워: 제1차세계대전사』, p.123.

게 선택 가능한 방안이 되었다. 독일의 무제한 잠수함작전 재개 구상은 1916년 12월에 독일 해군 참모본부 참모장 홀첸도르프(Henning von Holtzendorff) 제독의 제안으로부터 시작되었다. 홀첸도르프 제독은 당시 지상전이 많은 인명 희생을 동반하며 교착상태에 빠져 있는 상황을 해군력으로 타개할 수 있다고 보았다. 그는 독일이 잠수함 공격으로 영국이 보유한 천백만톤의 상선단을 매달 6십만톤씩 6개월간 파괴하고, 동시에 총 3백만톤 규모의 중립국 선단의 절반을 격침시킨다면, 영국이 전쟁을 포기하게 될 것이라고 생각했다. 그러나 독일 해군의 무제한 잠수함작전은 1915년에 중립국 미국의 항의로 인해 중단되었던만큼, 만약 다시 시작된다면 미국이 적대국으로 참전할 가능성이 높은 방안이기도 했다. 그럼에도 불구하고 1917년초 독일은 무제한 잠수함 작전 시작을 결정했다. 이렇게 1917년초까지 이어진 제1차 세계대전은 1914년 개전 당시 참전국들의 속전속결 기대와는 달리 장기화되어졌고, 그런 가운데 전쟁의 복잡성을 대표하는 정치외교, 사회경제, 군사작전 분야의 정책 결정들이 뒤를 이었다. 그리고 이 결정들은 제복과의 대화 특징으로부터 영향을 받았다.

3. 전쟁 중반까지 독일에서 제복과의 대화

1914년부터 1917년초까지 소모전 기간 중 독일의 중요한 정책 결정들은 영국의 독일 봉쇄에 대한 대응에 관한 것이었다. 그 결정 과정에서 독일은 제복과의 대화 특징으로 인해 정치외교, 사회경제, 군사작전 분야에 걸친 전쟁의 복잡성을 고려하지 못하는 경향을 보여주었다. 당시 독일에서 제복과의 대화 체계는 민간의 선택적 개입이 점진적으로 약화되고, 군의 협상력은 상대적으로 강화되고 있었다. 프러시아의 군사적 전통을 이어받은 독일 육군 참모본부에는 전쟁과 평화의 선택에 있어서 군부가 지배적인 목소리를 낼 수 있으며, 전쟁이 선포된 이후에는 민간 관료의 간섭없이 전쟁을 수행해야 한다는 생각이 팽배해 있었다. 평시에 정부 내각이 군부에 직접 관여할 수 없게 만든 독일의 제도적 특징은 전시에도 계속 변함없이 유지되었다. 그런 가운데 1914년 전쟁이 발발한 직후 육군 참모본부를 바탕으로 총사령부가 창설되었다. 그리고 전쟁 지속을 위해 수상과 정부 내각 장관들이 총사령부로 와서 함께 최고 전쟁 지휘본부를 구성하였지만, 전쟁 개시 몇 달만에 모두 베를린으로 돌아가 버렸다. 따라서 독일의 국가 전략은 총사령부를 지휘하는 육군 참모총장이 책임지게 되었다.[85] 그리고 1916년에 독일이 베르덩 전투와 솜므 전투를 통해 병력과 전쟁비용 손실이 누적되자, 당시 육군 참모총장 힌덴부르크 장군과 그의 콤비 루덴도르프 장군은 독일 경제에 대한 통제 권한까지 요구했다. 그때부터 육군 참모본부는 전쟁 수행에 필요한 인력, 장비, 무기, 탄약 확보를 위해 산업 물자와 식량의 생산, 원자재 할당, 정치, 언론, 선전 등 광범위한 문제까지 개입하게 되었다.[86] 루덴도르프 장군은 이러한 현상을 총력전의 일환으로 생각하며 다음과 같이 표현했다.

---

85 게하르트 그로스, 『독일군의 신화와 진실: 총참모부 작전적 사고의 역사』, p.161.

86 제프리 메가기, 김홍래 역, 『히틀러 최고사령부 1933~1945』, (서울: 플래닛미디어, 2009), pp.34-35.

"전쟁은 정치의 수단이 아니라 정치가 전쟁 행위의 일부분이다."[87]

힌덴부르크와 루덴도르프 장군 콤비는 소모전 상황에서 필요한 것은 총력전 수행이라고 판단하고, 독일이 총력전에서 적보다 우세해지기 위해서는 군부가 사회경제 분야와 동원까지 장악해야 한다고 생각했다. 따라서 독일의 사회경제 분야 전반을 군부가 주도했고, 군부가 직접 주도하지 않는 업무 부문도 정부 내각의 관료가 아닌 민간에게 위임되었다. 그리고 육군 참모본부는 산업계와 노동계 전체와 국민의 징집까지 통제하기 시작했다. 이 시기에 군부는 민간 관료와 군부가 함께 운영하는 그림자 관료 조직까지 설립하였다.

이런 상황 속에 독일에서 군부가 민간 정부 내각보다 우위에 있음이 단적으로 입증된 시점은 군부가 독일 수상의 사퇴를 강제했을 때였다. 1917년 독일 의회에서 사회민주당이 약진하고 배상금 없는 휴전을 주장하는 정치 세력들이 등장할 때, 군부는 이 모든 것을 국내정치적 반발로 인식했다. 그리고 군부는 정부 내각의 수상이 국내정치적 반발을 무마하지 못했기 때문에 이런 현상들이 일어난다고 생각했다. 그래서 힌덴부르크와 루덴도르프 장군은 수상을 교체하기로 결심하고는, 자신들이 사임하겠다는 위협을 무기로 하여 베트만 홀베크 수상이 스스로 사퇴하도록 강요하였다. 이것은 독일 역사상 최초로 육군 참모본부가 민간 정치 지도자의 사퇴를 강제한 사례이기도 했다.

이처럼 독일에서 군부의 협상력은 대단히 강해졌고, 이렇게 군부가 민간 분야에 적극적으로 개입하고 있을 때 군 통수권자인 카이저 빌

87 Walter Görlitz, 『독일군 이야기: 전쟁과 정치』, p.232.

헬름 2세는 군부와 정부 내각 사이의 관계를 조정하지도 못했고 그럴 의지도 없었다. 독일 카이저는 법적으로 최고 군 통수권자이었지만, 육군의 동원령 선포와 함께 지휘권을 참모총장에게 넘겨주면서 헌법상에 부여된 통수권을 스스로 포기했다. 그리고 육군 참모본부가 전쟁을 지휘하기 위해 총사령부를 창설했을 때도, 카이저는 잠시 총사령부에 머무르기만 했을 뿐 작전 지휘에는 개입하지 않았다. 즉, 독일에서 제복과의 대화 특징은 전쟁 발발 이후 1917년까지 이르면서 군부의 협상력은 대단히 높아졌고 민간의 선택적 개입은 매우 약화되었다는 것이다.

이와 같은 제복과의 대화 특징의 변화 속에서 독일에서는 정치외교, 사회경제, 군사작전에 걸친 전쟁의 복잡성을 고려하지 않는 정책결정이 일어났다. 먼저 사회경제 분야에서 독일에게 가장 필요한 것은 전시 식량 증산이었다. 전쟁 시작과 함께 영국 해군이 해상 봉쇄를 시작함에 따라 독일 본토에서도 식량 부족 현상이 나타나기 시작했다. 독일은 전쟁 전부터 보호 관세로 국내의 농업 생산을 보호하며 식량의 자급자족을 위해 노력해왔으나, 해상 봉쇄 이후로 식량 생산량은 곤두박질 치고 있었다. 실제로 독일의 식용 곡물 생산은 1912년에서 1913년 사이의 1,310만톤이었으나, 1917년에서 1918년 사이에 860만톤으로 감소하였다.[88] 독일은 식량 부족으로 인해 배급 제도와 가격통제를 시행했지만, 국민들의 식량 부족과 영양 결핍 상태는 계속 확산되어갔다. 그로 인해 식량 부족으로 인한 폭동도 일어났으며, 1916년 감자 흉작으로 도시 빈민층의 곤경은 더 커졌고, 독일 국민의 사기에도 악영향

88 맨서 올슨, 이성규 역, 『전쟁과 식량 부족의 경제학: 영국의 경험과 교훈』, (서울: 해남, 2019), p.129.

을 미치고 있었다. 따라서 독일에서는 효율적이고 체계적인 전시 식량 계획과 대책들이 필요한 상황이었다. 그러나 사회경제 분야를 통제하고 있는 독일 군부는 유능한 식량 증산 계획관들을 양성하거나 배치하지도 않았고, 정부 내각 부처의 행정력을 집결시키지도 않았다. 오히려 군수공장 노동자를 지속적으로 우대하는 불공평한 식량 분배를 조장하였으므로, 독일의 전시 식량 증산 계획은 효율적이지 못했다. 행정력이 집중되지 않았고 필요한 관료의 인사 배치도 없었으므로, 독일 전시 식량 정책에서는 가축이 소비하는 곡물이 비효율적임에도 가축의 수를 줄이지 않고 유지시키는 것과 같은 잘못된 결정이 빈발했다.[89] 그럼에도 독일 군부는 식량 증산을 위한 노력보다는, 영국에도 독일과 같은 식량 부족 상황을 강요하기 위한 무제한 잠수함작전 같은 군사적 대책에 더 관심을 가졌다. 즉, 사회경제 분야에서 고려해야만 했던 전시 식량 증산은 관심을 받지 못했던 것이다.

그리고 정치외교 분야에서 독일이 동맹국들의 결집만큼이나 중요하게 고려해야만 했던 것은 강력한 잠재력을 지닌 중립국 미국의 행동이었다. 독일 해군 참모본부 참모장 휠첸도르프 제독이 명확하게 독일 카이저와 힌덴부르크 참모총장에게 설명하였듯이 무제한 잠수함작전은 미국의 참전을 불러일으킬 것이 분명했다.[90] 1916년 12월 시점까지도 독일 베트만 홀베크 수상은 무제한 잠수함작전이 너무 무모하다고

89 맨서 올슨, 이성규 역, 『전쟁과 식량 부족의 경제학: 영국의 경험과 교훈』, (서울: 해남, 2019), p.129.

90 Holger H. Herwig, "Miscalculated Risks: The German Declaration of War against the United States, 1917 and 1941" *Naval War College Review* 39:4, (Autumn 1986), pp.88-89.

생각하여 반대하고 있었다. 1916년 12월 12일에 베트만 홀베크 수상은 독일 의회에서 전쟁 중 첫 번째 휴전 제안 연설을 했다. 이것은 독일이 전략적 우세를 유지하면서 휴전을 성사시키기 위한 정치외교적 노력이기도 했다.[91] 그런데 휴전이 성사되기 위해서는 미국의 중재가 필요했으므로, 미국이 독일의 적대국이 된다면 이와 같은 정치외교적 노력이 성공할 가능성은 희박했다. 그럼에도 무제한 잠수함작전으로 인한 미국의 참전 가능성과 그로 인한 정치외교적 손실 가능성에 대한 평가는 거의 무시되었다.

군사작전 분야에서 독일 군부는 빛나는 승리를 원했고, 특히 해군은 유틀란트 해전 이후 주력함대 사용을 포기함에 따라 잠수함 부대만이 해군에게 남은 기회라고 생각했다. 독일 해군은 영국의 해상 봉쇄처럼 독일도 잠수함으로 영국을 봉쇄시킨다면 빛나는 승리로 이어질 수 있다고 생각했고, 1915년까지 무제한 잠수함작전 실적은 그런 가능성을 보여줬다고 평가했다. 그래서 독일 해군 뿐 아니라 군부 전체는 무제한 잠수함작전을 수행하지 않고 전쟁에 패배한다는 것은 있을 수 없는 일이라고까지 생각하게 되었다. 결국 루덴도르프와 힌덴부르크 장군은 반대 입장이었던 베트만 홀베크 수상을 압박하여, 마침내 무제한 잠수함작전에 동의하게끔 만들었다.[92] 따라서 독일의 무제한 잠수함작전은 1917년 1월9일부터 시행되었다.

---

91 Holger H. Herwig, "Miscalculated Risks: The German Declaration of War against the United States, 1917 and 1941", p.90.

92 Karl−E. Birnbaum, *Peace Moves and U-boat Warfare, A Study of Imperial Germany's Policy towards the United States April 18, 1916-January 9, 1917*, (Stockholm: Almqvist & Wiksell, 1958), pp.59−60.

독일의 무제한 잠수함작전 결정은 미국의 참전과 전시 식량 증산 문제와 결부되어 있었다. 그런 상황에서 정치외교 분야의 고려사항도 독일 군부가 주도적으로 검토를 했다. 육군 참모총장 힌덴부르크 장군은 미국이 참전할 경우에도 독일에 대해 미칠 영향은 거의 크지 않을 것이라고 판단했고, 루덴도르프 장군 역시 동일한 평가를 했다. 독일 해군에서도 은퇴한 전 해군성 장관 티르피츠 제독과 유틀란트 해전 당시 분견함대 사령관이었던 히퍼 제독은 미국이 참전하더라도 미국 함대가 결정적 역할을 할 수 없을 것이라고 생각했다.[93] 결국 미국의 참전을 불러올 무제한 잠수함작전 결정은 독일 군부가 주도했고, 독일에서의 정치외교적 검토 자체가 충분하지 못했던 것이다. 사회경제 분야에서도 독일과 영국의 해양 봉쇄 경쟁에 대한 관심에 밀려서, 독일과 영국의 식량 증산 경쟁은 주목받지 못했다. 독일의 국내 전시 식량 증산이 실패하고 그로 인해 영국과의 식량 증산 경쟁에서 패배하게 된다면, 독일 잠수함부대가 영국에 대한 수중 봉쇄에 성공하더라도 독일은 식량 부족에서 헤어날 수 없는 상황이었다. 그러나 독일에서 전시 식량 증산은 관심 받지 못했고, 무제한 잠수함작전만이 영국과의 식량 증산 경쟁의 해결책처럼 생각되어졌다. 이와 같은 상황 속에서 1917년 무제한 잠수함작전 시작 결정시, 군 통수권자인 카이저 빌헬름 2세는 결정적인 역할을 하지 못했고 군부의 제안을 수동적으로 승인했을 따름이었다. 그리고 베트만 홀베크 수상과 같은 민간 정부 내각 관료의 반대 의견은 무시되어졌고, 군부의 영향력은 대단히 컸다. 당시 독일에서 제

93 Holger H. Herwig, "Miscalculated Risks," p.89.

복과의 대화 특징은 민간의 선택적 개입의 약화와 군의 협상력의 강화였던 것이다. 그리고 정치외교, 사회경제 분야와 군사작전 분야에 걸친 전쟁의 복잡성을 고려하는 정책 결정은 일어나지 않았고, 모든 정책 결정은 군사작전에 경도되었다. 이것은 제복과의 대화 특징에 있어 민간의 선택적 개입이 약하고 군의 협상력이 강할수록 전쟁의 복잡성을 고려하지 않은 전시 정책 결정이 일어날 가능성이 커짐을 의미한다.

4. 전쟁 중반까지 영국에서 제복과의 대화

1914년 개전 이후 전쟁이 소모전으로 변화된 이후 영국의 중요한 정책 결정들은 독일의 잠수함 봉쇄작전에 맞선 전시 식량 확보와 대량 병력 징집이 가능하도록 사회를 재편하는 것과 관련되었었다. 당시 영국의 정책 결정은 정치외교, 사회경제, 군사작전 분야에 걸친 전쟁의 복잡성을 독일에 비해 보다 복합적으로 고려하는 경향이 있었다. 그 시점에 영국에서 제복과의 대화 특징도 독일에 비해 민간의 선택적 개입은 강화되고 군의 협상력은 상대적으로 약화되어 있었다. 사실 전쟁이 발발한 이후에도 영국에서는 전쟁 전과 같이 의회와 정부 내각이 군부를 통제하는 제도와 관습이 변함없이 지속되고 있었다. 그리고 영국 정부는 전시 내각을 구성하면서도 특정 군 지도자에게 의존하기보다는 군의 조언 기능을 분산시켜 나갔다. 전쟁 시작 당시 영국의 내각에서는 육군성 장관 키치너 장군만이 유일한 군사 문제 조언자였다. 그러나 전쟁이 지속됨에 따라 영국에서는 군사 분야의 조언을 키치너 장군에게

만 의존하지 않고 군사 조언 그룹을 확대시켰다. 그런 가운데 정부 내각의 군사 문제 책임자는 키치너 장군에서 제국 참모총장인 로버트슨 장군으로 교체되었다. 그리고 비슷한 시기에 영국의 대륙원정군 사령관도 프렌치 장군에서 헤이그 장군으로 교체했다. 이와 같은 인물 교체와 함께 정부 내각의 민간 관료에 의한 군사 분야에 대한 행정 개입 역시 확대되었다. 대표적인 실례로 육군성이 갖고 있던 군수 물자에 대한 통제 권한이 1915년 6월에 민간인 장관이 이끄는 신설 군수성으로 이관된 것을 들 수 있다. 이렇듯 전쟁 중 영국 전시 내각은 군사 분야의 조언과 군사문제 집행에 있어 군부의 의존을 축소시켜 나갔던 것이다.

또한 법적 군 통수권자인 영국 수상의 군사 분야에 대한 개입 수준도 확대되어갔다. 애스퀴스 수상의 뒤를 이어 수상에 취임한 로이드 조지는 수상이 되기 이전에, 이미 키치너 장군의 뒤를 이어 육군성 장관에 재직하고 있었다. 로이드 조지는 육군성 장관 시절부터 제국 참모총장 로버트슨 장군과 갈등 관계였는데, 1916년 12월에 수상이 된 이후 더욱 적극적으로 영국군의 작전을 점검하면서 로버트슨과의 불화는 더 커졌다. 로이드 조지 수상은 로버트슨 장군과의 불화로 인해 별도의 군사적 조언자를 원하게 되어 대륙원정군 참모장인 윌슨(Sir Henry Wilson) 장군의 의견을 주로 구했다. 로이드 조지 수상은 내심 로버트슨 장군의 사임을 기대했지만, 그런 일이 일어나지 않자 윌슨 장군이 로버트슨의 통제를 벗어나서 작전 명령을 내릴 수 있는 이원적 지휘 통제 체제까지 만들었다. 결국 1918년 2월에 로버트슨 장군은 사임하고, 로이드 조지 수상은 윌슨 장군을 그 후임으로 임명함에 따라 군사 분야에서 수상을 불편하게 할 군부 지도자들은 사라지게 되었다. 이 과정은 군 통수권자와 군부 지도자간의 마찰에서 로이드 조지 수상을 중심으로 한 민간 정치지도자들의 우월함이 입증된 사례이기도 했다.[94] 이처럼 영국에서 제복과의 대화 특징은 민간의 선택적 개입은 더 강해져갔고, 반면 군부의 협상력은 약화되어 갔다는 것이다.

이와 같은 제복과의 대화 특징 속에서 영국에서는 정치외교, 사회경제, 군사작전 분야에 걸친 전쟁의 복잡성을 독일보다 더 고려하는 정책 결정이 이루어졌다. 먼저 정치외교 분야에서 영국에게 필요한 것들은 중립국 미국의 협력적 태도, 프랑스를 포함한 동맹국과의 공조, 해외 식민지와 영연방으로부터의 지속적인 지원 유지였다. 이와 같은 목표를 달성하기 위해서는 중립국과 해외 동맹국으로부터 영국으로 이어지는 생명줄 같은 해상 교통로를 계속 유지해야 했다. 군사작전 분야에서 필요한 것은 유럽에서의 소모전 상황에 대처할 수 있도록 대량 군대를 계속 양성하는 것과, 독일의 무제한 잠수함 공격으로부터 해상 교통로의 선박들을 군사적으로 보호해야 하는 것이었다. 그리고 사회경제 분야에서는 독일 잠수함들의 공격으로 위기를 맞을 수 있는 국내 식량 문제를 해결해야 했고, 요구되는 대량 군대를 양성하기 위해 충분한 인력 동원이 필요했다. 이때 영국의 정치외교, 군사작전, 사회경제 세 가지 분야에서의 공통적인 고려사항은 독일 잠수함 부대로부터 선박들을 지켜내고 전시 식량 증산과 충분한 인력 동원을 해야 한다는 것이었다.

이러한 상황하의 영국에서는 우선 독일의 무제한 잠수함작전으로부터 영국으로 유입되는 선박들을 보호하기 위해서 호송선단 작전이

94 이내주, 『군신의 다양한 얼굴: 제1차 세계대전과 영국』, (파주: 아카넷, 2018), pp. 133-137

도입되었다. 이제 대서양을 넘나드는 선박들은 모두 특정 시간과 장소에 집결하여 체계적인 호송부대의 대잠수함 작전 엄호를 받으며 항해를 하도록 되었다. 호송선단 작전은 잠수함 공격으로부터 선박의 피해를 크게 감소시킬 수 있었다. 이때의 호송선단 작전은 영국 해군에게만 전적으로 의존하기보다는, 정부 내각 관료들의 정밀한 호송 계획 수립과 민간 선박 회사와의 치밀한 협조를 통해서 이루어졌다.

그리고 영국에서의 전시 식량 증산 문제는 정부 내각에 식량성을 신설하여 행정력을 집중시키고 적합한 관료들을 인사 배치하면서 해결되어졌다. 식량성은 곡물을 소비하는 가축의 수를 감소시키고, 목초지를 개간하여 집약적 농작물 생산지로 대체하는 것과 같은 방식으로 곡물 증산을 주도하였다. 그 결과 전쟁 전 1913년에 1,810만톤의 식량을 수입했던 영국은 1918년에는 1,140만톤 식량 수입만으로 버틸 수 있게 되었다.[95] 독일과 달리 정부 내각과 민간이 주도한 영국의 농업 대책과 식량 배급 등의 행정 대책은 효율적이었다. 영국 정부가 애스퀴스 내각에서 로이드 조지 내각으로 바뀌는 시점부터 전시 식량 증산의 가시적 효과는 나타나고 있었다. 독일에서 실패했던 전시 식량 증산이 영국에서는 성공했던 것이다.

그리고 대량 군대를 양성하기 위한 인력 동원에서도 영국 내각의 민간 각료들의 성과가 드러났다. 전쟁 발발과 함께 시작된 영국군 증강은 전쟁 초기만 해도 지원병에 전적으로 의존하고 있었다. 당시 영국 각지에서 나타난 일명 흰색 깃털(white feather) 운동처럼 군대에 지

95 맨서 올슨, 『전쟁과 식량 부족의 경제학: 영국의 경험과 교훈』, p.175.

원하지 않는 적령기 청년은 흰색 깃털을 선물받으면서 비겁자로 낙인 찍히는 사회적 분위기와 함께, 전쟁 초기에는 지원병 열풍이 폭발적으로 일어났다. 그러나 지원병 열풍은 곧 정점에 도달하여 지원자들이 감소되기 시작했는데, 그럼에도 영국군은 더 많은 병력을 필요로 하고 있었다. 따라서 역사적으로 영국에서 한번도 시행되지 않았던 전 국민을 대상으로 하는 징병 제도가 논의되기 시작했다. 전 국민 대상 징병 제도에 대한 사회적 저항이 컸기 때문에, 영국 국민들이 징병 제도를 수용하도록 하기 위한 충분한 보상이 필요했다. 영국 내각은 징병 제도의 보상 대책으로 선거권이 전 국민들을 대상으로 확대되는 것에 동의하였고, 그 결과 보편적 선거가 시행되었다. 그러자 영국 사회의 급진주의 진영까지도 징병 제도에 동의할 정도로 폭넓은 국민적 합의가 이루어졌다. 따라서 1916년 4월에 의무징병법(Military Service Act)이 의회에서 가결되어 징병 제도가 시작될 때부터, 대량 군대가 제도적으로 양성되기 시작했다.

이처럼 영국에서의 잠수함 공격에 대항하기 위한 호송선단 작전 적용 정책부터 전시 식량 증산 정책과 대량 군대 양성을 위한 인력 동원 정책은 정치외교, 사회경제, 군사작전 분야의 공통적 고려사항들을 포괄하고 있었다. 그리고 이러한 정책 결정은 영국에서 제복과의 대화 특징이 민간의 선택적 개입 강화와 군의 협상력 약화로 변화되는 와중에 일어났다. 독일과 달리 영국에서는 이렇듯 정치외교, 사회경제, 군사작전 분야에 걸친 전쟁의 복잡성을 고려하는 정책 결정이 이루어지고 있었다. 이것은 민간의 선택적 개입이 강하고 군의 협상력이 약해질수록 전쟁의 복잡성을 고려하는 전쟁 중 정책 결정이 일어날 가능성이 커짐을 의미한다.

〈그림 11〉 제1차 세계대전에서 영국과 독일의 도전과 대응

제1차 세계대전 발발 이후 전쟁은 예상과 달리 장기적인 참호전으로 이어졌다. 위의 왼쪽 사진은 영국군의 일원으로 참전한 스코틀랜드 병사와 인도 병사가 같은 참호에서 대기하고 있는 모습이다. 위의 오른쪽 사진은 탄넨베르크에서 러시아군에게 대승리를 거둔 명성을 바탕으로 독일 군부의 최고 지휘관 자리에 오른 힌덴부르크와 루덴도르프 장군 콤비의 모습이다. 이들 장군 콤비는 전쟁 기간에 독일 군부만이 아니라 독일 정치외교와 사회경제 분야까지 장악하게 된다.

전쟁 기간 중 영국은 독일을 해상으로 봉쇄했고, 이때 독일 해군의 군사적 대응은 잠수함 작전이었다. 위의 왼쪽 장면은 1914년에 그려진 그림으로, 독일 잠수함 U-9이 연합국 선박을 격침하여 영국을 수중 봉쇄로 몰고 가는 임무를 마치고 빌헬름스하펜 군항으로 귀환하는 장면이다. 독일 잠수함에 의한 수중 봉쇄는 영국에도 식량 부족이라는 도전 상황을 가져왔고, 영국은 전시 식량 증산과 다양한 방법의 노동력 충원을 통해 대응해 나갔다. 오른쪽 위의 사진은 영국에서 농작물을 추수하기 위해 소녀들을 집단 노동력으로 동원하는 장면이다.

제6장

도전과 대응의 결말

1. 1917년, 제국의 몰락

1917년에 들어서면서 참전국들은 그동안의 전쟁 경험을 통해 참호 전투에 대한 교훈을 충분히 얻었다고 생각했고, 영국은 프랑스와 함께 서부 전선에서 새로운 전술로 참호를 돌파하려는 공세를 개시했다. 그러나 영국과 프랑스의 공격 성공에 대한 믿음은 잘못된 것이었고, 서부 전선에서는 여전히 대량 인명 피해가 발생하며 교착 상태는 지속되었다. 독일은 영국 봉쇄를 위해 무제한 잠수함작전을 다시 시작했고, 그 결과로 미국이 영국측에 동참하여 참전하게 되었다. 미국의 참전은 전쟁의 평형추를 기울게 만들 수 있는 중요한 사건이었으나, 미국이 군대를 대량으로 양성하고 훈련시켜 대륙으로 보내기까지는 시간이 필요했다. 그래서 독일은 미국이 본격적으로 유럽에 참전하기 전에, 마침 발생한 러시아 혁명이 동부 전선의 전쟁을 종결시켜 주기를 원했다. 독일의 희망처럼 러시아 혁명은 차르 니콜라이 2세의 퇴위와 로마노프 왕조의 몰락으로 시작하여 공산주의 정권 탄생으로까지 이어지면서 러시아와 독일 간의 휴전 가능성이 생겼다. 그리고 러시아와 휴전이 성사된다면, 독일은 동부 전선의 군대를 모두 서부 전선에 집중할 수 있는 기회를 얻게 될 것이었다. 물론 그렇더라도 독일에게 기회의 창은 미국의 대군이 유럽에 도착하기 이전까지만 열려 있게 될 것이었다.

이와 같은 1917년 상황 전개를 앞두고 정치외교적으로 영국은 미국의 참전을 최대로 활용하기 위해 미국 군대가 효과적으로 동원되고 수송되도록 지원해야 했다. 그리고 전쟁이 장기화되고 있는 만큼 전세계에서 대영제국을 지원해주고 있는 영연방 국가들과의 결집은 더욱 중요해졌다. 반면 독일은 미국이라는 새로운 적대국이 전쟁에 본격적으로 뛰어들기 전에 가능한 빨리 러시아를 전쟁에서 이탈시키는 것이 중요했고, 장기전으로 지쳐가고 있는 독일 동맹국들의 결집을 유지키는 것이 필요했다. 사회경제 분야에서 영국은 독일 해군의 무제한 잠수함작전으로 인한 도전 속에서도, 식량을 증산하여 국민들의 전쟁 수행 의지를 지속시켜야 했다. 독일의 경우 오랫동안 지속된 영국의 해상 봉쇄로 인해 파국을 앞두고 있는 식량 부족 문제를 해결해야만 했다. 군사작전 분야에서 영국은 독일 잠수함의 공격으로부터 해상 교통로를 지키기 위해 호송 선단을 운용하며 선박을 보호해야만 했고, 서부 전선에서의 공세를 성공시키기 위해 독일군의 방어가 집중되어 있는 지역을 정확히 예상해야 했다. 독일은 서부 전선에서 새로운 전쟁 교훈을 적용해 공격해오는 영국과 프랑스 지상군과 맞서기 위해 전쟁 교훈을 더 빨리 효과적으로 적용해야 했고, 영국의 호송선단 체계를 무력화시킬 새로운 해양 봉쇄 방법을 찾아야 했다.

이러한 전쟁의 복잡성에 따른 고려사항들과 함께 1917년 상황이 전개되기 시작했다. 1917년부터 시작된 독일의 무제한 잠수함작전을 위해서는 충분한 잠수함 규모와 원거리 작전이 가능한 잠수함 성능이 필요했다. 1918년 2월1일 당시 독일 해군 잠수함 전력은 100여척이었고 그중 38척은 작전 투입이 아니라 항만에서 정비되거나 수리 중인 상태였다. 그럼에도 독일 잠수함 전력은 전쟁 기간동안 크게 증강되지 않았다. 독일의 전시 생산 원료, 노동 인력, 조선소 능력이 제한적이었으므로 무제한 잠수함작전에 필요한 전력 건설을 위한 집중된 노력이 필요했으나, 그와 같은 정책 결정은 일어나지 않았다.[96] 독일은 무제한 잠수함작전을 1917년 1월에 개시한 이후 4월까지는 월간 60만톤이라는 격침 목표를 상회하는 성과를 달성하였다. 그러나 연합국이 선박들을 호송선단으로 구성하고 적극적인 대잠수함 작전에 나서게 되면서 잠수함 작전의 효과는 급격히 감소했다.[97] 더구나 무제한 잠수함작전은 결과적으로 미국의 참전을 불러왔는데, 1917년 4월부터 미국 해군이 북해에 진입했고 12월에는 미국 해군 드렛노트 전함이 영국 함대를 지원하기 시작했다.

이와 같은 1917년 해양 상황처럼 대륙에서의 교착 상태도 지속되고 있었고, 여전히 서부 전선의 참호 체계 돌파는 요원해 보였다. 이때

---

96 Holger H. Herwig, "Miscalculated Risks," pp.95–96.

97 David C. Gompert, Hans Binnendijk and Bonny Lin, *Blinders, Blunders, and Wars: What America and China Can Learn,* (Santa Monica: RAND, 2014), pp.66–67.

프랑스군 총사령관이 조프르(Joseph Joffre) 장군에서 니벨(Robert Nivelle) 장군으로 교체되었다. 니벨 장군은 지금까지의 전쟁 교훈을 적용한 새로운 전술로 대규모 공격을 할 필요가 있다고 주장해왔었다. 니벨 장군은 1916년 베르덩 전투에서 프랑스 제2군을 지휘하며 얻은 경험을 바탕으로 대규모 공격 준비 사격에 뒤이은 보병의 신속한 전진이 이루어진다면, 큰 인명 피해 없이 전선을 돌파할 수 있다고 생각하고 있었다. 영국의 애스퀴스 수상을 뒤이은 로이즈 조지 신임 수상은 니벨 장군의 주장이 1916년 솜므 전투에서와 같은 영국군 희생을 피할 수 있는 방법으로 생각하고, 영국군이 니벨 장군의 지휘를 받도록했다. 곧 니벨 장군은 서부 전선 중앙 지역의 마을 슈망데담(Chemin des Dames)을 목표로 하는 대공세 준비에 들어갔다. 그리고 영국군은 슈망데담 공세에 앞서 독일군의 경계를 다른 곳으로 돌리려는 양동작전으로써, 북쪽 지역의 도시 아라스(Arras)에 대한 공격을 시작했다. 슈망데담에 대한 니벨 공세는 1917년 4월에 시작되었다. 그러나 니벨 공세는 독일군에게 사전에 노출되어 있었고, 독일군은 힌덴부르크 라인으로 불리우는 견고하게 건설된 방어진으로 물러나 기다리고 있었다. 결국 슈망데담 공세는 프랑스군이 수 킬로 전진밖에 못 하면서 13만명의 사상자를 발생시키는 대실패로 끝나고 말았다. 공세 실패의 책임을 지고 니벨 장군은 해임되었으나, 프랑스군에서 집단적 항명이 발생하면서 베르덩 전투를 지휘했던 페탕 장군이 총사령관으로 취임하여 프랑스군을 수습해야 했다. 슈망데담 전투는 프랑스군의 전투능력과 사기를 크게 저하시켰는데, 그럼에 따라 역설적으로 그동안 서부 전선에서 프랑스군을 지원하고 보조했던 영국군의 역할이 상대적으로 중요하게 된 계기가 되었다.

그리고 슈망데담 공격의 양동작전으로 개시되었던, 헤이그 장군이 이끄는 영국군의 아라스 공격도 독일군의 방어선을 돌파하지 못하고 15만명의 사상자를 내며 중단되었다. 헤이그 장군 역시 니벨 장군처럼 그동안 영국군이 참호 전쟁에서 얻은 교훈을 적용한다면 전선을 돌파할 수 있다고 믿고 있었다. 그러나 영국군에게는 아직 참호 체계를 돌파할 충분한 포병과 지휘 통신 체계가 부족하였고 훈련도 부족하였다. 영국군의 아라스 공격 실패 시점은 미국의 선전포고에도 불구하고 미국 군대는 아직 도착하지 못한 시기였다. 그리고 프랑스군은 슈망데담 전투의 실패와 그 뒤를 이은 집단 항명으로 대단히 약화되어 있었다. 그러므로 영국군만이 공세가 가능한 상태였고, 독일군에 대해서 주도권을 계속 유지하려면 서부 전선에서의 추가적인 공격이 필요할 수 있었다. 따라서 영국군은 서부 전선 북쪽 지역 플랑드르 지방의 이프르를 목표로 7월부터 공세를 다시 시작했다. 이렇게 시작된 3차 이프르 전투는 영국군이 아직도 전선을 돌파할만큼 충분한 전쟁 교훈을 적용하지 못하고 있음을 보여주었다. 영국군은 전선을 돌파하지 못했고 전투는 또다시 많은 병력 희생을 동반하는 소모전이 되어버렸다. 7월부터 시작한 영국군의 공세는 이프르 동쪽의 파스샹달(Passchendaele) 능선을 장악하기 위한 전투가 가열되면서 11월까지 지속되었다. 3차 이프르 전투 또는 파스샹달 전투로 불리우는 이 전투는 대규모 포격으로 달 표면처럼 되어버린 구덩이들 위에 비가 쏟아지면서 진흙탕 싸움으로 유명해졌다. 3차 이프르 또는 파스샹달 전투에서 독일군도 20만명의 병력을 잃었으나, 영국군에게는 솜므 전투 다음으로 많은 27만명의 사상자가 발생하였다. 그후 영국군은 11월에 들어서서 참호 전쟁 양상을 바꿀 수 있는 중요한 무기체계를 처음 활용한, 새로운 공세를 북쪽 지역 도시 캉브레(Cambrai)에서 시도해 보았다. 이때 영국군은 최초로 대규모의 탱크를 공격에 활용했던 것이다. 캉브레 전투에서 영국은 약 300대의 탱크와 포병의 합동작전을 실험적으로 적용해서 초기 전선 돌파에 성공하였다. 그러나 독일군 포병이 이동 표적 포격 훈련을 해왔기 때문에, 영국군은 최초 전선을 돌파한 이후 계속 전진하는데는 실패했다. 이어서 영국군의 최초 점령 지역마저 독일군에게 탈환되면서, 캉브레 전투도 성과없이 종료되고 말았다. 이렇듯 1917년 영국군의 공세는 아직 영국이 참호 방어선을 돌파할 정도로 전쟁 교훈을 충분히 얻지 못했음을 보여주고 있었다. 그럼에도 캉브레 전투에서 처음 등장한 탱크는 미래의 전쟁에 중요한 역할을 하게 될 것임을 예고했다.

2. 1918년, 신들의 황혼

1918년에 들어서면서 독일은 미국의 본격적인 참전을 앞두고, 독일군을 실질적으로 지휘하고 있던 루덴도르프 장군에 의해 대규모 공세를 계획하였다. 당시 독일에서는 식량 부족과 함께 사회주의 혁명의 전파로 인해 국내의 불만이 높아지고 있어, 서부 전선에서 결정적 타격을 가해 유리한 휴전을 쟁취하는 것이 목표로 설정되었다. 독일은 서부 전선에서의 대규모 공세를 위해 러시아와 휴전을 성사시키고, 동부 전선의 군대를 서부로 이동시켰다. 그리고 서부 전선 북쪽 지역의 영국군을 표적으로, 최정예 독일군 부대들을 집결시켜 루덴도르프 공세라고도 알려진 대규모 공세를 펼쳤다. 한때 독일군은 1914년 당시처럼 파리 근처까지 진출하기도 했다. 그러나 영국군은 붕괴되지 않고 전선을 유지하며 버텨냈다. 그리고 3월말에는 미국 군대가 서부 전선에 도착했고, 영국과 프랑스군을 중심으로 한 반격이 6월부터 시작되었다. 8월에는 미국까지 가세하여 영국과 프랑스의 대규모 공세가 북쪽 지역으로부터 시작되었고 아미앵(Amiens) 100일 전투로 명명된 이 전투에서 독일군은 최정예 부대들을 모두 잃고 후퇴하였고, 루덴도르프 장군조차 전쟁을 포기하기에 이르렀다. 그 뒤를 이은 독일 국내에서의 대규모 반 정부 운동은 카이저가 퇴위할 때까지 지속되었다.

이와 같은 1918년의 상황 전개를 앞두고 정치외교적으로 독일은 미국 육군이 유럽에 상륙하기 전에 연합국과 유리한 조건의 휴전을 맺어야만 했고, 당장이라도 전쟁 포기를 선언할 정도로 피폐해진 동맹국 오스트리아, 불가리아가 계속 독일 편에 남도록 결집시켜야했다. 반면 영국은 새롭게 참전한 미국과 1917년의 손실과 항명 사태로부터 회복되어가고 있는 프랑스가 온전히 힘을 합쳐서 전쟁에 전념하도록 만들어야했다. 사회경제 분야에서 독일은 식량 부족 문제를 해결해야 했고, 대규모 공세를 위한 추가적 징병도 필요했다. 반면에 영국은 미국의 자원을 영국 전시 경제에 더 많이 포함시키기 위해 노력할 필요가 있었다. 군사작전 분야에서 독일은 미국 군대가 전선에 투입되기 전에 서부 전선을 돌파할 수 있는 곳을 찾아내야 했고, 영국은 임박한 독일의 공세 방향을 예측해야 했다.

이러한 전쟁의 복잡성에 따른 고려사항 속에 1918년의 상황이 전개되기 시작했다. 당시 독일은 지속되는 해상 봉쇄와 전시 경제의 비효율성으로 인한 국내 식량부족이 심각해지고 있는 상황이었다. 그리고 러시아 혁명의 여파로 독일 국내에서 파업과 폭동이 빈발하고 있었다. 더구나 유틀란트 해전 이후 전투에서 배제되어 항구만 지켜 온 독일 해군은 유능한 초급 지휘관들이 전속되어 떠나면서 나태함만이 누적되어 왔다. 그런 가운데 1917년에는 독일 군항 빌헬름스하펜(Wilhelmshaven)에서 함대 수병에 의한 반란이 있었고, 1918년 1월에는 베를린과 군항 킬(Kiel)에서 대규모 장기 파업이 발생하고, 함부르크(Hamburg)와 브란덴부르크(Brandenburg)에서는 계엄령이 선포되어야 했다. 독일 국내에서는 러시아 혁명 이후 국제 사회주의와 연대하는 사회주의자들의 목소리와 함께, 자유주의자들은 미국의 참전으로 인해 독일 정부를 민주주의의 적으로 규정하고 자유주의 운동을 확산시키고 있었다. 이처럼 독일 국내의 혼란이 발생하는 동안 독일 의회는 1917년 7월에 배상금과 영토 합병 없는 휴전 결의안을 통과시켰다. 그것은 조건없이 전쟁을 중단하자는 의미였고, 전후 배상금과 영토 확장을 목표로 하는 군부와 배치되는 생각이었다. 독일 의회는 그후 한발 더 나아가 민주적이고 평등한 방향으로의 선거제도 개혁을 요구했고, 의회가 군부도 통제해야 함을 요구하기 시작했다. 이때 루덴도르프 장군은 독일 내부 상황들에 대한 타결책으로, 서부 전선에서 압도적인 승리를 거두어 적대국들이 독일에게 유리한 휴전을 받아들이도록 하고자 했다. 따라서 독일군은 서부 전선에서 결정적 공세를 준비하기 시작했다.

독일군의 공격 준비를 지휘하면서 루덴도르프 장군은 다음과 같이 말했다.

"나는 새로운 미군 부대가 1918년 봄에 도착한다는 것을 예상하지 않을 수 없다. 도착하는 미군들의 수는 알 수 없지만 러시아군이 이탈한 것만큼의 수준으로 올 것은 확실하다고 할 수 있다. 그러나 상대적인 전투력은 지난 여름과 가을보다 금년 봄에는 우리가 더 유리할 것이다. 만약에 우리가 그때까지 크게 승리를 하고 있다면 말이다."[98]

서부 전선에서 독일군의 공세는 1918년 3월에 시작되었다. 이미 심각한 병력 손실과 사기 저하로 전쟁 의지를 거의 상실해 가고 있던 독일의 동맹국들인 오스트리아와 불가리아는 독일의 이번 공세 결과에 따라 전쟁 지속 여부를 결정할 태세였다. 대규모 공격을 위해 동부 전선으로부터 전환된 독일군 부대들이 공격군에 추가되었고, 상대적으로 방어진이 약했던 영국군이 공격 상대로 결정되었다. 독일 동맹국들의 상황과 독일 국내의 인력과 물자 자원의 한계를 고려한다면 이번 공세는 독일에게 사실상 최후의 기회였다. 독일군의 목표는 북쪽 지역의 영국군을 돌파하여, 영국군과 프랑스군을 분리시키고 해안까지 도달하여 유리한 조건의 휴전을 강요한다는 것이었다. 독일군의 최후 공세는 3월부터 4월에 걸쳐 다섯 차례까지 이어졌다. 공격 기간 중 독일군은 전선이 돌파되어 영토를 확보하게 되면, 공격이 성공했던 지역에 추가 영토를 얻을 수 있도록 다음번 공격 방향이 결정되었다. 따라서 영국군 전선을 돌파하여 해안에 도달한다는 최초의 목표는 사실상 망각되어졌다. 더구나 당시 영국군은 더 이상 전선이 밀려나지 않도록 하기 위해, 헤이그 장군의 배수진(Back to the wall) 명령으로 유명한 현위치 고수 명령이 내려졌다.

98 피터 하트, 『더 그레이트 워: 제1차세계대전사』, p.526.

"참호의 뒷벽에 등을 지고 우리가 정의를 위해 싸우고 있음을 믿으며 각자 최후까지 싸워야한다. 후퇴는 절대로 있을 수 없다."[99]

독일군은 루덴도르프 공세를 통해 상당한 영토를 얻을 수 있었으나 영국군은 저항을 포기하지 않았다. 따라서 영국군 전선 전체가 무너지지는 않았다. 그러자 루덴도르프 장군은 독일군의 공격 방향을 프랑스군 쪽으로 전환하여 계속 공세를 유지하고자 했다. 그러나 시간이 흐를수록 독일군의 돌파 성과는 줄어들었고, 독일군의 병력 손실도 증가하였다. 더구나 미군의 증원은 연일 늘어나고 있었다. 독일군 최후 공세가 시작된지 한달만인 4월에 이르러서, 독일군은 최대로 진격하여 파리 동부의 마르느 강 앞까지 이르렀다. 이 지역은 1914년에 독일군의 최초 공세 당시 진출했던 지역과 비슷했다. 그러나 이 지점에서 독일군의 공세는 한계에 도달했다.

그리고 퍼싱(John Pershing) 장군이 이끄는 미국 원정군은 총 100만 명까지 늘어났다. 1781년 미국 독립전쟁 당시 라파엣(Lafayette) 장군이 이끄는 프랑스 원정군이 미군을 도우러 왔듯이, 이번에는 퍼싱 장군의 미국 원정군이 결정적인 시간에 프랑스에 도착한 것이었다. 이런 분위기 속에서 영국과 프랑스군은 6월부터 반격에 돌입했다. 결국 독일군은 1914년처럼 다시 마르느 강 앞으로부터 엔 강까지 후퇴하고 말았다. 그리고 8월에 영국군은 북쪽 지역 아미앵에서 반격을 시작했다. 아미앵 전투는 영국군이 프랑스군과 미군과 함께 600대의 탱크를 집결시켜 독일군 방어선을 돌파한 전투로 유명해졌다. 독일군은 참패했고, 후

99 John Keegan, *The First World War*, p.405.

방의 방어선까지 싸우면서 후퇴할 수 밖에 없었다. 루덴도르프 장군은 이날의 패전을 독일군 암흑의 날(black day)이라고 표현했다. 아미앵 전투를 기점으로 루덴도르프 공세 이후 독일이 점령했던 영토는 모두 연합군에게 탈환되어졌다. 그리고 9월에는 미군이 단독으로 공세를 시작하여, 베르덩 남쪽에서 독일군을 격파하였다. 9월말이 되면서 영국, 프랑스, 미국, 벨기에 연합군은 180개 사단을 동원해 51개 사단 수준으로 전투력이 약화된 독일군에 대해 총공격을 시작했다. 8월 아미앵 전투 이후 계속 되어온 연합군의 공격은 훗날 아미앵 100일 전투로 불리어졌다. 아미앵에서 100일 간의 총공격으로 독일군은 참패했고, 루덴도르프 장군은 카이저에게 전쟁에서 승리할 가능성이 없다고 보고했다. 독일군은 이미 3월의 루덴도르프 공세를 통해 훈련과 사기가 충분했던 정예 사단들을 대부분 소진했고, 앞으로의 방어전은 훈련과 사기가 부족한 예비 사단들이 수행해야 할 상황이었다.

이와 같은 군사 상황속에서 루덴도르프 장군의 전쟁에서 패배할 것 같다는 보고가 독일 국내로 전달되었다. 독일 국민들은 전쟁 발발 이후 전쟁에서 패배하게 된다는 것을 처음 알게 되었다. 곧이어 독일 국내에서 심각한 정치적 반발이 발생했다. 당장 전쟁을 중단하라는 요구가 물밀듯이 일어났고, 전쟁을 반대했던 사회 집단들과 전의를 상실한 사회 계층 모두 독일 국내의 정치 개혁을 요구하였다. 이미 독일의 동맹국인 오스트리아는 계속되는 패전과 다양한 민족들의 반란으로 인해 제국이 해체되고 있었다. 곧 독일에서는 국내 반발을 수습하고 동시에 연합국들과 휴전을 협의하기 위해 바덴 공 막스(Maximillian von Baden)가 수상으로 임명되었다. 바덴 공 막스는 수상에 취임하자, 그동안 요구되어왔던 국내 체제 개혁을 단 3주일만에 끝내버렸다. 그 결과 카이저 빌헬름 2세의 권력은 모두 의회로 이관되었다. 그리고 실권을 갖게된 독일 의회는 육군 참모본부도 장악하기 위해, 그동안 군사, 외교, 경제의 전권을 행사해오던 루덴도르프 장군을 해임시켰다. 바로 그 때 독일 해군은 독일에게 조금이라도 유리한 휴전 조건을 확보하고자, 함대가 더 이상 항만에 머무르지 않고 즉시 출동하여, 주력함대 전체의 전멸을 각오한 영국 해군과의 결전을 계획했다. 그러나 오랜 기간 현존 함대 전략으로 사실상 나태함에 빠져있던 독일 해군 수병들은 해군 수뇌부의 자살적인 작전을 따르지 않았다. 독일 주력함대 수병들은 무모한 출동에 반대한다는 기치를 들며 10월말부터 반란을 일으켰고, 이 반란은 키일 해군 군항 전체로 확대되었다. 이러한 독일 해군 수병의 반란은 독일 전역에서의 제국에 대한 반란으로 이어졌다. 반란 세력들은 노동자와 농민 위원회를 설립하기도 하고 지방의 독립을 주장하기도 했다. 더구나 독일 국내 후방에 배치되어있던 군대도 반란에 가담하기 시작했다. 그리고 거의 모든 반란 세력들로부터 카이저의 퇴위를 원하는 목소리가 나왔다. 이때 독일의 국내 상황을 수습하기 위해 바덴 공 막스는 훗날 독일 공화국 초대 수상이 될 에베르트(Friedrich Ebert)에게 권한을 이양했다. 에베르트와 새 내각은 카이저 빌헬름 2세의 퇴위와 연합국과의 휴전만이 가능한 대안이라 생각했다. 이와 같은 상황 속에서 카이저는 독일 육군 총사령부로 직행했다. 카이저는 독일 군대가 전통적으로 선서해왔던 카이저에 대한 충성의 맹세를 기대했다. 그러나 총사령부에서 카이저가 들은 말은 모든 독일 병사들이 원하는 것은 최단 시간내의 휴전이며, 휴전을 위해서는 카이저가 퇴위할 수 밖에 없다는 것이었다. 카이저는 독일군 병사들이 한사람도 빠짐없이 선서했던, 반항보다는 죽음을 선택하겠다는 충성 맹세가 어디로 사라졌는가를 물었다. 그러자 루덴도르프 장군의 후임인 그뢰너(Wilhelm Groener) 장군이 대답했다.

"오늘, 이제 [카이저에게 선서한] 충성 맹세는 한낱 말 몇마디에 불과합니다"[100]

결국 카이저는 퇴위를 발표했고, 평민의 신분이 된 빌헬름 2세는 베를린으로 돌아오기보다는 네덜란드로의 망명을 선택했다. 그렇게해서 독일 제국은 막을 내리게 되었다. 그로부터 몇일 후에는 오스트리아 제국의 마지막 황제 카를 1세(Karl I)도 제국의 해체와 함께 의회와 내각으로부터 버림을 받고 퇴위하였다. 따라서 제1차 세계대전 발발 당시 유럽을 좌지우지했던 러시아 제국, 독일 제국, 오스트리아 제국은 차례로 종말을 고하게 되었다. 독일 제국이 사라진 후 새로 생겨난 독일 공화국은 연합국과의 휴전 서명을 하면서, 1918년 11월11일로 휴전이 성립되고 제1차 세계대전도 종결되었다.

100 John Keegan, *The First World War*, p.419.

제7장
서부 전선에서의 도전과 대응, 그리고 제복과의 대화

제1차 세계대전은 떠오르는 새로운 제국이었던 독일이 경제 호황과 사회적 단합을 배경으로 해외 식민지 경쟁과 해군력 경쟁에 공격적으로 뛰어들었고, 그로 인해 영국이 명예로운 고립 정책을 폐기하고 유럽에서의 전쟁을 감수하는 대륙 개입 공약을 강화하는 가운데 발발했다. 참전국들은 전쟁 초기에 단기간의 결정적 승리를 기대했으나, 전쟁은 장기적이고 소모적인 양상으로 전환되었다. 그런 가운데 참전국들은 전쟁의 복잡성을 대변하는 정치외교, 사회경제, 군사작전 전 분야를 고려하는 정책들을 결정해야만 했다. 그때 그 결정들은 제복과의 대화 특징으로부터 영향을 받았다.

제1차 세계대전의 서부 전선에서 라이벌이었던 독일과 영국은 전쟁 발발 이전부터 제복과의 대화 특징에서 큰 차이가 있었다. 독일은 전쟁 전부터 프러시아 전통과 카이저 빌헬름 2세의 개인적 특성, 군의 높은 사회적 위신으로 인해 민간의 선택적 개입 수준은 낮았고 군의 협상력 수준은 높았다. 전쟁 중에는 힌덴부르크와 루덴도르프 장군 콤비가 군부를 장악했을 뿐 아니라 전시 경제와 외교까지 통제하면서, 민간의 선택적 개입은 더욱 약화되었고 군의 협상력은 더 강화되었다. 반면 전쟁 전의 영국은 의회에 의한 군부 통제 전통에 따라, 민간의 선택적 개입 수준은 높았고 군의 협상력 수준은 낮았다. 전쟁 발발 이후는 해군성 장관이었던 처칠이 전쟁 계획에 직접 개입하고, 군수성 장관으로서 로이드 조지가 전시 경제와 병력 징집을 관할했듯이, 민간의 군사분야 개입은 더 강해졌고, 군의 협상력은 상대적으로 더 약해졌다.

이러한 독일과 영국에서 제복과의 대화 특징의 차이는 두 국가의 정치외교, 경제동원, 군사작전 분야에 걸친 정책 결정의 차이로 이어졌다. 독일은 전쟁 개시 결정 단계에서 프랑스에 대한 선제공격이라는 군사작전 분야의 고려사항에 경도되어, 정치외교 분야에서의 영국의 중립 유지 고려와 사회경제 분야에서의 러시아에 대한 예방전쟁의 고려사항을 무시하였다. 그리고 1917년 1월에 독일이 무제한 잠수함작전을 재개하여 영국에 대한 해양 봉쇄 시작을 결정하는 시점에서도, 군사작전 분야의 잠수함 작전 효용성 논의가 모든 분야를 압도해 버렸다. 미국의 중립 유지 필요성이나 독일의 전시 식량 증산 고려사항 등의 정치외교와 사회경제 고려사항들은 모두 경시되어졌던 것이다. 그러나 독일과 달리 영국은 개전 결정 당시 정치외교 분야의 유럽 대륙의 세력균형, 사회경제 분야에서 해외 식민지의 해상 교통로 보호, 군사작전 분야에서의 대륙 개입 공약의 공통적인 고려사항인 프랑스와의 협력이라는 정책 기조를 계속 지켜나갔다. 그리고 독일과의 봉쇄 경쟁에서도 영국은 사회경제 분야에서의 전시 식량 증산, 정치외교 분야에서 미국과의 협력, 군사작전 분야에서의 대륙 해상 봉쇄와 호송선단 운영이 모두 시행될 수 있도록 개별 분야 고려사항들을 조율하였다.

이렇듯 독일과 영국에서 전쟁의 복잡성을 대변하는 정치외교, 사회경제, 군사작전 분야들을 모두 고려한 정책들이 결정되었는지 여부는 두 나라의 제복과의 대화 특징의 차이처럼 분명히 서로 달랐다. 영국에 비해 독일에서 민간의 선택적 개입은 상대적으로 매우 약했고, 군의 협상력은 대단히 강했다. 이와 같은 제복과의 대화 특징으로 인해 영국과 달리 독일에서는 정부 관료와 같은 민간 분야의 조언은 배제된 채 정책 결정을 과도하게 군부에게만 의존하는 현상이 발생했고, 그 결과 정책 결정에서 전쟁의 복잡성이 상대적으로 덜 고려되어졌다. 이러한 독일과 영국의 비교에서 드러난 것은 민간의 선택적 개입이 강하고 군의 협상력이 약해질수록 전쟁의 복잡성을 고려하는 전시 정책 결정이 일어날 가능성이 커진다는 것이다. 독일과 영국의 전략 환경은 유럽에서 당대 주요 군사 강국이었다는 것 외에도 국제관계의 위상이나 상대적 국력에서 공통점이 많았다. 그러나 전략 환경의 유사성에 비해 제복과의 대화의 특징 차이는 컸으며, 그와 같은 차이로 인해 독일과 영국 두 나라 간 전쟁 중 정책 결정에서도 차이점이 발생하였다.

제3부

제2차 세계대전에서
모스크바 vs. 베를린

제1장
역사의 무대: 독소전쟁

전쟁에서의 도전과 대응에 제복과의 대화 특징이 미치는 영향에 대한 두 번째 라이벌 비교는 제2차 세계대전 독소전쟁에서 독일과 소련의 사례이다. 당시 두 나라의 제복과의 대화 특징은 유사한 면이 많았으나, 전쟁을 치르는 중에는 차이점이 발생하기도 했다. 독일과 소련의 독소전쟁은 제2차 세계대전 역사에서 대단히 큰 비중을 차지하는 사례이다. 사실 인류는 역사상 유례 없는 큰 인명 피해를 겪었던 제1차 세계대전이 끝나고 불과 20여년만에 마치 과거의 교훈은 잊어버리기라도 한 듯 제2차 세계대전을 일으켰던 것이다. 제1차 세계대전이 끝난 후 주요 강대국들은 세계전쟁 재발 방지 노력을 했고, 그 일환으로 국가들이 집단적으로 전쟁 방지의 책임을 지는 국제연맹(League of Nations) 아이디어가 출현하였으나 성공하지는 못했다. 그리고 1939년부터 제2차 세계대전이 발발했다. 전쟁의 참전국 숫자나 전쟁 지역의 규모는 제1차 세계대전의 재현이라 할 수 있었는데, 전쟁의 폐해는 훨씬 더 컸다. 제1차 세계대전에서 많은 군인들이 희생된 것은 맞지만, 민간인들이 대량으로 살해되거나 유서 깊은 도시들이 무참하게 파괴된 경우는 별로 없었다. 그러나 제2차 세계대전에서는 대규모 민간인 희생과 함께 대도시들이 폐허가 될 정도의 큰 피해가 발생했다. 그리고 그 대부분의 희생과 피해의 중심에 독일과 소련이 있었다.

실제로 유럽에서의 제2차 세계대전은 독일과 소련의 독소전쟁으로 격화되었고, 그로 인해 전쟁의 결과까지도 결정되었다고 할 수 있다. 사실 독일과 소련은 제1차 세계대전 당시에도 독일 제국과 러시아 제국이라는 이름 아래 양국 간의 전쟁을 이미 경험한 바가 있다. 그리고 아이러니하게도 두 나라는 공산주의 소련 체제와 나치(Nazi) 독일 체제 탄생에 서로 기여했다고도 할 수 있다. 제1차 세계대전 당시 독일 제국은 1917년 2월에 시작된 러시아 혁명으로 인해 러시아 제국이 하루라도 빨리 전쟁에서 이탈되기를 원했다. 그래서 독일은 러시아로부터 추방되어 스위스에서 망명 생활을 하고 있던 급진적 공산주의 혁명가 레닌(Vladimir Lenin)을, 1917년 4월에 밀봉 열차에 태워 비밀리에 중립국 스웨덴을 경유해 러시아로 보내주었다. 그 결과는 같은 해 볼세비키(Bolsheviki) 10월 혁명으로 이어졌고, 레닌은 볼세비키 당을 이끌고 프롤레타리아 독재 (dictatorship of proletariat)라는 명분으로 일당 독재 체제의 공산주의 소련을 탄생시켰다. 그리고 레닌의 후계자로 독소전쟁의 주역이 될 스탈린(Joseph Stalin)이 집권하였던 것이다.

이렇게 레닌이 건설한 공산주의 소련은 전세계 노동자가 단결하여 세상의 자본주의를 타도한다는 세계 공산주의 혁명의 종주국이 되었다. 그리고 곧이어 소련과 공산주의는 자본주의에 기반한 대부분의 유럽 국가들에게 당대에 가장 위험한 집단으로 간주되기 시작했다. 그 때 제1차 세계대전 이후 격동의 유럽에서 자본가들을 보호한다는 명분과 함께 반 공산주의와 친 자본주의를 표방하는 독재 체제가 파시즘(fascism)이라는 이름으로 등장했다. 독일에서의 파시즘은 바로 나치 독재 체제를 의미했고, 나치 당의 지도자는 독소전쟁의 또 한 명의 주인공인 히틀러(Adolf Hitler)였다.

이렇듯 역사상 가장 강력했다고 할 수 있는 독일과 소련의 독재 체제는 서로의 탄생 과정에서 밀접하게 관련되어 있다고 할 수 있다. 이 때의 관련성은 공생이나 공존의 의미라기보다 반드시 어느 한쪽이 제거되어야 하는 운명적인 경쟁을 의미했다. 1930년대 세계에서 유일한 공산주의 국가였던 소련은 모든 자본주의 국가들을 타도의 대상이자 동시에 신생 소련에 대한 위협으로 생각했는데, 독일은 가장 가까이 있는 자본주의 강대국이었다. 같은 관점에서 친 자본주의 국가인 나치 독일에게도 공산주의 소련은 가장 큰 위협일 수 있었다. 더구나 나치 인종주의 이데올로기는 소련의 슬라브 민족이 독일의 게르만 민족보다 열등하며 지배받아야 할 대상이라고 선전하고 있었다. 그러므로 나치 독일과 공산주의 소련의 대결은 숙명에 가까웠다고 할 수 있었다.

그럼에도 1930년대까지는 히틀러와 스탈린은 서로 직접 대결하기에 앞서 처리해야할 일들을 많이 갖고 있었다. 독일은 제1차 세계대전의 패전국으로서 베르사이유 체제의 굴레에 갇혀 군사력 건설을 제한받고 있었다. 그러므로 히틀러가 독일 군대를 다시 무장시키기 위해서는 시간이 필요했다. 소련 역시 러시아 혁명에 이어서 발생한 러시아 내전(The Russian Civil War)으로 물려받은 유산은 경제적으로 낙후되고 피폐한 나라였기 때문에, 강대국이 되기 위한 공업화의 시간이 필요했다. 결국 스탈린은 세계 공산주의 혁명으로부터 한 발 물러나 소련의 공업화부터 시작하기로 하고, 소련에만 한정된 1국 공산주의 노선을 선택했다. 그런 가운데 제1차 세계대전이 끝나면서 지리적으로 독일과 소련의 사이에 신생 국가들이 많이 생겨났다. 그리고 독일과 소련은 신생 국가들을 상대로 영토를 더 확장하고 싶어했다는 점에서 서로 이익이 일치했다. 그때 절대로 공존할 수 없을 것 같던 나치 독일과 공산주의 소련은 1939년 8월에 독소 불가침 조약을 체결하여 세계를 놀라게 했다. 독일과 소련의 불가침 조약은 두 나라가 당분간 서로의 눈치를 보지 않고 다른 국가들을 침략할 수 있게 해주는 장치이기도 했다. 그 결과 소련은 발트 해 연안의 라트비아, 리투아니아, 에스토니아를 합병하고 이어서 핀란드를 침공했으며, 루마니아 접경까지 침범했다. 그동안 독일은 오스트리아를 합병하고, 체코슬로바키아와 폴란드를 침공하고, 이어서 서유럽의 노르웨이, 네덜란드, 프랑스까지 공격했다. 독소 불가침 조약은 독일이 1940년에 프랑스를 정복하고 이어서 이탈리아와 일본과 함께 3국 동맹을 맺을 때까지는 작동했다. 그러나 1941년 6월에 독소 불가침 조약은 폐기되었고, 독일이 소련을 침공함으로 독소전쟁이 시작되었다. 독일의 소련 침공으로 이제 세계 전쟁을 중재해줄 국가는 모두 사라지게 되었고, 모든 참전국들은 상대가 항복할 때까지 싸울 수 밖에 없는 또 한차례의 세계대전에 빠져들게 되었다.

독소전쟁은 독일의 수도 베를린(Berlin)과 소련의 수도 모스크바(Moscow) 사이 동서로 약 1500킬로의 거리를 양국의 군대가 오가며 벌어졌고, 남북으로는 3000킬로에 달하는 전선이 생겨났었다. 독일에서는 동부 전선(eastern front)이라고 불리었고, 소련에서는 대애국전쟁(great patriotic war)이라고 명명되었다. 대단히 공격적이었던 두 이데올로기가 충돌하는 전쟁이기도 했으므로, 대량학살과 대규모 민간인 학대가 동반되었고 독일과 소련 양측 모두 합쳐 3000만명이 목숨을 잃었다. 1941년 독소전쟁이 시작되고 2년 후부터 독일은 서쪽에서도 영국과 미국을 상대로 하는 양면전쟁에 빠져들었고, 반면에 소련은 영국과 미국의 물자와 기술 지원을 받기 시작했다. 자본주의 국가와 공산주의 국가가 서로 동맹이 되는 기묘한 상황이 일어난 것이다. 독소전쟁은 전쟁에 동원된 물자와 병력과 희생자의 규모 뿐 아니라, 전쟁의 결과도 총력전의 양상이었다. 히틀러와 스탈린이라는 두 독재자의 대결에서는 쉼표가 없었고, 1945년에 베를린이 함락되어서야 전쟁이 끝났다.

독소전쟁이 끝나면서 서부와 중부 유럽은 이제 더 이상 세계의 중심이 아니었고, 미국과 소련이 유럽의 위상을 대체하였다. 그리고 세계는 과거 역사에서 볼 수 없었던 양극 체제로 재편되었고, 역시 유례 없이 길었던 냉전이 그 뒤를 이었다. 독소전쟁에서 독일과 소련의 라이벌 관계는 시간의 흐름 속에서 총 4개의 국면이 확인된다. 첫 번째 국면은 독일이 독소전쟁을 개전할 때까지이고, 두 번째 국면은 개전 이후부터 1941년 겨울에 장기전으로 전환될 때까지이다. 세 번째 국면은 1942년부터 1944년 초까지 전세의 전환기이며, 네 번째 국면은 전쟁이 종결될 때까지이다. 독소 전쟁에 즈음하여 독일과 소련의 국력은 비슷했고, 침략과 현상 타파가 국가 목표였다는 점에서 두 국가의 전략 환경은 유사했다. 그리고 제복과의 대화 특징도 강력한 독재자가 군부를 지배했다는 점에서 유사했다. 전반적으로 독일과 소련의 경우는 유사한 전략 환경과 제복과의 대화 특징을 지녔다고 말할 수 있었다. 이제부터 제2차 세계대전 이전의 소련과 독일의 전략 환경과 제복과의 대화 특징을 살펴 본 후, 전쟁에서의 도전과 대응에 미친 영향을 확인해볼 것이다.

제2장
전쟁 전의 소련

1. 전략 환경: 프롤레타리아 독재와 스탈린

공산주의 소련 체제 탄생부터 독소전쟁까지 소련의 전략 환경은 1917년에 일어난 러시아 혁명과 1922년까지 이어진 러시아 내전으로부터 형성되어졌다고 할 수 있다. 러시아 혁명의 연장선상에서, 볼세비키 정권의 붉은 군대(Red Army)와 제정 러시아의 회복을 바랬던 군사 집단들인 백군(White Army)이 서로 투쟁했던 러시아 내전은 볼세비키의 승리로 끝났다. 이러한 내전 결과를 배경으로 프롤레타리아 독재라는 명분 아래 레닌의 뒤를 이어 스탈린이라는 독재자가 본격적으로 등장했다. 스탈린은 소련을 공고한 1인 독재 체제로 만들어 나가며 공업화의 드라이브를 걸었다. 그러면서 대외적으로는 자본주의 국가들과의 관계 정상화 노력과 동시에 주변 국가들을 대상으로 한 영토 확장도 계속해나갔다. 그런 가운데 제2차 세계대전을 앞두고 스탈린은 서쪽의 독일과는 불가침 조약을 맺고, 이어서 동쪽의 일본과도 중립조약을 맺어 동서 양쪽의 위협을 일단 무마하는데 성공하는 듯 했다. 이렇듯 러시아 내전부터 독소 불가침 조약까지 상황이 독소전쟁 직전까지 소련 전략 환경의 요약이라 할 수 있다.

이와 같은 소련의 전략 환경을 구성하는 일련의 사건들 중 첫 번째로 발생한 중요한 사건은 공산주의 소련의 첫 지도자인 레닌의 사망이었다. 러시아 혁명의 최종 수혜자이자 소련에 공산주의를 이식시킨 주인공인 레닌은 러시아 내전 기간 중인 1920년에 사망했다. 레닌이 사망한 직후의 소련은 집단 지도체제로 운영되었으므로, 레닌의 후계자가 누가 될지는 불분명했다. 실제 레닌의 후계자는 내전 기간에 붉은 군대를 조직하여 공산주의의 승리를 결정지은 트로츠키(Leon Trotsky)도 아니었고, 평소에 후계자 가능성이 가장 높다고 알려진 명석한 부하린(Nikolai Bukharin)도 아니었다. 레닌의 후계자는 트로츠키나 부하린보다 덜 알려졌던 스탈린으로 결정되었다. 그리고 1930년까지 스탈린은 모든 경쟁자들을 몰아냈고, 프롤레타리아 독재 체제에서 레닌을 계승하는 유일한 지도자가 되어 있었다. 스탈린은 자신이 레닌 사상을 완벽하게 이해한 당 지도자이고 레닌의 유산은 당의 통합이라고 규정하고는, 모든 경쟁자들을 파벌주의로 몰아 쫒아냈다.[101] 그 과정에서 스탈린은 주변 인물들에게 막연한 존경심이나 공포심을 안겨주었고, 이것을 바탕으로 공산당 중앙위원회와 정치국을 장악하여 자신의 충성스러

101 리처드 오버리, 조행복 역, 『독재자들: 히틀러 대 스탈린, 권력 작동의 비밀』, (서울: 교양인, 2008), p.74.

운 지지자들로 채워서 독재 체제를 만들어나갔다. 스탈린은 헌법상의 국가 최고위직을 보유하지 않은 상태로, 당의 권위에 바탕을 두고 권한을 행사했다. 그리고 비밀경찰 조직을 활용한 테러 정치로 스스로의 권력을 강화해나갔다.

이렇게 1인 독재 체제를 구축한 스탈린은 공산주의 혁명 방향에 대한 중대한 선택을 하게 되었다. 공산주의 혁명 이론에 의하면 전 세계 노동자가 단결하여 세상의 자본주의를 타도해야 했으므로, 세계 유일의 공산주의 국가인 소련은 세계 공산주의 혁명에 책임이 있었다. 그러나 스탈린은 공산주의 혁명의 국제적 확산을 일단 포기하고, 대신 소련 한나라에만 공산주의를 모범적으로 건설한다는 정책을 선택한다. 그리고 모범적인 공산주의 국가가 되는 길을 중공업 중심의 경제개발이라고 결론지었다. 이렇게 소련이라는 한 나라에만 공산주의를 정착시키겠다는 생각은 1국 공산주의 노선으로도 불리어졌다. 그때 소련 국내에서는 이러한 노선이 러시아 혁명을 의미하는 레닌의 제1혁명을 뒤이은 제2혁명으로 명명되어졌다.

이와 같은 스탈린의 새로운 정책은 소련에 큰 변화를 가져왔다. 중공업 중심 경제개발을 위한 계획경제에 의해 농민의 사유지들은 국가 소유의 대규모 농장으로 대체되었고, 농촌의 많은 인구가 새로운 공업 중심지로 강제로 이동되었다. 그리고 국가 재정은 중공업 육성을 위해 우선적으로 투입되었다. 이러한 계획경제의 결과는 심각한 농업 생산의 비효율성과 식량 부족으로 인한 기아 발생이라는 어두운 측면을 포함하고 있었다. 그럼에도 국가의 총생산은 증가했고, 총생산의 25퍼센트를 산업에 재투자하며 동시에 교육과 군사 분야에서의 대규모 투자도 가능해졌다.[102] 따라서 소련의 산업 생산량은 증가했고, 지속적인 경제 성장을 위해 꼭 필요했던 교육 받은 인구도 증가하게 되었다. 결국 스탈린의 1국 공산주의 정책 또는 제2혁명은 낙후된 러시아 사회를 비교적 단기간에 거대한 공업국가로 탈바꿈하게 만들었다. 그리고 그 과정에서 스탈린은 스스로를 레닌을 뒤이은 제2혁명의 화신으로 선전하고, '사회의 프롤레타리아화'라는 모토 아래 사회와 문화까지 통제하면서 1인 독재 체제를 더욱 공고히 할 수 있었다.

스탈린의 공업화와 독재 체제 공고화가 제대로 성공하기 위해서는 당분간 국가 외부로부터의 개입이 없어야했다. 그러나 국제 정세는 신생 공산주의 국가 소련에게 적대적이었다. 세계 유일 공산주의 국가 소련은 공산주의 혁명을 경계하는 자본주의 강대국들에게 둘러싸여 있었고 1927년에는 전쟁 위협까지 받았다. 당시 영국은 런던의 소련 무역 사절단을 폐쇄하고 외교관계를 단절했다. 그리고 중국 주재 소련 대사관이 폐쇄되고 중국 국민당은 공산주의자들과의 전쟁을 시작하였고, 바르샤바 주재 소련 대사 대리는 암살을 당했다.[103] 그런 가운데 강력한 반공국가인 일본은 1931년에 만주사변을 일으켜 소련과 국경을 접하게 되었다. 그리고 1933년에 나치 당이 집권한 독일이 재무장을 시작하는 시점에 이르러서는 독일과 일본이 소련에 가장 근접한 제국주의 위협으로 간주되기 시작했다.

이와 같은 상황에서 소련의 대응은 국방비 증가와 협력적 외교였

102 폴 케네디, 『강대국의 흥망』, pp.439–440.

103 리처드 오버리, 류한수 역, 『스탈린과 히틀러의 전쟁』, (서울: 지식의 풍경, 2003), pp.28–29.

다. 스탈린은 1930년대에 이루어진 소련의 자립경제를 기반으로 군대를 확장하였다. 소련의 국방비 증가는 지속적이었고, 1938년에는 국민생산의 13퍼센트가 국방비였다. 소련의 병력은 1931년에 56만2천명이었는데 1940년에 420만명으로 늘어났고, 1939년의 항공기 생산은 1만382대였다. 소련의 전차 생산량은 1931년에 740대였는데, 1939년에는 2,950대가 생산되었고 포의 생산량은 100배 증가하였다.[104]

그리고 소련의 대외정책은 동서 양쪽 국경에 근접하여 위치한 강력한 반 공산주의 국가들인 독일, 일본과 대치하기 위해 다른 자본주의 국가들과 협력적 외교를 펼친다는 것을 기조로 했다. 소련은 1935년 프랑스와의 상호 원조협정을 필두로 프랑스와 영국과의 관계 개선 노력을 했다. 그리고 특히 독일의 위협에 대비하는 집단안보에 참여하기 위해 외교적 노력을 집중했다. 따라서 1938년 독일이 체코슬로바키아 영토를 위협하던 당시, 소련은 영국과 프랑스와 함께 체코슬로바키아 방위를 위한 집단안보에 가담했다. 그러나 소련은 협력적 외교를 통해서는 거의 성과를 얻지 못했다. 소련이 영국과 프랑스와의 관계를 개선한다는 것은 시간이 많이 걸리는 목표였다. 실제로 소련은 1938년 9월 영국과 프랑스가 독일과의 전쟁을 피하기 위해 함께 평화 협정서에 서명했던 뮌헨 협정(Munich Conference)에도 초대받지 못했다. 스탈린은 영국과 프랑스와 군사협력을 구축하고자 했으나, 영국과 프랑스는 소련을 협력의 상대로 인정하려고 하지 않았던 것이다.

이런 상황에서 독일 외무성이 소련에게 동유럽 국가들의 영토 분

104 리처드 오버리, 『독재자들: 히틀러 대 스탈린, 권력 작동의 비밀』, pp.639-640.

할을 포함한 군사 협력 방안을 제안해왔다. 독일은 당시 폴란드 침공을 준비하고 있었고, 그 경우 서쪽에서는 영국과 프랑스가 개입하고 동쪽에서는 소련이 개입하는 양면전쟁을 가장 우려하고 있었다. 따라서 독일은 소련과의 충돌을 방지하기 위한 협력 방안을 제시했던 것이다. 그러자 원래 독일의 위협 때문에 영국과 프랑스와의 협력 방안을 찾았던, 스탈린은 원래 목표 대신 그 차선책으로 독일과의 협력을 선택하게 되었다. 그 결과 1939년 8월 독소 불가침 조약이 체결되었다. 소련은 유럽 강대국 중 어느 나라와도 동맹을 맺고 있지 않은 상태였으므로, 당분간의 안전을 위해서 독일과의 불가침 조약은 유용했다. 스탈린은 자본주의와 제국주의와의 전쟁은 피할 수 없을 것으로 보았기 때문에, 독일과의 불가침 조약을 활용하여 미래의 전쟁이 가능한 국경에서 멀리 떨어진 곳에서 일어나도록 소련의 영토를 넓혀놓고자 했다.[105] 그래서 1939년 9월 독일의 폴란드 침공이 시작되자, 소련군도 동부 폴란드로 진격했다. 그리고 독일군이 폴란드 전부를 점령하기 전에 소련의 서쪽 영토를 넓혔다. 폴란드와의 전쟁이 종료되자 소련은 발트 해 연안에 있는 리투아니아, 라트비아, 에스토니아에게 소련군의 주둔을 요구했다. 이어서 핀란드에게도 비슷한 요구를 했다. 발트 해 연안 국가들과 달리 핀란드는 소련의 요구를 들어주지 않자, 1939년 11월 소련군은 핀란드를 공격하기 시작했다. 겨울전쟁(Winter War)으로 불리우는 소련과 핀란드의 전쟁에서 소련군은 약소국 핀란드군의 강인한 저항으로 인해 많은 피해를 입었지만, 약 5개월간의 전쟁 끝에 핀란드 영토를 할양받

105 리처드 오버리, 『스탈린과 히틀러의 전쟁』, pp.83-84.

는 조건의 휴전 협정을 맺었다. 그리고 1940년 4월부터 독일이 서부 유럽 침략을 시작하자, 소련은 6월에 발트 해 연안의 3개국을 모두 합병하여, 서쪽으로의 영토를 더 넓혔다. 이어서 소련은 남동 유럽의 루마니아에게도 압력을 가하여 소련과 루마니아의 접경 지역인 베사라비야(Bessarabia)가 소련에게 할양되었다.

1940년 중반까지 서쪽으로 영토를 넓혀 온 소련은 그해 후반부터는 외교의 시간을 맞이했다. 당시 독일은 이탈리아, 일본과 3국동맹을 체결한 상태였는데, 독일의 외무성 장관 리벤트로프(Joachim von Ribbentrop)가 서한을 보내 소련의 3국동맹 편입 가능성을 타진하였다. 따라서 1940년 11월에 소련 외무위원장 몰로토프(Vyacheslav Molotov)가 베를린을 방문하여, 소련이 3국동맹에 편입될 경우에 가능한 영토 분할에 대한 협의를 하였다. 이때가 독소 불가침 조약 이후 소련과 독일이 가장 가까워졌던 시기이기도 했다. 그러나 베를린 협의에서 소련과 독일의 입장 차이가 너무 컸기 때문에 최종적인 합의에는 이르지 못했다. 베를린 협의에서의 합의 실패는 불가침 조약으로 덮어두고 있던 소련과 독일의 해묵은 갈등과 긴장을 다시 살아나게 만들었다. 이때부터 소련은 서쪽으로부터 있을 수 있는 침략에 대한 방어 계획을 만들기 시작했다. 그리고 소련은 1941년 4월에 극적으로 일본과 중립 조약을 체결하면서 동쪽으로부터의 침략 가능성을 감소시킬 수 있게 되었고, 그 결과 군사 대비를 서쪽에 집중시킬 수 있는 여건이 이루어졌다. 독소전쟁 발발 전야인 1941년 전반기까지 소련은 가장 큰 위험을 독일로 간주하고 군사적 방비를 시작하고는 있었다. 그러나 서부 유럽에서의 전쟁에 몰두하고 있는 독일이 당장 소련과 전쟁을 시작할 수 있다고는 생각하지 않았다. 독일과의 불가침 조약이라는 외교적 장치는 소련의 낙관적인 예측을 조장하는 역할을 했던 것으로 보인다. 이와 같은 독소 전쟁 발발 이전 소련의 전략 환경은 전쟁의 도전에 대한 소련의 대응을 구조적으로 제약하는 여건이기도 했다.

〈그림 12〉 프롤레타리아 독재와 스탈린, 소련의 전쟁 전 전략 환경

러시아 혁명에 이어 발발한 러시아 내전 기간 중 소련 공산당은 군대를 새로 건설하며 대내외의 도전 세력들과 전쟁을 수행해야만 했다. 위의 왼쪽 사진은 소련 공산당의 군대인 붉은 군대(Red Army) 건설을 책임졌던 군사위원장 트로츠키가 연설을 하고 있는 모습이다. 러시아 내전 당시 소련이라는 세계 최초 공산주의 국가의 출현을 우려한 외국군들의 개입도 이어졌다. 위의 오른쪽 사진은 미국 군대가 소련 본토의 블라디보스톡에 상륙해서 행진하고 있는 모습이다.

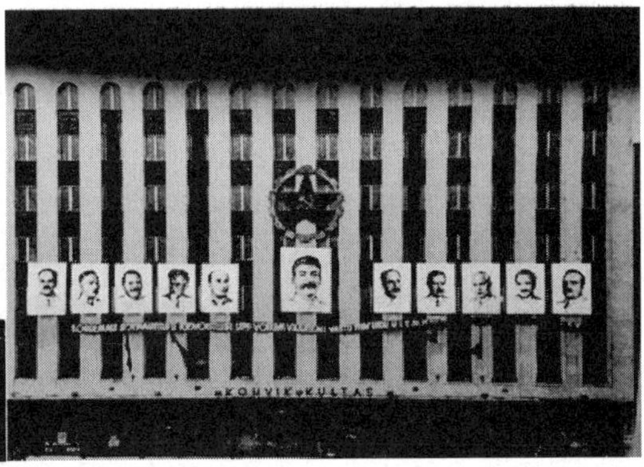

러시아 내전이 끝나고 소련 독재 체제의 1인자로 집권한 스탈린은 중공업과 군사력 증강에 중점을 두었고, 동시에 발트해 연안 국가들을 포함해 주변국을 대상으로 영토 확장에 나섰다. 위의 왼쪽 그림은 스탈린의 모습이고, 위의 오른쪽 사진은 1940년 7월에 소련에 합병되어진 에스토니아의 수도 탈린에서 스탈린과 소련 공산당 정치국원 사진들이 걸려있는 모습이다.

2. 제복과의 대화: 스팀 롤러(Steam roller)와 붉은 군대(Red Army)

전쟁에서의 도전에 대한 소련의 대응을 전략 환경과 함께 설명해 줄 제복과의 대화 특징은 제정 러시아군 역사와 러시아 혁명 이후 새로운 군대의 역사가 뒤섞인 전통이라는 배경을 지니고 있다. 제정 러시아는 역사적으로 유럽에서 가장 많은 육군을 보유해왔고 압도적인 병력의 우세를 활용해 적을 쓸어버린다는 의미에서, 러시아군의 별명은 스팀 롤러였다. 그러나 러시아 혁명 이후로 스팀 롤러 군대의 전통은 타도의 대상이었고, 제정 러시아의 전문 직업군에 해당되는 장교단이 가장 먼저 해체되거나 약화되었다. 러시아 혁명 당시 제정 군대에 대한 반란을 주도했던 병사들은 혁명 완수의 핵심 계층으로 대우받았으며, 혁명 기간에 병사들은 각종 위원회를 조직하여 장교단의 결정에 개입하고 영향력을 행사하였다.[106]

이렇게 스팀 롤러 군대의 전통을 지워나가고 있을 때 러시아 내전이 발발했다. 신생 볼세비키 정부의 내전 상대는 백군으로 불리우는 제정 시절 러시아 군들로 구성된 무장 집단이었다. 이때 볼세비키 정부 내에서는 공산주의 혁명을 지켜야 할 새로운 붉은 군대를 어떤 모습으로 건설해야 할것인지에 대한 논쟁이 발생했다. 공산주의 계급 혁명이라는 이념에 충실하기 위해서는 노동자와 농민과 같은 프롤레타리아 계급을 대표하는 시민군이 건설되어야 했다. 그러나 제정 러시아 군 출

106 이재훈, 『소련군사정책 1917~1991』, (서울: 국방군사연구소, 1997), pp.23-26.

신들이 다수인 백군을 상대로 한 전쟁에서 승리하기 위해서는 전투 현장에서 효율적으로 싸울 수 있는 전문 직업군이 필요했다. 내전 기간에 붉은 군대를 책임지는 군사위원장 지위에 있었던 트로츠키는 백군과의 무장 투쟁에서 공산당이 승리하기 위해서는 시민군만으로는 어렵다고 보았다. 그 결과 트로츠키의 선택은 전문 직업군의 창설이었다. 그래서 새로운 붉은 군대에 제정 러시아 군대 방식이 다시 도입되었다. 직업장교, 중앙집권적 명령체제, 징병 방식이 적용되었다. 그렇다고 스팀 롤러 군대로의 완전한 복원은 아니었다. 공산당은 붉은 군대에 군 장교 대우를 받는 정치위원들을 파견하여 당의 군대로 만들기 위한 정치화 노력을 기울였다. 스팀 롤러 군대가 영토를 지키고 차르(Tzar)에게 충성하는 것이 목표였다면, 이제 붉은 군대는 혁명을 수호하고 당에 충성하는 것이 지향점이었다. 스팀 롤러 군대 시절에는 러시아 정권으로부터 군의 독자성과 고유 영역을 인정받았지만, 붉은 군대는 당으로부터 철저하게 감시받고 통제받는 당의 군대였다. 혁명의 수호자라는 겉으로는 번지르한 칭호와는 달리 군의 독자성과 고유한 영역은 줄어들었다.

이와 같은 군의 새로운 전통 속에서 1918년부터 붉은 군대는 당으로부터 파견되어 온 정치위원들의 영향력 아래에 놓이게 되었다. 트로츠키는 군 지휘관과 정치위원의 책임을 규정하면서, 군 지휘관에게는 훈련과 작전의 책임을 맡기고 정치위원에게는 군 지휘관의 충성을 감시하고 부대의 사기를 유지하는 책임을 주었다. 그리고 군대의 모든 명령은 반드시 군 지휘관과 정치위원이 공동으로 서명해야만 시행되도록 하였다. 트로츠키 시절 군대의 권위는 사실상 군 지휘관과 정치위원 사이에서 양분되어 있었다.[107] 1920년에 러시아 내전이 공산당 정부군의 승리로 종식된 이후에도 붉은 군대에서 정치위원의 위상과 역할은 유지되었고, 군의 지휘통제는 여전히 양분되어졌다. 그러므로 사실상 다른 나라의 정부 내각과 같은 역할을 수행하는 소련 공산당은 군부에 대해서도 강력한 영향력을 행사할 수 있었고, 군사 분야에 깊게 개입할 수 있었다.

붉은 군대에 대한 당의 통제와 영향력에 있어서는 트로츠키 이후로 변화가 있었다. 1924년에 트로츠키를 뒤이어 군사위원장이 된 프룬제(Mikhail Frunze)는 공산주의 혁명을 수호해야 할 현대적인 소련군은 혁명의 열정을 지닌 전문 직업군이어야 한다고 생각했다. 그때부터 프룬제의 노력으로 전문 직업군을 양성하는 군사교육 프로그램이 강화되었고, 소련군 장교단에게 요구되는 가장 중요한 가치는 군사 전문성이 되었다.[108] 이것은 당에서 파견된 정치위원들이 지향했던 군의 정치화라는 목표와 배치될 수 있었다. 그리고 프룬제의 뒤를 이은 현역 장군인 투하체프스키(Mikhail Tukhachevsky)는 군사혁신 수준의 아이디어를 적용시켜나갔다. 투하체프스키는 제1차 세계대전에서 경험했던 참호전의 곤경을 극복하기 위한 방법으로 종심작전 구상을 제시했다. 이것은 대규모의 탱크와 항공기가 결합되어 신속히 이동하는 기동타격부대를 운용한다는 아이디어를 포함한 내용으로 제2차 세계대전 발발 이후 독일의 전격전(blitzkrieg)으로 알려진 전법의 원형이기도 했다. 이러한

107 아이작 도이처, 김종철 역, 『무장한 예언자 트로츠키』, (서울: 필맥, 2005), pp.545-547.

108 리처드 오버리, 『스탈린과 히틀러의 전쟁』, pp.21-22.

투하체프스키의 군사혁신은 붉은 군대가 전문 직업군대가 되어야 가능했고, 이때문에 군사적 전문성이 떨어지는 정치위원들의 군사 분야 개입이 자제되어야 할 필요가 제기되었다. 1934년에 투하체프스키의 계획이 스탈린에게 수용되자, 모든 군 부대에서 정치위원들이 철수하게 되었고 점차 정치위원의 영향력도 줄어들었다. 그리고 1935년에는 제정 러시아 시대 장교단의 계급 체계와 계급장이 복원되었고, 투하체프스키 자신도 제정 러시아 시절 지위였던 원수 계급을 갖게 되었다. 즉 투하체프스키 시대의 붉은 군대는 군사혁신의 길도 걷고 있었지만 동시에 공산당으로부터의 자율성도 높아지고 있었던 것이다.

그러나 1933년부터 스탈린이 시작한 대규모 숙청이 정부 관료들만이 아니라 군부에까지 미치면서, 투하체프스키의 군사혁신은 사실상 중단되고 말았다. 1937년에 스탈린은 비밀경찰 조직의 보좌를 받으며 군에 대한 대숙청을 시행했고, 투하체프스키를 포함한 많은 개혁 성향 장교단이 희생되었다. 당시 대령에서 원수까지 임명된 837명의 지휘관들 중 720명이 체포되었고, 18개월동안 수천명의 장교들이 축출되었다.[109] 그리고 1937년 5월부터 사단급 이상 모든 부대에 정치위원들이 다시 파견되었다. 스탈린으로부터 군 전체를 철저히 정치화하라는 지시를 받은 소련군 총정치국장 메흘리스(Lev Mekhlis)는 러시아 내전 당시처럼 정치위원들이 모든 군사 분야의 실질적 통제를 해야 한다고 주장했다. 그리고는 군사훈련을 받지 않은 정치위원들을 소대급의 소부대까지 배치시켰다. 이렇듯 대숙청 이후의 붉은 군대는 군사혁신도 자

109 리처드 오버리, 『독재자들: 히틀러 대 스탈린, 권력 작동의 비밀』, p.669.

율성도 모두 상실하고 정치에 종속되고 있었다.

이와 같은 군의 정치 종속이 심화되는 가운데에는 스탈린의 통제와 영향력이 존재했다. 스탈린이 사실상 행사했던 군 통수권은 법적인 권한이기보다는 당의 권위를 명분으로 한 권한이었다. 스탈린은 독소전쟁 발발 이전까지 붉은 군대를 통수할 공식적인 직함은 없었다. 그러나 스탈린은 당의 지도자로서 그리고 당의 군사 책임자로서 군사 분야에 개입하였다. 군사력 건설, 군의 장교단 구성, 전쟁 지휘관 선임 등은 스탈린이 결정하였고, 독소전쟁이 발발한 이후에는 공식적으로 최고사령관 직위에 올랐다. 스탈린은 프롤레타리아 독재로 일컬어지는 독재체제의 권력을 군부를 향해 언제던지 사용할 수 있었고, 항상 적극적으로 군사 분야에 개입하려는 의지가 있었다. 그리고 프롤레타리아 독재체제에서는 스탈린에게 제도적으로 거부권을 행사할 수 있는 민간 분야의 비토 행위자는 거의 존재하지 않는 수준이었다. 민간 분야의 비토 행위자 규모는 레닌이 사망한 직후 잠시 존재했던 집단 지도 체제 시절에만 증가되었고, 이후 스탈린의 단일 지도 체제 아래에서의 비토 행위자 규모는 최소 수준이었다.

소련 군사 분야에서의 비토 행위자 규모는 민간 분야보다는 크다고 할 수 있다. 그것은 정규군을 통제하기 위한 군사 조직까지 비토 행위자 규모에 포함될 수 있기 때문이다. 붉은 군대에 대한 감시와 통제는 당에서 파견된 정치위원들만이 아니라 비밀경찰 조직에 의해서도 수행되었던 것이다. 그 결과 비밀경찰 조직은 군사 조직으로 성장하게 되었다. 러시아 내전 기간인 1917년 12월에 레닌은 '내부 반혁명분자들과의 투쟁에 대한' 문제를 제기하여, 제르진스키(Felix Dzerzhinsky)가

체카(Cheka)라는 명칭의 비상위원회를 창설하여 반혁명 세력을 색출하고 진압하도록 하였다. 이때부터 체카는 사실상 군사 조직처럼 활동했다.[110] 러시아 내전이 끝나자 체카는 일반 경찰과 함께 새로 창설된 내무인민위원회(엔카베데, NKVD)에 통합되어졌다.[111] 이렇게 창설된 엔카베데는 최대로 확대되었을 때는 75만명까지 늘어나서, 반혁명분자 색출과 처단 뿐 아니라 전선에서의 전투와 전선의 후방 방호까지 담당하게 되었다.[112] 정규군 조직 내에서 활동하던 정치위원과 달리 엔카베데는 별도의 군사 조직으로써 정규군 조직을 견제하고 감시했다. 그리고 엔카베데 지도자인 제르진스키와 그 뒤를 이은 베리야(Lavrenti Beria)는 스탈린을 직접 보좌하며, 군과 관료를 대상으로 테러 정치를 계획하고 시행했기 때문에 일정 수준의 정치적 영향력도 지니고 있었다. 이에 비해 정규군인 붉은 군대의 정치적 영향력은 비교할 수 없을 정도로 적었다. 그리고 붉은 군대 내부의 군사 조직은 표면적으로는 육군과 해군으로 구분되어 있으나 육군과 경쟁할 만한 군사 조직은 없었다. 따라서 군사 분야의 비토 행위자 규모는 크지 않은 수준이었다.

이처럼 소련의 제복과의 대화 체계에서 사실상의 군 통수권자인 스탈린은 군사 분야에 적극적으로 개입하고 있었고, 프롤레타리아 독재 체제하에서 민간 분야 비토 행위자 규모는 대단히 작았다. 그러므로 소련에서 민간의 선택적 개입은 대단히 높은 수준이라 할 수 있었다. 그리고 붉은 군대는 철저히 당에 종속되어 있었고, 육군과 해군 외에는

110 이재훈, 『소련군사정책 1917~1991』, pp.59-60.

111 리처드 오버리, 『독재자들: 히틀러 대 스탈린, 권력 작동의 비밀』, pp.278-279.

112 이재훈, 『소련군사정책 1917~1991』, p.292.

엔카베데 정도가 경쟁적인 준 군사 조직이었다. 따라서 소련에서 군의 협상력은 낮은 수준이라고 할 수 있었다. 이와 같은 독소전쟁 발발 이전 소련에서 제복과의 대화 특징은 전쟁의 도전에 대한 소련의 대응에 상당한 영향을 미칠 수 있었다.

〈그림 13〉 스팀 롤러 군대와 붉은 군대, 소련에서 제복과의 대화

러시아 차르 시대로부터 이어진 스팀 롤러 군대의 전통은 부분적으로만 전수되었고, 붉은 군대를 건설한 트로츠키는 공산당이 엄격히 통제하는 군대를 건설했다. 그리고 프룬제 시대에 와서는 붉은 군대의 전문화가 시작되었고, 투하체프스키 시대에 와서 전문성의 꽃을 피울 수 있었다. 그러나 스탈린의 대숙청이 군부에게까지 미치면서 붉은 군대는 전문성보다 당의 강력한 통제 쪽으로 되돌아가고 만다. 위의 사진들은 왼쪽부터 스팀 롤러 군대의 주인이었던 차르 니콜라이 2세의 사진과 붉은 군대를 창설했던 트로츠키의 모습을 그린 삽화이다. 그 오른쪽은 소련군의 전문성을 발전시키려 했던 프룬제의 사진과 투하체프스키의 초상화이다.

소련에서는 육군이 규모가 가장 큰 군사 조직이었다. 그리고 러시아 내전 기간부터 소련 국내와 군 내부의 반 혁명 색출하기 위한 비밀경찰 조직이 창설되었고, 비밀경찰은 군대도 감시하고 통제하였다. 위의 왼쪽 사진은 1920년대 소련 육군 병사들의 사진이고, 두 번째는 첫 번째 비밀경찰 조직인 체카를 창설했던 제르진스키의 사진이며, 그 오른쪽 사진은 체카의 뒤를 이은 엔카베데를 이끌었던 베리야의 모습이다.

제3장
전쟁 전의 독일

1. 전략 환경: 퓨러(Führer, 지도자) 체제와 히틀러

1920년대부터 독소전쟁 발발까지 독일의 전략 환경은 제1차 세계대전의 패전 이후 시작된 전후 체제에 대한 독일인들의 인식을 배경으로 한다고 할 수 있다. 독일의 전후 체제는 상당한 혼란을 동반했는데, 당시 부상한 민족주의에 편승하여 희대의 역사적 인물인 히틀러가 등장했다. 그리고 1930년대부터 독일은 히틀러의 독재 체제가 정착되면서 군사력 증강과 약탈 경제에 기반한 침략 전쟁을 일으켜서, 제1차 세계대전의 교전 상대들을 다시 적대국으로 돌아서도록 만들었다. 또한 나치 인종주의 이데올로기는 동방의 생활권 확보를 주장하며, 독일의 침략 목표로 소련을 지목하고 있었다. 그런 가운데 독일은 소련과는 불가침 조약을 맺은 다음 유럽에서 제2차 세계대전을 촉발시키면서 신속하게 서유럽을 석권한 후, 이탈리아와 일본과 3국 동맹을 맺은 상태로 독소전쟁을 맞이하게 되었다. 이렇듯 독일 전후 체제의 혼란부터 3국 동맹 체결까지 상황이 독소전쟁을 앞둔 독일 전략 환경의 요약이라 할 수 있다.

제1차 세계대전의 전후 체제는 전쟁의 승전국들이 프랑스의 베르사이유(Versailles) 궁전에서 모여 국제 질서를 결정했기 때문에 베르사이유 체제로도 불리었다. 베르사이유 체제의 중요한 목표 중의 하나는 독일의 전쟁 재발 방지였다. 그러므로 베르사이유 체제는 독일의 군사력 보유를 크게 제약했다. 병력의 숫자도 제한되었고, 참모본부의 설치도 불가능해졌으며 잠수함과 공군 등의 특정 무기의 보유도 금지되었다. 이와 같은 베르사이유 체제의 제약으로 인해 독일인들은 한때 유럽과 세계를 호령했던 강대국으로서의 위신이 완전히 땅에 떨어졌다고 느끼게 되었다. 또한 전후 독일 국내에서 계속된 많은 폭동과 국내 정치적 분열은 독일 제국 시절 호헨쫄레른 왕조와 같은 과거의 권위에 다시 의존해서라도 사회의 안정을 되찾으려는 욕구를 불러일으켰다. 그리고 당시 유럽을 휩쓸고 있던 공산주의 운동은 독일의 자본가들과 전통적 지배 계층으로 하여금 항상 공산 혁명의 위협을 걱정하게끔 만들었다.

이와 같은 전후 독일 사회에서 다양한 계층의 욕구와 염려들을 모두 포괄할 수 있었던 거의 유일한 공감대는 민족주의였다. 이때 히틀러는 1921년부터 과격한 민족주의를 기반으로 하는 나치 당을 이끌고 있었다. 히틀러와 나치 당은 처음에는 전후 독일에 난립했던 수많은 폭력 단체와 반 정부 집단과 별로 다를 것이 없었다. 그러나 당대의 주류 이데올로기라 할 수 있는 공산주의가 계급의 이익과 투쟁을 이야기하며 자본가들과 전통적 지배 계층의 위기 의식을 유발시키고 있을 때, 히틀러는 계급 대신에 민족과 인종을 꾸준히 강조했다. 그러면서 서서히 히틀러는 독일 내에서 가장 큰 정치적 지지를 받고 있던 민족주의 정치단체들의 구심점이 되어갔다. 이런 상황에서 히틀러를 권력의 중앙부로 이끌어낸 것은 사실 전후 체제에 대한 독일 대중의 인식이었다고 할 수 있다. 독일 대중은 제1차 세계대전 당시 적이기도 했고 전후 베르사이유 체제를 만든 강대국들에 대해 분노를 터뜨려주고 복수를 해줄 지도자를 원했다. 또한 거듭되는 폭동과 지속되는 사회적 불안을 안정화시켜줄 수 있는 예전 시대의 권위도 바랬다. 그리고 특히 자본가들과 산업가들은 공산주의 혁명의 위협으로부터 자본주의와 산업계를 지켜 줄 권위를 필요로 했다. 당시 독일 국내의 어떤 정치가나 정치 집단도 이와 같은 독일 대중의 요구를 만족시켜주지 못했었다. 그런데 혜성처럼 나타난 히틀러가 흡인력이 강한 연설 능력과 과격한 그러나 통쾌한 주장으로 대중들을 사로잡기 시작했다.

전후 체제에서 독일인들의 인식과 대중의 바램들 속에서 히틀러는 쿠데타와 같은 불법을 저지르지 않고도 상당히 합법적인 단계를 거쳐 권력의 정점으로 나아갔다. 대중은 히틀러에게 매료되었고, 기존 정치인들은 히틀러를 얕보고 조종할 수 있다고 믿었으나, 실제로 조종당한 편은 그들이었다. 나치 당은 총선에서 제1당이 되었고, 1933년 민족주의 거국 내각이 구성될 때 히틀러는 수상이 되었다. 그리고 독일인들의 인식과 대중의 바램 속에서 히틀러에게 합법적인 독재를 의미하는 비상 통치 권한들이 부여되었다. 히틀러는 1934년에 수상과 대통령의 지위를 합친 퓨러(Führer, 지도자)의 지위에 오르면서 법적으로 무소불위의 권한을 갖게 되었다. 그리고 히틀러의 독재 체제도 소련 스탈린 체제처럼 비밀경찰을 적극적으로 활용했다. 테러와 선전에 의해 독재 체제가 유지되고 있다는 점에서 적어도 외형적으로는 독일과 소련의 독재 체제는 유사했다. 그러나 히틀러는 소련보다 더 공격적인 이데올로기와 정책 구상을 갖고 있었다.

히틀러의 통치와 함께 확산되기 시작한 나치 이데올로기는 인종주의에 기초하고 있었다. 나치 인종주의는 유태인을 극도로 적대시했을 뿐만 아니라, 동방 슬라브 민족의 열등함과 그로 인해 게르만 민족의 노예가 될 수 밖에 없는 숙명을 강조했다. 이와 같은 사고방식 속에서 동방에 독일 민족을 위한 생활권인 레벤스라움(Lebensraum)의 건설 필요성이 제시되었다. 이론적으로 레벤스라움의 위치는 당시에 소련이 있는 곳이었다. 나치 이데올로기는 소련 영토의 장악이 독일 민족의 최종 목표인 것처럼 암시하고 있었던 것이다.

그리고 히틀러의 정책 구상은 제1차 세계대전 당시의 경제 봉쇄 경험을 교훈으로 삼아 독일에서 자립 경제를 달성한다는 것이 요지였다. 그리고 히틀러는 자립 경제로 다가가기 위한 방안을 농업 생산성의 증가와 전략물자를 대체할 수 있는 합성물질 생산, 그리고 가상 적국을 압도할 수 있는 대규모 군수산업으로 상정했다.[113] 군수산업에 대한 집중 투자는 유휴 노동력을 흡수하여 완전고용을 달성하게 하였고, 미래의 대규모 전쟁에서 사용될 많은 무기를 확보하도록 해주었다.[114] 히틀

113 리처드 오버리, 『독재자들: 히틀러 대 스탈린, 권력 작동의 비밀』, pp.593-594.

114 폴 케네디, 『강대국의 흥망』, p.330.

러는 수상에 임명된 직후인 1933년 2월에 군 지휘관들과 비밀리에 회동하여 국가의 전면적 군사화와 민족의 새로운 생활 터전 확보를 위한 군의 재무장 계획을 선언했고, 군부의 열렬한 지지 속에 군사력을 확대해나갔다.[115] 이때 독일의 군사력 재건 정책이 전제하고 있던 것은 조만간 독일이 대규모 전쟁을 치루게 될 것이라는 것이었다. 이렇게 독일이 대규모 전쟁에 돌입한다면, 독일 국내에서만으로는 충족될 수 없는 자원 부족 문제가 부각될 수 밖에 없었다. 그래서 자원 부족 문제를 침략으로 해결하려는 약탈 경제가 궁극적인 정책 구상으로 부상했다.

이와 같은 전쟁과 침략을 전제로 한 인종주의 이데올로기와 약탈 경제 구상은 결국 독일의 공격적 외교로 귀결되었다. 1936년 3월 독일은 베르사이유 체제로 인해 독일 영토임에도 군대를 배치할 수 없었던 서부 국경지역인 라인란트(Rhienland)에 기습적으로 독일군을 진주시켰다. 라인란트의 독일군 진주에 대응해야 했던 영국과 프랑스는 당시 각자의 국내정치적 상황에 몰두하느라 적극적인 조치도 취하지 못했고, 공동대응을 위한 보조도 맞추지 못했다. 그 결과 독일군은 저항없이 라인란트를 장악하였고, 히틀러의 첫 공격적 외교는 성공하였다. 이어서 스페인 내전이 발생하자 히틀러는 파시즘 성향 반란군을 군사적으로 직접 지원하기로 결정하고, 제1차 세계대전 이후 처음으로 독일 군대를 해외로 파견을 했다. 그리고도 히틀러의 공격적 외교는 계속되어, 1938년 3월 오스트리아 국내 통합주의자들과 공모하여 독일과 오스트리아를 합병하였다. 1938년 5월에 히틀러는 더 대담해져서 독일의 동

115 볼프람 베테, 『독일 국방군: 2차대전과 깨끗한 독일군의 신화』, pp.202-205.

쪽 접경이자 주류 거주민들이 독일인이었던 체코슬로바키아의 주데텐(Sudeten) 지역의 할양을 요구하며 독일군을 위협적으로 배치시켰다. 이 시점에서는 영국과 프랑스도 물러나지 않고 군사적 대결을 준비하였으므로 체코슬로바키아 위기가 고조되었다. 이때 히틀러는 한발 물러서 영국과 프랑스와 대화로 문제를 해결하는 것에 동의하였다. 그 결과 개최된 뮌헨 회담에서 독일과 체코슬로바키아 간의 전쟁 금지를 조건으로 주데텐 지역의 독일 할양이 합의되었다. 히틀러의 공격적 외교는 또 한번의 승리를 거두었던 것이다.

그리고 나서 히틀러는 외교라는 절차를 아예 걷어치우고 본격적으로 전쟁으로 뛰어들었다. 곧이어 독일은 뮌헨 합의를 무시하고 체코슬로바키아 침공을 시작했던 것이다. 그 과정에서 독일은 서쪽의 영국과 프랑스와의 대결을 준비하기 위해서 동쪽을 먼저 안정시키고자, 1939년 8월에 소련과 불가침 조약을 맺었다. 그리고 소련의 묵인 속에서 독일은 1939년 9월1일에 폴란드를 침공하였고, 그날은 역사적으로 제2차 세계대전의 시작일로 기록되었다. 제2차 세계대전 발발 이후에도 독소 불가침 조약은 유지되고 있었고, 조약이 유효한 기간 동안은 공식적으로 소련이 독일의 적대국은 아니었다. 그러나 히틀러와 독일군은 소련과의 전쟁을 피할 수 없는 것이라고 생각하고 있었다. 독일은 소련과 비교하면 국력도 유사했고, 침략을 통해 현상을 타파해 나가는 국가라는 점에서 유사하여 두 나라의 전략 환경은 비슷한 면이 많았다. 이와 같은 독소전쟁 발발 이전 독일의 전략 환경은 전쟁의 도전에 대한 독일의 대응을 구조적으로 제약하는 여건이 되었다.

〈그림 14〉 퓨러 체제와 히틀러, 독일의 전쟁 전 전략 환경

제1차 세계대전이 끝난 후 혼란스러웠던 독일은 나치 독재 체제로 귀결되었다. 위의 왼쪽 사진은 1932년 독일 선거 당시 히틀러의 포스터이다. 그 오른쪽 사진은 수상으로 취임한 히틀러가 과거 혁명 동지이자 제1차 세계대전 당시 독일군의 대표였던 루덴도르프 장군과 함께 기념 촬영을 한 것이다. 가장 오른쪽 사진은 1935년 뉘른베르크 나치 전당대회에서 사열을 받고 있는 히틀러의 모습이다.

나치 독재 체제하에서 히틀러는 공격적인 대외 정책을 이어갔고, 이것은 제2차 세계대전 발발로 이어졌다. 위의 왼쪽 사진은 히틀러의 체코슬로바키아 침공 위협을 협상으로 해결하려 했던 뮌헨 협정에 서명한 직후 히틀러와 함께 서 있는 협정 당사국 지도자들이다. 그 오른쪽 사진은 뮌헨 협정에 이어서 독일군이 1938년 10월에 체코슬로바키아의 주데텐 지방에 진주하고 있는 모습이다.

2. 제복과의 대화: 프러시아의 철십자로부터 하켄크로이츠 (hakenkreuz) 군대로

전쟁의 도전에 대한 독일의 대응을 전략 환경과 함께 설명해 줄 제복과의 대화 특징은 독일 제국 군대의 경험과 나치 독일 시대부터 시작

된 새로운 역사가 뒤섞인 전통을 배경으로 하고 있다. 제1차 세계대전을 관통하며 이어온 독일 제국 군대의 경험은 베르마흐트(Wehrmacht)로 명명되어진 나치 독일 군대의 역사와 혼합된다. 독일 군대의 문장도 제국 군대 시절 철십자가 계승되었고, 동시에 나치의 상징인 갈고리 십자가를 의미하는 하켄크로이츠(hakenkreutz)도 함께 사용되어졌다. 이때 베르마흐트의 명성은 제2차 세계대전에 참전했던 독일군 고급 장교들이 전쟁이 끝난 후 저술하여 주로 미국에서 출간된 문헌들이 그 출처였다는 것을 주의 깊게 감안할 필요가 있다. 이런 종류의 저술들은 나치와 히틀러로부터 베르마흐트를 구분하고자 했다. 그리고 모든 전쟁 범죄의 책임과 패전의 탓을 나치와 히틀러에게 전가하며, 베르마흐트는 정치와 분리된 전문 직업군이고 히틀러의 개입만 없었으면 전쟁에서 파멸하지도 않았을 것이라는 신화를 만드는데 일조했다. 제2차 세계대전이 끝나고 미국과 소련이 대결하는 냉전이 시작되자 미국은 과거 소련과 싸웠던 독일의 군사적 경험에 높은 가치를 부여했고, 서부 독일을 미국의 동맹이라는 관점에서 바라보았다. 이러한 분위기 속에서 서부 독일에 정착한 독일군 참전 장교들의 주장과 내러티브는 미국 사회에서 우호적으로 수용되었고, 시간이 지날수록 영화와 게임 등 엔터테인먼트 시장을 통해 일반인들에게까지 확대 재생산되어 베르마흐트 신화를 만들어갔다.[116] 그럼에도 1930년대에 탱크를 대량으로 적의 약점에 집중시키고, 포병 역할을 하는 항공기와 탱크의 뒤를 따르는 차량화된 보병을 결합하여 대규모로 사용한다는 전격전(blitzkrieg) 구상은 혁신적

116 볼프람 베테, 『독일 국방군: 2차대전과 깨끗한 독일군의 신화』, pp.248–268.

이었다.[117] 이러한 군사혁신은 제2차 세계대전 초반 독일의 빛나는 승리와 결합되어, 독일어로 탱크를 의미하는 판처(Panzer) 부대의 전격전과 베르마흐트 명성을 알리는데 긍정적인 영향을 미쳤다. 이때 중요한 것은 1935년부터 존재하기 시작했던 베르마흐트는 독일 제국 군대와는 전통을 공유했지만 상당히 다른 군대였고, 더구나 강력한 경쟁자 역할을 했던 준 군사 조직도 존재했다는 것이다.

독일 제국 군대와 베르마흐트의 공통점 중의 하나는 참모본부의 전통에서 찾을 수 있다. 제1차 세계대전부터 내려 온 독일 제국 군대의 참모본부 전통은 베르사이유 체제로 인해 군대의 규모가 엄격히 제한되는 가운데서도, 명맥을 유지해왔다. 베르사이유 체제의 독일에서 참모본부의 설치는 금지되어 있었다. 그러나 그 기간 중에도 독일 국방부는 언제든지 참모본부가 다시 생겨날 때 필요해질 장교단을 병무국(Troop Office, Truppenamt)이라는 이름의 부서를 통해 교육하고 양성해내고 있었다. 그러므로 독일 제국 시절 참모본부의 전통과 명성은 전후 시대의 독일 군대에도 전해지고 있었다. 독일 제국 군대의 전통을 이어받는다는 것은 결정적 전투를 위한 작전에 치중하고, 정치에 비해 군사가 우위에 있다는 신념이 계승되고 있음을 의미했다. 그러나 나치 독일 시대의 군부는 정치에 대한 군사 우위 전통을 다음의 두 가지 이유로 인해 버려야 했다. 첫 번째는 군부 내부의 나치 이데올로기 전파였다. 독일군은 개인적으로 그리고 정신적으로 나치 이데올로기를 수용

117 David P. Harding, "Heinz Guderian As the Agent of Change: His Significant Impact on the Development of German Armed Forces Between the World Wars", *Army History* 31 (Summer 1994), p.29.

하려는 경향이 컸다. 독일 군부는 국력의 열세를 장병들의 전투 의지로 극복하고자 했고, 일선 지휘관과 병사들의 전투 의지, 사기, 군기와 같은 무형의 잠재력을 무한대로 끌어올리려고 했다. 이와 같은 관점에서 독일 군부 지도자들의 목표는 충성과 정신력을 강조하는 나치 이데올로기의 특징과 서로 영합할 수 있었다. 그 결과 나치 이데올로기는 독일군과 밀접한 관계를 맺게 되었고, 군 내부로 광범위하게 전파된 나치 이데올로기는 궁극적으로 독일군의 사상을 통제하고 히틀러 개인에 대한 종속을 강화시켰다.

두 번째 이유는 히틀러 개인의 적극적인 군부 통제였다. 1934년에 히틀러는 퓨러가 됨과 동시에 전체 독일군, 즉 베르마흐트의 최고사령관이 되었다. 그리고 히틀러는 최고사령관 권한을 대단히 적극적으로 사용하였다. 히틀러는 군의 지휘권을 직접 행사하기를 즐겨했고, 그 과정에서 독일 군부 주요 지휘관들은 히틀러의 의지와 비전에 감동하였으며, 히틀러와 군 수뇌부 사이에는 많은 공감대가 생겨났다. 독일 장군들은 히틀러에게 충성하는 것이 무조건적인 복종이라는 프러시아의 전통을 준수하고 있다고 생각했고, 히틀러는 통치의 수단으로 장군들에게 금전과 토지 하사품도 충분히 사용하였다.[118] 히틀러는 법적으로도 군의 최고 통수권자였고, 개인적으로도 그 권한을 최대로 활용했으며, 군대가 무조건적으로 복종하기를 원했다. 그러므로 제2차 세계대전을 앞둔 독일 군대는 정서적으로는 나치 이데올로기의 지배를 받았고, 실제적으로는 히틀러의 강력하고도 세심한 통제를 받고 있었다. 이

118 볼프람 베테, 『독일 국방군: 2차대전과 깨끗한 독일군의 신화』, pp.202-205.

렇듯 나치 독일 시대의 군 통수권자인 히틀러의 군사 분야 개입 의지는 컸으며, 히틀러 시대의 독일 정치 제도는 1인 독재 체제를 법적으로 보장하고 있었다. 그러므로 히틀러에게 군사 분야에 대해 영향력을 행사할 수 있는 민간 행위자는 거의 없었고, 민간 분야 비토 행위자 규모는 대단히 작았다.

다만 히틀러에게 정치적으로 신임받았던 독일 공군 총사령관 괴링(Hermann Göring)과 무장 친위대(Waffen SS)라는 준 군사 조직을 이끌며 히틀러의 2인자 자리를 희망했던 힘러(Heinrich Himmler)는 다른 군사 조직 지도자보다는 정치에 관여할 수 있었다. 그런 의미에서 나치 독일에서 군사 분야 비토 행위자의 규모는 작지 않았다고 볼 수 있었다. 특히 나치 독일의 군사 조직들이 서로 강력한 경쟁 관계였기 때문에, 군사 분야에서는 여러 비토 행위자가 존재했다. 사실 히틀러의 결정으로 독일 군대가 재건되기 시작할 때부터 군사 조직간의 경쟁은 시작되었다. 독일의 재무장과 함께 부활한 독일 육군은 제1차 세계대전 당시처럼 육군 참모본부가 모든 군사 조직들을 대표하는 권한을 가져야 한다고 주장했다. 그러나 히틀러는 육군의 주장을 받아들이지 않았고, 오히려 육군과 대립되는 강력한 군사 조직인 공군이 탄생하는 것을 허용했다. 히틀러는 나치 당에서 자신의 개인적 후계자로 지명될 정도로 강한 권력을 지닌 괴링을 공군 총사령관으로 지명하여, 공군이 정치적으로도 위상이 높은 군사 조직이 되는 길을 열어주었다. 이때부터 육군과 공군의 경쟁은 계속되었고, 독일 해군은 그런 가운데서도 어느 군사 조직으로부터도 침해받지 않은 독자적인 영역을 지니고 있었다. 군사 조직 간의 경쟁은 정규군과 준 군사 조직과의 경쟁도 포함했다. 나치 독일에서 준 군사 조직의 원조는 나치 당의 무장 단체인 돌격대(Sturmabteilung, SA)였다. 돌격대는 특별한 선발이나 훈련 과정 없이 다양한 계층의 국민들로부터 충원되어 왔으므로, 고유한 선발 과정을 거쳐 양성되는 정규군으로부터는 폭력배 집단 수준의 대우를 받았다. 그럼에도 돌격대의 지도자 렘(Ernst Röhm)은 나치 당에서 히틀러에게 위협이 될 정도로 강력한 권력을 갖고 있었다. 그리고 렘은 돌격대가 정규군 전체를 대체함으로써 독일 군대가 나치 이데올로기에 충실한 시민군으로 다시 태어나야 한다고 주장하고 있었다. 즉 돌격대는 독일 정규군의 지위를 위협하고 있었던 것이다. 그러자 1934년에 본격적인 재무장에 나서기 시작한 히틀러는 정규군의 환심을 사기 위해서라도 돌격대를 제거하기로 결정했다. 이때 렘을 포함한 돌격대 지도자들은 피살되거나 체포되고 조직은 해체되었다. 그리고 돌격대를 대신하여 인종적으로도 사상적으로도 검증된 사람들로만 선발된 친위대(Schutzstaffel, SS)가 창설되었다. 친위대의 지도자 힘러는 렘과는 달리 정규군을 대신하기보다는 정규군과 대등한 조직이 되는 것을 원했다. 그러한 노선 속에서 친위대는 강제 수용소를 경비하는 목적으로 무장하기 시작하고는, 점차 전투에 참전할 수 있는 훈련과 장비를 갖춘 무장 친위대로까지 확장되었다. 최종적으로 무장 친위대는 59만명의 병력과 24개 사단을 보유한 전력으로 성장하였다. 무장 친위대는 군사적으로는 육군의 경쟁자였고, 정치적으로 친위대 지도자 힘러는 공군 총사령관 괴링의 경쟁자였다. 그리고 이처럼 무장 친위대와 공군과 같이 정치적 영향력이 강한 군사 조직일수록 히틀러의 명령 이외에는 서로 협조하지 않았다.

독일에서 제복과의 대화 체계는 독재적 군 통수권자와 독일 사회 전체에 침투된 나치 이데올로기가 군부를 완벽하게 장악했으나, 정부와 군사 조직들은 전체적으로 느슨하게 연결된 체 서로 경쟁적이었다는 특징을 갖고 있었다. 독일 군부는 제1차 세계대전으로부터 이어지는 전통을 계승하고 있었지만, 군의 재무장과 전쟁을 통해 높아지게 될 사회적 위신을 댓가로 자발적으로 민간인 독재자에게 충성과 복종을 맹세했다. 그 시점에서 군의 이익과 히틀러가 추구했던 나치 이데올로기는 전쟁이라는 목표를 공유했다. 그리고 시간이 흐를수록 독일 제국 시절의 프러시아 전통은 전술과 작전 수준에서만 명맥을 유지하고 나머지 분야에서는 변질되어갔다. 그 결과 히틀러가 정치 지도자의 권한으로 군사 분야에 개입하는 수준을 넘어서 군을 직접 지휘하는 단계까지 이르게 되었다. 그러므로 제복과의 대화 특징 측면에서는 가장 강한 형태의 민간의 선택적 개입이 나타났다고 볼 수 있다. 그리고 육군부터 공군, 해군 그리고 무장 친위대까지 확고한 독자 영역을 보유한 군사 조직들은 히틀러에게 절대 복종하였으나, 민간 정부와 나치 당에 대해서는 각자 나름의 상당한 영향력을 행사할 수 있었다. 따라서 제복과의 대화 특징 측면에서 군의 협상력은 전반적으로 낮았으나 선별적으로는 높게 작동될 때가 있었다. 그리고 전반적으로 제복과의 대화 특징을 소련과 비교하면 강력한 독재자에 의한 군부의 장악이라는 점에서 유사하다고 볼 수 있다. 이와 같은 독소전쟁 발발 이전 독일에서 제복과의 대화 특징은 전쟁의 도전에 대한 독일의 대응에 상당한 영향을 미칠 수 있었다.

〈 그림 15 〉 프러시아의 철십자로부터 하켄크로이츠 군대로, 독일에서 제복과의 대화

나치 독일 군대는 철십자와 같은 독일 제국 시대의 전통도 남아 있었지만 독재자 히틀러와 나치 이데올로기에 의해 더 많이 통제되고 일체화되고 있었다. 위의 왼쪽 사진은 독일군의 전통이 담겨져 있는 철십자 훈장이고, 그 오른쪽의 그림은 독일 청년들이 나치 소년단부터 시작하여 독일군으로까지 이어져야 한다는 당시의 선전 포스터이다.

나치 독일의 주요 군사 조직은 육군, 해군, 공군과 함께 무장 친위대까지로 구성되어 있었다. 위의 가장 왼쪽 사진은 독일 육군 병사들이고, 그 오른쪽은 독일 공군 소속 지상군 저격병들이다. 그리고 그 오른쪽 사진은 U-37 잠수함에 탑승한 독일 해군 수병들이며, 가장 오른쪽은 무장 친위대 소속 장교들의 사진이다.

제4장
소련과 독일, 도전과 대응의 시작

1. 도전과 대응의 무대, 독소전쟁을 향하여

독소전쟁 개전까지 독일과 소련 간 전략 환경과 제복과의 대화 특징의 유사성은 지속되었다. 그런 가운데 제2차 세계대전이 일어났다. 제2차 세계대전의 발발과 함께 독일군은 폴란드를 한달만에 점령하였고, 이어서 노르웨이까지 정복하였다. 그리고 1940년 5월에는 제1차 세계대전 당시 5년간 싸웠던 프랑스군을 단 6주일만에 항복시켰다. 어느 누구도 예상 못한 신속하고도 결정적인 전쟁 결과를 나치 선전 기관에서는 전격전(blitzkrieg)으로 소개했고, 전격전을 이끌었던 독일군 탱크 부대인 판처 부대와 공군이 주목을 받았다. 특히 제1차 세계대전 당시 많은 시간과 함께 수많은 인명 손실이 있었던 프랑스와의 서부 전선이 빠르게 무너진 것에 대해 세계적인 관심을 받았고, 그 한가운데에 독일군 판처 부대가 존재하고 있었다. 사실상 독일군 판처 부대 전설의 시작이었다. 이제 서유럽에서 독일에게 유일하게 맞설 수 있는 상대는 영국 뿐이었다. 프랑스의 항복 이후 독일은 영국이 중립으로 복귀하도록 하기 위한 외교적 교섭을 시도했다. 그러나 영국의 강력한 항전의지를 확인하자, 1940년 7월4일에 히틀러는 영국 공격을 선언하였다. 당시 히틀러는 바다 건너 영국을 정복하기 위해서는 우선 독일 공군이 영국의 하늘로부터 지상과 해상을 지배해야 한다고 생각했으므로, 영국 본토 상공에서 두 나라 공군 간의 전투가 시작되었다. 영국 전투(Battle of Britain)로 알려진 독일 공군과 영국 공군 간의 전투에서도 영국은 굴복하지 않았다. 이때부터 독일 육군 참모본부는 영국 전투가 빨리 끝나지 않을 것이라고 판단하고, 동부에서 소련과의 전쟁이 발생할 경우를 대비하기 시작했다. 그래서 육군 참모본부를 책임지는 참모총장 할더(Franz Halder) 장군은 동부에서 소련의 침입으로부터 영토를 방어하기 위한 전쟁 계획 준비를 지시했다. 그러나 히틀러는 영국과의 장기적인 전쟁을 대비하기 위해서는, 동부의 소련 영토를 장악하여 유럽대륙 전체를 장기 전쟁의 자원으로 활용해야 한다고 생각했다. 그래서 히틀러는 7월22일에 영토 방어 수준이 아닌 소련 영토 내에 독일 민족의 생활권 레벤스라움 획득이라는 보다 공격적인 전쟁 계획 준비를 지시했다.

그러나 히틀러와 독일군의 독소전쟁 준비에도 불구하고 세가지 사건이 당장의 전쟁 시작을 가로막았다. 세가지 사건 모두 독일의 우방국들로부터 발생한 것들이었다. 첫 번째 사건은 독일의 동맹국 이탈리아로부터 비롯되었다. 이탈리아의 독재자 뭇솔리니(Benito Mussolini)는 유럽에서 파시즘 체제를 처음 만들었고, 히틀러의 동료 역할을 자임하고 있었다. 무솔리니 역시 히틀러처럼 과거 역사의 영광을 재현한다는 슬로건을 내걸고 있었다. 무솔리니에게 과거의 영광은 고대 로마 제국 시절을 의미했고, 로마 제국의 영토는 지중해를 영해로 삼으며 남유럽과 북아프리카에 걸쳐 있었다. 무솔리니의 야심은 지중해를 영해로 만들겠다는 것이었고, 따라서 1940년 9월에 이탈리아 군대는 지중해 남쪽에 연한 북아프리카를 정복하기 위하여 이탈리아령 리비아로부터 영국령 이집트로 쳐들어갔다. 무솔리니의 계획은 독일이 치르고 있는 영국 전투에서 조만간 영국이 패전할 것이라는 가정에 기반한 것이었다. 그러나 영국 전투의 절정으로 기록된 9월15일 배틀 오브 브리튼 데이(Battle of Britain Day)에서 독일 공군은 끝내 패배했고, 독일이 영국의 하늘을 지배할 수 없다는 것이 드러났다. 이어서 북아프리카의 이탈리아군은 강력한 영국 공군의 지원을 받는 영국 지상군에게 고전을 면치 못하게 되었다. 북아프리카에서 영국군의 반격을 받은 이탈리아군은 이집트에서 쫓겨나서는, 원래 영토였던 리비아까지 거의 상실할 정도로 수세에 몰렸다. 이때 무솔리니는 독일이 군사적으로 개입해줄 것을 요청했다. 히틀러가 무솔리니를 지원해주려면 소련과의 전쟁은 연기되어야만 했다. 결국 북아프리카 전선은 독소전쟁 시작을 연기시킨 첫 번째 사건이 되었다. 히틀러는 이탈리아를 지원하기로 결정하였고, 북아프리카로 독일의 롬멜(Erwin Rommel) 장군이 지휘하는 아프리카 군단이 보내졌던 것이다.

그리고 독소전쟁의 시작을 연기시키는 두 번째 사건이 발생했다. 그것은 군사적이기보다는 외교적 사건이었고, 독일이 우방국들을 확대시키려 했던 노력으로부터 비롯되었다. 1940년 9월에 일본이 독일과 이탈리아 편에 가담하여 3국동맹이 체결되자, 독일 외무성은 3국동맹을 최대한 외교적으로 활용하기로 하고 소련과의 협력 확대를 시도했다. 독일 외무성 장관 리벤트로프는 프랑스의 항복 이후 설립된 독일의 괴뢰 정부인 비시(Vichy) 프랑스 정부, 동맹국 이탈리아와 일본, 스페인 내전 당시 독일이 후원했던 스페인 파시즘 정부까지를 하나의 블록으로 묶고, 거기에 소련도 포함시켜 영국에 대항한다는 구상을 제시하였다.[119] 이 구상에 의해 독일은 1940년 11월에 소련 외무위원장과의 협의를 시작했고, 히틀러도 소련 영토를 독일 민족의 생활권으로 편입하려는 장기적인 계획에 앞서 우선적으로 선택할만한 단기적 계획으로 생각했다. 이 계획으로 인해 1940년 한 해는 소련과의 외교적 협의가 지속되었고, 독일의 독소전쟁 계획은 잠시 테이블 밑으로 내려가야만 했다. 그러나 소련과의 협의에서 진전이 없었으므로 독일의 외교 구상이 실현되지는 못했다.

그리고 세 번째 독소전쟁을 연기시키는 사건이 역시 독일의 우방국으로부터 시작되었다. 그 출발점은 발칸 반도에 있는 유고슬라비아에서 발생한 친 독일 파시즘 정부에 대한 쿠데타였다. 쿠데타를 통해 집권한 새로운 유고슬라비아 정부는 반 독일 정책을 선언했고, 마침 같은 시기에 발칸 반도의 그리스를 침공 중이던 이탈리아는 독일의 발칸 개입을 요청하고 있었다. 이때 히틀러는 유고슬라비아와 그리스를 장악하기 위해 발칸 반도에 군대를 보내기로 결정했고, 따라서 독소전쟁

119 제프리 메가기, 『히틀러 최고사령부 1933~1945』, p.199.

은 다시 미루어졌다. 1941년 4월에 독일군은 뭇솔리니를 지원한다는 명분 아래 그리스와 이웃 나라 유고슬라비아를 동시에 침공했다. 독일군은 4월말까지 발칸 반도에서의 전투를 신속히 끝내고 그리스와 유고슬라비아를 장악하였다. 그러나 독일은 1941년 5월까지도 발칸 반도와 관련된 전쟁에서 완전히 벗어나지 못했다. 히틀러는 발칸 반도의 남쪽에 위치한 영국령 크레타(Crete) 섬이 영국군의 비행장으로 활용될 경우, 독일의 동맹국 루마니아의 유전지대가 폭격을 받을 수 있다는 사실을 우려했다. 결국 5월20일 히틀러의 지시로 독일군은 크레타 섬까지 침공했다. 그로 인해 소련과의 전쟁은 또 다시 연기되어야만 했다.

이렇게 소련과의 전쟁이 계속 연기되는 동안에도 독일에서 소련 침공 계획에 대한 논의는 지속되었다. 독일 육군 참모본부는 소련군 주력부대를 포착하여 군사력을 조기에 섬멸하는 것을 군사 목표로 삼아야한다고 생각했다. 반면 히틀러 직속의 독일군 최고사령부(Oberkommando der Wehrmacht, OKW)는 소모적인 장기전을 통해 소련의 국력을 절멸시키는 구상을 했고, 경제적 요충지와 정치적 상징성을 지닌 곳의 장악을 목표로 삼아야한다고 주장했다. 히틀러는 소련과의 전쟁이 시작되면 양면 전쟁이 일어나게 되므로, 장기간의 소모전에 필요한 충분한 자원과 안정적인 산업기반 장악이 필요하다는 입장이었다.[120] 결국 1941년 6월8일의 최종 공격 명령은 여러 가지 방안들의 타협안이었다. 육군 참모본부가 원했던 소련군 섬멸과 독일 최고사령부가 원했던 경제와 정치적 중심 지역 확보는 전쟁 목표 속에서 혼재되어

120 게하르트 그로스, 『독일군의 신화와 진실: 총참모부 작전적 사고의 역사』, pp.328-329.

졌다. 그 결과 주요 공격 목표에 모스크바는 포함되지 않았고, 소련군이 섬멸된 후 체결될 수도 있는 휴전 조약과 같은 정치적 목표도 결정되지 않았다.

같은 시기에 소련도 독일과 전쟁이 일어날 가능성을 검토하고 있었다. 소련 군사위원장 티모셴코(Semyon Timoshenko) 원수는 프랑스의 항복 이후 독일이 가장 중요하고 강력한 소련의 적이라고 스탈린에게 보고했다. 스탈린은 1940년 9월에 독일의 공격을 물리칠 계획을 승인했고, 10월부터는 전쟁 가능성을 고려하기 시작했다. 1941년 4월 소련이 일본과 체결한 중립조약은 소련의 군사력이 서쪽의 위협에 집중할 수 있도록 해주었다. 그러나 소련의 국경지대 방비 개선을 위한 완전한 지침은 1941년 5월이 되어서야 나왔고, 6월에도 국경지대 방어를 위한 포괄적인 계획은 완성되지 않고 있었다. 전쟁에 대비한 1941년 총괄 동원 계획도 6월까지 완성되지 못했다. 스탈린은 1942년까지 새로 확장한 서쪽 영토의 국경선을 따라 국경 방어 진지를 건설할 수 있다고 생각하여, 그때가 될 때까지는 독일의 보복을 불러올 만한 행동을 반대했다.[121] 당시 소련의 모든 결정은 전쟁의 불확실성에 의해 지배되고 있었던 것이다. 1941년 6월 독일의 침공이 임박하던 그날까지도 소련은 독일과의 전쟁이 미래에 일어날 사건이기는 하지만 당장 준비해야 할 필요는 없다고 생각하고 있었다.

121 리처드 오버리, 『독재자들: 히틀러 대 스탈린, 권력 작동의 비밀』, pp.688-690.

2. 전쟁 초반 도전과 대응

독소전쟁을 위해 독일은 소련 영토를 북쪽의 북극해 지방부터 남쪽의 흑해 지방까지 세 개의 지역으로 구분하여 북부, 중부, 남부의 세 개 집단군을 구성하였다. 독일 북부 집단군이 진출해야 할 소련의 북부지역은 동프러시아 국경으로부터 시작하여 동쪽으로 세 개의 발트해 연안 국가들인 리투아니아, 라트비아, 에스토니아로 이어져 있었다. 그보다 동쪽에는 러시아 혁명이 시작된 도시이기도 한 레닌그라드(Leningrad)가 위치해 있었다. 레닌그라드는 오늘날의 상트 페테르부르크(Saint Petersburg)로 제정 러시아 시대의 수도이기도 했으며, 볼셰비키 혁명의 원조인 레닌의 이름이 붙여져 있었다. 소련에서 두 번째로 큰 도시이며 핀란드에 가까운 이 도시는 독일 북부 집단군의 주요 목표가 되었다. 독일 중부 집단군이 진출할 소련의 중부 지역은 폴란드 국경으로부터 시작하여 벨라루스(Belarus)를 거쳐 수도 모스크바로 이어지고 있었다. 이 지역에서 주요 도시들은 벨라루스의 수도 민스크(Minsk)와 그로부터 동쪽으로 뻗은 고속도로를 따라 위치한 스몰렌스크(Smolensk)와 그보다 동쪽에 있는 소련의 수도 모스크바였다. 그중 독일 중부 집단군의 첫 목표 도시는 민스크였다. 독일 남부 집단군이 진출할 소련의 남부 지역은 헝가리와 루마니아 국경으로부터 시작하여 동쪽의 우크라이나(Ukraine) 지방이 이어져 있었다. 그리고 우크라이나 동쪽에서 남북으로 흐르는 거대한 드네프르(Dnieper) 강에 인접하여 우크라이나의 수도 키에프(Kiev)가 있었다. 드네프르 강을 넘어서면 그 동쪽에는 도네츠(Donets) 강이 있었고 그 너머에는 돈(Don) 강과 볼가(Volga) 강이 있었다. 그리고 그 남쪽에는 흑해에 연한 크림(Crimea) 반도와 흑해의 동쪽에 코카서스(Caucasus) 지역이 펼쳐져 있었다. 남부 집단군의 첫 목표 도시는 키에프였다. 따라서 독소전쟁에서 독일군 북부, 중부, 남부의 세 집단군의 첫 주요 목표 도시들은 각각 레닌그라드, 민스크, 키에프였다. 그리고 독일의 세 개 집단군은 개별적으로 전격전의 주역들인 800여대의 탱크를 보유한 대규모 탱크 부대인 판처 군(Panzergruppe, Panzer army)들과 800여대의 항공기로 구성된 공군 항공함대(Luftflotte) 부대들의 지원을 받았다. 당시 소련의 입장에서는 독일의 침략 시기 뿐 아니라 공격 방향을 예상하는 것이 쉽지 않았다. 1940년 10월부터 소련군은 방어계획 수립시 히틀러가 우크라이나의 식량과 도네츠 강 유역의 석탄 등 광물이 주요 목표일 것으로 예상하였다. 따라서 소련군 병력은 남쪽에 집중 배치되어졌다. 그러나 실제 독일군의 공격은 그보다 북쪽에 집중되었다.[122] 이것은 전쟁의 불확실성의 시작이기도 했다. 1941년 6월22일에 소련이 예상하지 못했던 지역에서 시작된 독소전쟁에서 독일군은 최초 기습을 달성했고, 소련 서부의 주요 도시들을 정복하고 모스크바 앞까지 접근할 수 있었다. 그러나 1941년 겨울이 되면서 전쟁은 장기전으로 변해 갔다.

전쟁의 시작은 독일 공군이 소련의 주요 비행기지에 대해 기습 폭격을 시작하면서부터였다. 독일은 작전 계획 이름을 신성 로마 제국의 전쟁 영웅 황제 프리드리히 1세(Friedrich Ⅰ)의 별명 붉은 수염을 의미하

122 데이비드 글랜츠 · 조너선 하우스, 권도승 · 남창우 · 윤시우 역, 『독소전쟁사 1941~1945: 붉은 군대는 어떻게 히틀러를 막았는가』, (파주: 열린책들, 2007), pp.69-71.

는 발바로사(Barbarossa)라고 명명하고 있었다. 전쟁 초기 독일 지상군은 국경을 돌파하여 북부, 중부, 남부의 세 방향으로 진격했고 경미한 저항만 받았다. 빠른 시일 내에 독일 레프(Wilhelm von Leeb) 장군의 북부 집단군은 제4판처 군과 공군 제1항공함대의 지원을 받으며 리투아니아를 통과하여 라트비아까지 진격했다. 독일 북부 집단군은 소련군의 반격으로 몇 차례의 위기를 만나기도 했지만 대체로 꾸준한 진격을 계속하였다. 그래서 1941년 9월까지는 에스토니아를 점령하고 첫 번째 주요 목표 도시이자 러시아 혁명의 본산지인 레닌그라드에 도착하여 포위를 시작할 수 있었다. 그것은 800일간의 레닌그라드 포위의 시작이기도 했다.

그리고 독일 보크(Fedor von Bock) 장군의 중부 집단군은 중부 지역에서 두 개의 판처 군과 공군 제2항공함대를 거느리고 서유럽에서 선보였던 전격전을 시도하고 있었다. 이 시기에 소련군의 첫 대규모 반격이 중부 지역에서 시작되었다. 소련 파블로프(Dmitry Pavlov) 장군의 서부 전선군은 민스크와 스몰렌스크로 이어지는 도로를 지키며 독일군을 영토 밖으로 몰아내려고 했다. 그때 독일 중부 집단군에 소속된 전격전의 창시자로 알려져있는 구데리안(Heinz Guderian) 장군의 제2판처 군과 호트(Hermann Hoth) 장군의 제3판처 군은 반격을 위해 집결한 소련 서부 전선군을 남북으로 우회하여 포위망을 만들려고 했다. 결국 민스크에서 독일 판처 그룹들은 포위를 달성하였고, 소련 서부 전선군은 사실상 전멸하였으며, 소련군 포로는 40만명에 이르렀다. 그리고 독일군은 개전 7일만에 중부 지역의 대도시이자 벨라루스의 수도인 민스크를 예상보다 신속하게 장악하였고, 이제 스몰렌스크를 거쳐서 모스크바로 향하는 도로를 따라 진격할 수 있게 되었다.

그런데 7월이 되어 발바로사 작전 개시 이후 5주일이 지나면서부터 독일군 판처와 차량화 보병 부대는 보병 부대를 크게 앞질러 버려서, 서로 간의 전진 속도 차이가 점점 커지고 있었다. 그러자 소련 영토에 비해 병력이 부족했던 독일군 부대 사이에 방치되는 소련군 부대들이 늘어나는 상황이 발생했다. 그때 히틀러는 판처 부대와 보병 부대 간 거리 간격을 축소하면서, 포위망에서 빠져나와 있는 소련군을 격파하여 독일군의 측면을 보호하는 것에 우선권을 두기로 하였다. 그래서 모스크바로 직행할 것을 원했던 독일 육군 참모본부의 생각과는 달리 히틀러는 독일군이 진격 속도를 늦추고, 대규모 포위작전 대신 소규모의 연속적인 포위작전으로 잔여 소련군 부대를 격파하도록 지시했다. 이러한 독일군의 목표 변경은 중부 지역 전선에서의 공격 속도 감소라는 결과를 빚었다. 그러자 소련군은 그것을 반격의 기회로 생각하게 되었다. 그래서 소련 군사위원장 티모센코 원수는 서부 전선군을 직접 지휘하여 스몰렌스크와 모스크바 간 도로를 따라 줄지어 있는 독일군의 측면을 공격하기 시작했다. 그러나 소련군의 반격은 스몰렌스크 일대에서 독일군의 강력한 방어 진지 앞에서 교착되고 말았다. 그리고 뒤이어 시작된 독일 구데리안 장군의 제2판처 군의 우회 기동으로 상당수의 소련군이 다시 스몰렌스크에서 포위되고 말았다. 독일군이 스몰렌스크 포위망을 완성한 후에도 소련군은 참모총장 쥬코프(Georgy Zhukov) 장군이 지휘하는 전략 예비대까지 투입하여, 8월 한달 내내 독일 중부 집단군에 대한 반격을 계속 이어갔다. 이로써 전쟁의 불확실성은 고조되어 갔다.

이때 북부 지역과 중부 지역에서 독일군의 신속한 진격에 비해 남부 지역의 독일군의 진격 속도는 빠르지 못한 상태였다. 독일 남부 집단군은 제1판처 군과 공군 제4항공함대의 지원에도 불구하고 애초에 독일의 공격 방향을 남부 지역으로 예상했던 소련군의 강력한 저항으로 인해 고전을 면할 수 없었다. 독일은 소련 남부 지역에서 독소전쟁 개전 이후 처음으로 지상군의 전진에 제동이 걸렸다. 히틀러는 소련 남부 지역의 우크라이나 곡창 지대, 도네츠 강 유역의 공업 지대, 그리고 코카서스 지역 유전의 경제적 가치를 높이 평가했으므로 독일 남부 집단군이 우크라이나 진입부터 제동이 걸린 것을 보고만 있을 수 없었다. 그래서 히틀러는 8월말에 새로운 지시를 하달하여, 독일 중부 집단군은 방어로 전환하고 중부 지역의 독일군 주력을 남부 지역으로 이동시켜 남부 집단군의 공격을 강화하도록 했다.[123] 히틀러는 독일군의 목표는 모스크바가 아니라 남부 지역의 도네츠 강 유역 공업지대가 되어야 한다고 명확히 했다.[124] 이때 중부 지역의 스몰렌스크 부근에서 쥬코프 장군이 이끄는 소련군의 공격은 계속되고 있었고, 결국 독일군은 스몰렌스크를 포기하고 후퇴하게 되면서 소련군은 모스크바로 향하는 도로를 방어하는데 유리한 거점들을 다시 확보할 수 있게 되었다. 이것은 제2차 세계대전 발발 이후 독일군의 첫 번째 후퇴이기도 했다. 이때부터 중부 지역의 독일군은 완전히 방어로 전환하여 무려 6주일간에 걸

---

123 Timothy A. Wray, "Standing Fast: German Defensive Doctrine on the Russian Front During World War 2, Prewar to 1943" *US Army College Research Survey* No.5, (Carlisle: US Army College, 1986), p.38.

124 데이비드 글랜츠 · 조너선 하우스, 권도승 · 남창우 · 윤시우 역, 『독소전쟁사 1941~1945』, p.100.

쳐 계속되는 소련군의 파상 공세에 맞섰다. 6주일간의 공격에도 불구하고 소련군은 중부 지역의 독일군을 돌파하지는 못했지만, 결과적으로는 독일군이 스몰렌스크 동쪽으로 진출하는 것을 1개월 이상 저지시키는 효과를 발생시켜 모스크바 방어 진지 구축에 필요한 시간을 얻을 수 있었다. 이 당시의 중부 지역에서 독일과 소련의 일진일퇴는 전쟁의 불확실성을 더욱 고조시키고 있었다.

이때 히틀러의 8월 지시에 의해 남부 지역 우크라이나에 대한 공격을 지원하기 위해 중부 지역의 독일 판처 군은 남부 집단군으로 전환되었다. 같은 시기에 스탈린은 소련군의 전략적 후퇴를 승인하지 않고 우크라이나의 전면적인 탈환을 명령했다. 쥬코프 참모총장을 포함한 소련군 장군들은 우크라이나에서 일단 후퇴하여 방어진지부터 강화하기를 원했으나, 스탈린은 당장 반격해야 한다고 지시했다. 따라서 우크라이나에 있던 소련 뷰돈니(Semyon Budyonny) 장군의 남서 전선군은 북쪽의 중부 지역으로부터 독일 판처 군이 남하하고 있음에도 불구하고, 반격 작전을 위해 서쪽으로 전진하며 집결하였다. 당시는 키에프 동쪽을 향해 독일 중부 집단군 소속이었던 구데리안의 제2판처 군은 북쪽으로부터 내려오고, 남부 집단군 소속의 클라이스트(Ewald von Kleist) 장군의 제1판처 군이 북쪽으로 올라가며 두 개의 집게발을 만드는 상황이었다. 그 결과 서쪽으로 전진하던 소련 남서 전선군이 독일군의 집게발 안으로 들이미는 상황이 만들어졌다. 그리고 9월 중순에 남쪽과 북쪽의 독일 판처 군들은 키에프 동쪽에서 서로 합류하여 거대한 포위망을 완성했다. 스탈린은 이때서야 우크라이나의 소련군 후퇴를 명령했으나, 때늦은 지시였고 소련군은 52만7천명의 사상자와 포로를 내면서 패배하고 키에프가 독일군에게 함락되었다. 그리고 독일군은 키에프에서의 대승리로 인해 우크라이나의 남은 지역과 더 남쪽의 크림 반도를 향해 진격할 수 있게 되었다. 독일 남부 집단군은 계속 동쪽으로 진격해 드네프르 강을 넘어 더 동쪽의 돈 강 유역까지 진출하여, 흑해의 동북쪽 연안의 큰 항구 도시 로스토프(Rostov)까지 진격할 수 있었다.

독일군의 남부 지역에서 승리에 이어서 히틀러는 9월에 중부 지역의 모스크바를 다음 목표로 지정하였다. 따라서 남부 지역으로 전환되었던 독일 중부 집단군의 군대들이 다시 중부 지역으로 돌아오기 시작했다. 그리고 중부 지역에서의 공격이 다시 시작되었다. 남부 지역으로 갔던 제2판처 군은 중부 지역으로 전환되어졌고, 북부 집단군으로부터 제4판처 군도 전환되어졌다. 중부 집단군은 이제 3개의 판처 군을 보유하게 되었고, 중부 지역에서의 전격전은 다시 시작되었다. 중부 지역의 독일군은 10월까지 스몰렌스크를 점령하고, 북쪽의 비야즈마(Vyazma)와 남쪽의 브리안스크(Bryansk)에서 포위망을 완성하여 소련군 포로 55만명이 발생했다.[125] 중부 지역에서 소련군은 몇 차례 반격을 시도하였지만 곧 독일군에게 포위되었고, 그 다음에 할 수 있는 것은 독일군의 포위망으로부터 탈출하여 동쪽으로 빠져나가는 것 뿐이었다. 그런 가운데 중부 지역의 독일군은 모스크바를 향해 차츰 접근하고 있었다. 독일의 모스크바 공격은 발바로사 작전을 뒤이은 타이푼(Typhoon) 작전으로 명명되었다. 스탈린은 레닌그라드 방어사령관으로 보냈던 쥬코프 장군을 모스크바 방어사령관으로 다시 불러들였고, 10월부터 소련군은

125 Timothy A. Wray, "Standing Fast," pp.39–40.

강력한 모스크바 방어망을 구축하기 시작했다. 이제 10월이 되면서 독소전쟁 초기 독일이 목표로 삼았던 소련의 주요 대도시들인 레닌그라드, 민스크, 키에프는 모두 포위되거나 점령되어져 있었다.

그런 가운데 11월이 되면서 중부 지역의 독일군은 모스크바에 대한 최종공격을 감행하였다. 11월말에 구데리안 장군의 제2판처 군이 모스크바 남쪽 툴라(Tula)까지 진출하여 소련 방어진지를 공격하게 될 당시가 독일군이 역사상 가장 모스크바에 가깝게 진격한 시점이었다. 모스크바 방어진지는 강력하게 준비되어 있었으며, 모스크바의 정부 부처들은 동쪽의 쿠이비세프(Kuibyshev) 오늘날의 사마라(Samara)로 이전하였지만 스탈린은 모스크바에 남아서 방어작전을 독려하고 있었다. 결국 모스크바의 소련 방어 진지들은 독일군의 최후 공세를 견뎌냈다. 독일군이 공격 한계점에 도달한 것도 이 시점이었고, 12월에 모스크바 남북 양쪽으로부터 소련군의 반격이 시작되었다. 소련군의 반격으로 인해 중부 지역에서 독일군의 모스크바 포위망은 완전히 해체되었다. 이때 스탈린은 소련군이 대반격을 하여 레닌그라드 포위망도 해체시키고, 독일 중부 집단군을 포위시키고 우크라이나마저도 해방시킬 것을 명령했다. 소련군의 반격이 거세지자 독일 육군 총사령관 브라우히치(Walther von Brauchitsch) 장군은 히틀러에게 독일군의 후퇴를 건의하였다. 그러나 히틀러의 대답은 브라우히치 장군의 해임과 자신의 육군 총사령관 지위 겸직이었다. 그리고 히틀러는 독일군에게 전 전선에서 현 위치를 지키라고 명령하는 퓨러 지시 39호를 하달했다. 이제 공격과 방어는 완전히 뒤바뀌었다. 1941년 여름과는 반대로 소련군이 공격을 하고 독일군이 방어를 하게 되었다.

소련군의 겨울 공세는 1942년 3월까지 계속되었으며, 스탈린의 대반격 지시를 이행하기 위하여 전 전선에서 소련군의 병력과 군수 보급 능력을 초과하는 전면적인 공격이 감행되었다. 이때 중부 지역에서 소련군은 독일군 2개 군단을 데미안스크(Demyansk)에서 포위하고, 르세프(Rzhev) 지방의 독일군 겨울 방어 진지에 대해 대규모 공세를 거듭했다. 독일군은 히틀러의 지시에 따라 후퇴하지 않았고, 견고한 방어망과 예비대를 활용한 기동 방어를 통해 소련군의 공격을 막아냈다. 독일과 소련 양쪽 모두에게 전쟁의 불확실성이 고조되는 순간이었다. 결국 소련군은 독일군이 강력하게 구축한 방어망을 돌파하지 못했고, 데미안스크에서 포위된 독일군은 공중 보급을 받으며 계속 저항하여, 소련군 포위망이 해체될 때까지 생존했다. 궁극적으로 소련군의 대규모 겨울 공격은 독일군 방어망을 돌파하지 못했고 많은 병력들만 희생시켰다.

소련군의 공격이 중부 지역에서 교착 상태에 빠지면서 막을 내리는 동안, 남부 지역에서 소련군의 반격도 멈춰섰다. 남부 지역에서의 소련군은 중부 지역의 모스크바 전투에서 승리하기 전에 벌써 독일군을 흑해의 동쪽 연안으로부터 몰아내고 있었다. 치열한 전투가 흑해 동북 연안의 거대한 항구 도시 로스토프에서 다시 일어났고, 독일 남부 집단군은 로스토프를 포기하고 후퇴하였다. 그러자 히틀러는 독일군의 후퇴를 이유로 남부 집단군 사령관 룬트슈테트(Gerd von Rundstedt) 장군을 해임하였다. 히틀러가 독일군 고위 사령관을 수시로 교체하는 태도가 본격화된 시점이기도 했다. 그런 가운데 남부 지역에서도 소련군의 반격은 병력과 군수 보급의 한계를 넘어서고 있었다. 결국 그 결과는 소련군의 1941년 겨울 공세의 종료였다. 소련군은 겨울 대반격을 통해 모스크바에 대한 위협은 완전히 제거할 수 있었다. 그러나 독일군 전선을 무너뜨리지는 못했으며, 많은 병력을 손실하면서 사실상 소련군의 대반격은 실패로 끝났다.

이 시점에 독일과 소련에서 군사작전 분야 외에 정치외교와 사회경제 분야에 관련된 중대한 사건들이 발생했다. 소련 측에서는 영국의 이든(Anthony Eden) 외무성 장관의 모스크바 방문이 있었다. 이든 장관은 소련이 목말라하는 군수품과 무기 부족을 해소해 줄 수 있는 영국과 미국의 대 소련 지원에 대해 소련측 대표와 논의하였다. 그리고 독일 측에서는 동맹국 일본이 지구 반대편에서 지금까지 명목적으로나마 중립을 표명해오던 미국을 기습 공격하는 사태가 벌어졌다. 그리고 히틀러는 일본의 태평양 전쟁 개전 4일후에 대 미국 선전포고를 발표했다. 1941년 6월에 시작된 독소전쟁은 독일의 최초 기대와는 달리 그 해 겨울을 넘기며 장기화되고 있었고 전쟁의 복잡성을 대표하는 정치외교, 사회경제, 군사작전 분야의 정책 결정들이 뒤를 잇고 있었다. 그리고 이 결정들은 제복과의 대화 특징으로부터 영향을 받았다.

3. 전쟁 초반 독일에서 제복과의 대화

1941년 개전 이후 독일은 군사적으로 소련 서부의 광대한 영토를 장악하는 동안 대 미국 선전포고와 점령지역 경제 조치 등의 중대한 정책들을 결정했다. 이것들은 군사작전 분야의 결정들과 함께 정치외교와 사회경제 분야를 대표하는 중요한 결정들이었다. 그러나 독일에서 제복과의 대화 특징으로 인해 전쟁의 복잡성은 고려되지 못했고, 각각의 분야들은 서로 조율되지 않았다. 정치외교적으로 독일은 독소전쟁이 장기전으로 변화함에 따라 독일의 동맹국들인 루마니아, 헝가리, 핀란드와의 결집을 계속 유지해나가야 했다. 그리고 동맹의 확대와 결집만큼이나 중립국이 적대국으로 돌아서지 않도록 해야 했다. 독소전쟁 시작 전에 이미 영국을 중립으로 복귀시키는데 실패했던 독일로서는 남아있는 중립국인 미국과의 관계가 중요했다. 그런 가운데 1941년 12월7일 독일의 동맹국 일본이 미국을 상대로 전쟁을 시작하게 되면서, 독일의 정치외교 역량이 시험대에 오르게 되었다. 일본은 미국과의 전쟁 시작에 대해서 사전에 독일과 협의한 바가 없었다. 그런 상태에서 독일로서는 소련과의 전쟁 기간 중에 미국이라는 중립국의 향후 태도를 심각하게 고려했어야 했다. 제2차 세계대전 발발과 함께 미국은 1940년에 대 영국 무기대여법으로 구축함과 해군 기지를 제공해주며 영국과의 협력을 강화해나가고 있었다. 당시 독일 해군은 이미 미국과의 전쟁을 피할 수 없다고 생각했다. 독일 해군 총사령관 레에더(Erich Raeder) 제독은 히틀러에게 일본이 미국과 전쟁을 시작할 경우 대서양 상황이 독일에게 더 유리해질 것이라고 보고한 바도 있었다. 그러나 히틀러는 최소한 1940년까지는 미국의 참전을 방지하기 위한 노력을 하고 있었다. 그래서 1940년 2월 독일 해군 레에더 총사령관이 캐나다의 핼리팩스(Halifax) 지역으로 잠수함을 파견하여 공격하자는 주장을 했을 때도, 히틀러는 미국의 반응을 고려하여 거부하였다. 또한 독일 해군이 카리브 지역의 네덜란드령 도서인 레서 안틸레스(Lesser Antilles)의 포격을 요청했을때도, 그곳에 있던 미국 회사인 스탠더드 오일(Standard

Oil) 사의 피해를 고려하여 거부하였다. 그러나 1940년 11월부터는 미국에 대한 전방위적 공격을 승인하는 쪽으로 돌아서기 시작했다. 그리고 1941년에 들어서서 히틀러는 독일 주재 일본 대사와 이탈리아 외무성 장관에게 공공연히 미국과의 전쟁 가능성을 언급하기에 이른다. 그리고 발바로사 작전이 시작된 이후에는 미국과의 전쟁을 피할 수 없다고 생각하게 되었다.

히틀러의 생각이 미국과의 중립으로부터 미국과의 전쟁으로 변경된 이유는 명확하지 않다. 확실한 것은 독일이 1940년 9월에 일본과 동맹을 체결하고 1940년 11월 이후 소련과의 협력 가능성을 상실했을 때부터 히틀러는 미국을 사실상의 적대국으로 간주하기 시작한 것이다. 그리고 1941년 12월7일 일본이 태평양에서 미국에게 전쟁을 시작했을 때, 히틀러는 일본이 독일에게 아무런 약속을 하지 않았고 미국으로부터도 그 어떤 군사적 위협도 없던 상황에서 단 4일만에 대 미국 선전포고를 결정했다. 이 결정은 독소전쟁이 한창인 상태에서 미국이라는 새로운 적대국을 만드는 것이기도 했다. 이렇게까지 히틀러의 생각이 변화될 때까지 독일 내 어느 군사 조직도 의미있는 조언을 할 수 없었다. 독일 육군은 1942년의 결정적인 대 소련 지상 공세 작전 계획 수립에 함몰되어 있었고, 독일 공군은 영국 전투에 이어서 대 소련 전선에서 입은 심각한 피해를 복구하기 위한 노력에 전념하고 있었다. 독일에서 정치외교적으로 미국의 참전이 가져올 결과를 심도있게 논의하고 검토할 조직은 사실상 없는 상태였다.[126] 1941년 히틀러의 대 미국 선전포

126 Holger H. Herwig, "Miscalculated Risks," pp.91–93. (88–100)

고 결정은 미국의 경제와 군사적 잠재력에 대한 평가가 거의 없는 상태에서 이루어진 것이었다.

그리고 사회경제 분야에서는 전쟁이 장기전으로 전환되어가고 있는 상태에 대한 대책이 중요했다. 따라서 원활한 전시 경제로의 전환과 점령 지역에서의 효율적인 전쟁 자원 확보가 필요했다. 그러나 독일은 독소전쟁 개전 당시까지도 전시 경제 가동을 위한 중앙본부를 설치하지 않았다. 명목상의 전쟁 수행 노력의 책임은 공군 총사령관이고 히틀러의 후계자 지위를 지닌 괴링이 의장이었던 내각 책임위원회에게 있었다. 그러나 독일 내각 책임위원회는 충분한 권한을 갖고 있지 않았고, 국가 동원에 관여하는 정부 부처들과 군사 조직 간의 역할 분담도 불명확했다. 또한 유럽 점령지역으로부터 자원을 산출하는 업무도 경쟁하는 기관들에게 분할되어져서 중앙집권적으로 관리되지 않았다.[127] 소련과의 대규모 총력전이 벌어지기 전인 1940년에도 독일은 완전한 전시 경제로 전환할 수 있는 기회가 있었으나 그렇게하지 않았다. 히틀러는 개별적인 전쟁에서 신속하게 승리한 이후 다음 전쟁까지의 기간을 이용해서 생산량을 조절하려고 했으므로, 전시 경제 체제는 불필요하다고 생각했다. 실제로 1942년 2월에 슈페어(Albert Speer)를 군수성 장관에 임명하기 전까지 전시 경제 책임자도 사실상 존재하지 않았다.[128] 당시 독일은 독소전쟁 이전에 유럽의 대부분을 장악하고 있었고, 독일의 산업 경제 역량은 상당히 확장되어 있었다. 이와 같은 상태는 독일의 전시 경제 전환을 늦출만한 이유가 될 수 있었다. 그러나 1941

127 리처드 오버리, 『독재자들: 히틀러 대 스탈린, 권력 작동의 비밀』, pp.706-707.

128 폴 케네디, 『강대국의 흥망』, p.341.

년 시점에 독일은 1939년부터 지속된 전쟁 속에서 병력과 자원 손실이 누적되어왔고, 독소전쟁에서만에도 1941년 11월까지 독일군 병력의 25퍼센트에 달하는 사상자가 발생하고 있었다.[129] 그런 가운데서도 독일은 계속되는 승전 보고에 도취한 체로 전시 경제로의 전환 결정을 내리지 않았다.

그리고 약탈 경제와 결합된 나치의 인종주의에 기반한 이데올로기는 소련 점령지를 전시 경제의 자원으로 사용할 수 없도록 만들었다. 독소전쟁 초기만 해도 스탈린에 의해 강제로 점령된 지역에 거주하던 주민들은 스스로를 러시아인이 아니라고 믿으며 독일군을 해방군으로 인식할 가능성이 있었다. 러시아인 주민들에게도 농촌으로부터 강제 이주되었고 자신의 농장을 잃었던 기억이 있었으므로 독일 점령군과 협력할 가능성이 있었다. 그러나 독일 점령군과 그 뒤를 곧바로 따라온 친위대는 무자비한 약탈과 인종주의 테러와 대량 학살로 일관하였고, 소련 내 점령지 주민들을 약탈과 제거의 대상으로만 간주하였다. 그 결과 독일의 전시 경제에 도움이 될 수 있는 소련 점령지 내의 인적 자원들의 활용이나 주민들과의 협력은 거의 일어나지 않았다.

군사작전 분야에서도 독일은 독소전쟁이 단기간에 끝날 수 없게 됨에 따라 장기전 대비와 관련된 고려사항들이 있었다. 특히 독일에게는 장기전에서 소련군과의 소모 경쟁에서 우위를 점할 수 있는 명확한 군사 목표가 있어야 했다. 이때 소련 동남부 드네프르 강과 도네츠 강 유역의 공업 시설과 보크사이트 등의 자원 지역을 먼저 장악하고 장기

129 리처드 오버리, 『스탈린과 히틀러의 전쟁』, p.167.

전에 대비하는 것도 한가지 방안이 될 수 있었다. 이것은 제1차 세계대전 당시 독일 제국이 러시아와의 1918년 강화 조약을 통해 확보했던 영역과도 비슷했다. 그러나 독일의 군사작전에서 제1차 세계대전 당시의 유용한 경험은 활용되지 않았다. 1918년 강화 조약 당시의 확보 영역이 군사 목표로 지정되지는 않았던 것이다. 또한 제1차 세계대전 당시 영국을 봉쇄시키려는 노력을 했던 것처럼 소련 외부로부터의 군사 지원을 봉쇄시킬 필요도 있었으나, 그와 같은 군사적 노력에도 적극적이지 않았다. 사실 소련의 군사력을 직접 파괴하는 것 만큼이나 대외로부터 소련으로 유입되는 군사적, 경제적 지원을 차단하는 것도 중요했다. 그런 의미에서 소련에게 무기와 군수 자원을 지원할 태세를 갖추고 있는 미국을 적대국으로 돌린다는 것은 장기전 수행에 있어 큰 장애가 될 결정이었다. 그럼에도 독일은 일본의 태평양 전쟁 개전 4일만인 1941년 12월 11일에 대미 선전포고를 했고, 그 결과 미국은 공식적으로 유럽 전선에 참전하기 시작했다.

결국 1941년 독일의 중요한 결정들인 대 미국 선전포고와 전시 경제 전환의 지연과 점령지에서의 무자비한 절멸 정책 등은 전쟁의 복잡성을 고려하지 않은 상호 조율되지 못한 결정들이었다. 독일은 장기전을 대비해야만 했으나 정치외교, 사회경제, 군사작전 분야에서 장기전에 필요한 고려사항들은 대부분 무시되거나 경시되었다. 독일의 정책 결정 과정에서 군 통수권자인 히틀러는 군부를 완벽하게 장악하고 세심하게 개입하였지만 스스로는 단기적인 군사작전에 함몰되어 있었다. 그리고 독재체제 속에서 약화되어 있던 민간 분야 비토 행위자들이나 상호 충성 경쟁에 몰입했던 군사 조직들은 정치외교, 사회경제, 군사작전 분야에 걸친 전쟁의 복잡성을 고려하기 위해 필요했던 조언을 제공하지 못했다. 당시 독일에서 제복과의 대화 특징은 민간의 선택적 개입은 대단히 높은 수준이었고 군의 협상력은 전반적으로 낮았었다. 이런 상황에서 독일의 정치외교, 사회경제, 군사작전 분야 정책들은 전쟁의 복잡성을 고려하지 못하면서 결정되어졌다. 즉 독일에서는 단기적인 군사작전 이외에는 장기전을 대비하기 위한 정치외교, 사회경제, 군사작전 분야 정책들이 거의 주목 받지 못한체로 결정되었던 것이다. 이것은 민간의 선택적 개입이 과도하게 강하고 군의 협상력이 약할 경우에도 전쟁의 복잡성을 고려하지 못하는 전시 정책 결정이 일어날 수 있음을 의미한다.

4. 전쟁 초반 소련에서 제복과의 대화

1941년 독일의 침략 이후 소련에서도 전쟁의 도전에 대응하기 위한 정책들이 정치외교, 군사작전, 사회경제 분야에 걸쳐 결정되어졌다. 이때 소련에서 제복과의 대화 특징은 전쟁의 복잡성을 고려하고, 개별 분야 정책들 간의 조율이 일어나도록 했다기보다는 오히려 장애가 되었던 측면이 컸다. 정치외교 분야에서 소련은 독소전쟁 초기의 심각한 피해를 재건해야 했기 때문에, 과거 공산주의의 위협으로 간주되었던 자본주의 적대국들의 도움이 필요했다. 즉 영국과 미국의 협력이 중요한 고려사항이었던 것이다. 중립국이었던 미국의 무기대여법 제정과 영국의 지원 등은 소련에게 중요했다. 그러나 영국과 미국이 소련과 협력을 시작한 것은 소련의 노력과 선택의 결과라기보다 독일의 위협에 대응하기 위해 영국과 미국이 능동적으로 소련에게 접근한 것에 가까웠다. 소련의 정책 결정 결과는 아니었지만 미국과 영국으로부터 지원은 소련의 전쟁 수행에 큰 효과가 있었다. 미국의 무기대여법에 따른 지원은 전쟁 초기에는 느렸지만 1942년 후반부터 원조량이 증가되었다. 소련 철도망에서 보급 수송을 위해 사용될 기관차 1,900대, 객차 11,075대가 미국으로부터 왔고, 소련이 무기 생산에 전념할 수 있도록 기계류, 물자, 소비품 등이 원조되었다.[130] 소련은 미국의 원조와 기술 지원을 통해 소련군의 전투력을 현대화시켜 나갈 수 있었다. 그러나 1941년 겨울까지 영국과 미국의 지원 규모와 시기 결정에 소련이 영향을 미칠 수는 없었다.

사회경제 분야에서 소련은 독일의 침략으로부터 국력을 보존해야 했고, 초기의 패전 속에서도 전시 경제로 전환하여 총력전을 수행해야만 했다. 독소전쟁 이전에 소련 공업 생산 시설의 대부분은 레닌그라드와 도네츠 강 유역의 핵심 공업지대에 집중되어 있었다. 독소전쟁 개전 직후 6월24일에 소련 군사위원회는 산업시설을 소련 동부의 우랄(Ural)과 시베리아(Siberia)로 철수시키기 위한 평의회를 구성했다. 평의회 위원장은 민간 관료인 보즈네센스키(Nikolai Voznesensky)가 맡았다. 보즈네센스키는 7월4일에 스탈린에게 전시 경제 계획을 승인받고, 평의회 부의장인 코시긴(Alexei Kosygin)이 실제 철수 업무를 맡았다. 보즈네센스키와 코시긴은 독일군의 폭격 속에서도 공장 설비를 해체하여 독일

130 리처드 오버리, 『스탈린과 히틀러의 전쟁』, p.270.

군의 폭격이 닿지 않는 우랄 산맥 동쪽으로 이동시켰다. 그리고 철도 시설을 최대로 활용하여 노동자 이동까지 신속히 완수하였다. 또한 새로 이주할 지역에서 곧바로 생산이 시작되도록 공장시설과 노동자 숙영시설도 건설했다. 1941년 7월부터 11월까지 총1,523개의 공장이 이동했고, 10월과 11월에만 모스크바 지역의 500개 기업과 21만명의 노동자가 철수했다.[131]

이와 같은 경제 생산 시설의 우랄 산맥 동쪽 지역으로 이동은 소련군의 전쟁 수행 능력 확충에 기여할 수 있었다. 인력에 의존하는 노동 집약적이었던 소련군 부대들이 장비에 의존하는 자본 집약적인 부대들로 전환될 수 있는 기회이기도 했다. 그러기 위해서는 경제 생산 시설의 전폭적인 가동과 함께 필요한 인력도 갖추어져야 했다. 소련은 인력 부족 문제를 해결하기 위해 여성의 3분의 2를 동원하여 공장과 농장을 운영하였다. 그리고 노동 규율 강화로 생산성을 향상시키기 위해 공장에 계엄령을 적용했다. 이때 새로운 노동 규율 속에서 70시간 노동이 표준이 되었으며, 비용 절감과 더 많은 작업시간을 위해 포괄적 배급제가 시행되고 노동자들은 공장에서 숙식을 해결해야 했다. 그리고 인력 활용에는 소련의 강제 수용소인 굴라크(Gulag)에 수용된 인력들의 강제 노동도 포함되었다.[132] 그러나 이와 같은 전시 경제의 가동 결정은 사려 깊은 논의 결과라기보다는 군사적 파국에 따른 긴급 비상조치들이었고, 임시방편적 대응이었다. 따라서 1941년 겨울까지 소련의 사회경제

---

131 데이비드 글랜츠 · 조너선 하우스, 『독소전쟁사 1941~1945』, pp.104-105.

132 올랜도 파이지스, 조준래 역, 『혁명의 러시아 1881~1991』, (서울: 어크로스, 2017), pp.332-333.

분야 조치들은 자본 집약적 부대 확보와 같은 군사적 효과로까지는 아직 이어지지 않고 있었다.

군사작전 분야에서 소련에게는 기술적으로나 훈련 수준에서 우월한 독일군의 공격에 맞설 수 있도록 군사력을 재편성하는 것이 최우선적인 고려사항이었다. 독일군은 서부 유럽에서의 실전을 통해 얻은 풍부한 경험과 높은 사기를 지니고 있다는 장점이 있었지만, 광활한 소련 영토에 비해 병력이 부족하다는 단점도 있었다. 그러나 소련군은 아직 독일군의 장점을 소련군의 것으로 받아들이지도 못했고, 독일군의 단점도 이용하지 못하고 있었다. 소련군이 독일군처럼 부대를 자본 집약적으로 현대화시키기 위해 필요한 수준의 무기와 장비는 당시 소련의 국내 전시 경제 능력으로도 해외 지원으로도 충당되지 못하고 있었다. 그런 가운데서도 1941년 겨울 대반격처럼 소련군의 능력을 초과하는 군사작전이 시도되고는 했다.

요컨대, 소련에서 정치외교 분야의 고려사항인 미국과 영국으로부터의 지원을 획득하기 위한 소련의 국가적 노력은 뚜렷하지 않았고, 미국과 영국의 실제 지원 규모도 만족할만한 수준까지 증대되지는 않았다. 사회경제 분야의 고려사항인 전시 경제 전환에 있어서도 소련의 결정은 임시방편적 대응이었고 군사작전에 효과를 나타낼만한 수준에는 도달하지 못했다. 소련의 관심은 군사작전 분야에 집중되었지만, 국내 전시 경제와 해외 지원으로부터의 충분한 성과가 없는 한, 군사작전은 1941년 겨울 공세처럼 자주 작전 지속의 한계에 직면하고는 했다. 소련의 군 통수권자인 스탈린과 공산당은 여전히 붉은 군대를 완벽하게 장악하고 군사작전에 자주 개입하였으며, 민간 분야 비토 행위자들은 거의 존재하지 않는 실정이어서 당 군사위원회 이외에 조언을 제공하는 행위자는 거의 없었다. 그리고 군사 조직 내의 비토 행위자 규모도 적었고 군으로부터의 의미 있는 조언도 적었다. 이렇듯 소련에서 제복과의 대화 특징인 민간의 선택적 개입은 대단히 높은 수준이었고 군의 협상력은 상당히 낮았다. 이런 상황 속에서 소련의 정치외교, 사회경제, 군사작전 분야에 걸친 정책들은 전쟁의 복잡성을 고려하지 못하며 결정되어졌다. 따라서 정치외교, 사회경제 분야 정책 결정은 수동적이거나 임시방편적이었고, 군사작전 분야에서도 군사력 재편성과 같은 근본적인 대책은 결정되지 않았다. 이처럼 독일의 경우와 같이 소련의 경우도 민간의 선택적 개입이 과도하게 강하고 군의 협상력이 약할 때 전쟁의 복잡성을 고려하지 않는 전시 정책 결정이 일어날 수 있음을 보여주고 있다.

〈그림 16〉 제2차 세계대전 그리고 독소전쟁의 시작

1941년 6월에 독일군이 발바로사 작전이라고 명명한 기습 공격으로부터 독소전쟁이 시작되었다. 위의 가장 왼쪽 사진은 발바로사 작전 시작 당일날 초원의 집을 불태우고 있는 독일군의 모습이다. 그 오른쪽의 그림은 독일군이 소련 영토 내로 깊숙이 진격해 오는 상황에서 모스크바 방어를 위한 지원병을 호소하는 소련 측 포스터이다. 그리고 가장 오른쪽 장면은 1941년부터 독일군에게 포위된 레닌그라드에서의 전투 상황을 소련 측에서 묘사한 그림이다.

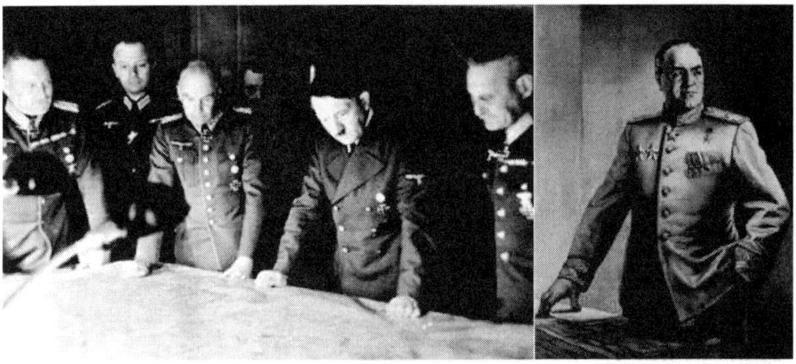

독소전쟁이 시작된 후 히틀러는 독일 고위 장군들을 자주 교체하고, 본인이 지휘권을 겸직하는 사례가 많아졌다. 반면에 소련의 스탈린은 패배를 거듭하면서 전쟁 전보다 군사적 결정을 유능한 장군들에게 더 의존하게 되었다. 위의 왼쪽 사진은 1940년 독일군 최고사령부에서의 히틀러와 독일 장군들이다. 히틀러의 왼편이 육군 총사령관 브라우히치 장군이고, 히틀러의 오른편은 육군 참모본부 참모총장인 할더 장군이다. 1942년에 이르렀을 때 이들 모두는 해임되었다. 그러나 위의 오른쪽 인물인 소련군 최고사령관 대리 쥬코프 장군은 스탈린의 휘하에서 그 지위가 계속 유지되었다.

제5장
독일과 소련, 도전과 대응의 계속

1. 전쟁 중반 도전과 대응

1941년 한 차례의 공격과 방어를 경험한 독일과 소련은 1943년까지 독일군의 여름 공세와 소련군의 겨울 공세를 공식처럼 되풀이했다. 그동안 독일은 역사상 소련 영토에서 가장 넓은 지역을 차지한 적도 있었고, 소련은 독일 침공 당시 주요 목표 도시들을 모두 회복하기도 했다. 그런 가운데 전세는 소련군이 유리한 방향으로 역전되고 있었다.

독소전쟁 첫 해인 1941년의 치열했던 공방전이 끝난 후 1942년 봄은 해빙기로 인해 도로들이 진흙 수렁으로 변해있어서, 대부분의 전선에 걸쳐 전쟁은 잠시 휴지기를 맞고 있었다. 그런 가운데서도 중부 지역에서의 전투는 겨울부터 계속되고 있었다. 소련군은 모스크바 전투에서 승리한 이후에도 중부 지역의 독일 중부 집단군이 여전히 모스크바에 가까운 거리에 있다는 것을 큰 문제로 생각했다. 그래서 소련군은 중부 지역의 르제프를 지키고 있는 독일 중부 집단군을 섬멸하겠다는 목표를 설정했다. 1941년 겨울부터 시작된 르제프 전투에서 소련군은 독일군 방어대의 핵심 전력인 독일 제9군을 남쪽과 북쪽으로 포위하여 결정적인 승리를 거두고자 했다. 그때부터 독일 제9군 사령관 모델(Walter Model) 장군을 방어 전투의 명인으로 알려지게 한 르제프 방어 전투가 시작되었다. 르제프 방어 전투를 시작하면서 모델 장군은 수시로 독일 고위 지휘관을 교체했던 히틀러의 작전 지시를 일언지하에 거부하면서 다음과 같은 발언을 남겼다.

"퓨러 각하, 제9군 사령관은 누구입니까? 퓨러 각하 당신입니가? 저입니까?"[133]

모델 장군은 히틀러에게 교체당하지 않은 소수의 지휘관 중의 하나였다. 당시 소련군이 독일 제9군을 포위하거나 크게 격파한다면 독일 중부 집단군 전체가 무너질 운명이었다. 그런 상황에서 모델 장군의 독일 제9군은 방어 진지를 고수하는 전투와 기동 예비 전력을 신속히 이동시키는 전투를 병행하며, 소련 공격군에게 오히려 더 큰 피해를 입혔다. 그리고 1942년 봄에는 소련 공격군이 독일군에게 역포위되는 상황까지 이어졌다. 독일 중부 집단군은 르제프 방어 전투의 성공을 기반으로 여름에는 공세 작전으로 전환하여 소련군 전선을 크게 후퇴시켰다. 1941년 겨울 모스크바 전투에서 소련군의 승리를 이끌어낸 이후 중부 지역의 소련군 작전을 책임져왔던 소련 쥬코프 장군은 르제프에

133 Steven H. Newton, *Hitler's Commander: Field Marshall Model,* (Cambridge: Da Capo, 2006), pp.180-181.

서의 겨울과 봄의 실패를 여름에 만회하고자 했다. 그래서 쥬코프 장군은 르제프 지역에 대한 소련군의 대공세를 다시 한번 시도하였다. 그러나 다른 전선으로부터 독일 증원군이 신속하게 도착했고, 모델 장군의 독일 제9군이 기동 방어를 능숙하게 수행하여 소련군의 공격은 막대한 병력 피해만 남기고 성공하지 못했다.

중부 지역 르제프에서의 소련군 공격은 가을까지 계속되지만 모두 성공하지 못했다. 그리고 겨울에 들어서면서 소련군의 대규모 공격이 다시 한번 시작되었다. 이번 겨울 공격은 소련군이 남부 지역에서 시작한 대규모 공격과 동시에 이루어졌다. 그러나 소련군이 남부 지역에서 큰 승리를 거두는 동안 중부 지역 르제프에 대한 소련군의 공격은 사상자만 33만명이 발생하면서 크게 실패하였다. 중부 지역 르제프 전투는 모델 장군의 독일 제9군이 중부 지역 전선 축소를 위해 1943년 3월에 자발적으로 르제프를 철수할 때까지 계속되었으나, 소련군의 모든 공격은 실패하고 말았다. 르제프 전투에서 독일군의 선전으로 인해 독일 중부 집단군은 1943년 여름 공세를 준비할 수 있었다.

중부 지역 르제프에서의 전투가 한창인 동안에도 1942년 초까지 중부 지역을 제외한 전선은 휴지기였다. 그동안 스탈린은 독일군의 여름 공세를 예상하였으며 그 목표를 모스크바라고 생각했다. 따라서 소련군의 전략 예비대의 대부분은 모스크바 지역에 집결했다. 이것은 스탈린의 또 한 번의 잘못된 판단이었다. 히틀러는 볼가 강 유역의 천연자원과 코카서스 지역의 유전을 확보하기 위해 중부 지역의 모스크바가 아닌 남부 지역을 공격하기로 결정한 상태였다. 당시 스탈린은 예상되는 독일의 공세를 교란하기 위해 남부 지역에서도 소련의 선제 공격을 지시하였다.[134] 당시 독일군은 남부 지역에서의 총공격을 위해 집결하고 있었는데도 소련은 남부 지역의 독일군이 오히려 다른 지역보다 약한 상태라고 판단하고 있었던 것이다. 이것은 전쟁의 불확실성의 재현이기도 했다. 그런 상황 속에서 소련군은 1942년 3월부터 남부 지역의 철도 요충지이자 소련에서 네 번째로 큰 도시인 하르코프(Kharkov)를 탈환하기 위한 공격을 시작했고, 더 남쪽에서는 크림 반도를 탈환하기 위해 흑해의 바다를 건너 진격했다. 그러나 독일군은 예정된 남부 지역 공세를 위해 판처 군 부대와 공군의 항공함대들이 집결해 있었고, 소련군의 공격도 미리 탐지하고 있었다. 따라서 남부 지역에서의 소련군의 공격은 모든 전선에서 독일군의 강력한 방어에 직면했고, 하르코프에서 치열한 전투를 벌이던 소련군은 5월에 이르러 오히려 독일군에게 포위되고 말았다. 이렇게하여 1941년에 독일군이 하르코프를 점령하려는 전투에 뒤이은 1942년의 제2차 하르코프 전투도 독일군의 승리로 끝나고, 독일 남부 집단군은 크림 반도의 소련군도 격퇴시켰다. 그리고 크림 반도에 유일하게 남은 소련의 요새화된 항구도시 세바스토풀(Sevastopol)도 독일군의 포위 공격 속에 7월에 항복하고 말았다. 크림 반도 전투까지 끝나면서 독일 남부 집단군은 대규모 공세를 위해 필요한 사전 준비를 모두 끝냈고, 청색 작전으로 명명된 공격 작전이 시작되었다.

이렇듯 독일군의 대규모 공세가 시작된 7월초까지도 스탈린은 모스크바와 중부 지역을 우선시하고 있었으므로, 남부 지역에서 독일군

---

134 데이비드 글랜츠 · 조너선 하우스, 『독소전쟁사 1941~1945』, pp.146-147.

의 대규모 공세는 또다시 급속도로 소련군 전선을 무너뜨리기 시작했다. 스탈린은 남부 지역의 소련군이 영토에 집착하다 독일군에게 포위되어 전멸되는 과거 사례를 뒤따르지 않기 위해 7월초에는 소련군의 전략적 철수를 허용했다. 따라서 독일군은 청색 작전을 시작한 이후로 포위 작전을 거의 성공시키지 못했고, 1941년과는 달리 소련군 포로를 거의 잡지 못하면서 드네프르 강 동쪽의 돈 강까지 진출했다. 이때 히틀러는 남부 지역에서 북쪽의 볼가 강과 스탈린그라드(Stalingrad)로 진격할 B집단군과 남쪽의 코카서스로 진출할 A집단군으로 남부 집단군을 양분하였다. 따라서 독일 판처 군과 공군의 항공함대도 두 개의 집단군으로 분리되어 배속되었고, 철도 종점으로부터 점점 멀어짐에 따라 보급품의 소모도 증가하고 있었다. 7월말에 독일 B집단군은 스탈린그라드 서쪽에 도착했고, 보다 남쪽의 독일 A집단군은 1941년에 독일군이 포기했던 흑해 동북 연안 항구 도시 로스토프를 다시 점령해서 코카서스 유전을 향한 진군을 계속했다. 이때가 독일군이 동쪽으로 최대로 진격했던 시점이었고, 소련으로서는 절대절명의 위기이기도 했다. 스탈린은 로스토프 함락 후 소련군의 사기가 붕괴될 것을 염려하여, 유명한 227호 명령 지시를 내려 전 소련군의 철수를 금지시키고 다음과 같이 말했다.

"마지막 피 한방울까지 흘려서 진지 하나라도 소련 영토 1미터라도 완강하게 지켜야만 하며, 소련 땅 한치를 고수하고 그것을 지켜내야만 한다."[135]

---

135 리처드 오버리, 『스탈린과 히틀러의 전쟁』, p.220.

그리고 스탈린은 스탈린그라드 방어 사령관도 교체하고, 반드시 스탈린그라드와 볼가 강을 지켜내라고 지시했다. 후일 독소전쟁의 분수령으로 알려지는 스탈린그라드 전투는 이렇게해서 8월부터 본격적으로 시작되었다. 남부 지역의 북쪽을 휩쓸고 온 독일 B집단군의 선두는 파울루스(Friedrich Paulus) 장군의 독일 제6군이었고, 스탈린그라드 전투가 격화되자 독일 호트 장군의 제4판처 군이 합세하였다. 소련군도 스탈린그라드 방어에 집중하고자 전선군을 개편하여 에레멘코(Andrey Yeryomenko) 장군이 지휘하는 스탈린그라드 전선군을 편성하고, 도시 자체의 방어는 츄이코프(Vasily Chuikov) 장군의 제62군에게 맡겼다. 독일의 파울루스 장군과 소련의 츄이코프 장군은 스탈린그라드에서 정면으로 부딪였고, 스탈린그라드 전투는 도시 블록 하나 하나를 점령하며 전진해나가는 시가전으로 비화했다. 파울루스 장군의 독일 제6군은 제4판처 군의 지원까지 받아 우세했지만, 츄이코프 장군의 소련군도 절대로 물러서지 않고 저항을 계속했다. 스탈린그라드 전투는 파울루스와 츄이코프 간의 의지의 싸움이 되어있었다. 그리고 전쟁의 불확실성도 최고조에 도달했다. 히틀러는 전쟁의 불확실성 속에서 전선으로 계속 증원되고 있는 새로운 무장 친위대 판처 부대들에게 기대를 걸고 있었다. 1942년 여름부터 무장 친위대 판처 부대들은 군단 규모까지 증강되고 있었다. 그런 가운데 당시 소련군은 스탈린그라드 반격을 위해 모스크바 지역에 있던 소련군 전략 예비대가 남쪽으로 이동하는데는 45일이 걸릴 것으로 판단하고 있었다. 따라서 스탈린그라드를 방어하는 츄이코프의 소련군은 강력한 파울루스의 독일군 공격으로부터 최소 45일간은 버텨내야 했다. 실제로 츄이코프의 소련 제62군은 스탈린그라드 도시 대부분을 잃고 볼가 강 서쪽에 마지막 남은 작은 도시 구역까지 밀려났지만, 11월까지도 끈질기게 저항을 하고 버티고 있었다. 그 사이에 소련군 전략 예비대는 중부 지역으로부터 독일군의 눈에 띄지 않으면서 남부 지역으로 이동하고 있었다.

1942년 가을부터 준비해 온 소련의 반격 계획은 스탈린그라드 최전선에서 싸우고 있는 독일군의 양쪽 측면에 배치되어 있는 루마니아군을 공격해 궁극적으로 독일군을 포위한다는 것이었다. 그리고 중부 지역에서 소련군의 반복되는 르제프 공격이 계속 실패하는 동안, 남부 지역으로 이동해야 할 소련의 전략예비대는 모스크바 일대에 계속 은폐되어 있었다. 중부 지역 르제프에서 치열한 전투를 벌이고 있던 독일군은 남부 지역 스탈린그라드에서 소련군이 대반격을 계획하고 있다는 것을 눈치채지 못했다. 이렇게 전쟁의 불확실성은 다시 고조되고 있었다. 소련군 전략 예비대의 스탈린그라드 이동은 11월에 완성되었고, 그때까지 스탈린그라드를 지켜내야 했던 추이코프 장군의 소련 방어군은 최악의 상황속에서도 견뎌냈다. 그리고 스탈린그라드를 향한 소련군의 반격은 11월 중순부터 독일군의 측면 방어를 위해 배치되어있던 루마니아군을 향해 시작되었다. 루마니아군은 독일군보다 훈련과 사기가 훨씬 떨어지는 군대였다. 소련군은 11월말까지 신속하게 루마니아 군을 격파하고 독일군의 후방을 유린하였다. 그 결과 스탈린그라드에서 시가전을 치르고 있던 파울루스 장군과 독일 B집단군 주력은 완전히 포위되고 말았다. 소련군의 첫 번째 대규모 포위 작전의 성공이었다. 히틀러는 스탈린그라드에 포위된 B집단군 주력을 구원하기 위해 급히 만슈타인(Erich von Manstein) 원수가 지휘하는 돈 집단군을 창설하여 역공격을 하게 하였다. 그러나 소련군은 이미 포위망에 1,000대 이상의 탱크를 포함한 대규모 군사력을 집중시켜놓았기 때문에 독일군의 역공격을 막아낼 수 있었다.

소련군은 스탈린그라드에서 독일 B집단군 주력 포위에 성공한 이후 반격의 규모를 확장하기로 했고, 남쪽의 코카서스 지역으로 진출해 있는 독일 A집단군의 후방도 차단하여 포위하고자 했다. A집단군은 로스토프를 통해 서쪽의 독일군과 연결되어 있었으므로, 소련군은 로스토프를 먼저 장악하고 코카서스를 포위하고자했다. 소련군이 코카서스의 독일군 포위를 완성하려면 로스토프도 점령해야할 뿐 아니라, 스탈린그라드에 포위된 독일군과의 전투도 빨리 종결시켜야했다. 그러나 1943년 1월까지 독일 만슈타인 원수의 반격도 계속되었을 뿐 아니라 스탈린그라드의 독일 수비군도 버텼고, 로스토프의 독일 방어군도 소련군의 공격으로부터 도시를 지켜냈다. 결국 코커서스의 독일 A집단군은 1월말까지 로스토프를 거쳐 서쪽으로 모두 철수할 수 있었다. 그때까지도 로스토프와 스탈린그라드는 지켜졌다. 그러나 그 시점에 스탈린그라드에서 포위되어 있는 독일군 병력 33만명은 마지막 남은 비행장도 빼앗기고 식량과 물자 보급이 완전히 끊긴 상태였다. 히틀러는 스탈린그라드에서 독일군이 더 싸울 것을 요구했지만, 극심한 자원난에 시달리던 파울루스 장군은 끝내 항복을 하게 되면서 독소전쟁의 분수령이라 했던 스탈린그라드 전투가 종식되었다.

소련군은 스탈린그라드의 독일군이 항복한 이후 도네츠 강 유역을 거쳐 소련에서 네 번째로 큰 도시인 하르코프까지 탈환하기 위한 공격을 계속 이어갔다. 스탈린그라드 구출을 위해 싸웠던 만슈타인의 돈 집단군은 돈 강과 도네츠 강을 포기하고 철수하면서 소련군을 유인했다. 만슈타인은 소련군을 계속 유인하여 작전적 한계점에 이르렀을 때 대규모 판처 부대로 소련군이 노출시킨 측면에 집중적인 공격을 감행하고자 했다. 1943년 2월, 만슈타인은 병참선이 극도로 신장되어 있었던 소련군에게 역습을 가했고, 이때 하르코프를 두고 독일 판처 부대와 소련 탱크 부대 간의 탱크 전투가 또한번 벌어졌다. 제3차 하르코프 전투로 알려진 이 전투에서 독일군은 소련 탱크군을 대패시키고 하르코프를 다시 점령했다. 이때까지도 독일군 판처 부대는 공격이나 방어에 있어 전술적으로 소련군보다 우세했고, 독일군 탱크들이 집결되면 소련군이 당해낼 수 없었다. 그리고 해빙기를 맞이하면서 하르코프를 포함한 남부 지역 일대 전체가 진흙탕으로 변화되면서 전쟁은 다시 휴지기로 들어섰다.

1943년초의 전쟁 휴지기는 독일군의 여름 공세 시점까지 이어졌다. 이때의 독일군 여름 공세는 독소전쟁 개전 이후 독일이 계획한 마지막 공세이기도 했다. 1943년 여름 공세에서 히틀러의 목적은 단순히 소련군에게 심대한 타격을 가하는 것이었고, 그 대상은 독일 중부 집단군과 남부 집단군 사이에 소련군 전선이 서쪽으로 돌출되어 있던 쿠르스크(Kursk) 지방이었다. 독일 남부 집단군 사령관이 된 만슈타인 원수는 쿠르스크 공세를 빨리 시작하기 바랐지만, 히틀러는 독일의 신형 탱크들이 전력화되고 무장 친위대 전력이 충분히 증강될 때까지 기다리기 위해 공격을 7월까지 연기시켰다. 1943년 초 소련은 독일군의 공격 방향이 쿠르스크일 것임을 처음으로 정확히 예측했다. 이때도 전쟁의 불확실성은 작동되고 있었다. 독일의 공격 방향을 확인한 스탈린은 선제공격을 원했지만, 쥬코프 장군은 강력한 종심 방어 체계를 먼저 구축해서 독일군의 공격을 흡수한 후 반격을 해야한다고 설득시켰다. 거의 처음으로 쥬코프 장군에게 설득된 스탈린은 선제 공격 대신 쿠르스크 방어를 준비하는 것을 허락했다. 소련군은 쿠르스크 방어 진지에 대전차포를 거점으로 한 정교한 네트워크를 만들고, 예상 공격로마다 8겹의 진지를 구성하여 독일 판처 부대를 방어하기 위한 종심 방어를 준비하였다. 소련군은 쿠르스크 지역에 인력의 40퍼센트, 탱크 부대의 75퍼센트를 투입하여 방어를 준비하였다. 이와 같은 대규모 전력이 상실된다면 붉은 군대는 재기 불능이 될 것이었다.[136] 그런 의미에서 쿠르스크 전투는 독소전쟁에서 또 하나의 분기점이라 할만했다. 1943년 7월 쿠르스크 전투는 돌출부 북부에서의 독일 중부 집단군의 공격으로부터 시작되었고, 독일군 공격의 선봉은 모델 장군의 독일 제9군이 이끌고 있었다. 쿠르스크 북쪽에서 독일군의 공격은 소련 로코소프스키(Konstantin Rokossovsky) 장군의 중앙 전선군이 준비한 강력한 종심 방어 체계에 의해 곧바로 저지되었다. 그리고 쿠르스크 남쪽에서는 독일 남부 집단군이 공격을 시작했고 공격의 선봉은 호트 장군의 독일 제4판처 군과 무장 친위대 소속 제2 SS판처 군단이었다. 쿠르스크 남쪽 방어를 맡은 소련 바투틴(Nikolai Vatutin) 장군이 이끄는 보로네즈(Voronez) 전선군의 방어 화력과 탱크 부대 밀집도는 북쪽 방어망에 비해 부족했으므로 독일군의 전진이 가능했다. 그러자 스탈린은 쿠르스크 남쪽 방어선을 지탱하기 위해 직접 로트미스트로프(Pavel Rotmistrov)

136 리처드 오버리, 『스탈린과 히틀러의 전쟁』, p.289.

장군의 제5탱크군의 전진을 명령했다. 그 결과 독일 호트 장군이 지휘하는 600대의 독일 탱크와 소련 로트미스트로프 장군이 이끄는 850대의 소련 탱크가 프로호로프카(Prokhorovka)라는 마을에서 충돌하게 됨에 따라 사상 최대의 탱크 전투가 발생하였다. 프로호로프카 탱크전은 탱크와 탱크가 싸우는 혼전에 폭격기와 전투기가 가세한 전투였다. 프로호로프카에서 한나절 동안의 역사적인 탱크 전투 결과 소련군은 400대의 탱크를 잃었지만 독일군 탱크 320대를 격파했다. 그리고 소련군은 끝내 독일군의 전진을 저지시켰다. 이때 히틀러는 영국과 미국이 이탈리아를 침공했다는 소식을 듣게 되었다. 그러자 히틀러는 쿠르스크 공세를 중단하고, 무장 친위대 소속 제2 SS판처 군단을 소련 전선으로부터 이탈리아로 이동시킬 것을 명령했다. 이 결정에 의해 독일군의 공세는 완전히 종료되었고, 바로 이어서 소련군의 대반격이 시작되었다.

1943년 8월에 쿠르스크 방어에 성공한 스탈린은 레닌그라드에서 흑해에 이르는 전 전선에서 총공세를 지시했다. 쿠르스크 북쪽으로부터 중부 지역을 향한 소련군의 반격은 오렐과 브리안스크를 목표로 집중되었다. 이제 오렐을 거점으로 배치되어 있던 독일 중부 집단군은 쿠르스크 전투와는 반대로 방어 상황에 임하게 되었다. 소련군의 공격은 독일의 쿠르스크 북쪽 공세 당시 선봉에 섰던 모델 장군에게 집중되는 듯이 보였다. 1943년 오렐에서 독일 중부 집단군의 운명은 1942년 르제프에서 그랬던 것처럼 이번에도 모델 장군의 어깨에 걸리게 되었다. 소련군은 쿠르스크 북쪽으로부터 오렐을 향해 독일 중부 집단군을 붕괴시키려는 대규모 공세 작전에, 과거 나폴레옹의 러시아 원정군을 무너뜨렸던 러시아군 총사령관의 이름을 따서 쿠투쵸프(Kutuzov) 작전이라고 명명했다. 소련군은 스탈린그라드에서 독일 제6군을 포위했듯이 오렐에서도 독일군을 포위하려고 했다. 그러나 이번에도 독일 중부 집단군은 모델 장군에 의해 살아남았다. 모델 장군은 독일 제9군과 제2 판처 군의 지휘까지 맡아 소련군의 공격에 기동 방어로 맞서며 성공적으로 오렐로부터 철수했다. 모델 장군의 역할 덕분에 독일 중부 집단군은 독일군보다 소련군 사상자가 더 많이 발생하게 만드는 성과를 거두며, 브리안스크 방어 진지까지 무사히 퇴각했다. 소련군은 8월 중순이 되어서야 오렐과 브리안스크를 완전히 탈환할 수 있었다. 그때부터 중부 지역에서는 소련군이 여러 차례 탈환 노력을 기울여왔던 스몰렌스크가 이제 소련의 가시권 안에 들어오게 되었다. 쿠르스크부터 진격해온 소련 공격군은 8월부터 스몰렌스크 탈환 전투에 돌입하였다. 그러나 중부 지역에서 독일군은 무려 18개월간 방어 준비를 해왔기 때문에 소련군의 전진은 지연되었고, 소련군의 스몰렌스크 도착은 9월말이 되어야 가능했다. 스몰렌스크는 소련군이 모스크바로부터 1941년에 상실한 벨라루스 지방으로 다시 진입하기 위해서는 반드시 지나야하는 마지막 관문 도시였다. 그것은 소련군에게 벨라루스 지방 회복이 눈 앞에 다가왔다는 의미이기도 했다. 이어진 소련군의 벨라루스 지방을 탈환하기 위한 공격은 1944년 12월부터 다음해 3월까지 무려 7회에 걸쳐 거듭되었다. 그러나 이미 강력한 방어진지를 구축해 놓았던 독일 중부 집단군은 모든 소련군의 공격을 막아냈다.

이렇듯 쿠르스크 북쪽으로의 소련군의 반격이 독일 중부 집단군과의 대결이었다면 쿠르스크 남쪽으로의 소련군 반격은 독일 남부 집단군과의 전투였다. 쿠르스크로부터 남부 지역을 향한 소련군의 반격은 하르코프를 목표로 했다. 독일군은 하르코프를 지키기 위해 중부 지역의 기동 예비대를 남부 지역으로 전환시켜 반격에 나섰다. 이제 독일군 판처 부대와 소련군 탱크 부대가 네번째로 하르코프에서 충돌하게 된 것이다. 그러나 이번 제4차 하르코프 공방전에서는 소련군 탱크 부대가 독일군 판처 부대를 물리치고 승리를 거두었다. 지금껏 독일군 판처 부대가 집결되어 공격을 펼칠 때마다 항상 소련군 탱크 부대가 패배하였는데, 이제 처음으로 독일군 판처 부대가 소련군에게 패배한 것이다. 소련군은 쿠르스크 전투에서 독일군 정예 판처 부대의 공격을 흡수해내는 종심 방어 능력을 보여준 바 있었는데, 이제 제4차 하르코프 공방전에서는 독일군 판처 부대를 몰아내는 공격 능력까지 과시하고 있었다.

남부 지역으로 진격한 소련군은 하르코프 탈환에 성공한 이후에 우크라이나 지역으로 공격을 감행했다. 이때 히틀러는 독일군이 남북으로 흐르는 드네프르 강을 따라 구축된 방어진지로 총퇴각하는 것을 승인하였고, 독일군은 점령지의 산업 경제 시설을 소련이 복구할 수 없도록 초토화 작전을 벌이면서 드네프르 강으로 철수했다. 소련군 역시 드네프르 강 너머의 우크라이나 지역을 탈환하기 위해 독일군의 뒤를 따라 진격해갔다. 이 시기에 독일과 소련 군대는 모두 드네프르 강을 향해 경주라도 하듯이 이동했는데, 히틀러는 독일군의 드네프르 강 서쪽으로 이동은 금지하고 어떤 희생을 치르더라도 방어선을 고수하라고 지시했다. 9월말에 로코소프스키 장군이 이끄는 소련군이 키에프 북부의 드네프르 강에 도달했고, 스탈린은 강력한 독일군의 방어를 뚫고 제일 먼저 드네프르 강을 건너는 병사에게는 누구나 선망하는 소비에트

연방 영웅 칭호를 주겠다고 약속했다.

이때부터 드네프르 강을 넘어 우크라이나로 진입하려는 소련군의 공세가 계속되었다. 9월부터 계속된 드네프르 공방전 끝에 소련군은 10월에 독일군 방어선을 크게 밀어붙이며 크림 반도를 고립시키며 서쪽으로 전진했다. 그리고 남부 지역 최대 도시이자 우크라이나의 수도 키에프 북쪽 류테즈(Liutezh) 마을에서 소련군이 드디어 드네프르 강의 늪지대를 건넜다. 그리고 그 뒤를 따라 독일군이 알아채지 못할 정도로 신속하게 소련 바투틴 장군의 보로네즈 전선군 소속의 대규모 탱크 부대가 탱크들의 외부를 밀폐시킨 후 늪지를 잠수하여 통과시켜, 독일군의 예상을 뒤엎고 키에프 북쪽에 집결했다. 이렇게 전쟁의 불확실성은 또시 모습을 드러냈다. 결국 11월초에 소련은 우크라이나의 수도 키에프를 탈환할 수 있었고, 이것은 소련이 독소전쟁에서 승리할 수 있다는 신호로 국제사회에 널리 알려졌다. 그 결과 11월 말에 스탈린은 이란의 수도 테헤란(Teheran)에서 승전국 대우를 받으며, 미국과 영국 정상들과 전략 회담을 할 수 있었다. 이때 스탈린은 미국과 영국군이 영국해협을 건너 서부 유럽에 상륙하여 제2전선을 만들 것을 강력하게 요구하였다. 이제 스탈린은 독소전쟁에서 승기를 잡은 것뿐이 아니라 세계 강대국들 사이에서도 주도권을 잡기 시작했다.

1943년 12월까지 소련군은 남부 지역에서 키에프를 탈환하고 우크라이나로 진입하는 교두보를 확보하였다. 드네프르 강 서쪽에서는 이미 11월부터 독일 만슈타인 원수의 남부 집단군과 소련 공격군이 일진일퇴의 공방전을 벌이고 있었다. 그 상황에서 소련군의 12월 크리스마스 대공세가 시작되었고, 소련군의 공격은 드네프르 강 방어선 중 유일하게 독일군에게 남아있는 지역인 코르순-체르카시(Korsun-Cherkassy)를 포위하면서 절정에 도달하였다. 이 작전은 드네프르 강 서쪽의 소련군 확보 지역을 확대하려는 코네프(Ivan Konev) 장군의 소련 제2우크라이나 전선군이 주도하고 있었다. 코네프는 코르순-체르카시를 1944년 1월에 완전 포위하였으나, 슈템머만(Wihelm Stemmermann) 장군의 독일군 수비대는 완강하게 저항하였다. 그러나 소련군의 지속적인 공격으로 독일군은 2월에 드네프르 강변의 마지막 방어 진지인 코르순-체르카시를 포기했고, 슈템머만의 독일군은 포위망을 뚫고 간신히 탈출했다. 이렇게해서 2월말까지 소련군은 드네프르 강의 독일군 방어망을 완전히 제거했고, 이어서 크림 반도와 우크라이나 지역에 대한 다음 단계 공격을 시작했다.

소련군은 코르순-체르카시 전투 이후로 독일 남부 집단군에게 남아있는 마지막 주요 전력인 제1판처 군만 격파하면 남부 지역의 주도권을 완전히 장악할 것이라고 생각했다. 1944년 3월 소련 바투틴 장군의 제1우크라이나 전선군과 코네프 장군의 제2우크라이나 전선군은 독소전쟁 초기에 독일군이 두 개의 집게발을 만들어 소련군을 포위했듯이, 같은 방법으로 이번에는 독일 제1판처 군을 카메네츠-포돌스크(Kamianets- Podilskyi)에서 남북으로 포위해버렸다. 코르순-체르카시에서처럼 포위되어버린 독일 제1판처 군은 서쪽으로 탈출하기 위한 퇴각전을 마치 전선을 돌파하듯이 시도해야했다. 남부 집단군에서는 제1판처군의 퇴각전을 지원하기 위하여, 쿠르스크 전투 당시 남쪽 공세의 선봉이었던 무장 친위대 소속 제2 SS 판처 군단이 이번에도 선봉에 나섰다. 결과적으로 독일 제1 판처군은 3월말까지 소련군 포위망으로부터 탈출하는데 성공하지만, 많은 장비와 탱크를 잃어 독일 남부 집단군은 더 이상의 반격 작전은 불가능한 상태가 되었다. 그리고 이어진 소련군의 계속되는 공세는 남부 지역의 독일군을 서쪽으로 강하게 밀어붙여, 결국 북쪽과 남쪽의 독일군 부대들이 서로 분리되도록 만들어버렸다. 남부 지역에서의 소련군의 파상 공격으로 고립되어 있던 크림 반도의 독일군도 탈출함에 따라 크림 반도도 소련에게 수복되었고, 5월까지 소련은 우크라이나의 대부분을 탈환하였다. 이제 1943년 겨울을 거치면서 소련은 우크라이나를 되찾았을 뿐 아니라 독일의 동맹국인 루마니아와 헝가리 국경까지 접근하게 되었다. 그 결과 루마니아는 비밀리에 런던과 모스크바에 외교 접촉을 시도하며 전쟁 중단의 길을 찾기 시작했다. 헝가리 정부도 소련군이 국경까지 밀려오자 헝가리 영토 내에서의 군사작전 협력에 미온적인 반응을 보이기 시작했고, 결국 독일군은 동유럽 방어 태세를 위하여 3월에 직접 헝가리를 점령할 수 밖에 없었다.

이와 함께 1944년 1월부터 북부 지역에서는 소련군의 동계 공세가 시작되고 있었다. 소련군의 공격력은 1941년부터 포위되어 있던 레닌그라드를 구출하기 위해 집중되었다. 그 시기에 르제프와 오렐에서 독일 중부 집단군을 구해냈던 모델 장군이 이번에는 북부 집단군 사령관으로 왔다. 이번에도 모델 장군의 목표는 북부 집단군이 포위되거나 격파되지 않으면서 보다 안정적인 서쪽의 방어 진지로 철수하고, 소련 공격군에게는 많은 피해를 입히는 것이었다. 북부 지역에서도 중부 지역과 같은 결과가 발생했다. 모델 장군이 지휘하는 북부 집단군은 소련군의 공세 앞에서 레닌그라드 전선을 안정적으로 축소시켜 나갔고, 결국 서쪽 에스토니아에 구축한 방어선으로 무사히 철수하였다. 소련 공격군은 독일 북부 집단군에게 큰 피해를 입히지 못했으며 느리게 천천히 전진할 수 밖에 없었다. 그런 가운데서도 2월말에 소련군은 드디어 레닌그라드 접근로를 장악하였고, 800일간 계속되어온 독일군의 레닌그라드 포위를 끝낼 수 있었다. 레닌그라드가 독일군에게 포위되어 있는 동안 식량 유입이 차단되었고, 도시 내 식량 창고도 독일군의 공격으로 파괴되었기 때문에 도시 시민들은 극심한 식량 부족에 시달려야 했다. 더구나 겨울철 난방도 끊겼기 때문에 많은 시민들이 굶주림, 추위, 질병으로 사망해야만 했다. 사실 레닌그라드 해방 전투는 도시 시민들의 생존이 걸린 전투이기도 했다. 그리고 레닌그라드 해방과 동시에 소련군은 비로소 북쪽의 소련 국경에 인접한 독일의 동맹국 핀란드까지 접근하게 되었다. 이제 남부 지역의 루마니아와 헝가리처럼 북부 지역에서 핀란드도 위험을 느끼게 된 것이다. 그러자 핀란드 정부도 전쟁 중지를 염두에 두고, 연합국과 비밀 외교 접촉을 시작하기에 이르렀다.

이렇듯 1944년 초까지 이어진 소련군의 공세로 인해 남부 지역의 우크라이나와 북부 지역의 레닌그라드가 탈환되었다. 그리고 이제 독일의 수중에 남은 소련 영토는 중부 지역의 벨라루스 뿐이었다. 즉 소련은 벨라루스 등의 중부 지역을 제외한 거의 모든 소련 영토를 되찾았고, 독소전쟁의 시작부터 독일과 함께 행동해왔던 동맹국들인 루마니아, 헝가리, 핀란드의 전쟁 의지도 위협받기 시작한 것이었다. 이처럼 1941년부터 1944년초까지 독소전쟁이 계속되는 과정에서 독일과 소련의 주도권은 서로 뒤바뀌었고, 그런 가운데 전쟁의 복잡성을 대표하는 정치외교, 사회경제, 군사작전 분야의 정책 결정들이 계속 이어졌다.

그리고 동시에 전쟁의 불확실성을 극복하기 위한 전쟁에서의 학습 경쟁에 관한 결정들도 등장했다. 그리고 이와 같은 결정들은 제복과의 대화 특징으로부터 영향을 받았다.

2. 전쟁 중반 소련에서 제복과의 대화

독소전쟁의 중반이라 할 수 있는 1942년부터 1944년 초반까지 기간에도 소련에서 전쟁의 복잡성과 불확실성에 관련된 중요 정책 결정들이 있었다. 전쟁의 복잡성 관점에서 볼 때, 소련이 독일과의 장기전에 승리하기 위해서 정치외교적으로는 미국과 영국의 지속적인 군사와 경제 지원이 필요했다. 소련은 지금까지 독일을 대적해 온 영국과 이제 제2차 세계대전에 공식 참전하기 시작한 미국으로부터 안정적인 지원을 보장받아야만 했다. 그러기 위해서는, 이 두 나라가 대 소련 지원이 연합국의 전쟁 승리에 필수적이라고 생각하도록 해야했다. 그리고 전쟁 초부터 소련군을 압도해 온 독일군의 전쟁 수행체계로 인한 전쟁의 불확실성을 극복하기 위해서는 독일군에 맞설 수 있는 소련군의 새로운 전쟁 수행체계가 필요한 상태였다. 1944년 초까지 소련의 중요한 결정 중의 하나는 스스로의 전쟁 수행체계 개선을 위한 독일군으로부터의 학습이었고, 그것은 전쟁 중의 학습 경쟁의 일환이기도 했다. 이와 같은 소련의 결정은 소련에서 제복과의 대화 특징이 점진적으로 변화하는 과정에서 나타났다. 1941년의 심각한 패전 이후로 소련에서 제복과의 대화 체계에서는 스탈린 독재 체제 속에서도 민간의 선택적 개입이 완화되고 군의 협상력은 상대적으로 커지는 방향의 변화가 발생했다.

독소전쟁 발발 직후에는 스탈린의 군사 분야 개입이 빠르게 확대되었었다. 개전 직후인 1941년 6월30일에 스탈린은 국방위원회를 설립하여 '국가의 완전한 권력'을 부여하고는 스스로가 위원장이 되었다. 스탈린은 7월10일에 공군 총사령관이 되고, 7월19일에는 티모센코를 대신하여 군사위원이 되었다. 8월8일에 스탈린은 소련 최고사령부 스타프카(Stavka)의 최고사령관이 되었다. 그 과정에서 스탈린은 계엄령을 소련 서부 전역에 선포하였다. 그리고 군에 이중 지휘권이 재도입되어, 모든 작전 명령에 정치위원들과 군 지휘관의 공동 서명이 필요해졌다. 1941년 8월에는 스탈린의 유명한 명령이 발효되었다. 이 명령에 의해 항복하거나 포로가 된 사람 전원이 '조국의 배신자'로 간주되었고, 포로가 된 장교의 부인은 체포되어 투옥되었다.[137] 제복과의 대화 체계에서 볼 때 스탈린의 선택적 개입은 최대 수준이었다.

그러나 스탈린은 전쟁 초 패전이 거듭되자 상황을 반전시킬 변화를 모색하기 시작했다. 1941년 민스크 함락 당시 스탈린은 충격을 받고 다음과 같이 말했다고 한다.

"나는 모든 것을 잃었다. 내가 망쳤다. 레닌은 조국을 일으켰지만 우리가 망쳐놓았다."[138]

그리고 독일이 위협적으로 남부 소련의 대부분을 거의 장악해가자, 드디어 스탈린은 스스로가 최고사령관을 맡아서는 전쟁을 반전시

137 리처드 오버리, 『스탈린과 히틀러의 전쟁』, p.118.

138 올랜도 파이지스, 『혁명의 러시아 1881~1991』, p.321.

킬 수 없다고 느끼게 되었다. 그리고 스탈린은 군사작전의 유능한 인재로 알려진 쥬코프 장군을 최고사령관 대리로 임명했다. 이것은 소련에서의 민간의 선택적 개입이 서서히 완화되고 있음을 보여주는 것이었다. 그리고 1942년부터는 군에 대한 당의 통제에도 변화가 나타났다. 스탈린은 1942년 6월에 소련군 총정치국장 메흘리스의 작전 영역의 권한을 회수하였다. 메흘리스는 정치위원들로 하여금 붉은 군대 전체를 장악하도록 했었는데, 스탈린은 메흘리스의 활동을 정치 선전 영역으로만 국한시켜 버렸다. 이것은 정치위원들의 군사 분야 개입 권한을 제한하겠다는 의미였다. 이어서 군의 모든 하급부대에서는 정치위원 제도가 폐지되었다. 전선군 수준의 상급부대에서도 순수한 군사적 결정에는 정치위원의 간섭을 크게 축소시켰다. 그리고 군 지휘관이 서명한 작전 명령에 정치위원의 동반 서명도 더 이상 요구되지 않게 되었다. 12월에 들어서 모든 정치위원들은 군 지휘관의 부관이 되었다. 1943년에는 정치위원 12만2천명이 초급 장교로 전환되어 전선으로 배치되기 위한 군사 훈련을 받기 시작했다. 붉은 군대에서 장교단의 권한과 책임은 부활하였고, '동무'라는 표현 대신 '장교'라는 용어가 널리 쓰여졌다. 또한 제정 러시아 시절처럼 장교들만 제복에 견장을 착용할 수 있도록 되었고, 훌륭한 전투 성과로 명성을 얻은 부대는 제정 러시아 시절의 호칭인 '근위대'로 불리었다. 전쟁 수행 임무는 정치위원들이 지배하는 군사위원회로부터 작전계획을 지휘하는 최고사령부 작전참모부로 점차 옮겨갔다. 부대 내 정치위원들의 영향력도 현저히 줄어들었고, 장교들은 당으로부터 일방적인 통제를 받는 대상이 아니라 상호 신뢰 관계로 발전되었다. 즉 소련에서 제복과의 대화 특징은 개전 후부터 1943

년까지 민간의 선택적 개입은 완화되고 군부의 협상력은 높아지는 방향으로 변화가 일어나고 있는 중이었다.

이와 같은 소련에서 제복과의 대화 특징의 변화 속에서 소련군은 개전 이후 경험했던 독일군의 전쟁 수행체계에 대한 광범위한 학습 과정에 돌입했다. 전쟁 중 학습의 주체는 소련군이었고, 학습의 모델은 판처 부대와 공군 항공함대로 전격전을 수행하고 있는 독일군 전쟁 수행체계였다. 1941년 6월에서 12월까지 소련군에서 전사자 260만명과 포로 330만명이 발생될 때, 독일군의 전사자는 16만4천명이었다. 독일군 한명이 전사할 때, 소련군 이십명이 전사하는 비율이었다. 독일군은 장비와 훈련, 작전 이해도, 전술 숙련도에서 소련군보다 우수했다. 이런 상황 속에서 소련은 적극적으로 독일의 전쟁 수행체계를 통해 얻은 경험을 학습하고 적용해 나가기 시작했다. 소련군 최고사령부는 모든 전투의 사후 분석을 통한 교훈 연구와 연구 결과를 전파하는 임무를 참모본부 1개 부서 전체에게 할당하였다. 또한 전쟁 전에 폐기되었던 투하체프스키 류의 소련군 전술과 접목시켜 새로운 군사 행동 지침을 만들어냈다. 그리고 독일의 판처 전격전에 맞설 소련의 탱크 군단과 기계화 군단의 운용을 시험하며, 소련 방식의 종심 돌파 작전의 전형을 만들어냈다. 그리고 점차 숙련된 지휘관과 참모 장교들이 양성되면서, 소련군도 독일군 정예 판처 부대에 견주어서 뒤지지 않는 능력을 발휘하기 시작했다.[139]

1942년 1월부터 소련군은 독일군 방어선의 취약지점에 투입하기

---

139 데이비드 글랜츠 · 조너선 하우스, 『독소전쟁사 1941~1945』, pp.230-231.

위해 완전 편제된 공격 부대를 집합시킨 충격집단을 편성하기 시작했다. 이렇게 해서 소련군은 선택된 지점에 압도적인 병력을 집중시켜 돌파를 달성하는 방식에 서서히 적응해가기 시작했다. 그리고 방어시에도 소련군은 밀도와 종심을 갖춘 방어체계를 채택했다. 모스크바와 레닌그라드 방어 전투에서 깊은 종심과 상호 연결된 참호 방어선이 최초로 구축되어 성공을 거두었다. 그리고 지뢰와 대전차포가 상호 지원할 수 있도록 구성된 대전차 방어선이 구축되어 쿠르스크에서 유용하게 사용되어졌다. 1942년 3월부터는 독일의 판처 사단에 해당하는 탱크 군단을 편성하고, 독일식 차량화 보병사단에 해당하는 기계화 군단이 창설되었다. 소련군이 스탈린그라드 전투 당시 보여준 성공은 소련군이 독일군에 맞서서 복잡한 대규모 작전을 조직하는 능력을 갖추기 시작했음을 의미했다. 그 결과 1941년에 독일군 탱크 한 대를 격파할 때 소련군 탱크 7대 또는 8대가 상실되었다면, 1944년 가을에는 그 비율이 1:1이 될 수 있었다. 소련 공군 역시 노비코프(Aleksandr Novikov) 장군의 개혁 아래 중앙의 긴밀한 지휘통제 속에서, 전투의 결정적 국면에 집중시킬 대규모 전략 예비 전력이 조성되었다. 소련 공군 항공대는 독일 공군처럼 각각 지상 1개 전선군 사령관에게 할당되었고, 우선적으로 적의 항공력을 분쇄한 다음 지상군을 지원하였다. 이러한 노비코프의 노력으로 소련에게 부족했던 항공기와 탱크의 결합이 이루어지게 되었다. 이렇듯 소련에서 제복과의 대화 특징이 극단적으로 강했던 민간의 선택적 개입이 보다 완화되고, 군의 협상력 역시 회복되는 변화를 보일 때, 전쟁 중 학습 경쟁에 유용한 학습과 신속한 군사력 변경 선택 결정이 일어난 것이다. 이것은 과도하게 강했던 민간의 선택적 개입이 완화되고 그만큼 군의 협상력도 복원됨에 따라 전쟁 중 적으로부터의 학습이 일어났음을 의미한다.

3. 전쟁 중반 독일에서 제복과의 대화

1942년 이후는 독일에서도 독소전쟁 중의 중요한 정책 결정이 일어나야 할 시기였다. 독일은 소련과의 전쟁에서 과거의 전쟁처럼 전격전으로 단기간에 승리를 거두는 것이 어렵다는 것을 인식하고 있었다. 소련의 주요 전쟁 자원들은 동쪽으로 멀리 이동하여 우랄 산맥 동쪽에 재배치되어 있었고, 독일 공군의 폭격 범위를 벗어나 있었다. 그리고 소련은 영국과 미국으로부터 군수품을 해상으로 지원받고 있었다. 그러므로 독일이 소련의 전쟁 자원에 직접 피해를 입히고 외부로부터의 지원을 차단하기 위해서는, 소련이 독일 전쟁 수행체계를 학습했듯이 독일도 영국과 미국의 전략폭격과 해상봉쇄를 학습할 필요가 있었다. 그러나 독일에서는 적으로부터의 학습과 그로 인한 군사력 변화가 의미있는 수준으로 발생하지 않았다. 그때 독일에서 제복과의 대화 특징은 소련과는 달리 민간의 선택적 개입이 더 강화되고 군의 협상력은 더 약화되는 쪽으로 변화되고 있었다.

히틀러는 제2차 세계대전 전 기간에 걸쳐 군사 분야에 관여해왔는데, 독소전쟁 시작부터 군사작전에 직접 개입하고 있었다. 그리고 1941년 12월에 히틀러는 육군 총사령관 브라우히치 장군을 해임하고 육군의 지휘권을 직접 인수했다. 히틀러는 1942년 남부 지역에서 A집단군 사령관을 해임한 이후에 후임 사령관 지명을 늦추면서 스스로 A 집단군까지 지휘한 바도 있었다.[140] 독소전쟁 시작 전에 히틀러는 이미 군 통수권자이었지만, 독소전쟁 중에는 육군의 총사령관이 되어 작전을 지휘하게 된 것이다. 이러한 히틀러의 직접적인 군 지휘권 행사와 함께 병영 내 나치 이데올로기의 확산도 군의 협상력 약화와 민간의 선택적 개입을 강화시켰다. 독일 군부는 전쟁이 지속될수록 정신력과 사상이 전투 지휘 능력만큼이나 중요한 의미를 갖게 된다고 생각했다. 따라서 전쟁이 불리해질수록 독일군은 군사작전에서 지휘관과 병사의 이데올로기적 헌신에 더 의존하게 되었다. 그 결과 전쟁 상황이 악화되어 인력 부족 사태가 커질 수록 독일 군부와 나치 당 간의 유대는 더욱 강화되었고, 특히 히틀러는 나치 세계관에 대한 믿음이 입증된 장군들에게만 보직을 주라고 지시했을 정도였다.[141] 실제로 독일군 장군들의 사고와 행동은 나치 당 지도자들과 별로 다르지 않았으며, 그 결과 장군들은 전쟁이 끝날 때까지 히틀러를 추종했다. 결국 독일 군부는 점차 히틀러 개인에게도 종속되고 나치 이데올로기로도 일체화되어 갔던 것이다. 즉 독일에서 제복과의 대화 특징은 개전 후부터 1943년까지 기간에 걸쳐 민간의 선택적 개입은 더 강화되고 군부의 협상력은 더 약해지는 방향으로 변화가 일어난 것이다.

이와 같은 민간의 선택적 개입의 강화와 군의 협상력 약화라는 독일에서 제복과의 대화 특징은 독일 군사 조직과 민간 관료 조직이 사실

140 에리히 만슈타인, 정주용 역, 『잃어버린 승리: 만슈타인 회고록』, (고양: 좋은땅, 2016), p.404.

141 제프리 메가기, 『히틀러 최고사령부 1933~1945』, pp.419-423.

상 상호 독립적인 조직으로 변질 되어감에 따라 더 강화되었다. 히틀러는 1938년에 자신의 군 통수권을 보좌하기 위한 군사참모조직으로 최고사령부(Oberkommando der Wehrmacht, OKW)를 설치하였다. 그러면서 히틀러는 군사 조직에 대한 통제 권력을 신중하게 관리했다. 따라서 히틀러는 최고사령부의 보좌를 받으며 육군과 공군을 직접 지휘할 수 있었지만, 히틀러의 지시가 없을 때 최고사령부가 군사 조직들을 통합하여 작전 지휘하는 것은 불가능했다. 최고사령부는 명목상 독일 군사조직 전체를 대표하는 듯이 보였지만, 실제 역할은 히틀러 개인에 대한 군사적 보좌였던 것이다. 최고사령부는 군사 조직간의 정치적 경쟁을 조정하지 못했고, 육군 참모본부, 해군, 공군, 그리고 무장 친위대는 독자적인 노선을 걸었다. 그런 가운데 나치 독일의 정치적 2인자를 자처하는 괴링 휘하의 독일 공군은 독일 육군과 심각한 자원 경쟁까지 벌이고 있었다. 독일은 영국 전투를 앞두고 영국 본토에서의 지상 전투를 대비해 17만명의 인력을 공군에 할당했는데, 영국 전투가 사실상 종료된 이후에도 이 병력은 육군이 아니라 공군의 22개 지상 사단으로 편성되어 공군의 지휘만을 받게될 정도였다.[142]

더구나 히틀러의 최고사령부는 민간 관료 조직들로부터도 고립되어 있었다. 최고사령부는 베를린으로부터 700킬로 떨어진 라스텐부르크(Rastenburg) 근처의 늑대굴이라는 뜻의 암호명 볼프스산체(Wolfsschanze)에 위치하고 있었다. 이곳은 독소전쟁의 시작때부터 히틀러의 본부이기도 했다. 이곳에서 독일 최고사령부는 가로 1.5킬로, 세

142 에리히 만슈타인, 『잃어버린 승리: 만슈타인 회고록』, pp.292-293.

로 2킬로 철조망과 지뢰밭에 둘러싸여 있었고, 정부 부처와 행정기구들은 모두 베를린에 남아있었다. 히틀러의 최고사령부는 베를린과 물리적으로 격리되어 있었을 뿐 아니라, 베를린 행정 부처들과도 독립적이었으며 다른 사령부들과도 단절되어 있었다.[143] 이런 군사 조직들과 정부 조직들 간의 단절 상황은 제복과의 대화 특징에 있어서 군의 협상력을 더 낮아지게 만들고 있었다. 반면 모든 정보는 히틀러 개인에게 집중되고 있었으므로 히틀러의 선택적 개입은 더 용이해졌다. 이것은 독일이 소련에 비해 군의 협상력이 더 낮아지고 민간의 선택적 개입이 더 강화된 이유 중의 하나가 되었다.

이와 같은 독일에서 제복과의 대화 특징이 나타난 시기에 독일군에 적용할만한 적으로부터의 학습은 사실상 일어나지 않았다. 독소전쟁 중반기에 독일에게 필요한 적으로부터의 학습은 영국과 미국의 전략폭격과 해상봉쇄일 수 있었다. 1941년 소련의 산업 경제 기반시설과 인력이 우랄 산맥 동쪽으로 이전하고, 가공할만한 규모의 소련의 전시생산이 가동되고 있을 때, 독일 공군은 우랄 산맥 동쪽까지 도달할 능력이 없었다. 그동안 독일은 판처 전격전을 준비하기 위해 공군력 중에서도 신속한 지상 화력지원이 가능한 전투폭격기와 전선 상공의 공중우세를 확보하기 위한 전투기 전력을 우선적으로 증강시켜왔다. 공군력 건설에 있어서 이러한 선택은 장거리 폭격기 개발을 희생시킨 결과였다. 독일 공군은 본질적으로 단거리 대지 공격 지원에 적합한 공군이 되어서 장거리 공격 능력의 부족이라는 문제를 갖고 있었다. 1942년

143 제프리 메가기, 『히틀러 최고사령부 1933~1945』, pp.309-311.

이후 소련의 잠재능력에 대처하기 위해 독일에게 필요한 것은 우랄 산맥 동쪽까지 접근할 수 있는 4발 엔진 장거리 폭격기와 그 운용능력이었고, 그것은 영국과 미국의 전략폭격으로부터 학습될 수 있었다. 그리고 소련으로 해상을 통해 유입되는 영국과 미국의 군수지원은 소련의 전시 생산 능력만큼이나 중요한 전쟁 자원이었다. 영국과 미국으로부터 소련까지 이어지는 해상 교통로를 봉쇄하기 위해서는 원거리 해상에서 항공력을 운용할 수 있는 항공모함 전력이 필요했으나, 독일 해군은 항공모함을 갖고 있지 않았다. 이러한 항공모함과 해상 항공전력 역시 영국과 미국의 해상봉쇄로부터 학습될 수 있었다. 그러나 독일에서는 항공모함을 확보하려는 노력도 나타나지 않았고, 해상봉쇄에 유용한 잠수함 전력의 추가 확보 노력도 크지 않았다. 독일 해군의 잠수함도 1941년 12월27일 당시 총 98척 수준으로부터 크게 증강되지 않았다.[144] 즉, 독일에서 제복과의 대화 특징이 소련과 달리 민간의 선택적 개입이 더 강화되고 군의 협상력은 보다 약해지는 쪽으로 변화하는 동안, 역시 소련과는 다르게 전쟁 중 학습 경쟁과 관련된 군사력의 개선이나 변경은 선택되지 않은 것이다. 이것은 소련에 비해 민간의 선택적 개입이 과도하게 강해지고 군의 협상력이 약해졌던 독일에서 전쟁 중 적으로부터의 학습이 일어나지 않았음을 의미한다.

144 Holger H. Herwig, "Miscalculated Risks," pp.96.

〈그림 17〉 독소전쟁에서의 도전과 대응, 그리고 적으로부터의 학습

소련군은 전쟁 초기 독일군의 전쟁 수행체계에 압도되었지만, 1942년 스탈린그라드 전투에서 처음으로 대승리를 거둔다. 그리고 이어서 1943년 쿠르스크 전투에서 독일군의 공격을 성공적으로 막아내면서 독일군의 전쟁 수행체계를 학습해 나갔다. 위의 왼쪽 장면은 스탈린그라드 전투를 소련측에서 묘사한 그림이다. 그 오른쪽 사진은 쿠르스크 전투가 끝난후 파괴된 상태로 버려져 있는 독일군 탱크이다. 쿠르스크 전투 이후부터 소련군의 전쟁 수행체계는 독일군을 앞서기 시작했다.

독일군의 전쟁 수행체계는 전격전이라는 이름으로 유명했으며, 탱크와 기계화부대 그리고 공군의 합동작전의 정수였다. 위의 왼쪽 사진은 1942년 남부 소련 지역에서 이동하고 있는 독일군 탱크 부대의 모습이고, 그 오른쪽은 지상 공격 중인 독일 공군의 급강하 폭격기이다. 그리고 가장 오른쪽 사진은 소련군이 독일군의 공격에 대비하여 대전차 방어진지를 건설하고 있는 모습이다. 소련의 독일 전쟁 수행체계에 대한 학습의 첫 결과는 정교한 방어진지를 등에 엎고 독일군의 공격을 방어해낸 것이었다.

제6장

도전과 대응의 결말

1. 1944년, 소비에트 행진

1944년부터는 독일의 여름 공세와 소련의 겨울 공세라는 과거의 공식은 더 이상 존재하지 않았고 소련군은 모든 소련 영토 탈환이라는 목표를 달성하였으며, 더 나아가 폴란드와 동프러시아까지 접근하게 되었다. 이제 독소전쟁 시작 이후 상황은 완전히 뒤바뀌어서 소련군이 독일 영토를 침범하기 시작했고, 독일군은 약탈 경제와 이데올로기를 위한 싸움이 아니라 국토 방위를 위한 전쟁에 돌입하게 되었다. 따라서 독일군의 저항 역시 독소전쟁 초기 소련군의 저항처럼 강력해졌다.

이와 같은 1944년 여름부터의 상황 전개를 앞두고 정치외교적으로 소련은 독일의 동맹국들을 하루빨리 전쟁에서 이탈시키고, 전쟁이 끝난 후에는 소련 공산주의 이식을 용이하게 해 줄 수 있는 공격 목표와 방향을 선정해야 했다. 반면 독일은 효율적인 방어 전투를 위해서 단 하나의 동맹국이라도 이탈하지 않도록 막아야했다. 사회경제 분야에서 소련은 지상작전만으로 독일의 약점인 석유 자원을 차단시킬 수 있게 되었고, 발칸반도에 진입하면서부터는 소련도 약탈 경제가 가능해졌다. 반면 독일은 독소전쟁 초기 소련이 그랬던 것처럼 지상 전선에서의 후퇴와 전략폭격으로 인해 누적되는 피해 손실을 복구하면서 전시경제를 가동해야 했다. 군사 작전 분야에서 소련군은 독일의 판처 부대들이 집결할 방어 거점을 예측해야 했고, 독일군은 소련의 공격 방향을 예상해야했다.

이러한 전쟁의 복잡성에 따른 고려사항들 속에서 1944년 여름 상황이 전개되기 시작했다. 1944년 5월까지 소련군은 북부 지역에서 레닌그라드를 탈환하고, 남부 지역에서는 우크라이나와 크림 반도의 해방을 완료한 상태였다. 그런 가운데 중부 지역의 벨라루스를 방어하고 있던 독일 중부 집단군 입장에서는 북쪽과 남쪽의 독일군이 후퇴했기 때문에 중부 지역만 홀로 동쪽으로 돌출되어져 있는 상태였다. 그리고 그해 봄까지 지속된 전투로 독일 중부 집단군의 예비 병력은 상당히 감소되어 있었다. 1944년 여름에 소련군은 독일 중부 집단군을 주요 표적으로 삼아 벨라루스를 탈환하기로 계획하였다. 그리고 이 계획에 과거 나폴레옹 전쟁 당시 러시아의 맹장 이름을 따서 바그라티온(Bagration) 작전이라고 명명하였다. 그러나 독일은 소련의 여름철 공세가 남부 지역에서 우크라이나 지역으로부터 시작될 것이라고 예측하고 있었다. 따라서 방어 전투의 명인인 모델 장군도 남부 집단군 사령관으로 부임해갔고, 중부 지역에서의 병력 밀집도는 낮은 상태였다. 그런 가운데 6월초에 시작된 소련의 첫 번째 공격은 독일 중부 집단군의 주의를 전환시키기 위한 견제 목적으로 북부 지역의 핀란드로 향하였다. 소련군의 핀란드 공격은 북부 지역의 소련 영토를 탈환하는 성과도 있었지만, 견제 공격에 미혹된 독일 중부 집단군이 중부 지역에서 임박한 소련군의 공격을 전혀 인식하지 못하도록 하였다. 또다시 전쟁의 불확실성은 고조되었다.

중부 지역에서 소련군의 주요 공격인 바그라티온 작전 시작 일자는 우연히도 독소전쟁이 시작된 6월22일과 같은 날짜였다. 독소전쟁의 시작을 알린 독일의 발바로사 작전이 개시된 지 3주년이 되는 같은 날짜에 소련의 대규모 공격인 바그라티온 작전이 시작되었다. 소련군의 공격은 벨라루스의 독일군 돌출부 북부 지역으로부터 시작되었다. 벨라루스의 독일군 방어 진지 앞에는 늪지대가 펼쳐져 있었지만 소련 공병대가 나무 둑길을 신속히 건설하였고, 곧이어 소련 탱크 부대가 나무 둑길을 따라 늪지대를 통과하여 독일군 돌출부를 북쪽에서부터 양단내기 시작했다. 소련군은 급속도로 벨라루스 돌출부의 독일군 후방을 관통했고, 중부 지역에서 독일군의 최초 침략 목표이기도 했던 벨라루스의 수도 민스크를 포위하기 위해 신속히 기동했다. 민스크의 독일군 방어진은 이미 약화되어 있기도 했었지만, 히틀러의 현 위치 사수 명령까지 더해져서 독일군은 후퇴하지 못하고 버티고 있었다. 따라서 소련군은 민스크를 포함한 벨라루스에서의 포위전을 유리하게 이끌어 나갈 수 있었다. 소련군의 공세로 인한 사태를 수습하려는 독일의 첫 대응은 중부 집단군 사령관을 방어전투의 명인 모델 원수로 교체하는 것이었다. 그러나 7월초에 들어서 민스크의 독일군이 방어 준비를 완성하기

전에 소련군 선두부대가 먼저 돌입하면서, 소련군에게 민스크가 쉽게 함락되고 말았다. 그러면서 민스크 동쪽에서 방어전을 하던 독일 제4군은 소련군에게 완전히 포위되고 말았다. 이때 소련군은 독일 중부 집단군의 포로 30만을 잡는 대승리를 거두게 되었다. 이어서 소련군은 독일군의 붕괴를 최대한 활용하기 위해 신속하게 서쪽으로 진격하였다.

민스크에서 승리한 소련군의 다음 단계 공격은 중부 지역의 남쪽을 관통하여 폴란드로 향하는 것이었다. 곧 폴란드를 향한 진출을 가로막고 있는 리보프(Lvov)의 독일 방어망에 대한 소련군의 공격이 시작되었다. 그리고 이어서 소련군은 리보프 후방을 차단하는데 성공했다. 결국 7월말에 독일군은 리보프를 포기하고 물러설 수 밖에 없었다. 그 결과로 소련군은 제1차 세계대전의 강화 조약을 체결하였던 도시이기도 하고, 독일과 소련의 국경 도시이기도 한 브레스트 리토프스크(Brest-Litovsk)까지 탈환할 수 있었다. 그리고 다음 단계의 소련군의 공격은 폴란드의 수도 바르샤바를 향하여 시작되었다. 이때 방어 전투의 명인으로 유명한 독일 중부 집단군 사령관 모델 원수의 명성이 바르샤바 방어전을 통해 한번 더 증명되어졌다. 당시 바르샤뱌 동쪽으로부터는 소련 공격군이 맹진격하고 있었는데, 모델 원수는 바르샤바 서쪽에서 독일 판처 부대를 급히 재편성하여 바르샤바로 돌진시켰다. 이렇게하여 전쟁의 불확실성은 급속도로 고조되었다. 독일군은 공군 총사령관 괴링의 이름을 딴 정예 공군 지상군 판처 사단과 무장 친위대까지 포함한 강력한 판처 부대들로 구성되어 있었다. 당시 소련군은 먼 거리를 이동하면서 피로와 보급 부족이 겹친 상태였다. 결국 독일군 판처 부대들은 7월말의 바르샤바 전투에서 마침내 소련군을 격퇴시켰다. 다시 한번 모델 원수의 방어전이 성공했고, 소련군의 바르샤바의 탈환은 지연되었다. 따라서 바그라티온 작전으로 시작된 중부 지역에서의 소련의 대규모 공세는 독일 중부 집단군을 크게 약화시키는데 성공했지만, 결국 바르샤바 동쪽에서 중단되었다.

바그라티온 작전으로 독일 중부 집단군이 약화되자 소련은 이제 독일 북부 집단군을 공격할 기회가 왔다고 판단하고 북부 지역 공격도 시작했다. 소련군의 공격은 발트 해를 따라 동쪽부터 에스토니아, 라트비아, 리투아니아를 탈환하고 동프러시아의 독일 국경까지 진출한다는 계획이었다. 그런 가운데 소련은 독일 북부 집단군을 독일 본토와 분리시킬 기회를 포착하고, 공격의 방향을 리투아니아와 라트비아로 집중했다. 1944년 7월 소련군은 리투아니아의 샤울라이(Siauliai)와 라트비아 수도 리가(Riga)를 집중 공격하였다. 새로 북부 집단군 사령관이 된 쇠르너(Ferdinand Schörner) 장군은 라트비아 수도 리가 방어에 집중하기 위해 전선을 축소하려고 했다. 그때 소련군의 리가에 대한 대규모 공격은 계속되었고, 동시에 리투아니아와 독일 동프러시아 국경을 분리하기 위한 공격도 이어졌다. 소련군의 강력한 동시 공격으로 인해 독일 북부 집단군은 결국 독일 본토와 차단되고 말았다. 따라서 10월까지 독일 북부 집단군은 라트비아와 에스토니아를 잃고 동프러시아 국경과도 분리되어 리투아니아 북부의 쿠틀란트(Courland) 반도로 고립되어졌다. 소련군은 이렇게 발트 해 연안 국가들을 모두 탈환하고, 독일 북부 집단군을 쿠틀란트에 고립시킨 후 동프러시아 국경까지 진출하였다. 이 시기에 독소전쟁 시작부터 독일의 세 집단군의 한 축이었던 북부 집단군은 사실상 파멸하고 말았다. 그리고 독일군의 후퇴를 지켜보던 핀란드는 결국 소련과의 정전 협정에 서명하게 되었다. 이제 독일의 동맹국 하나가 전열을 이탈한 것이었다.

그런 가운데, 1944년 8월말 소련군 여름 공세의 마지막 공격이 남부 지역에서 과거 독일 남부 집단군이 위치한 루마니아에서부터 시작하여 발칸 반도까지 이어졌다. 루마니아에 배치되어 있던 독일 남부 집단군 병력은 지연전을 펼치며 탈출하려고 했고, 소련군은 후퇴하는 독일군을 포착하여 포위하려는 시도를 계속 했다. 소련군의 공세가 가중되자, 루마니아 수도 부쿠레슈티(Bucharest)에서는 친 독일 정부를 무너뜨리는 쿠데타가 일어났다. 친 독일 루마니아 정부가 전복되자, 전선의 루마니아군은 소련군에게 개별적으로 항복하기 시작했다. 새 루마니아 정부는 독일에 대해 선전포고를 했고, 독일의 동맹군이었던 루마니아 군들은 사실상 붕괴되었다. 그리고 9월에 소련군은 루마니아 북부 시레트(Siret) 강 유역에서 과거 독일 남부 집단군 주력인 독일 제6군의 대부분을 포위하였다. 시레트 강 전투에서 독일군 포로 40만명이 발생하였고, 독일의 세 개 집단군 중 북부 집단군에 이어 남부 집단군도 사실상 파멸하고 말았다. 그리고 소련군은 루마니아 수도 부쿠레슈티와 함께 루마니아의 유전 지대를 장악했고, 독일은 가장 중요한 석유 자원 원천을 상실하게 되었다. 루마니아가 붕괴된 후 소련군은 인접 국경을 넘어 불가리아를 점령했고, 신생 불가리아 정부는 소련의 동맹국이 되었다. 그리고 소련군은 불가리아군과 함께 유고슬라비아로 진격했다. 이제 발칸 반도에서는 독일의 동맹국도 사라지고 점령지도 모두 탈환되어졌다. 그리고 소련군은 9월말에 카르파티아(Carpathia) 산맥을 넘어 독일의 마지막 남은 동맹국 헝가리로 진출하였다. 10월부터 시작된 헝가리 공방전은 12월에 소련군이 헝가리의 수도 부다페스트(Budapest)의 포위망을 완성할때까지 계속되었다. 12월에 히틀러는 무장 친위대 소속 SS판처 군단을 보내 부다페스트 포위망을 돌파하려고 했으나, 결국 실패하고 말았다. 부다페스트에서의 벌어진 독일과 소련의 탱크 부대 간의 전투는 소련의 탱크 부대가 독일에게 밀리지 않는 상대가 되었음을 다시 한번 입증해 보였다. 부다페스트 포위전은 그 다음해 2월까지 이어졌고, 부다페스트 방어를 책임졌던 독일군과 헝가리군의 항복과 함께 독일의 마지막 동맹국도 사라지게 되었다.

2. 1945년, 판처(Panzer) 부대의 최후

1944년의 소련군 공세는 독일의 동맹국들을 모두 사라지게 했고, 독일의 강력한 판처 부대들을 헝가리 전선으로 많이 끌어들였다. 그 결과 폴란드 수도 바르샤바와 독일 수도 베를린 사이 축선을 지켜야 할 독일군 부대들이 줄어들게 되었다. 1945년 1월 당시 소련군은 북부 지역에서는 동프러시아 국경에 인접해 있었고, 중부 지역에서는 폴란드 수도 바르샤바를 눈 앞에 두고 있었다. 그리고 남부 지역에서는 헝가리의 부다페스트를 장악하고, 오스트리아의 수도 비엔나(Vienna)로 향하는 도로를 바라보고 있었다. 이제 소련의 마지막 공격이 임박했고, 서부에서는 미국과 영국군이 독일 영토로 진입해 오는 상태였다. 소련의 대공세는 동쪽으로부터 독일 영토로 진입하는 작전이었고, 전투는 독일의 수도 베를린이 함락될 때까지 계속되었다. 소련의 수도 모스크바와 독일의 수도 베를린 사이를 거대한 규모의 붉은 군대와 나치 군대가 오갔던 전쟁은 이제 베를린에서 종식될 예정이었다.

이와 같은 1945년 상황 전개를 앞두고 정치외교적으로 소련은 서부로부터 진격해오는 미국과 영국 연합국과 경쟁하면서 독일 영토와 동유럽 영토를 보다 넓게 장악해야 전후 소련의 영향력을 유리하게 행사할 수 있었다. 반면 독일은 국토가 완전히 정복되고 군사력이 완전히 붕괴되기 전에 가능한 유리한 상황으로 휴전을 달성해야했다. 사회경제 분야에서는 소련과 독일 모두 산업 노동력과 병력 충원에 필요한 인력 부족에 시달리고 있었으므로 효율적인 인력 동원이 필요했다. 군사작전 분야에서 소련은 인명 손실과 시간 소모를 최소화하며 가능한 많은 영토를 확보하기 위해서 독일군이 집결할 방어 거점을 예측해야 했고, 독일은 여전히 소련의 공격 방향을 예측해야 했다.

이러한 전쟁의 복잡성에 따른 고려사항 속에서 1945년 상황이 전개되기 시작했다. 스탈린은 전쟁의 최종 승리를 자신의 이름으로 장식하기 원했고, 미국과 영국에게 베를린 정복이라는 기회를 빼앗기고 싶지도 않았다. 그때 스탈린은 다시 소련 최고사령부의 사령관으로 돌아왔다. 그리고 스탈린의 지도 아래 비스툴라-오데르(Vistula-Oder) 작전으로 명명된 소련의 대공세가 1945년 1월에 시작되었다. 세 명의 소련 장군이 세 방향으로의 공격을 이끌었다. 중부 지역에서 쥬코프 장군의 제1벨라루스 전선군은 폴란드 중앙을 돌파하여 오데르(Oder) 강까지 진출할 예정이고, 쥬코프의 경쟁자이기도 한 코네프 장군이 이끄는 제1우크라이나 전선군은 독일 남부 지역 슐레지엔(Silesian)으로 향할 계획이었다. 그리고 북부 지역에서는 로코소프스키 장군이 이끄는 제2

벨라루스 전선군이 동프러시아로 진격할 예정이었다. 그러나 독일군은 이번 소련군의 공격이 1944년 여름의 바그라티온 작전처럼 북부와 남부로부터 포위망을 만들어 올것이라고 예측했다. 독일군의 예상은 틀렸고 소련군의 주공격은 폴란드를 관통하는 중부 지역이었다. 1945년 1월 소련군은 중부 폴란드를 관통해 바르샤바를 점령하고, 1월말까지 오데르 강에 도달했다. 북부 지역의 소련군은 발트 해안을 따라 동프러시아까지 장악했고, 독일군은 쾨니히스베르크(Königsberg)로 쫓겨들어갔다. 쾨니히스베르크의 독일군이 계속되는 방어전 끝에 탈진하여 항복할 때, 독소전쟁 시작부터 있어온 세 집단군 중 마지막인 중부 집단군도 사실상 소멸되었다.

1945년 3월 히틀러는 독소전쟁의 역전극을 위해 헝가리 부다페스트에서 희망을 보여주었던 독일 판처 부대들을 다시 한번 헝가리 방면으로 보내는 최후의 반격을 계획하였다. 1945년 1월말까지 서부 전선 아르덴느(Ardennes)에 배치되어 있던 독일 무장 친위대 디트리히(Sepp Dietrich) 장군의 제6 SS판처 군이 부다페스트와 비엔나 사이의 발라톤(Balaton) 호수로 보내져서 공격을 준비하였다. 소련은 독일의 반격을 예측하고 있었으나, 비엔나 공세를 위한 소련군 전력이 집결될 때까지는 발라톤 호수에서 종심 방어전을 수행하며 버티기로 했다. 이렇게 전쟁의 불확실성은 여전히 작동 중이었다. 1945년 3월, 독일 판처 군의 마지막 총공격이 시작되었다. 그러나 톨부힌(Fyodor Tolbukhin) 장군이 이끄는 소련 제3우크라이나 전선군은 판처 부대의 공격으로부터 3주간을 버텨냈다. 그리고나서 발라톤 호수로 소련군 4개군이 집결되면서 마지막 독일 판처 부대들은 공격을 포기하고 분산하여 퇴각하고 말았다. 발라톤 전투는 독일 판처 부대의 최후의 집단적인 공격 작전이었고, 전격전으로 유명했던 독일 판처 부대가 역사에서 사라지는 순간이기도 했다. 발라톤 전투가 벌어지는 동안 중부 지역에서는 소련군의 전진을 가로막고 있던 퀴스트린(Küstrin) 요새 전투가 2월부터 계속되어왔다. 그리고 3월에 들어서 처절했던 퀴스트린 전투가 소련의 승리로 막을 내렸다. 이제 베를린으로 향한 길이 열렸고, 베를린을 향한 소련군의 마지막 공세는 4월에 시작되었다. 소련군은 쥬코프 장군이 이끄는 베를린의 북쪽 공격과 코네프 장군이 지휘하는 남쪽 공격으로 베를린을 포위할 예정이었다. 이 과정에서 쥬코프와 코네프 간의 베를린 점령 경쟁이 벌어졌고, 베를린으로의 경쟁은 실제로 근처 엘베(Elbe) 강까지 진출해 온 미군과 소련군 간에도 벌어졌다. 그 시점에도 히틀러는 여전히 베를린 지하 벙커에 있었다. 히틀러는 여전히 지휘권을 행사했지만 무장 친위대의 일부는 비밀리에 항복 협상을 진행하려는 힘러의 지시에 따라 히틀러의 명령을 따르지 않았고, 베르마흐트 중에도 히틀러의 베를린 구원 지시를 무시하고 서부 전선으로 이동하는 부대가 있었다. 4월24일에 소련 쥬코프 장군과 코네프 장군의 부대가 베를린 남쪽에서 만나게 되면서 베를린은 겹겹이 포위되었고 히틀러의 탈출은 불가능해졌다. 히틀러는 이미 베를린을 떠나지 않겠다고 선언한 상태였다. 1941년 12월에 스탈린이 모스크바를 지켰던 것의 데자뷰이기도 했다. 4월14일부터 시작되었던 베를린 시가전은 4월30에 들어서서 가장 치열했던 제국 의회 의사당 전투에 이르러 절정에 도달했다. 그날 히틀러는 지하 벙커에서 자살했고, 베를린 방어 사령관 바이틀링(Helmuth Weidling) 장군이 베를린 수비대의 전투 중지 명령을 내렸다. 그럼에도 독일 베를린 수비대는 5월2일까지 전투를 계속하다가 항복하였다. 5월 2일은 독일 선전성 장관 괴벨스(Joseph Goebbels)가 베를린에서 자살한 날이기도 했다. 베를린 함락 이후에도 독일 전역과 체코슬로바키아에서의 전투는 계속 이어졌고 5월7일에 히틀러의 전권을 이어받은 독일 군사지도자들이 연합군 대표에게 항복 문서를 서명하면서 독소전쟁과 제2차 세계대전의 유럽 전쟁은 대단원의 막을 내리게 되었다.

제7장

독소전쟁에서의 도전과 대응, 그리고 제복과의 대화

제2차 세계대전 독소전쟁은 약탈 경제와 인종주의적 이데올로기를 신봉하는 독일이 서부 유럽에서의 군사적 성과를 바탕으로 소련을 지배하기 위해 침략함으로 시작하였다. 소련은 전 세계 자본주의 국가를 위협으로 상정하고 있었고, 특히 반 공산주의 이념이 강력하고 지리적으로 가까운 독일을 주요한 위협으로 간주하고 있었다. 그럼에도 소련은 독일과 외교적 협력을 우선으로 대응하다가 독일에게 기습을 당하게 되었다. 독일은 서부 유럽에서의 전쟁처럼 그리고 제1차 세계대전 당시 러시아가 무너진 것처럼 단기간 내에 소련을 지배하려고 했다. 그러나 이미 공업화되어 있었고 상당한 전쟁 자원을 동부로 피신시키며 저항하는 소련의 국력은 독일이 쉽게 압도할 수 없었다. 그로 인해 독소전쟁은 유례없이 많은 인명 피해를 동반한 장기적이고 소모적인 총력전 양상으로 변화되었다. 따라서 독일과 소련은 전쟁의 복잡성에 대처하기 위해 정치외교, 사회경제, 군사작전 분야에 걸친 전쟁의 복잡성을 고려하며 전쟁을 수행해야만 했다. 그리고 전쟁 기간 중 독일과 소련은 전쟁의 불확실성 속에서 각자 자신의 군사적 한계를 인식했고 군사력을 변경시킬 필요가 있었다. 소련은 독일 전격전의 유용성을 학습해서, 소련의 군사력을 개선하여 독일의 전쟁 수행체계에 대처할 수 있도록 해야만 했다. 독일은 소련이 우랄 산맥 동부로 이동시킨 대규모 전쟁 지속 자산을 마비시키기 위해서는, 연합국의 전략폭격과 해상봉쇄를 학습해서 군사력에 적용해야 할 필요가 있었다.

이때 독일과 소련은 동일하게도 전쟁의 도전에 대한 대응에 있어 정치외교, 사회경제, 군사작전 분야에 걸쳐 전쟁의 복잡성을 함께 고려하지 않았다. 독일은 1941년 12월에 전쟁이 장기적 총력전이 될 것을 알았지만, 사회경제 분야에서는 전시 경제 전환이 지연되었고 소련 내 점령지를 경제 기지로 활용하려는 계획도 포기되어졌다. 그리고 정치외교 분야에서는 일본의 미국 기습 공격이 발생하자 전략적 이득을 심사숙고 하지않고 대 미국 선전포고를 시행했다. 군사작전 분야에서도 소련에 대한 군사작전 목표가 군사력 격파와 정치적 중심지 장악, 그리고 산업 경제 요충지 점령 사이에서 순환되었다. 독일보다 소련의 정책결정은 비교적 일관성이 있었다. 소련은 빠른 전시 경제 전환과 경제산업 자산의 신속한 대피를 시행했고, 미국과 영국으로부터 지원을 받기 위한 노력을 계속했다. 그러나 이와 같은 소련의 정책은 숙고된 결정이기보다는 급속히 불리해진 전황에 따른 수동적이고 임시방편적 결정이었다. 독일과 소련의 전쟁에서의 도전에 대한 대응은 이처럼 정치외교, 사회경제, 군사작전 분야에 걸친 전쟁의 복잡성을 고려한 정책 결정이라고는 할 수 없었다.

이것은 전쟁 중 정책 결정과 제복과의 대화 특징 간의 관계가 선형(linear) 관계가 아니라 비선형(non-linear) 관계임을 의미한다. 제복과의 대화 특징에서 민간의 선택적 개입이 약하고 군의 협상력이 강할 경우, 군부가 주요 결정을 지배하고 민간 분야의 조언과 개입이 차단되면서 전쟁의 복잡성을 고려한 전시 정책 결정이 일어나기 힘들어진다. 그리고 민간의 선택적 개입이 강해지고 군의 협상력이 약해질수록 전쟁의 복잡성이 고려되는 정책 결정이 일어날 가능성이 커진다. 그러나 이와 같은 상관 관계는 계속 유지되는 것이 아니고 일정한 한도까지만 계속된다. 그래서 일정 한도를 넘어서까지 민간의 선택적 개입이 과도하게 강해지고 군의 협상력이 약화된다면, 이번에는 군부로부터의 다양한 조언 기능이 차단되면서 다시 전쟁의 복잡성을 고려하지 못하게되는 것이다. 그래서 제2차 세계대전 당시 과도한 민간의 선택적 개입과 취약한 군의 협상력이라는 특징을 지닌 독일과 소련에서 전쟁의 복잡성이 고려되지 않은 정책 결정들이 일어나게 된 것이다.

사실 독일의 히틀러와 소련의 스탈린이라는 두 독재자를 중심으로 한 양국의 제복과의 대화 특징은 제도적으로는 유사했다. 히틀러는 군대를 직접 지휘했고, 나치 이데올로기가 군부 전체에 확산되는 과정에서 독일의 민간의 선택적 개입은 대단히 강했고 군의 협상력은 낮았다. 독일과 비슷하게 소련에서도 스탈린은 군부를 철저히 장악하고 있었고, 공산당의 군부 통제 역시 치밀했으며 그것을 배경으로 소련에서 민간의 선택적 개입 역시 대단히 강했으며 군의 협상력은 낮았다. 그 결과 독일과 소련 모두 전쟁 중 정책 결정에서 전쟁의 복잡성을 고려하지 못하는 경향이 컸다. 그럼에도 독소전쟁의 진전에 따라 독일과 소련의 제복과의 대화 특징은 변화하기 시작했고, 그 결과 양국 간의 분명한 차이점이 발생했다. 독일에서 제복과의 대화 특징 변화는 소련과는 달리 히틀러가 작전 지휘관까지 겸직할 정도로 민간의 선택적 개입이 더 강화되는 방향이었다. 반면에 스탈린은 군 지휘관들에게 지휘권을 계속 이양해주는 쪽으로 변화해나갔다. 독일과 소련의 제복과의 대화 특징은 전쟁이 시작할 때는 유사했으나 전쟁이 지속됨에 따라 차이점이 발생했던 것이다.

그리고 그것으로 인해 전쟁의 불확실성 속에서의 학습 경쟁에서도 차이점이 발생했다. 소련군은 초기 실수와 실패를 극복하기 위해 전쟁 중 적으로부터의 학습을 이루었으나, 독일은 그렇지 못했다. 전쟁 중 소련군은 학습 주체였고 학습 모델은 독일군이었지만, 독일군은 연합군을 학습 모델로 삼지 못했다. 전쟁 중 학습 경쟁에서 독일과 달리 소련은 전폭적으로 적으로부터의 학습을 이루었으나, 독일에서 적으로부터의 학습은 거의 발생하지 않았다. 소련군은 전격전으로 대표되는 독일의 전쟁 수행체계를 체계적으로 학습하여 적용하였고, 결국 소련군도 독일군 못지 않는 기계화전을 공격과 방어 모두에서 수행할 수 있게 되었다. 소련군은 개선된 군사력으로 1943년 쿠르스크 전투와 1945년 발라톤 호수 전투에서 성공적으로 독일군 판처 부대의 공격을 방어했다. 그리고 1944년 바그라티온 작전과 1945년 비스툴라-오데르 작전에서 판처 부대를 압도하는 성공적인 공격 능력을 보여주었다. 반면에 독일군은 소련을 지원하는 미국과 영국의 물자가 이동되는 해상 교통로를 봉쇄하기 위한 해상과 수중 전력을 갖추지도 못했고, 우랄 산맥 동쪽에 위치한 소련의 경제 기지를 공격할 장거리 폭격 전력도 끝내 갖추지 못했다.

독소전쟁 기간에 독일과 소련은 전략 환경이 유사했고 제복과의 대화 특징도 비슷했으나, 전쟁이 지속되는 동안 제복과의 대화에서 차이점은 커져갔다. 이러한 특징 속에서 독일과 소련 모두 전쟁 도전에 대한 대응으로써의 전쟁의 복잡성을 고려하는 정책 결정은 잘 이루어지지 않았다. 그리고 전쟁 중 적으로부터의 학습은 제복과의 대화 특징이 전쟁 중에 덜 극단적인 방향으로 변화된 국가에서만 일어났던 것이다.

제4부

제2차 세계대전에서 워싱턴 vs. 도쿄

제1장
역사의 무대: 태평양 전쟁

전쟁에서의 도전과 대응에 제복과의 대화 특징이 미치는 영향에 대한 세 번째 라이벌 비교는 제2차 세계대전 태평양 전쟁에서 대결했던 미국과 일본의 사례이다. 당시 두 나라의 제복과의 대화 체계는 서로 차이가 컸고, 전략 환경에서도 대조적일 정도로 다른 면이 많았다. 미국과 일본의 태평양 전쟁 사례는 제2차 세계대전 역사에서도 중요한 위치를 차지한다고 볼 수 있다. 제2차 세계대전은 유럽에서 시작되었지만, 최종적으로 전쟁이 종결된 곳은 태평양 지역이었던 것이다. 일본은 태평양 전쟁을 동양과 서양의 대결이라고 선전한 바도 있었지만, 그보다는 일본의 서양 제국주의 역사에 합류하려는 노력이 전쟁으로 이어졌다고 보는 것이 더 타당할 것이다. 사실 태평양 전쟁의 맞수였던 일본과 미국의 경쟁 의식의 연원은 20세기 초까지 거슬러 올라간다. 당시 일본은 초강대국이었던 영국과 동맹을 맺고 러일전쟁과 제1차 세계대전에서 연이어 승전국이 되면서 동아시아 최대의 군사 강국이 된 상태였다. 그 상황에서 일본은 과거에 동아시아의 맹주를 자처했던 중국의 현대화가 늦어지고 있는 틈을 타서 만주와 중국 대륙까지 진출하고자 했다. 그때 일본의 확장을 가장 의심스럽게 지켜본 국가가 미국이었다. 미국은 일본처럼 제1차 세계대전의 승전국이었지만, 종전 후 국제질서를 책임질 국제연맹에도 발을 빼는 등 고립주의 대외정책으로 돌아서고 있었다. 그런 가운데서도 미국은 적어도 동아시아에서만큼은 세계 경찰의 역할을 맡을 의지가 있었다. 그래서 1920년대에 일본이 중국에 대한 노골적인 침략 의사를 드러낼 때부터 미국은 중국의 보호와 태평양에서의 패권 유지를 위해 일본을 견제하기 시작했다. 우선 미국은 제1차 세계대전의 패전국인 독일의 중국 내 조차 지역을 일본이 접수하려는 것을 저지했다. 또한 미국은 일본의 해군력을 제한하기 위한 해군 군축 조약도 앞장서서 체결했다. 따라서 일본과 미국의 경쟁의식은 이때부터 존재했다고 할 수 있다. 실제로 1920년대부터 두 나라는 서로를 가상 적국으로 간주하고 있었던 것이다.

일본과 미국의 관계는 지속적으로 악화되어 갔는데, 일본이 러일전쟁 이후 추진해온 러시아에 대한 전략적 대비도 관계 악화 원인 중의 하나였다. 일본은 러시아 제국의 뒤를 이은 소련의 위협에 군사적으로 대비하기 위해서, 만주와 몽고를 정복하여 접경 지역을 군사화해야 한다고 생각했다. 또한 외교적으로 소련을 고립시키기 위해 반 공산주의 공동 전선을 구축하고자 했고, 그 결과 나치 독일이 파트너로 선택되었다. 미국의 관점에서는 일본의 대 소련 군사 대비 방안이란 곧 중국 대륙 침략을 의미했으며, 일본의 반 공산주의 외교 노선은 미국의 적대국인 나치 독일과의 공공연한 협력이었다. 이와 같은 미국과 일본의 상호 경제 관계는 1930년대까지도 계속되었다. 그럼에도 1930년대까지 일본에서는 미국을 공공연하게 적대시하지 않으려는 노력이 있었다. 당시 일본은 여러 차례 중국 대륙으로 군사적 모험을 강행했는데, 그때마다 만주 사변이나 상하이[上海] 사변과 같이 전쟁이라는 용어 대신 사변이라는 표현을 써왔다. 이것은 중국과 일본 사이에서 중립국 지위를 갖고 있는 미국을 자극하여 중국편으로 돌아서지 않도록 하려는 의도가 포함되어 있었다.

그러나 일본이 1937년에 중국과 전쟁을 공식적으로 시작한 이후부터는 미국과의 전쟁을 향해 거침없이 치닫게 되었다. 일본은 미국의 적대국인 나치 독일과 이탈리아와 함께 3국 동맹을 체결했고, 미국은 동아시아에서 일본을 압박하기 위해 영국, 중국, 네덜란드와 연대를 만들어 미국까지 4개국의 이니셜 문자를 딴 ABCD 포위망을 만들었다. 이러한 관계 악화 속에서도 두 나라 내부에서는 서로간의 전쟁을 피할 수 있는 실낱같은 가능성들을 타진해보는 세력도 있었다. 미국에서는 여전히 일본과 반 공산주의 연대가 가능한 것인지를 탐색하려는 사람들이 있었고, 일본에서는 운명적인 전쟁 상대를 미국으로 할 것이냐 아니면 소련으로 할 것인가를 두고 논쟁이 있었다. 그런 가운데 일본의 동맹국인 독일은 제2차 세계대전을 일으켰고 유럽에서 큰 승리를 거두었다. 일본은 이것을 또 한번의 기회로 받아들이고, 1941년 12월7일에 하와이에 전진 배치되어 있던 미국 태평양 함대를 기습 공격함으로 태평양 전쟁을 일으켰다. 일본의 기습 공격은 미국 국내에서도 전쟁을 반대하던 목소리들이 역사상 최초로 본토를 공격받았다는 분노의 목소리에 의해 일소되도록 만들었다. 결국 미국의 대 일본 선전포고를 기점으로, 당시의 마지막 중립국도 사라지게 됨에 따라 제2차 세계대전은 온전한 세계대전이 되어버린 것이다.

태평양 전쟁에서 일본은 하와이를 공격하면서 미국과의 대결을 시작했고, 말레이 반도를 공격하면서 과거의 동맹국인 영국과도 전쟁을 시작했다. 그리고 중국과의 전쟁은 계속 이어갔으며, 동남아시아와 남서 태평양에서 오스트레일리아와도 전쟁을 시작했다. 미국은 일본에게 기습 공격을 당하면서 제2차 세계대전에 참전하게 되었고, 일본과의 전쟁 뿐 아니라 독일과 이탈리아와도 전쟁을 시작했다. 그런 의미에서 태평양 전쟁의 맞수였던 미국과 일본은 모두 다양한 적들과 맞섰다고 할 수 있다. 태평양 전쟁 기간 동안 일본은 육군의 상당한 병력을 중국 전선에 투입한 상태에서 남은 군사력으로 태평양에서 미국과 싸웠다. 미국도 독일과의 전쟁을 더 중요시하였으므로, 많은 군대를 유럽과 북아프리카로 보내고 나머지 군사력으로 태평양 전쟁을 치루었다. 미국은 동맹국인 영국과 협력하면서 전쟁을 수행했는데, 영국은 유럽에서의 전쟁을 견뎌내기에도 벅찼기 때문에 태평양에서의 전쟁은 미국이 거의 홀로 수행해야 했다. 일본도 동맹국인 독일, 이탈리아로부터 군사적 지원은 사실상 받지 못하고 태평양에서 미국과의 대결은 단독으로 해야 했다. 결국 태평양 전쟁은 세계대전이었지만 미국과 일본 양국간의 대결이기도 했다. 태평양 전쟁은 동남아시아와 중부 태평양, 남서 태평양에서 주로 이루어졌고, 유럽에서의 전쟁이 미국에 유리하게 전환되는 시점에 태평양에서의 주도권도 일본에서 미국으로 넘어갔다. 전쟁에서의 최종 승리자는 미국이었지만 유럽에서의 전쟁과 달리 미국

군대가 일본 본토에 상륙하지는 않았다. 전쟁의 마지막 단계에서 일본과 중립 상태였던 소련이 대 일본 선전포고를 하고, 미국은 세계 최초의 핵무기를 일본에 투하했다. 그러자 일본의 군주인 텐노[日王]는 정치적 결정에 개입하지 않는다는 오래된 전통을 뒤엎고 직접 항복을 결정했다. 그로써 태평양 전쟁은 끝나고 역사상 가장 많은 인명 피해를 남겼던 제2차 세계대전도 완전히 종식되었다. 태평양 전쟁이 끝날 당시 세계 유일의 핵무기 보유국이며 유럽과 아시아의 두 개의 전쟁에서 승리했던 미국은 제1차 세계대전 종전때와는 달리 그때부터 세계의 경찰 역할을 자임하기 시작했다. 그러나 제2차 세계대전에서 미국의 동맹국이었던 소련은 유럽과 아시아에서 더 이상 미국에 협조적이지 않았다. 결국 인류는 제1차 세계대전이 끝나고 불안한 전후 체제를 만났듯이, 제2차 세계대전이 끝난 후에는 미국과 소련의 냉전이라는 새로운 환경을 맞이해야 했다.

태평양 전쟁에서 미국과 일본의 라이벌 관계는 시간의 흐름에 따라 총 4개의 국면 속에서 확인된다. 첫 번째 국면은 일본이 태평양 전쟁을 개전할 때까지이고, 두 번째 국면은 개전 이후부터 1942년 중반까지 일본의 팽창기이다. 세 번째 국면은 1942년 중반 이후부터 1944년 중반까지 미일간의 전세 역전기이고, 네 번째 국면은 전쟁이 종결될 때까지이다. 태평양 전쟁에 즈음하여 미국은 일본보다 우세한 국력을 바탕으로 현상 유지 정책을 추구했고, 일본은 미국보다 국력이 열세했지만 현상 타파 국가로써 활동했다. 그러므로 미국과 일본 각각의 전략 환경에는 큰 차이가 존재했다. 그리고 제복과의 대화 특징에서도 군국주의 성향의 일본과 민주주의 제도를 배경으로 한 미국은 서로 많이 달랐다. 이제부터 제2차 세계대전 이전의 일본과 미국의 전략 환경과 제복과의 대화 특징을 살펴 본 후, 전쟁에서의 도전과 대응에 미친 영향을 확인할 것이다.

제2장
전쟁 전의 일본

1. 전략 환경: 군국주의 모델

20세기의 시작부터 태평양 전쟁 개전시까지 일본의 전략 환경은 1904년 러일전쟁에서 일본이 러시아 제국에게 승리하여 세계를 놀라게 했던 경험을 배경으로 하고 있다. 일본은 러일전쟁 승리 이후 국제사회에서 세계 열강의 일원으로 대우받기 시작했고, 그때부터 일본의 동아시아 일대를 중심으로 한 지속적인 해외 식민지 침략 역사가 시작되었다. 일본의 대외 침략은 유럽 제국주의 국가들에 대한 모방 의식과 일본 군부의 독단적 행동을 추진 동력으로 삼아 지속되었고, 그 결과 미국과의 관계가 점차 악화되었다. 그리고 일본이 1940년대에 공식적으로 미국의 적대국인 나치 독일과 동맹을 맺으면서부터는 일본 내에 미국과의 대규모 전쟁을 운명으로 받아들이는 분위기까지 생겨났다. 이렇듯 러일전쟁부터 나치 독일과의 동맹 체결까지 상황이 태평양 전쟁 개전 결정을 앞둔 일본 전략 환경의 요약이라 할 수 있다.

일본은 20세기 이전에도 이미 1894년 청일전쟁에서 청[淸] 제국으로부터 승리하였고, 1904년에는 러시아 제국에게 승리하면서, 전쟁 승리를 통한 배상금 또는 영토 획득이라는 공식을 배운 바 있다. 그리고 이 시기부터 일본은 국제적으로도 제국주의 열강으로 대우를 받기 시작했다. 또한 일본은 제1차 세계대전에서도 영국과 동맹을 유지했으므로, 제1차 세계대전의 승전국이 되는 행운을 얻었다. 제1차 세계대전 기간 중에 일본은 영국과의 동맹국 자격으로서 독일의 아시아 태평양 지역 식민지와 조차 지역을 공격하였다. 1914년 11월에 일본은 중국 내 독일 지배령인 산둥[山東] 지역의 칭다오[靑島]를 점령했고, 함대를 파견하여 중부 태평양 미크로네시아(Micronesia) 권역의 독일 식민 도서들을 접수하기 시작했다. 이렇게 일본이 태평양 중심부까지 진출하여 사이판(Saipan) 섬을 포함한 독일령 식민지들을 점거하는 것은 미국의 강한 경계심을 불러일으켰다. 그리고 제1차 세계대전이 종료된 후 승전국들의 전후 협의에서 일본이 중부 태평양의 독일령 미크로네시아 도서들을 위임통치 하는 것이 승인되자, 미국의 경계심은 더욱 커졌다. 사실상 이때부터 미국과 일본의 해군 경쟁이 촉발되었다. 미국은 전후 체제에서 일본이 부상하는 것을 견제하기 위해, 1922년에 워싱턴 국제회의(Washington Conference)를 개최하였다. 워싱턴 국제회의에서 미국은 중국 산둥 지역에서의 독일의 권리가 일본으로 승계되는 것을 반대했으며, 일본 스스로 권익을 포기해야 함을 주장했다. 미국의 노력 덕분에 일본이 산둥의 권익 포기에 서명하게 되는 9개국 조약이 성사되었다. 미국의 워싱턴 국제회의는 9개국 조약 뿐 아니라 해군 군축 조약까지 성사시켰다. 이때 미국은 일본 해군의 함정 건조량을 미국 해군의 60퍼센트로 한정시켰다. 이 과정에서 미국과 일본의 관계는 매우 악화되어졌다. 일본은 사실 1907년 일본 최초 군비 확장 계획인 '제국 국방방침'에서도 미국을 가상 적국으로 고려한 바 있었으나, 1920년대부터는 미국을 실질적 위협으로 간주하기 시작했다.[145]

1920년대 일본에서는 이렇듯 미국을 잠재적 경쟁국으로 보는 인식이 확대되고 있는 중이었다. 그런 가운데서도 전후 세계적 사조였던 자유주의와 군축 역시 하나의 유행처럼 일본에서도 퍼져 있었다. 그 결과 중의 하나로 일본군을 대상으로 한 군축의 시도도 있었다. 그러나 이와 같은 자유주의와 군축 주장과 함께 일본 내에 존재했던 또 하나의 중요한 목소리가 있었다. 이들은 제1차 세계대전의 교훈을 분석하고 전후 경제 공황이라는 위기를 타개하기 위해 국가 개혁이 필요하다는 주장을 전파하고 있었다. 이와 같은 주장은 군부의 소장파 장교들을 중심으로 전개되었다. 일본 군부는 제1차 세계대전 결과에 대한 자체 연구를 계기로 군사가 정치에 우선한다는 독일군의 생각을 하나의 교훈으로 받아들이고 있었다. 특히 제1차 세계대전의 결과를 조사하기 위해 독일로 파견되었던 일본의 소장파 장교들은 독일의 루덴도르프 장군이 제시한 총력전 사상에 경도되고 있었다. 그리고 그들은 정치에 대한 군사 우위를 실행하기 위해 일본의 국가 체제를 전환하겠다는 결심에 이르렀다. 이들 중에는 후일 일본의 육군성 장관과 수상을 겸직하게 되는

145 위텐런, 박윤식 역, 『대본영의 참모들: 일본 군국주의의 광기』, (서울: 나남, 2014), pp.105-106.

도죠 히데키도 포함되어 있었다. 같은 시기에 일본군 장교단은 국익이 위협받고 있는데, 정부가 제대로 대처하지 못하고 있으므로 정치를 담당할 자격이 없다는 주장을 공공연히 하고 있었다. 그리고 정부를 대신한 군부의 정치 관여 필요성을 주장하며, 1930년에 급진 장교 단체인 사쿠라회를 결성하기도 했다. 이와 같은 군부의 움직임과 함께 일본 내에서 자유주의와 군축 주장은 서서히 퇴조해갔고, 반면 군부의 정치 개입은 확대되어갔다. 그와 함께 일본 군부 내부에서는 소장파 장교들에 의한 하극상과 독단적 행동들이 나타나기 시작했다. 그리고 이때부터 일본 대외정책의 공격성도 본격화되기 시작했다.

이와 같은 일본 국내 상황을 배경으로 1931년에 만주 사변이 일어났다. 러일전쟁의 결과로 일본에게 넘겨진 만주의 조차 지역과 만주 철도의 보호는 당시 만주에 배치된 일본 관동군의 임무였다. 이때 일본 관동군의 영관급 참모였던 이시와라 간지 등은 일본의 국익을 위해서는 만주에 일본이 지배하는 괴뢰정부가 세워져야 한다고 생각하고 있었다. 이런 생각을 실현시키기 위해 관동군 참모들은 현지 지휘관들과 결탁하여 1931년 9월에 독단적으로 만주의 중국 군벌을 공격하는 사태를 일으켰다. 이 상황은 일본 본토의 육군 참모본부 승인도 없이 관동군 사령관의 묵인 속에서 발생한 군사작전이었다. 즉, 후일 만주 사변으로 명명되어진 이 사건은 일본 본토의 승인 없이 현지의 관동군이 군사 작전을 개시한 쿠데타 수준의 하극상이었다. 그러나 일본군의 교전 상대였던 만주의 군벌 사령관 장쉐량이 저항없이 물러났기 때문에 결국 일본의 군사 작전은 성공했고, 쿠데타 세력은 문책이 아니라 갈채를 받으며 상황이 종결되었다.[146] 만주 사변은 일본의 동아시아 침략이 본격화되는 사건이기도 했지만, 이시와라 간지와 같은 군부의 소장파 장교들이 상부의 승인없이 독단적으로 군사력을 사용해도 문제가 없다는 선례가 되었다. 그 결과 일본 군부 내부에서 유사한 하극상이 그 이후로도 만연하게 되었다.

만주 사변 이후에도 일본 군부의 하극상은 계속되는데, 1933년 2월에는 만주 주둔 일본 현지군이 치안 유지 명목으로 일본 본국의 승인 없이 인접한 러허[熱河] 지방을 침공했다. 당시 일본은 만주 사변으로 인해 국제연맹의 조사를 받고 있던 상황이었고, 일본 정부의 사이토 마코토 수상은 중국과의 전쟁 확대를 반대하고 있었다. 따라서 사이토 수상은 일본 현지군의 독단적인 군사 작전을 중지하고 철수시켜야 함을 덴노에게 건의했다. 그러나 덴노와 정부 원로들은 일본 현지군에게 철수 지시를 할 경우 육군이 공공연히 반항할 것을 우려하여, 사이토 수상의 요청을 거부한다. 그 결과 일본 현지군의 독단적인 러허 침공은 오히려 일본 정부의 사후 승인을 받게 되었다. 이때부터 일본과 중국의 전쟁은 점차 확전되어 갔고, 그럼에 따라 일본은 국제사회에서 침략국으로 규정되면서 결국 국제연맹 탈퇴까지 이어졌다.[147]

이렇듯 군부의 하극상과 독단적 행동으로 일본의 대외정책이 더욱 침략적으로 변해감에 따라, 보다 공격적인 외교도 그 뒤를 이었다. 일본은 러일전쟁에서 패배한 러시아와 그 뒤를 이은 소련이 군사적으로

146 도베 료이치, 윤현명 · 이승혁 역, 『역설의 군대: 근대 일본군의 기이한 변용』, (서울: 소명, 2019), pp.275–276.

147 카토 요코, 윤현명 · 이승혁 역, 『그럼에도 일본은 전쟁을 선택했다: 청일전쟁부터 태평양전쟁까지』, (파주: 서해문집, 2018), pp.332–336.

일본에게 복수를 하는 것을 가장 위험한 시나리오로 간주하고 있었으므로, 소련에 대한 대비가 군사적으로나 외교적으로 필요하다고 보았다. 그리고 당시 일본은 소련을 가상 적국으로 간주하는 반 코민테른(Anti-Comintern) 협정을 소련에 대한 외교적 대비책으로 간주했다. 그런데 반 코민테른 협정의 협력 상대는 미국이 적대국으로 간주하고 있는 나치 독일이었다. 따라서 일본의 반 코민테른 협정은 미국과의 관계를 더욱 악화시키게 했다. 그때 또 한번의 일본 군부 내 하극상이 발생하는데, 그 출발점은 1937년 7월 베이징 근교의 루거우차우[蘆溝橋]에서 중국군과 일본군 간의 충돌이었다. 당시 일본 본토의 육군 참모본부는 중국과의 확전을 방지하고자, 일본 현지군에게 무력 사용 중지를 지시했다. 그러나 만주 사변 이래 독단적인 행동에 길들여져 있던 일본 현지군과 관동군 참모들은 중국과의 전쟁이 필요할 때라고 판단하여, 일본 본토의 지시를 무시해버렸다. 그때 일본 본토 육군 참모본부에서 무력 사용 중지를 지시했던 인물은 1931년 당시 만주 사변을 일으켰던 장본인이기도 한 이시와라 간지였다. 1937년 당시 일본 현지군은 1931년에 이시와라가 일본 본토를 무시했듯이 똑같이 이시와라를 무시하고 군사작전을 계속했다. 이처럼 또 한 차례의 하극상을 단행한 일본 현지군의 영관급 참모장교들은 후일 '이시와라 당신에게 배운 것입니다'라는 말을 남기기도 했다. 결국 루거우차우 사건으로부터 시작된 군사작전도 과거 군부의 독단적 행동 사례처럼 일본 본토의 육군 참모본부와 정부 내각의 사후 승인으로 이어졌고, 그 결과는 일본과 중국의 전면전이었다.

중일전쟁은 일본의 예상과 달리 단기간에 끝나지 않았으며, 시간이 흐르며 일본군의 사상자는 1937년에 5만1천명, 1938년에 8만9천명, 1939년에 8만2천명까지 육박하였다. 일본은 1939년까지 중국의 주요 도시들을 점령하였지만, 중국 국민당 정부를 이끄는 장제스의 저항은 중단되지 않았다.[148] 1940년까지도 중일전쟁은 일본에게 큰 부담으로 다가왔다. 결국 일본 육군성과 참모본부는 1년 내에 중국 문제가 해결되지 않으면, 중국과의 전쟁을 중단하고 상하이와 내몽고를 제외한 전 지역의 일본군이 일방적으로 철수하기로 결정하였다. 그러나 1940년 6월 유럽으로부터 일본의 동맹국 독일이 프랑스를 항복시켰다는 소식이 전해졌다. 그러자 일본 내에서는 프랑스의 항복으로 동남아시아의 프랑스 식민지 지배권이 약화될 것을 예상하고 일본의 침략을 동남아시아까지 확대하자는 주장이 부상하였다. 이와 같은 유럽의 정세 변화를 틈타 일본에서는 '버스를 놓치지 마라'라는 표현이 유행하며, 침략 전쟁의 기회를 선점해야 한다는 주장이 터져나왔다. 그 결과 중국으로부터 일본군의 일방적 철수 방안은 사라졌고, 군부 소장파 장교들의 전쟁 위기를 고조시키는 돌출적인 하극상과 독단적 행동이 다시 등장했다. 또한 차례의 군부의 독단적 군사 작전은 프랑스령 북부 인도차이나에서 발생했다. 1940년 8월에 일본 외무성 장관 마쓰오카 요스케는 비시 프랑스 정부와 사전 협의를 하여 일본군이 군사적 분쟁없이 프랑스령 인도차이나에 바다로 상륙할 수 있도록 합의하였다. 그러나 국경 주둔 일본 현지군은 일본과 비시 프랑스 정부 간 합의를 무시하고, 일본 본토의 승인없이 독단으로 국경을 넘어 프랑스군과 교전하며 북부 인도차

148 위텐런, 『대본영의 참모들: 일본 군국주의의 광기』, pp.251-252.

이나에 진주하였다. 따라서 외교적 합의에 따라 전투없이 바다를 통해 상륙하려던 일본군의 원래 계획은 일본 현지군의 하극상 때문에 결국 프랑스군과 전투를 벌이며 육상으로 국경을 넘는 것으로 변경되었다. 일본군의 인도차이나 진주는 결과적으로 미국과 영국이 일본을 동아시아의 가장 위험한 세력으로 간주하게끔 만들었다. 그런 가운데 일본은 1940년 9월에 미국의 적대국인 독일, 이탈리아와 공식적인 동맹 조약

〈그림 18〉 군국주의 일본의 전쟁 전 전략 환경

일본은 1904년 러일전쟁에서 승리하면서 제국주의 열강의 대열에 합류했고, 제1차 세계대전에서는 승전국의 일원이었기에 중부 태평양 도서들까지 손에 넣을 수 있었다. 위의 왼쪽 장면은 러일전쟁 당시 일본 연합함대와 러시아 발트 함대 간의 쓰시마 해전을 묘사한 그림이고, 그 오른쪽의 지도는 일본이 1930년대까지 확장한 영토를 표시하고 있다. 지도 하단에 일본이 1920년대에 정복한 중부 태평양의 미크로네시아 권역 도서들이 있으며, 그 한 가운데에 사이판 섬이 있다.

일본은 1940년에 독일, 이탈리아와 3국 동맹을 맺으면서 미국의 적대국으로 돌아섰다. 그리고 프랑스령 북부 인도차이나에 일본군이 진주함에 따라 위기는 더욱 고조되었다. 위의 왼쪽 사진은 도쿄 시민들이 일본, 독일, 이탈리아의 3국 동맹을 축하하는 행사를 촬영한 것이다. 그 오른쪽 사진은 1940년 9월에 일본군이 프랑스령 북부 인도차이나로 진주하고 있는 모습이다.

을 체결하였고, 그로 인한 미국과의 대립은 더욱 심화되고 말았다. 이와 같은 태평양 전쟁 발발 이전 일본의 전략 환경은 전쟁의 도전에 대한 일본의 대응을 구조적으로 제약하는 여건이기도 했다.

2. 제복과의 대화: 사무라이와 연합함대의 전설

전쟁에서의 도진에 대한 일본의 대응을 전략 환경과 함께 설명해 줄 제복과의 대화 특징은 일본 근대화 역사로부터의 경험과 유럽으로부터 수입된 군사 전통이 뒤섞여 있는 현상을 배경으로 삼고 있다. 메이지 유신으로 알려진 일본의 근대화를 시작한 덴노 메이지는 사무라이로 불리우는 봉건적이고 분권화되어 있는 무사에 의존하는 군대를 중앙집권적인 징병제도에 기반하는 현대식 군대로 전환하였다. 이 과정에서 일본군의 장교단과 신설된 정부 내각 관료들은 모두 사무라이 계층으로부터 충원되었고, 따라서 장교단과 민간 관료들 간에는 동질감이 강했고 이념적 차이도 없었다.[149] 이렇게 동일한 계층 출신이라는 것으로부터 시작된 군부와 관료의 일체감은 차츰 전 국민을 대상으로 확대되었다. 그리고 새로운 일본군은 덴노의 군대로 정의되면서 덴노에 대한 충성심이 강조되었는데, 덴노의 지위와 그에 대한 충성은 민간 관료를 포함한 일반 국민들에게도 교육되었다. 일본은 1882년에 '군인 칙유'를 공포하며 덴노에 대한 일본군의 충성을 근간으로 한 덴노와 군

149 Samuel P. Huntington, *The Solider and The State*, pp.126-127.

의 특수관계를 규정했고, 1890년에는 '교육칙어'로 덴노에 대한 국민들의 충성도 규정화하였다.[150] 결국 근대화 과정에서 전국적으로 시행된 제도 개선과 교육은 덴노를 중심으로 한 군, 관료, 일반 국민들 간의 일체감을 형성하는데 중요한 역할을 하였다.

그런 가운데, 1904년 러일전쟁에서 일본군이 당시 초강대국이었던 러시아에게 승리하면서 군은 일본 전 국민으로부터 거의 영속적인 지지를 받기 시작했다. 특히 일본 해군은 러일전쟁을 위해 과거 청일전쟁 당시 구성했던 연합함대를 다시 구성하였고, 쓰시마 연안에서 러시아 발트 함대의 절반을 격침시키는 대승리를 거두었다. 쓰시마 해전을 계기로 연합함대는 러일전쟁 승리의 상징으로 홍보되어 일반 국민들 사이에 전설이 되었다. 러일전쟁 당시 연합함대 사령관이었던 도고 헤이하치로 제독이 쓰시마 해전을 앞두고 게양한 Z 신호기가 승리의 상징으로 알려질 정도로 연합함대의 강력한 전설이 시작된 것이다. 이와 같은 러일전쟁 이후 국민들의 폭넓은 지지와 군과 민간 관료 간의 일체감은 군부가 국가와 국민의 미래에 대해 독특한 책임 의식을 갖게 되는 계기가 되었다. 그리고 일본의 근대화 정책은 군의 근대화 모델로 독일제국을 선택했으므로 독일식 참모본부 제도와 군사 교육이 도입되었다. 따라서 일본군의 근대화 과정에서 독일군의 전통이 일본에 수입되어 이식되기 시작했다.

일본에서의 독일군 전통의 유입과 정부가 주도하는 근대화 과정은 일본 내에서 군부와 정부와의 관계를 정립하는데 큰 영향을 미쳤다. 독

150 도베 료이치, 『역설의 군대: 근대 일본군의 기이한 변용』, pp.62-68.

일처럼 일본에서도 군의 통수권은 내각 수상이 아니라 덴노에게 주어졌다. 그리고 역시 독일과 같이 정부 내각의 육해군성 장관과 참모본부의 참모총장이 서로 독립적인 지위를 갖고 덴노에게 직속되는 이원적 구조가 만들어졌다. 따라서 일본 군부는 태생부터 정부 내각과 대등한 지위를 갖기 시작했다. 그리고 '군인칙유'에서 명시한 덴노와 군 간의 특별한 관계가 전통으로 자리잡으면서부터 일본 군부는 정부 내각보다 우위로 올라서기 시작했다. 이렇게 우월해진 일본 군부가 정부 내각을 조종할 수 있는 중요한 제도적 장치 중의 하나는 군부 대신 무관제도였다. 이것은 육군과 해군의 현역 장성만이 정부 내각의 육해군성 장관을 맡을 수 있다는 제도였다. 내각의 장관이 한명이라도 임명되지 않으면 정부 내각이 출범을 할 수가 없으므로, 만약 육군과 해군이 현역 장성을 장관으로 보내지 않는다면 내각 자체가 존재할 수가 없다는 특성을 지닌 제도이기도 했다. 실제로 1912년에 우에하라 유사쿠 육군성 장관은 사이온지 긴모치 수상이 육군 2개 사단 증설에 동의하지 않는 것에 불만을 표시하기 위해 사임한 적이 있었다. 그때 일본 육군은 불만의 표시로 그의 후임 장관을 내각에 보내지 않았다. 당시 일본 언론이 '육군 파업'이라고 불렀던 이 사건으로 인해 결국 장관이 충원되지 못한 사이온지 내각은 총사퇴하였고, 사이온지 수상도 교체되었다.[151] 이처럼 군부 대신 무관 제도는 육군과 해군이 주로 새로운 정부 내각이 출범할 때에 타격을 가할 수 있는 제도적 장치였다. 그리고 군부에 유리한 또다른 제도적 장치로 유악 상주권이 있었는데, 이것은 육해군성

151 위톈런, 『대본영의 참모들: 일본 군국주의의 광기』, pp.111-112.

장관이 수상의 재가 없이도 덴노에게 사표를 제출할 수 있는 제도였다. 따라서 육군과 해군은 정부 내각이 마음에 들지 않을 경우 유악 상주권으로 육해군성 장관이 사임을 하고, 뒤이어 군부 대신 무관 제도에 따라 후임 장관을 보내지 않음으로 정부 내각을 총사퇴시킬 수 있었다.

이처럼 일본의 근대화와 함께 군부는 정부 내각으로부터 독립적이면서도 우월한 권한을 갖고 있었다. 그런 가운데 근대화의 초창기를 이끌었던 원로들이 세대 교체된 이후부터는, 군부가 정부 내각에 개입하고 조종하려는 의지까지도 갖게 되었다. 군부의 정부 개입은 군의 세대교체로부터 시작되었다. 메이지 시대부터 육군을 지배해왔던 조슈 번 출신 군 원로들이 사망하거나 은퇴하면서 시작된 육군의 세대교체는 육군대학 출신의 장교들 중심으로 이루어졌다. 육군의 새로운 세대 장교들은 군 고위직을 독점해 온 조슈 번 출신 군 원로들을 교체 시켜야 하며, 동시에 근대화의 혜택으로부터 배제된 농촌 문제를 급진적으로 해결해야 한다는 책임감을 갖고 있었다.[152] 이와 같은 배경 속에서 육군 내부의 새로운 세대 중에서도 육군대학 출신 엘리트 집단은 자신들의 생각과 맞지 않는 지휘관과 상급부대를 무시해버리는 독단적 행동을 표출하기 시작했다. 즉 일본 군부는 외부적으로 이미 민간 관료 집단보다 우월하다는 생각에 가득차 있었는데다, 이제 내부적으로는 새로운 엘리트들이 불만족스러운 상급자들까지 선도해야 한다는 의식까지 갖게 된 것이다. 그리고 그 결과는 군부의 폭주와 하극상이었다.[153] 일본

152 신동준, 『근대 일본론: 군국 일본의 정치제도와 그 운용자들』 (서울: 지식산업, 2004), pp.220-221.

153 후지이 히사시, 최종호 역, 『일본군의 패인: 실패한 군대의 조직론』, (서울: 논형, 2016), pp.182-185.

군부는 근대화 과정을 거치면서 확고한 독자 영역을 보장받는 가운데 정치 개입의 수준을 확장하고 있었던 것이다.

일본 군부가 스스로 국가 전체를 책임지려는 현상 속에서 군 통수권자인 덴노는 정부에 직접적인 지시를 하지 않는다는 왕실의 전례를 군과의 관계에서도 적용하고 있었다. 따라서 덴노의 군사 분야 개입은 많지 않았다. 제2차 세계대전이 끝날 때까지의 군 통수권자였던 덴노 히로히토는 특히 1928년 만주의 황구툰[皇姑屯] 사건 이래로 군사 분야 개입을 더욱 자제하였다. 이 사건은 만주 진출을 원하는 만주 현지의 일본군 사령관과 참모장교들이 본국 정부의 승인없이 독자적으로 만주를 지배하는 중국 군벌 장쭤린을 황구툰에서 폭사시킨 일이었다. 사건 발생 후 다나카 기이치 수상은 황구툰 사건을 독단으로 결행한 만주 현지의 관동군에게 책임이 있음을 덴노에게 보고하고 군부의 책임을 물으려했다. 그러나 육군 참모총장이 적극적으로 관동군을 비호하자 다나카 수상은 할 수 없이 덴노에게 군부의 책임이 없다고 다시 보고했다. 그러자 덴노 히로히토는 왕실의 전례와는 달리 다나카 수상이 사건의 진상 조사를 포기한 것에 대해 직접 질책하였다. 덴노의 질책 파문은 컸고, 결국 다나카 수상은 모든 책임을 지고 내각 총사퇴를 단행하였다. 이렇듯 수상의 사임이라는 심각한 상황을 맞이하면서 왕실의 원로들은 덴노 히로히토에게 직접적인 지시를 하지 않는 왕실 전례를 잘 지켜달라고 건의했고, 그 이후 덴노는 왕실의 전례를 확고하게 따랐다.[154] 따라서 일본에서 제도적 군 통수권자인 덴노의 군사 분야 개

154 위텐런, 『대본영의 참모들: 일본 군국주의의 광기』, pp.134-135.

입은 최소화되었다.

일본 군부를 정부 내각이나 군의 상급자마저도 제대로 통제하지 못하는 시대임에도 덴노마저 군사 분야에 거의 개입을 하지 않게 되자, 민간 분야의 비토 행위자 규모는 심각하게 축소되어 갔다. 더구나 군부는 정부의 정책에 불만이 있을 때마다, 개인적으로 또는 집단적으로 정부에 대한 하극상과 쿠데타를 일으켜 민간 분야의 국가 권력 자체를 약화시켜 나갔다. 민간 분야의 공권력을 약화시킨 대표적인 군부의 하극상 중의 하나는 1932년 5.15사건이었다. 당시 군의 소장파 장교들은 정부가 군부의 의견을 용인하지 않는 것에 불만을 품고 5월15일에 이누카이 쓰요시 수상을 암살하였다. 그러자 그 뒤를 이은 차기 수상 사이토 마코토는 결국 군부의 의견을 수용하고 말았다. 이렇게 정부 내각이 군부에 의해 동요하고 있는 가운데 1935년에는 2.26 쿠데타가 발생하였다. 그해 2월26일에 육군 소장파 장교들이 군부대를 동원하여 수상 관저를 점거하고 주요 장관들을 암살하며 정권 교체를 시도한 것이다. 2.26 쿠데타 세력은 최종적으로 덴노의 명령에 따라 병영으로 복귀했지만, 사실상 일본 민간 정부 내각이 군부의 영향력 앞에 무릎을 꿇을 수 밖에 없는 분위기가 조성되었다. 2.26 쿠데타 이후로도 군부는 수시로 주요 관료들에 대해 암살 위협을 가했고, 이 시점부터 일본 정치사에서 정당 정치가 종식되고 군부에 의해 좌우되는 거국 내각이 이어지는 시대가 시작하게 되었다.[155] 또한 이때 메이지 유신 시절부터 영향력을 발휘해오던 원로 세력들이 대부분 퇴장하였기 때문에, 정당과

155 위톈런, 『대본영의 참모들: 일본 군국주의의 광기』, pp.167–168.

주요 관료들은 군부에 편승하기 시작했다. 이 시기에 군부로부터 독립적일 수 있었던 민간 분야 권력 집단은 덴노의 일가 친척으로서 정부로부터 덴노에 준하는 존중을 받고 있는 왕실 인사들 뿐이었다. 그러나 이들 왕실 세력마저 덴노와 비슷하게 적극적인 정치 관여를 자제하고 있었다. 결국 일본의 근대화 이후로 군부의 영향력은 지속적으로 확대되었고, 그 가운데 군 통수권자인 덴노의 개입은 최소화 수준이 되었으며, 민간 분야 비토 행위자 규모는 축소되어갔다.

이와 함께 군사 분야의 군사 조직들 간의 관계는 상호 독립적이며 배타적으로 변해갔다. 일본 육군과 해군은 개별적으로 고유한 영역을 보장 받았고, 상호 협동보다는 독자적인 길을 걸었다. 한때 육군과 해군 간의 통합체제가 발족했던 적이 있었지만 오래가지는 못했다. 근대화 초기에 일본 육군과 달리 해군은 참모본부가 없었으므로, 해군 참모본부의 필요성을 검토하는 가운데 1886년에 육군과 해군을 합친 통합 참모본부가 창설되었다. 그러나 육군의 반발로 인해 통합 참모본부는 다시 육군과 해군으로 분할되었고, 이때 해군도 독자적인 참모본부를 설립하게 되었다. 그후로는 다시 육군과 해군이 통합되지 않았다.[156] 그리고 러일전쟁을 거치면서 육군과 해군은 각자 다른 방식으로 군을 발전시켜나갔다. 육군은 러일전쟁 당시 공격정신이 부족했다는 반성과 함께 장비와 병력의 열세를 정신력으로 극복한다는 백병전 중시 사고를 발전시켰다.[157] 그리고 중일전쟁이 시작되면서 현대식이라기보다

156 쿠로노 타에루, 최종호 역, 『참모본부와 육군대학교: 제국육군의 영광과 종언』, (서울: 논형, 2015), pp.55-59.

157 도베 료이치, 『역설의 군대: 근대 일본군의 기이한 변용』, pp.152-153.

는 인력에 의존하는 중국 군대를 상대로 일본 육군은 장비 혁신보다는 병력 증강에 몰두하는 길을 걸었다. 반면에 일본 해군은 러일전쟁 당시 단 한번의 해전으로 전세를 결정지었던 경험을 바탕으로 결정적 전투를 준비하는 사고를 발전시켜 나갔다. 특히 태평양에서의 전쟁이 예상됨에 따라, 해군은 일본 본토에서 최대로 벗어난 지점에서 기습공격에 기반을 둔 결정적 전투를 수행하기에 적합한 함정과 항공전력을 준비하는 길로 나아갔다.[158] 이 과정에서 육군과 해군은 상호 조율이나 정부 내각으로부터의 간섭없이 독자적 노선을 걸어나갔다. 그리고 육군과 해군 이외에는 군사 분야 비토 행위자가 될만한 조직이 존재하지 않았다.

결국 지금까지 살펴 본 일본에서 제복과의 대화 특징은 대단히 낮은 민간의 선택적 개입과 높은 수준의 군의 협상력으로 요약될 수 있다. 일본 군의 통수권자인 덴노 히로히토는 군사 분야에 거의 개입하지 않았고, 국내 정치적으로는 군부에게 영향력을 행사할 수 있는 민간 분야 비토 행위자 규모는 크지 않았으므로 민간의 군에 대한 선택적 개입은 대단히 낮은 수준이었다. 그리고 일본 군부는 제도적으로 보장된 권한과 함께 하극상까지 일으키면서 정치에 깊게 개입했고, 육군과 해군만으로 구성된 군사 분야 비토 행위자 규모도 크지 않았으므로 군의 협상력은 대단히 높은 수준이었다. 이와 같은 태평양 전쟁 발발 이전 일본에서 제복과의 대화 특징은 전쟁에서 도전에 대한 일본의 대응에 상당한 영향을 미칠 수 있었다.

---

158 Yoichi Hirama, "Japanese Naval Preparations for World War 2", *Naval War College Review* 44:2 (Spring 1991), pp.73–75.

〈그림 19〉 군부의 독주와 일본에서 제복과의 대화

일본에서 헌법상 군 통수권자였던 덴노가 군사 분야에 개입하지 않는 전통을 고수하고 있는 가운데 일본 소장파 장교들은 하극상과 독단적 행동을 연속적으로 일으켜왔다. 위의 왼쪽 사진은 1933년에 일본 군대를 사열하고 있는 덴노 히로히토이다. 그 오른쪽 사진은 일본에서 가장 규모가 컸던 1935년 2.26 쿠데타 당시의 쿠데타 군들이다.

일본에서 육군과 해군은 독자적인 성격이 강했고 시간이 흐를수록 경쟁적인 관계로 변했다. 위의 왼쪽 사진은 1930년대의 일본 육군 병사들의 모습이다. 그 오른쪽 사진은 1915년 당시 순양함에서 사열을 받고 있는 일본 해군 수병들이다.

제3장
전쟁 전의 미국

1. 전략 환경: 태평양 국가로의 전환

20세기에 들어서면서 태평양 전쟁 발발까지 미국의 전략 환경은 스페인과의 전쟁을 통해 태평양의 영토를 얻으면서 미국이 태평양에서의 국가 이익에 눈을 뜨게 되는 상황으로부터 형성되기 시작했다. 미국은 스페인과의 전쟁 승리 이후부터 태평양과 국제사회에서 떠오르는 강대국으로 인정 받기 시작했으나, 제1차 세계대전 이후로 고립주의로 돌아서면서 국제적 역할보다는 국내 정치적 요구에 더 충실하고자 했다. 그 시기에 대통령에 취임한 루스벨트(Franklin Roosevelt)는 미국 역사상 전무후무하게 네 번에 걸쳐 대통령을 연임하면서 고립주의를 요구하는 국내 정치적 압박 속에서도 독일과 일본의 위협에 대비하기 위한 국방력 건설과 적극적인 대외정책을 추진해 나갔다. 이렇듯 미국과 스페인과의 전쟁부터 루스벨트 행정부의 등장이 태평양 전쟁 직전까지의 미국 전략 환경의 요약이라 할 수 있다.

미국의 태평양 진출은 1898년 스페인과의 전쟁부터였다. 미국과 스페인 간의 전쟁은 카리브해에서 시작되었지만, 전쟁은 태평양의 스페인 식민지까지 확대되었다. 그리고 미국은 전쟁에서 승리함과 동시에 태평양에서 스페인의 식민지였던 필리핀과 괌(Guam)을 점령함으로써 태평양 국가가 되었다. 국제사회는 미국-스페인 전쟁에서 보여준 미국 해군력의 잠재능력과 함께 미국의 해외 식민지 진출을 주목했고, 특히 영국은 미국을 미래의 주요 협력 파트너로 간주하기 시작했다. 그런 가운데 미국은 제1차 세계대전까지 참전하여 전쟁 승리에 결정적 기여를 하면서 세계적인 강대국 반열에 올라섰다. 그러나 전쟁이 끝난 후 미국은 전후 국제 질서를 유지하기 위한 집단 안보 체제인 국제연맹 설립을 주도하고도, 궁극적으로는 가입하지 않고 고립주의 정책으로 돌아서고 말았다. 미국의 정책 목표가 유럽에 개입하는 것이 아니라, 유럽으로부터 아메리카 대륙을 수호하는 것이어야 한다는 고립주의 주장이 미국 국내에 부활했던 것이다. 더구나 미국은 전쟁 기간에 대규모로 증강되었던 군 병력을 감축하면서 1929년에 경제 공황까지 맞이하였다. 미국 경제는 세계 경제 공황과 뒤이은 경기 불황 속에 갇혀버렸고, 때마침 벌어진 국제 관세전쟁으로 인해 미국의 수출은 큰 타격을 받고 국민 총생산은 감소하고 있었다.[159] 이런 환경은 미국 내에 고립주의가 확고한 지지를 받는데 유리했다. 실제로 많은 미국인들은 제1

159 폴 케네디, 『강대국의 흥망』, p.449.

차 세계대전 참전으로 인한 생명 손실이 잘못된 정책 결정의 실례라고 생각했으며, 또 다시 해외 전쟁에 참전하는 것을 반대하고 있었다. 특히 유럽계 이민 후손들은 미국이 유럽 국가들과 전쟁을 벌이는 것에 공공연하게 반대했다. 미국내 천이백만명의 독일계 미국인들은 독일과의 전쟁에 반대했고, 이탈리아계 미국인들도 비슷했다. 그리고 천오백만 명의 아일랜드계 미국인들은 아일랜드와 적대적이었던 영국과 군사적으로 협력하는 것을 반대했다. 1941년까지 있었던 여론 조사들은 미국인들의 80퍼센트가 전쟁을 반대하고 있다는 것을 보여주고 있었다.[160]

이와 같은 미국 내 고립주의 성향의 강화에도 불구하고 미국은 20세기의 시작과 함께 이미 태평양 국가가 되어 있는 상태였다. 그리고 태평양에서는 제1차 세계대전 종전 후부터 일본이 위협적인 해군 국가로 부상하면서 태평양의 동쪽을 향해 계속 영토를 넓혀오고 있었다. 그 결과 미국 내의 고립주의 분위기에도 불구하고 미국과 일본의 조용한 경쟁이 시작되었다. 당시 미국 군부는 상당히 오래전부터 태평양에서 일본과의 전쟁 가능성을 유념하고 있었다. 따라서 미국 군부는 1920년대부터 일본과의 전쟁 계획을 구상하기 시작했다. 당시 일본을 상대로 하는 전쟁 계획은 미국의 해군력을 최대한 활용하고 상륙전력과 항공전력으로 일본의 주요 해양 기지를 순차적으로 점령한다는 것이었다.[161] 그러나 1920년대 상황은 미국과 일본 중 어느 한쪽이 일방적으

160 Mark E. Grotelueschen, “Joint Planning for Global Warfare: The Development of the Rainbow Plans in the United States, 1938-1941”, *Army History* 97 (Fall 2015), p.11.

161 에드워드 밀러, 김현승 역, 『오렌지 전쟁계획: 태평양전쟁을 승리로 이끈 미국의 전략, 1897-1945』, (서울: 연경, 2015), pp.64-65.

로 우월하지는 않았으므로 양국 간의 관계는 조용한 경쟁이라고 할 법했다. 1922년 워싱턴 해군 군축 조약도 조용한 경쟁의 실례라 할 수 있었다. 이때 워싱턴 해군 군축 조약에서 일차적으로는 미국이 원하는 방향으로 국가간 보유 함정 비율이 결정되었으므로, 일본 해군은 미국 해군에 비해 축소되어져야만 했다. 반면에 워싱턴 해군 군축 조약은 미국도 주요 태평양 영토인 필리핀, 괌, 미드웨이(Midway), 알류산(Aleutian)에서 군사 기지를 건설하지 못하도록 제약했다. 워싱턴 해군 군축은 미국과 영국이 일본에 대해 상대적인 해군력 우세를 보장받는 대신 서태평양에서 일본의 주도권을 인정해준 것이다. 이런 여건 속에서 미국과 일본의 태평양에서의 조용한 경쟁이 계속될수록 미국의 입장에서는 태평양에서 가장 서쪽에 위치한 필리핀 방어가 어려운 문제로 부각되었다.[162] 그런 가운데 일본이 중국 대륙으로의 침략을 확대해 나감에 따라, 일본은 태평양에서 미국의 현실적인 위협으로 간주되기 시작했다. 따라서 미국내에서도 태평양과 필리핀을 보호하기 위해서 일본의 침략정책을 저지해야 하며, 그러기 위해서 미군이 개입해야 한다는 목소리가 발생하기 시작했다.

이렇듯 미국내 강력한 고립주의 여론과 태평양에서의 일본을 상대로 한 조용한 경쟁 속에서 1932년에 루즈벨트가 32대 대통령으로 취임하였다. 루즈벨트 대통령의 취임 초기 관심사는 당시 심각했던 미국의 경제 불황을 타개하는 것이었다. 그래서 1933년에 뉴딜(New Deal) 정책이 발표될 때까지도 루스벨트 대통령은 사회경제 정책에 전념하는

162 Stace L. Pettyjohn, *U.S. Global Defense Posture, 1783-2011,* (Santa Monica: RAND, 2012), p.37.

듯이 보였다. 그러나 1933년부터 국제사회는 독일과 일본이 국제연맹 탈퇴를 선언하고 주변국 침략을 시작하면서부터 위기에 빠져들고 있었다. 그런 상황 속에서 루스벨트 대통령은 자신의 먼 친척이자 26대 대통령이었던 시어도어 루스벨트(Theodore Roosevelt)가 고립주의에 갇혀 있던 미국 사회를 변혁시켜 국가 팽창을 성공시킨 것처럼, 국제 위기에 미국이 보다 적극적으로 개입할 기회를 모색하고 있었다. 루스벨트 대통령의 1930년대 연설은 유럽의 평화와 태평양에서의 일본 침략주의에 대한 경계심이 미국의 국가 이익이라는 대통령의 인식을 보여주고 있었다.[163]

따라서 루스벨트 대통령은 미국 내 고립주의 여론을 자극하지 않으면서, 독일과 일본 위협에 대비할 수 있는 국방력을 건설하고 미국의 동맹국들을 군사적으로 지원하는 정책을 마련하기 시작했다. 그 첫 번째 정책은 미래의 불특정한 전쟁 시점까지 매년 새로운 함정을 건조하기 위한 해군 프로그램의 시작이었다. 그리고 미국 육군과 해군의 합동기획 위원회(Joint Planning Committee)에서는 일본을 가상적으로 한 작전계획인 오렌지 계획(War Plan Orange)을 발전시켜 나갔다.[164] 이와 같은 미국의 국방력 강화는 독일과 일본의 침략이 확대됨에 따라 더욱 가속화되었다. 1938년에 독일이 영국과 프랑스와의 합의를 무시하고 체코슬로바키아를 합병하는 사태를 지켜보면서, 루즈벨트 대통령은 유럽으로부터의 군사적 위협이 임박했다고 느꼈다. 그 결과 루즈벨트 대통령은 유럽으로부터 아메리카 대륙으로의 침략을 억제하기 위한 대규

163 Mark E. Grotelueschen, "Joint Planning for Global Warfare," p.9.

164 Mark E. Grotelueschen, "Joint Planning for Global Warfare," p.12.

모 항공력 건설을 결정하였다. 1938년 11월에 육군과 해군은 대통령 지시에 의해 원래의 군사력 건설 계획을 변경하여 전투용 항공기의 연간 일만대 생산을 시작했다.[165] 일본의 위협에 대한 대비는 의회 헵번(Hepburn) 위원회의 1938년 태평양 미군 태세 강화 권고 보고서에서도 잘 나타나 있다. 위원회는 태평양에서의 미군 기지 강화를 일본에 대한 억제 대책으로 제시하였다. 1941년까지 태평양에서 미군 기지가 새로 건설되지는 못했으나, 1940년 6월에 미국 태평양 함대는 일본에 대한 억제 태세를 강화하기 위해 미국 서부 해안으로부터 하와이 진주만으로 전진 배치되었다.

1930년대 후반부터 1940년대까지 미국은 고조되는 국제 위기 속에서 국방력 강화와 함께 구체적인 전략을 세워나갔지만, 그럴수록 미국 국내 고립주의 여론의 반동도 강해지는 딜레마에 마주치고 있었다. 여론은 여전히 고립주의에 지배받고 있었고, 의회는 전쟁 선포 권한을 갖고 있으므로 행정부의 전쟁 참여 결정을 제한할 수 있었다. 더구나 1938년에 미국 하원에서는 전쟁에 참가하는 결정을 내리기 전에는 국민투표가 필요하다는 수정안을 가결시키기도 했다.[166] 미국 의회 중에서 유럽계 이주민이 많은 중서부 지역 출신 의원들의 고립주의는 막강했고, 여론에서의 고립주의 강세는 계속되어왔다.[167] 그런 가운데 1938년 이후 일본은 중국과 대규모 전쟁을 계속 확대해가고 있었고, 독일은

165 Kent R. Greenfield, *American Strategy in World War 2*, (Malabar: Krieger Pub., 1982), pp.52-53.

166 Mark E. Grotelueschen, "Joint Planning for Global Warfare," p.11.

167 Eric Larrabee, *Commander in Chief: Franklin D. Roosevelt, His Lieutenants and Their War*, (New York: Simon & Schuster, 1988), pp.41-42.

1939년 폴란드 침공을 시작으로 유럽에서 본격적인 전쟁을 시작했다. 독일과 맞서기로 결정한 영국은 일본이 동남아시아 식민지를 공격할 가능성까지 우려하고 있었으므로, 미국의 더 많은 지원을 요구하고 있었다. 이와 같은 상황에서 미국은 유럽을 우선적으로 방어하고 일본과의 전쟁은 가능한 억제하고 지연시킨다는 전략을 선택했다.[168] 유럽 우선 전략에 따라 일본 위협에 대비하기 위한 군사력 투입은 자제될 필요가 있었다. 이런 관점에서 미국 해군은 유사시 우선 필리핀을 포기해야 한다고 생각하여, 태평양 함대가 하와이보다 더 서쪽으로 전진 배치되는 것에 반대했다. 그러나 1941년부터 필리핀 방어를 책임지게 된 맥아더(Douglas MacArthur) 장군은 필리핀 방어가 가능하다고 주장했다. 그리고 맥아더는 필리핀 방어를 위한 군사력 증원이 필요하다며 끈질기게 육군성과 대통령을 설득했다. 맥아더의 노력 덕분에 스팀슨(Henry Stimson) 육군성 장관은 미국이 보유한 가장 강력한 중폭격기 B-17의 필리핀 배치를 승인하였고, 아놀드(Henry Arnold) 육군항공군 사령관은 중폭격기와 전투기의 필리핀 배치 계획을 구체적으로 수립하기 시작했다.[169] 그러나 필리핀 방어를 위한 실질적인 군사력 증강 배치는 1941년 11월 이전까지는 시작되지 못했다.

그런 가운데 1940년 6월에 프랑스가 독일에게 항복함에 따라 영국은 독일과 홀로 맞서게 되었고, 일본은 프랑스의 식민지가 있는 동남아시아까지 침략을 확대하기 시작했다. 그런 상황 속에서 미국의 일본의 침략을 억제하기 위한 노력도 계속되어졌다. 미국은 일본에 비해 전반

168 Mark E. Grotelueschen, "Joint Planning for Global Warfare," p.16.

169 에드워드 밀러, 『오렌지 전쟁계획』, p.112.

적인 국력이 우세했을 뿐더러 침략을 계속하고 있는 일본과 달리 태평양에서 현상 유지와 억제 태세를 추구하고 있다는 점에서 미국의 전략 환경은 일본과 차이가 많았다. 이와 같은 태평양 전쟁 발발 이전 미국의 전략 환경은 전쟁의 도전에 대한 미국의 대응을 구조적으로 제약하

〈그림 20〉 태평양 국가로 전환된 미국의 전쟁 전 전략 환경

미국은 1898년 스페인과의 전쟁에서 승리하면서부터 태평양 국가의 일원이 되었고, 제1차 세계대전에서 승리한 이후는 세계의 경찰 역할을 요구받았다. 위의 왼쪽 장면은 미국-스페인 전쟁에 참전하기 위해 승선하고 있는 미군 병사들을 묘사한 그림이다. 그리고 그 오른쪽 그림은 제1차 세계대전 당시 미국의 대륙 원정군을 지휘했던 퍼싱 장군을 십자군에 비유하며 미국의 전쟁 승리를 과시하고 있는 포스터이다.

태평양에서 일본의 팽창을 억제하기 위해 미국은 1940년에 태평양 함대를 하와이로 전진 배치시키고, 필리핀에 4발 중폭격기를 배치시켰다. 위의 왼쪽 사진은 태평양 함대 소속으로 하와이로 진출하기 직전 상태인 전함 아리조나 호의 모습이다. 그 오른쪽 그림은 필리핀에 배치되었던 B-17 중폭격기의 비행 장면이다.

는 여건이기도 했다.

2. 제복과의 대화: 미니트맨(Minutemen)과 프로페셔널리즘 (Professionalism)

전쟁에서의 도전에 대한 미국의 대응을 전략 환경과 함께 설명해 줄 제복과의 대화 특징은 미국 정치와 사회로부터 군대를 분리시켜 온 미군의 프로페셔널리즘을 배경으로 갖고 있다. 미국 군대의 창설 이후 32대 대통령 루즈벨트 시대까지의 미국 군부의 변화 방향은 프로페셔널리즘으로 일컬어질 수 있는 전문 직업군 성격의 강화라 할 수 있다. 미국 군대의 프로페셔널리즘, 즉 전문 직업군 성격은 제1차 세계대전 이전까지 미국 주류 사회가 보수적 기독교와 자유주의 경제 사상을 기반으로 했다는 것과 관련이 있다. 당시 미국 사회에서 전쟁은 필요악이었고, 미국인과 미국 사회의 가치를 잘 대변하는 것은 미국 독립전쟁부터 싸워왔던 미니트맨으로 불리우는 민병대이지 상설 정규군은 아니었다. 그래서 유럽과는 달리 상설 정규군의 증강은 사회적 지지를 받지 못했다. 그 결과 미국 정규군은 미국 사회로부터 분리되고 고립되었으며, 민간 분야와 군사 분야는 상호 독립적인 관계가 되어갔다. 이와 같은 상황에서 정치권력으로부터 분리되어 독자적 영역을 인정받기 시작한 미국의 장교단은 자유롭게 군사적 전문성을 탐구하고 훈련에 몰입할 수 있는 기회를 얻게 되었고, 따라서 장교단의 전문 직업군 성격이 강화되어졌다. 이 시점에서 미국 군부는 일본과는 달리 군이 정치에 개입하기보다 민간 정치가가 군사작전에 개입할 가능성을 더 우려하였다.[170] 이와 같은 배경 속에서 민간 정치 지도자가 정책 목표를 결정하고 군사력 건설을 위한 자원을 배당하면, 군부는 주어진 목표를 군사력으로 달성한다는 역할 분담 관습이 생겨나게 되었다.

미국의 국내법은 이러한 민간 분야와 군사 분야의 역할 분담을 제도화시키는 방향으로 변천되어 갔다. 1920년 국가방위법(National Defense Act)에 의하면 미국 정부의 육군성과 해군성은 획득과 동원을 담당하고, 실제 군의 지휘는 현역 군인인 참모총장의 권한이었다. 미국에서 군부와 민간 정부는 대결이나 경쟁을 하기보다는 서로 고유 영역을 인정해주며 침범하지 않는 관계였다. 그리고 1920년대부터 미국 내에 경제적 자유주의가 확산될 때의 군부는 국내정치적 위협이라기보다 경제 건설의 파트너로 변모해갔다. 군은 해외 경제 활동을 보호하는 역할과 함께 군수산업의 수요자로 경제에 기여할 수 있었다. 이처럼 미국 군부는 전문 직업군 성격을 바탕으로 민간 정부와 권한과 역할을 분담하였고, 대립보다는 협력적 관계를 만들어 나갔다. 그러므로 제복과의 대화 측면에서 미국 군부는 정치와 분리되어졌다고 할 수 있었다.

그리고 미국의 군 통수권자인 루스벨트 대통령은 군부 지도자들에게 필요한 권한을 위임하되 중대한 결정은 직접 하였다. 대통령과 군부와의 관계에 대해 영국의 앨런 브룩(Aaln Brooke) 원수는 루스벨트는 거시적인 군사적 지식이 없어서 마샬(George Marshall) 육군 참모총장의 군사적 조언에 의존하고 있다고 평가하기도 했다. 반면 대통령 개인의

---

170 Samuel P. Huntington, *The Soldier and The State*, p.308.

군사 보좌관으로 미국 합동 참모 회의(Joint Chief of Staff) 의장이 된 레이(William D. Leahy) 제독은 루스벨트가 중요 시점마다 군사 상황을 연구하여 전략적 청사진을 제시했으며 합동 참모 회의는 그것을 구체화해왔다고 평가했다.[171] 즉 루스벨트 대통령은 군사 분야를 군부 지도자에게 위임하기는 하였으나 대통령이 군사 분야에 개입하는 것을 꺼리지도 않았던 것이다. 루스벨트 대통령은 태평양 전쟁 발발 이전부터 군사 분야의 중요한 결정은 직접 관할하고자 했다. 루스벨트는 자신이 군 지휘관들에게 지시를 할때마다 정부의 육군성과 해군성을 거쳐야만 한다는 제도를 마음에 들어하지 않았으므로, 1939년부터 육해군 합동 위원회(Joint Board of Army and Navy) 구성원에 육군과 해군 참모총장을 포함시키도록 지시했다. 이것은 대통령이 육군성과 해군성 장관을 거치지 않고 직접 군 지휘관인 참모총장에게 지시할 수 있는 체계를 갖추기 위한 지시였다. 또한 미국이 제2차 세계대전에 참전하기 이전에도 루스벨트 대통령은 군 지휘관들의 반대를 무릅쓰고, 1940년의 전면적인 대 영국 군사지원과 1941년의 대 소련 무기 대여 결정을 내렸다. 제2차 세계대전 중에도 루스벨트 대통령은 군의 반대 속에서 북아프리카 상륙작전을 결정하여, 1942년 11월에 미국과 영국 연합군이 모로코와 알제리에 상륙하도록 했다. 이처럼 루스벨트 대통령은 군 통수권자로서 군부에게 필요한 권한도 위임했지만, 동시에 중요한 문제는 직접 결정하면서 군부를 조정하고 통제했다.

공식적으로 미국 대통령은 군의 최고사령관이었고 루스벨트 대통

171 Kent R. Greenfield, *American Strategy in World War 2*, pp.50–51.

령은 선별적으로 강력하게 군사 분야에 개입하고 있었지만, 미국의 정치 제도는 대통령의 권한을 견제하는 여러 장치를 갖추고 있었다. 대통령과 의회와의 권력 분립과 상호 견제는 헌법으로 보장되어 있었고, 군사 분야에 있어 의회는 전쟁 선포 권한을 갖고 있었으며 국방 예산 편성과 각종 조사 위원회 활동 권한으로 대통령을 견제할 수 있었다. 더구나 미국의 연방 제도 자체가 대통령을 수장으로 하는 연방 정부와 주정부 간의 견제가 가능한 구조를 제공해 주고 있었다. 미국의 연방 정부는 외교와 국방에 대해 거의 독점적인 권한을 갖고 있었음에도 불구하고, 주 정부는 미니트맨의 역사에 기초를 둔 주 방위군의 제공이나 전시 인력과 경제 동원에 있어 영향력을 행사할 수 있었다. 이러한 정치 제도적 특성으로 인해 미국에서는 대통령을 견제할 수 있는 민간 분야의 비토 행위자 규모가 일본에 비해 상대적으로 컸다.

그리고 군사 분야의 비토 행위자 규모도 일본에 비해 상대적으로 컸다. 미국의 군사 조직의 기원은 1775년 미국 독립전쟁부터 시작된 민병대의 전통과 함께 1812년 영국과의 전쟁을 통해 가치를 인정받기 시작한 상설 정규군의 전통으로부터 시작된다. 미국의 주 방위군은 여전히 주 정부의 독립성과 연계된 민병대 전통을 중시했고, 연방정부의 정규군과는 차이가 있었다. 연방정부의 정규군 중 육군과 해군은 병력과 예산에 있어 가장 규모가 큰 군사 조직이었다. 그것에 비해 해병은 상대적으로 예산과 병력 숫자가 제한적이었는데, 그럼에도 해군과 해병은 함께 군사 작전을 수행한다는 동질 의식을 갖고 있었다. 그리고 제1차 세계대전 이후 독립 공군이 필요하다는 주장이 거듭되면서, 육군 내에는 준 독립적 성격을 지닌 육군항공군이 존재하였다. 제2차 세계대전을 앞두고 미국에는 여전히 민병대와 정규군의 전통을 따르는 성격이 다른 군사 조직이 있었으며, 정규군 군사 조직은 점진적으로 분화되고 있었다. 따라서 미국의 군사 분야 비토 행위자 규모는 일본보다 컸다.

결국 지금까지 살펴본 미국에서 제복과의 대화 특징은 일본에 비해 높은 민간의 선택적 개입과 일본보다 낮은 수준의 군의 협상력으로 요약될 수 있다. 루스벨트 대통령은 군사 분야에 조정 통제 수준으로 개입하고 있었고, 연방 제도와 대통령 제도 속에서 민간 분야 비토 행위자 규모는 큰 편이므로 민간의 선택적 개입은 일본에 비해서는 높은 수준이었다. 미국 군대는 정치로부터 성공적으로 분리되어 있었고, 정규군은 육군, 해군, 해병, 육군항공군 등의 많은 군사 조직을 지니고 있어 군사 분야 비토 행위자 규모는 컸기 때문에 군의 협상력은 일본에 비해 낮은 수준이라고 할 수 있었다. 이러한 태평양 전쟁 발발 이전 미국에서 제복과의 대화 특징은 전쟁의 도전에 대한 미국의 대응에 상당한 영향을 미칠 수 있었다.

〈그림 21〉 미니트맨과 프로페셔널리즘, 미국에서 제복과의 대화

미국 군대의 특징은 독립전쟁 당시 시민들이 자원해서 만든 군대인 미니트맨의 전통과 함께 사회와 분리된 프로페셔널리즘 전통에서 찾을 수 있었다. 위의 왼쪽 그림은 1775년 독립전쟁 당시 렉싱턴 전투에서 영국군과 맞서고 있는 미국 미니트맨 군대의 모습이다. 그리고 그 오른쪽 사진은 미국 군부 프로페셔널리즘의 상징이라 할 수 있는 미국 육군사관학교 웨스트포인트 생도들이 1937년에 워싱턴 시내를 행진하고 있는 모습이다.

미국의 군사 조직 중에서 육군과 해군이 가장 규모가 컸지만, 육군에 소속된 육군항공군은 독립적인 성격이 강했고, 해군과 파트너십을 유지했던 해병대도 규모가 증가되었다. 위의 사진들은 당시 미국 군사 조직의 수장들이다. 가장 왼쪽은 육군 참모총장 마샬 장군이고 그 오른쪽은 해군 참모총장 킹 제독이다. 그리고 그 오른쪽은 육군항공군 사령관 아놀드 장군이고, 가장 오른쪽 사진은 다른 인물들보다는 뒤늦게 해병대 사령관이 된 밴더그리프트 장군의 모습이다.

제4장

도전과 대응의 시작

1. 도전과 대응 무대, 태평양 전쟁을 향하여

태평양 전쟁이 발발할 때까지 미국과 일본의 국력 차이는 여전했고, 현상유지를 추구하는 미국과 현상타파를 목표로 하는 일본 간 정책 차이도 뚜렷했다. 즉, 두 라이벌 국가 간의 전략 환경의 차이점은 계속 유지되었던 것이다. 그리고 미국과 일본 간 제복과의 대화 특징 차이도 지속되었다. 그런 가운데 아시아 태평양의 위기는 1941년에 절정으로 치닫고 있었다. 이미 중일전쟁의 소용돌이 한가운데에 있던 일본은 전쟁을 확전시킬 것인지, 만약 확전시킨다면 그 상대를 누구로 선택해야 할지를 결정해야하는 상황이었다. 그 시점에 미국은 유럽 우선 전략을 정해 놓고 있었고, 태평양에서는 일본의 군사행동을 억제시켜야만 했다. 이와 같은 정세에서 아시아 태평양 위기 상황은 태평양 전쟁 발발을 향해서 급진전과 반전을 거듭하고 있었다. 1941년의 일본 군부는 중국 전선에서의 교착을 군사적으로 타개하고, 유럽에서 독일이 거둔 승리를 활용하기 위한 여러 방안들을 검토하고 있었다. 일본 육군은 중국 전선의 후방을 안정화하기 위해 소련과의 전쟁을 주장했고, 반면에 해군은 석유 자원의 안정적 확보를 위해 미국과의 전쟁을 감수하더라도 동남아시아로 진출해야 한다고 주장했다. 당시 일본군이 유럽에서 프랑스가 항복한 틈을 타서 비시 프랑스 정부를 압박하여 1940년 8월에 북부 인도차이나에 진주한 이래로 일본과 미국의 적대 관계는 상당히 심화되고 있었다. 더구나 1940년 9월에 일본이 나치 독일과 공식적인 동맹을 체결함에 따라 이미 나치 독일을 적대국으로 간주하고 있던 미국과의 전쟁 가능성은 더욱 높아졌다.

그런 가운데 미국과 일본의 적대 관계 해소를 위해 1941년 2월부터 노무라 키치사부로 주미 일본 대사와 미국의 헐(Cordell Hull) 국무성 장관간의 접촉이 시작되었다. 노무라와 헐의 접촉은 예상외로 순항하여 1941년 4월에 미국과 일본 양국이 모두 동의할만한 수준의 미일 양해안이 작성되었다. 이 양해안에서는 일본의 만주국과 중국 북부 일부 점령이 인정될 정도로 일본에게 유리했다고 할 수 있었다. 당시 미일 양해안 내용은 일본이 한때 고려했던 중일전쟁 중단 이후의 일본 식민지 유지 계획과도 거의 일치하였으므로, 일본에서 수용될 가능성이 컸다. 따라서 미일간의 전쟁 가능성은 평화를 향해 급반전하기 시작했다.

그러나 1941년 4월 일본 외무성 장관 마쓰오카 요스케가 소련과 일소 중립조약을 체결하고 돌아오면서부터 상황이 변하기 시작했다. 마쓰오카는 소련과의 중립조약으로 인해 일본의 환경이 더 유리해졌으므로 외교도 더욱 공격적이 되어야한다고 주장하기 시작했다. 그 결과 일본은 미일 양해안을 파기하고, 보다 침략적인 형태의 수정안을 미국에 역제안하였다. 미국은 일본의 역제안을 수용할 수 없었고, 이때부터 미국에서 일본 외교 채널에 대한 신뢰는 크게 추락하고 말았다. 따라서 미일 양해안으로 인해 완화되어가던 미일 관계는 다시 급냉하였다. 이 시기에 일본은 미일 협의와 일소 중립조약 협의를 진행시키면서, 동시에 석유 자원을 비군사적 방법으로 확보하기 위해 동남아시아의 네덜란드령 인도네시아를 전쟁없이 접수하기 위한 공작을 하고 있었다. 그 당시 상황은 일본에게는 태평양 전쟁 발발 전에 위기를 군사력이 아닌 외교와 책략으로 해소할 수 있는 마지막 기회였다고 할 수 있었다. 그러나 일본이 미일 양해안을 파기하며 제시한 수정안이 미국에게 공식적으로 거부됨과 함께, 네덜란드령 인도네시아에 대한 공작도 실패하게 된다. 따라서 일본의 공세적인 대외정책을 전쟁이 아닌 방법으로 수행할 가능성은 거의 사라지고 말았다. 이때 1941년 6월이 되면서 독일이 소련 침공을 개시하게 되자 일본 육군의 일부에서는 독일과 연합하여 소련과의 개전을 주장하는 목소리가 등장했다. 그로 인해 일본 군부에서 다시 대 소련 개전파와 동남아시아 침공파 간의 논란이 일어났다. 이 상황에서 일본 군부는 네덜란드령 인도네시아의 석유 자원 확보를 최종 목표로 결정했고, 결국 군사 목표도 소련이 아니라 동남아시아로 확정지었다. 이와 같은 일본의 결정은 1941년 6월 '형세에 따른 제국 국책 요강'에 문서화되었다. 그리고 7월 어전회의에서 소련 개전파와 동남아시아 개전파간의 논쟁을 최종적으로 종료시키며 동남아시아 진출이 공식적으로 승인되었다. 일본의 동남아시아 진출 결정은 전쟁 확대의 상대로 소련이 아니라 미국을 맞이하는 것도 불사하겠다는 것이었다. 그 결과 미일간의 전쟁 가능성은 그 어느때보다도 높아졌다.

그리고 7월에 들어 일본군은 남부 인도차이나까지 진출하고 말았다. 일본의 남부 인도차이나 진출은 미국의 입장에서는 용인할 수 없는 도발이었고, 루즈벨트 대통령은 추가적인 억제 방안을 시행하기로 했다. 가장 먼저 검토된 억제 방안은 미국내 일본 자산의 동결이었다. 그러나 미국 행정부내 강경론자들인 이커스(Harold Ickes) 내무성 장관, 모겐소우(Henry Morgenthau) 재무성 장관, 녹스(Frank Knox) 해군성 장관, 스팀슨 육군성 장관과 국무성 매파 관료 애치슨(Dean Acheson)은 더욱 강력한 제재를 원했다. 이때 미국 내 일본 자산 동결 방안보다 강화된 제재 대안으로 대 일본 석유 금수 방안이 떠올랐다. 그 시점에서 루즈벨트 대통령은 당시 유럽 우선 전략에 따라 일본에 대해서는 억제와 방어 태세를 유지하고자 했으므로, 석유 금수가 일본을 전쟁으로 유도할 것을 우려했다. 그러나 행정부 내 강경론자들의 지지가 없는 한 유럽에 대한 미국의 군사 개입 정책이 지속될 수 없었다. 결국 루스벨트 대통령은 대 일본 석유 금수에 동의하게 되었다.[172] 미국의 일본에 대한 석유 금수 제재는 일본 군부가 미국과의 전쟁없이는 문제 해결이 불가능하다는 생각에 지배되도록 했고, 상황은 미일 간의 전쟁 발발을 향해 급진전하였다.

그런 가운데서도 일본은 거의 마지막 평화 노력으로 미국의 석유 금수 조치를 완화시키기 위한 미일 정상회담을 8월에 제안하였다. 그

172 Jeffrey Record, *Japan's Decision for War in 1941: Some Enduring Lessons*, (February 2009) www.StrategicStudiesInstitute.army.mil. pp.18–19.

러나 석유 금수 제재 이후의 미국은 지난 4월 미일 양해안 작성때와는 달리 매우 강경했다. 미국은 일본이 만주국을 포기해야 미일간 새로운 합의가 가능함을 통보했던 것이다. 이 시점에서 일본은 미국의 입장을 받아들일 수 없다고 판단하고, 미국과의 외교 교섭을 전제로 전쟁을 준비하기로 했다. 그리고 미국과의 최종적인 전쟁 시작 결정은 고노에 후미마로 수상에게 맡겨졌다. 그러자 큰 부담을 느끼게 된 고노에 수상은 내각 총사퇴를 단행하며 물러나고 말았다. 그동안 미일간의 외교 교섭을 진행해오던 고노에 수상의 퇴진은 미일간의 전쟁을 앞두고 마지막 남은 외교적 해결 가능성이 거의 사라져가고 있음을 의미했다. 고노에 수상의 뒤를 이어 1941년 10월에 육군성 장관인 도죠 히데키 육군대장이 수상에 취임하며 새 내각이 수립되었다. 미국과의 전쟁을 주장해 온 군부를 대표하는 현역 장성이자 육군성 장관을 겸직하는 도죠 신임 수상의 등장은 전쟁의 시작을 알리는 사건이기도 했다. 도죠 수상은 11월20일에 일본의 최종 제안을 미국에 전달하고, 마지막 외교 교섭이 실패한다면 개전하기로 결심했다. 일본의 최종 제안은 기존 입장을 되풀이한 수준이었으므로, 11월26일에 미국은 일본의 최종제안을 거부하는 헐 국무성 장관의 노트를 전달하였다. 그러자 일본은 12월1일부로 개전을 결정하고, 일본 해군 기동부대의 하와이 진주만 공격을 승인하게 됨으로써 태평양 전쟁이 발발하게 되었다. 일본의 진주만 기습 공격은 미국 의회가 루즈벨트 대통령 편으로 돌아서서 즉각적으로 전쟁을 선포하게 되는 결과로 이어졌다. 그리고 이때부터 미국의 아시아 태평양에서의 억제 노력은 종료되었으며, 미국은 두 개 전선에서의 전쟁을 시작하게 되었다.

2. 전쟁 초반 도전과 대응

태평양 전쟁 발발 당시 일본의 점령 목표들은 동남아시아 식민지와 태평양 도서 권역에 걸쳐 산재해 있었다. 당시 동남아시아는 크게 4개의 식민지로 구성되어 있었다. 프랑스령 인도차이나, 미국령 필리핀, 영국령 말레이 반도, 네덜란드령 인도네시아가 4개의 주요 식민지였다. 동남아시아에서 일본의 목표는 식민지 네 개를 모두 정복하는 것이었다. 태평양 전쟁 발발 전 일본은 이미 비시 프랑스 정부로부터 프랑스령 인도차이나 식민지를 넘겨 받아놓고 있던 상태였다. 따라서 동남아시아에서 일본의 궁극적인 전쟁 목표는 필리핀, 말레이 반도, 인도네시아 식민지였고, 이 목표를 달성하기 위해서는 각각 미국, 영국, 네덜란드군과 대결해야만 했다. 그리고 일본의 남은 점령 목표가 위치한 태평양의 도서들은 크게 3개의 권역으로 구성되어 있었다. 그중 중부 태평양 도서들은 미크로네시아 권역, 남서 태평양 도서들은 멜라네시아(Melanesia) 권역, 동부 태평양 도서들은 폴리네시아(Polinesia) 권역으로 불리었다. 중부 태평양의 미크로네시아 권역은 가장 동쪽의 길버트(Gilbert) 제도부터 서쪽으로 마샬(Marshall) 제도, 캐롤라인(Caroline) 제도, 마리애나(Mariana) 제도를 거쳐 가장 서쪽의 팔라우(Palau) 제도까지 연이은 섬들로 구성되었다. 그리고 남서태평양의 멜라네시아 권역은 동쪽부터 솔로몬(Solomon) 제도, 비스마르크(Bismarck) 제도를 거쳐 오스트레일리아 북쪽의 큰 섬인 뉴기니(New Guinea)까지 이어졌다. 태평양 도서들에 대한 일본의 목표는 미크로네시아와 멜라네시아 권역 내 도서 모두의 장악이었다.

일본은 전쟁 전부터 미크로네시아 권역에서 길버트 제도, 마샬 제도, 캐롤라인 제도, 마리애나 제도, 팔라우 제도를 이미 위임 통치하고 있었다. 그러므로 미크로네시아 권역에서의 일본의 구체적 목표는 미국령 괌(Guam) 섬과 웨이크(Wake) 섬을 점령하고, 캐롤라인 제도의 트루크(Truk) 섬에 해군 기지를 구축하는 것이 었다. 그리고 멜라네시아 권역에서 일본의 구체적 목표는 비스마르크 제도의 뉴브리튼(New Britain) 섬을 점령하여 섬 안의 라바울(Rabaul)에 해군 기지를 건설하고, 솔로몬 제도의 부건빌(Bougainville) 섬을 장악한 후, 뉴기니 섬까지 정복하는 것이었다. 이와 같은 군사적 목표를 설정한 일본은 1941년 12월7일 동부 태평양의 폴리네시아 권역에 있는 하와이(Hawaii) 제도의 진주만 미국 해군 기지를 기습 공격함으로 태평양 전쟁을 시작했다. 일본은 전쟁 시작과 동시에 폴리네시아 권역의 하와이를 마비시키고는, 6개월 내에 동남아시아의 4개 식민지 전체와 중부 태평양 미크로네시아 전부를 정복하고, 남서 태평양 멜라네시아의 절반을 장악하였다. 그리고 이어진 1942년부터의 일본과 미국과의 전투는 동부 태평양 폴리네시아의 일부와 남서 태평양 멜라네시아의 남은 절반에서 주로 벌어졌다.

태평양 전쟁이 발발하기 직전 일본의 군사 상황은 희망적인 요소가 많지 않았다. 태평양 전쟁이 시작되는 시점에 일본 육군은 중국과의 전쟁에 병력의 대부분을 투입하고 있었고, 해군은 미국의 금수 조치로 인한 석유 부족으로 장기전이 불가능한 상태였다. 그 상태에서 일본은 아시아와 태평양에 배치된 미국, 영국, 네덜란드, 오스트레일리아 군대와 그들의 식민지 군대와 대결해야 했다. 이런 상황에서 일본의 모든 군사 작전은 기습을 전제로 계획되었고, 기습이 실패한다면 파국을 피할 수 없을 정도였다. 미국은 일본의 침략을 예상은 하고 있었으나, 정확한 공격 시기와 방향을 예측해야만 기습으로 인한 재앙을 피할 수 있었다. 미국이 일본을 억제하기 위해 태평양과 동남아시아에 전진 배치한 군사력은 전쟁에서 사용될 수 있는 미국의 중요한 군사 자산이기도 했지만, 동시에 개전과 함께 일본의 첫 표적이 될 것이었기 때문에, 미국에게 있어 일본의 공격 시점과 방향 예측은 매우 중요했다.

그러나 미국은 태평양 전쟁이 시작된 1941년 12월 일본의 하와이 진주만 기습공격을 예측하지 못했다. 이것은 전쟁의 불확실성의 실례이기도 했다. 하와이 진주만 기습 공격에는 일본 해군에서 '기동부대'라는 별칭으로 알려진 항공모함 해상부대가 주인공 역할을 맡았었다. 기동부대는 해군 역사를 오래 지배해왔던 거함 거포 주의를 대체하는 해상부대였다. 해군에서 거함 거포 주의는 함포의 화력과 그것에 맞설 강력한 장갑에 의존했던 전함을 중심으로 하고 있었다. 반면 기동부대는 항공모함에 탑재한 항공기들로 눈에 보이지 않은 먼 거리에서 적의 해상부대를 포착하여 격파할 수 있는 능력을 지니고 있었다. 일본은 전 세계 어느 나라보다 가장 먼저, 그리고 대규모로 항공모함 중심 해상부대를 만들었다. 기동부대라고 명명된 일본의 항공모함 중심의 해상부대는 러일전쟁 당시 쓰시마 해전부터 생겨난 연합함대의 전설을 이어가고 있었다. 태평양 전쟁 발발 직전 시점의 일본 기동부대는 전쟁 전 기간에 걸쳐 활약하게 될 6척의 항공모함 아카키, 카가, 소류, 히류, 쇼카쿠, 즈이카쿠로 구성된 부대를 지칭했으며, '혁신적이고 가공할만한

잠재력을 지닌 해상부대'로 평가받고 있었다.[173]

일본 해군의 하와이 진주만 기습 공격을 위한 구체적인 작전 계획은 야마모토 이소로쿠 연합함대 사령관의 지시로 그해 4월부터 준비되기 시작했다. 당시 일본 해군은 진주만 공격 계획을 러일전쟁 당시 도고 헤이하치로 연합함대 사령관이 사용했던 Z 신호를 본따 Z 작전으로 명명하며, 러일전쟁의 쓰시마 해전에서 승리했던 행운이 계속되기를 바랬다. 1941년 11월 당시 일본은 아직 외교 교섭을 전제로 전쟁을 준비한다는 방침이었다. 바로 그때 나구모 주이찌 제독이 이끄는 해군 기동부대는 전쟁을 가정하고, 6척의 항공모함으로 360대의 항공기를 탑재시켜 일본 본토로부터 출발했다. 일본은 당시 보유한 대형 공격 항공모함을 거의 모두 기동부대에 편성시키고 있었다. 일본 기동부대는 미해군 정찰기의 예상 행동반경 밖인 진주만 북쪽 1300킬로 지점에서 마지막 재급유를 받은 후, 공격 항공기들을 이륙시키면 아침 해가 뜨는 시간에 맞춰 진주만에 도달할 수 있는 위치까지 전속력으로 항진할 계획이었다. 그리고 1941년 12월1일, 일본의 태평양 전쟁 개전을 결론짓는 어전회의가 끝나자 기동부대에게 진주만 공격 명령이 전달되었다. 그리고 하와이 시간으로 12월7일, 아침에 동이 트는 시간에 진주만 북쪽 320킬로 지점에서 일본 함재기들이 출격을 했다. 그때까지도 미국의 태평양 함대와 하와이의 지상 육군 비행기지는 일본의 공격에 관한 정보가 없이 무방비 상태로 있었다. 진주만에서의 일본의 항공 공격은 대성공이었고, 미국 태평양 함대의 주요 전력과 하와이 지상 비행기지

173 Gordon W. Prange, Donald M. Goldstein, and Katherine V. Dillon, *At Dawn We Slept: The Untold Story of Pearl Harbor*, (N.Y.: Penguin, 1981), p.107.

는 심각한 손실을 입었다. 이렇듯 성공적인 1차 항공 공격에 이어, 일본은 2차 항공 공격 여부를 선택해야 하는 시점에 이르렀다. 기동부대 사령관인 나구모 제독은 11월에 일본 내해를 떠난 이래, 일본 해군의 주요 전력인 항공모함 6척을 미국의 공격으로부터 손상받지 않고 무사히 귀환시키기 위해 전력을 다하고 있었다. 진주만 작전 계획단계부터 일본 해군 내에서는 기습을 위해 적진 한 복판으로 해군의 핵심전력이라 할 만한 항공모함 6척을 진출시키는 것이 위험천만한 구상이라는 반대가 있어왔다. 전쟁 전 일본 해군끼리의 도상연습에서도 진주만 공격 상황에서 일본 항공모함 여러척이 상실되는 결과가 나온 바도 있었다. 그러므로 나구모 사령관은 12월7일 아침 1차 항공공격이 성공적으로 끝날 때까지 기동부대가 온전히 생존해있는 것이 천운과도 같다고 생각했다. 따라서 나구모 제독은 2차 항공공격으로 전과를 더 올리기보다는 항공모함의 생존을 위해 빨리 철수하기로 결정했다. 그 결과 진주만에 위치하여 향후 미국 해군 전력 증강에 중요한 역할을 할 수 있었던 대량의 유류기지와 초대형 건선거는 생존할 수 있었다. 그리고 일본의 기습 공격 당일날 진주만을 떠나 있었던 미국 항공모함들도 생존했다. 그 덕분에 진주만 기습을 기점으로 전함들간의 함대 결전으로부터 항공모함을 중심으로 한 항공 결전으로 해군 전투 양상이 급격히 전환되는 가운데서도 미국은 재기의 기회를 잡을 수 있었다. 그 시점에 미국은 태평양 함대의 파국을 수습하기 위한 새로운 사령관으로 니미츠(Chester Nimitz) 제독을 보냈다. 당시 미국 루스벨트 대통령은 니미츠 제독을 보내며 녹스 해군성 장관에게 다음과 같이 말했다.

"니미츠에게 즉시 진주만으로 가서 승리할 때까지 돌아오지 말라고 전하시오."[174]

진주만 기습은 일본 입장에서는 최대의 기습 효과를 달성한 군사적 대성공이었다. 반면 미국의 입장에서 진주만 기습은 모든 미국 국민과 의회가 전쟁 돌입에 찬성하게 된 사건이었고, 그 결과 미국은 역사상 최초로 무제한적인 목표를 향해 무제한적으로 자원을 퍼붓는 전쟁을 시작하게 되었다.

하와이에서 일본 기동부대가 대승리를 거두는 동안 일본의 동남아시아 공격도 함께 진행되고 있었다. 일본의 동남아시아 공격에는 미국령 필리핀에 대한 침공도 포함되어 있었다. 필리핀에는 미국이 B-17 중폭격기를 배치하면서까지 억제 태세를 강화시켰었지만, 필리핀에서도 일본의 공격을 저지시킬 수는 없었다. 타이완(Taiwan) 주둔 일본 해군 항공기들이 필리핀 루손(Luzon) 섬의 미군 클라크(Clark) 비행 기지를 기습 공격하는 것으로 필리핀 침공은 시작되었고, 미국의 중요 억제 전력이었던 B-17 중폭격기 30대는 모두 지상에서 파괴되고 말았다. 하와이 진주만에서 일본 억제의 한 축이었던 태평양 함대가 붕괴되었듯이, 일본 억제의 또 한 축이었던 필리핀의 중폭격기 전력도 모두 괴멸되고 만 것이었다. 필리핀에서 미국의 항공력이 붕괴된 후 일본 혼마 마사하루 장군이 이끄는 육군 제14군의 필리핀 상륙이 12월말에 필리핀 제도의 가장 큰 섬인 루손 섬부터 개시되었다. 루손섬 남쪽 상륙을 예상했던 미국의 판단과 달리 일본 침공군은 북쪽 해안에 저항없이 상륙하는데 성공했다. 미국의 필리핀 방어를 책임지고 있던 맥아더 장군

174 브레이턴 해리스, 김홍래 역, 『니미츠: 별들을 이끈 최고의 리더』, (서울: 플래닛미디어, 2012), p.184.

은 미군과 필리핀군을 루손 섬 남쪽의 바탄(Bataan) 반도로 철수시켜 일본군의 남하에 대항하였다. 필리핀에서 미군이 바탄 반도로 철수하는 것을 보고 일본 육군은 승리를 확신하고 필리핀 침공군 중 일부를 동남아시아의 또다른 식민지인 네덜란드령 인도네시아 공격작전에 합류시키기 위해 철수시켰다.

일본이 석유 자원 확보를 위해 관심을 가져왔던 네덜란드령 인도네시아에는 1942년 2월에 일본 육군의 이마무라 히토시 장군이 이끄는 제16군이 상륙하였다. 그리고 동시에 일본 해군 제3함대는 자바(Java) 해 전투에서 네덜란드, 영국, 미국의 동맹 함대를 크게 격파하였다. 자바 해 전투의 결과로 네덜란드령 인도네시아는 바다로부터의 구원 가능성이 모두 사라진 상태로 고립되고 말았다. 그러자 전의를 상실한 인도네시아의 네덜란드군과 식민지군이 항복하게 됨에 따라 인도네시아 식민지 전체는 손쉽게 일본의 수중에 들어왔다. 반면에 인도네시아로 1개 사단을 보내면서 전력이 약화된 필리핀 침공 일본군은 이어서 벌어진 바탄 반도 전투에서 진격이 저지되고 말았다. 필리핀 전투는 예상과 달리 장기화되었다. 이렇듯 일본은 필리핀 조기 장악에는 실패했으나, 미국은 필리핀 방어를 위해 배치했던 항공전력을 모두 상실했고, 하와이의 태평양 함대도 습격을 당해 중부 태평양으로부터 필리핀을 지원할 방법도 없는 처지가 되어 있었다. 이제 필리핀 서쪽의 영국령 말레이 반도와 싱가폴(Singapore) 기지만이 필리핀의 완전한 고립을 방지할 수 있는 희망으로 남아있었다.

당시 영국 식민지인 말레이 반도 남쪽 끝에 영국이 건설해 놓은 싱가폴 기지는 일본의 동남아시아 작전에 있어 군사적으로 가장 큰 위협이었다. 따라서 싱가폴로부터의 위협을 제거하기 위해 진주만을 기습 공격하는 것과 같은 날에 일본 육군 야마시타 도모유키 장군이 이끄는 제25군은 말레이 반도 북쪽에 기습 상륙하였다. 영국은 싱가폴을 해상으로부터 공격해올 가능성에 대비하여 집중 투자해왔으나, 말레이 반도의 열대 정글로 연결된 북쪽의 지상으로부터 공격해 올 가능성은 도외시해왔었다. 일본은 영국의 약점을 급습한 셈이 되었고, 말레이 반도 북쪽으로부터 야마시타 장군의 제25군은 큰 저항없이 800킬로 남쪽에 위치한 싱가폴을 향해 정글을 통과하는 3개의 도로를 따라 전진해 나갔다. 그리고 전쟁 초기에 영국군 항공력이 격파됨에 따라 공중우세도 일본이 확보하게 되었다. 일본 육군은 1942년 정월에 들어서면서 싱가폴 외곽에 도달하였고, 싱가폴 방어작전을 지휘하던 영국 퍼시벌(Arthur Percival) 장군은 항공력과 해군의 지원이 끊긴 고립된 상태로 시가전을 벌이게 되었다. 결국 2월15일에 퍼시벌은 항복을 하고, 일본은 싱가폴을 점령했다. 이렇게하여 1942년 2월까지 동남아시아 식민지 4개 중 필리핀을 제외한 모든 식민지가 일본의 수중에 넘어가게 되었다. 따라서 필리핀 바탄 반도의 미군은 고립 무원의 상태에 빠져들게 되었다. 결국 루스벨트 대통령도 필리핀을 포기하기로 결심하고는, 필리핀 방어 사령관이었던 맥아더 장군만을 단신으로 철수시켰다. 맥아더가 떠난 후 일본군은 4월에 병력 증원을 하여, 필리핀에서의 전면 공격을 다시 시작하였다. 일본군의 공격으로 바탄 반도의 끝에 건설된 코레히도르(Corregidor) 요새까지 밀려나 항전하던 미군이 항복함에 따라 필리핀도 일본의 수중에 넘어가게 되었다.

이렇게 동남아시아 식민지를 모두 제패한 일본은 이어서 중부 태평양 미크로네시아와 남서 태평양 멜라네시아로 진출해 나갔다. 미크로네시아 권역 중 미국이 점유하고 있던 괌과 웨이크 섬은 큰 저항없이 일본군이 점령하였으므로, 일본은 손쉽게 미크로네시아 전역을 장악하였다. 이제 미크로네시아 권역의 중요한 4개의 도서군인 마리애나 제도, 마샬 제도, 캐롤라인 제도, 길버트 제도는 모두 일본의 통치권으로 넘어온 것이었다. 그리고 그중 캐롤라인 제도의 트루크 섬은 일본의 강력한 해군 기지가 되었다. 또한 멜라네시아 권역으로 진출한 일본군은 오스트레일리아 영토였던 뉴브리튼 섬과 부건빌 섬을 정복했다. 이제 멜라네시아를 구성하는 중요 도서들인 뉴기니 섬, 비스마르크 제도, 솔로몬 제도 중에서 비스마르크 제도의 뉴브리튼 섬과 솔로몬 제도의 부건빌 섬이 일본의 지배를 받게 되었다. 일본은 뉴브리튼 섬의 라바울에 강력한 해군 기지를 건설해 뉴기니를 비롯한 나머지 멜라네시아 권역을 공격할 수 있는 전진 기지로 활용할 예정이었다. 일본의 미크로네시아 전역과 멜라네시아 절반의 장악은 진주만 기습 공격으로 인한 미국 태평양 함대의 기능 상실 때문에 가능했었다. 이제 미국은 중부 태평양 전체를 상실하게 되었고, 오스트레일리아는 남서 태평양에서 일본의 군사력 앞에 위험스럽게 노출되어진 상태가 되었다.

1942년 4월에 이르러 일본은 동남아시아의 4개 식민지와 중부 태평양의 미크로네시아 권역 전부와 남서 태평양의 멜라네시아 권역 절반을 장악하는데 성공했으므로, 이제 다음 단계 목표를 설정해야 했다. 이 시점에서 일본 육군은 동남아시아와 남서 태평양에서 방어 태세를 갖추기를 원했다. 육군은 동남아시아로부터 석유 자원을 안정적으로 수급하면서, 미국이 지칠 때까지 장기적 지구전을 수행하기 원했던 것이다. 반면에 일본 해군은 미국에게 반격의 기회를 주지 않고 지속적으로 주도권을 유지하기 위해, 동쪽으로는 중부 태평양을 벗어나 폴리네시아 권역까지 전진하고 남쪽으로는 오스트레일리아까지 진출하고자 했다. 이와 같은 일본 육군과 해군의 입장 차이는 절충되어졌고, 그 결과 중부 태평양 미크로네시아 권역을 넘어서 동부 태평양 폴리네시아 권역에 있는 미드웨이 섬이 목표로 선정되었다. 그리고 남쪽으로는 오스트레일리아 본토를 공격하는 대신 오스트레일리아와 미국의 연결을 차단하기 위해 멜라네시아 권역의 뉴기니와 솔로몬 제도를 공격 대상으로 채택하였다.[175]

이렇듯 일본이 태평양 전쟁 시작부터 점령 지역을 획기적으로 확대하는 동안 미국의 해상부대와 지상부대는 반격다운 반격을 상당기간 동안 시도하지 못하고 있었다. 그런 가운데서도 진주만 기습 이후 미군 최초의 반격은 무제한 잠수함작전으로부터 시작되었다. 하와이 진주만 기습 발생 직후 미국 해군 참모총장 스타크(Harold R. Stark) 제독의 12월7일 지시는 해군 잠수함으로 일본에 대해 무제한 공격을 시작하라는 것이었다.[176] 미국 해군은 1941년 봄부터 일본과 전쟁이 발발하면 일본 본토와 필리핀 사이의 해역과 네덜란드령 인도네시아 주변 해역에 전쟁 구역을 선포하고 입출입하는 모든 상선을 대상으로 무제한적인 잠수함 공격을 하겠다는 계획을 발전시키고 있었다. 미국 해군은 1939년부터 1940년까지 주력 함대는 독일 위협에 대비하여 유럽에 집결시키

175 도베 료이치, 『역설의 군대: 근대 일본군의 기이한 변용』, p.318.

176 J.E. Talbott, "Weapons Development, War Planning and Policy: The US Navy and the Submarine, 1917–1941" *Naval War College Review* 37:3 (May–June 1984), p.53.

면서, 태평양에서는 잠수함에 의한 해상 교통로 차단을 주요 작전으로 설정한 바 있었다. 따라서 미국의 모든 장거리 잠수함들은 태평양에 배치되어 있었다. 미국의 무제한 잠수함작전은 제1차 세계대전 당시 독일 해군 잠수함의 교훈 분석 결과이기도 했으며, 미국 잠수함 부대는 독일 해군이 무제한 잠수함작전에서 보여준 무기체계 기술과 작전 경험을 공유하고 있었다.[177] 태평양 전쟁 개전 당시 미국 해군에는 무제한 잠수함작전에 필요한 전력 배치와 훈련이 갖춰져 있었고, 일본 해군의 잠수함들이 정찰과 함정 공격에 나선 것과는 달리 미국 잠수함들은 해상 교통로 차단에 주로 투입되었다. 그리고 진주만 기습 이후 1년간 미국 잠수함들은 총 56만톤에 해당되는 139척의 일본 선박들을 침몰시켰다.[178]

미국의 무제한 잠수함작전은 중립국 선박과 순수 민간 선박까지 공격 대상으로 삼는 것이었으므로 대외적으로 공개적인 선전 활동을 할 수가 없었다. 따라서 미국은 진주만 기습 이후 일본에 대한 보복을 보다 공개적으로 실현하여 미국 국민들의 사기를 앙양시킬 방법을 찾게 되었다. 진주만 기습의 보복으로는 일본 본토 공격이 적합했는데 당시 전황에서는 쉽지 않은 목표였다. 일단 미국 육군의 장거리 폭격기들이 일본 본토를 폭격하기 위해 사용해야 할 일본에 가까운 태평양 섬들이 미국의 수중에 남아있지 않았다. 그리고 장거리 폭격기보다 작전반경이 짧은 미 해군 함재기가 공격 가능한 거리까지 미국 항공모함이 일

177 Gary E. Weir, "The Search for an American Submarine Strategy and Design, 1916–1936" *Naval War College Review* 44:1 (Winter 1991), pp.34–35.

178 존 톨런드, 박병화 · 이두영 역, 『일본제국 패망사』, (파주: 글항아리, 2019), p.744.

본 본토에 접근하기에는 일본 해군의 위력이 너무 강했다. 이런 상황에서 미 육군항공군에서 장거리 폭격기의 중량을 감소시킨 후 항공모함에서 이륙시켜 일본 본토를 기습 공격하겠다는 아이디어가 등장했다. 루즈벨트 대통령은 이 아이디어가 진주만 이후 미국 국민의 사기 진작에 매우 큰 도움이 될 것으로 보고, 적극적으로 지원하였다. 따라서 일본 해군이 장악하고 있는 바다 한가운데로 침투해 들어간 미국 해군 항공모함에서 이륙하여 일본 본토를 폭격할 미국 육군항공군의 장거리 폭격대가 구성되었다. 폭격대장은 미육군 둘리틀(Jimmy Doolittle) 중령이 되었고, 항공기로는 B-25 쌍발 폭격기 16대가 선정되었으며, 이륙시킬 항공모함은 호네트(Hornet) 호로 정해졌다. 1942년 4월 둘리틀 폭격대는 항공모함 호네트에 탑재되어 중부 태평양을 향해 출발했다. 그러나 예정 이륙 지점보다 310킬로가 더 먼 일본 본토에서 1200킬로 떨어진 곳에서 미국 항공모함이 일본 순시선에게 발견되고 말았다. 그러자 둘리틀 폭격대는 폭격을 마친 후 중국 본토 비행장으로 귀환하는 대신 낙하산으로 탈출하거나 불시착하기로 하고, 계획된 거리보다 더 먼 곳에서 출격을 감행했다. 그 결과 1942년 4월18일에 둘리틀 폭격대는 태평양 전쟁 발발 이후 최초로 미국이 만든 폭탄을 일본의 수도 도쿄에 투하하였다. 둘리틀 폭격대의 작전은 일본에 심각한 피해를 입힐 정도는 아니었지만, 미국에서는 첫 도쿄 폭격으로 크게 선전되었다. 더구나 일본에서는 덴노가 거주하고 있는 수도 도쿄가 공격받았다는 충격이 일본 군부 전체에 퍼지는 효과가 발생하였다. 그 결과 일본 군부는 둘리틀 폭격대의 작전이 또다시 발생되지 않도록 하기 위해서는 전선을 동쪽으로 더 확대해야만 한다고 판단하게 되었다. 따라서 일본 해군은 예전에 계획하였던 중부 태평양을 넘어 동쪽 폴리네시아 권역의 미드웨이 섬을 공격하려는 작전을 즉시 시행하기로 하였다. 결국 둘리틀 폭격은 미드웨이 전투를 촉발시켰던 것이다.

이와 비슷한 시기에 남서 태평양에서 일본은 오스트레일리아를 미국으로부터 고립시키기 위한 목적으로 뉴기니 섬에 대한 공격을 시작함으로 멜라네시아 권역에서의 처절한 전투들이 막을 올렸다. 일본의 뉴기니 섬 공격을 위해서는 같은 멜라네시아 권역 내의 비스마르크 제도의 뉴브리튼 섬에 건설해 놓은 일본 최대의 군사기지 라바울로부터 육군 증원 병력을 뉴기니 섬으로 제때에 보내는 것이 중요했다. 그리고 뉴기니 에서의 일본군의 목표는 섬 남쪽에 위치한 가장 큰 항구 도시 포트 모레스비(Port Moresby)를 점령하는 것이었다. 1942년 5월에 뉴기니 섬의 포트 모레스비에 상륙하기 위한 일본 육군 침공군이 라바울에서 출발했고, 일본 해군은 제해권 확보를 위해 다카키 다케오 제독이 이끄는 항공모함 중심 기동부대가 함께 출동했다. 그러자 미국도 일본 해군을 요격하기 위해 플래처(Frank Fletcher) 제독이 이끄는 항공모함으로 구성된 제11 TF 기동함대가 출동했다. 이렇게 해서 일본과 미국 함대는 멜라네시아 권역의 뉴기니 섬과 비스마르크 제도를 둘러싼 산호해(Coral Sea)에서 격돌하게 되었다. 이것은 해군 역사상 최초로 양쪽 함대가 서로 눈으로 보지 못한 상태로 항공기만을 출격시키며 공격을 주고 받았던 항공모함 전투이기도 했다. 산호해에서 일본과 미국은 각각 100여대의 함재기를 출격시켜 서로의 항공모함을 먼저 찾기 위한 경쟁을 벌였다. 5월초 이틀간의 산호해에서 벌어진 사상 최초의 항공모함간 전투 결과로 일본은 미국 항공모함 1척을 격침시키고 1척을 파손시켰다. 그리고 미국 역시 일본 경항공모함 1척을 격침시키고, 대형 항공모함 1척에 손상을 입혔다. 산호해 전투에서 미국은 태평양 전쟁 발발 이후 최초로 구축함보다 큰 일본 군함을 격침시키는 전과를 기록할 수 있었다. 산호해 전투에서 일본과 미국의 군함 손실은 비슷했지만, 뉴기니 섬으로 향하던 일본 육군 침공군의 수송선단이 위험을 느끼고 상륙을 포기하고 돌아갔기 때문에 태평양에서 일본의 공세가 처음으로 좌절된 순간이기도 했다.

멜라네시아 권역에서 미국과 일본의 일진일퇴의 접전이 끝난 직후, 1942년 6월 일본은 둘리틀 폭격대의 도쿄 폭격의 대응으로 계획한 미드웨이 침공을 실행에 옮겼다. 일본 연합함대가 총 출동했고, 그 선봉으로 진주만 기습의 주인공인 나구모 제독의 기동부대가 다시 나섰다. 진주만 기습에 출동했던 일본 항공모함 6척 중 아카키, 카가, 소류, 히류 4척이 다시 기동부대의 일원으로 집결했다. 미국도 암호 해독을 통해 일본 해군의 접근을 탐지하였고 니미츠 태평양 함대 사령관은 곧 플래처 제독과 스프루언스(Raymond Spruance) 제독이 지휘하는 2개의 TF 기동함대를 미드웨이로 출동시켰다. 일본에서 연합함대의 전설을 이어가고 있는 일본 해군 기동부대와 격돌할 미국의 항공모함들은 둘리틀 폭격대를 이륙시켰던 호네트를 포함하여 엔터프라이즈(Enterprise)와 요크타운(Yorktown)까지 모두 3척이었다. 그리고 산호해 전투에 이어 다시 한번 미드웨이에서 일본과 미국 해군은 서로 눈으로 보지 못한 상태에서 항공기 공격에만 의존하는 항공모함 전투를 치르게 되었다. 산호해 전투와 달랐던 점은 일본 기동부대의 경우 미국 함대 격파 뿐 아니라 미드웨이 섬 공격이라는 목표까지 함께 갖고 있었던 것이다. 미드웨이 전투는 일본 기동부대 함재기의 미드웨이 섬의 지상기지 폭격으로부터 시작했다. 일본 기동부대 함재기가 미드웨이 섬의 최초 폭격을 마쳤을 때, 미국 TF 기동함대와 미드웨이 섬 지상기지 미군 항공기들은 일본 함대의 위치를 추정하고 반격에 나서기 시작했다. 이때부터 폴리네시아 권역의 미드웨이 섬을 사이에 두고 망망대해에서 일본 기동부대 항공기와 미군 TF 기동함대 항공기, 그리고 미드웨이 섬 지상기지 항공기 간의 더 빨리 상대를 찾아 공격하려는 분초를 다투는 대결이 시작되었다.

1942년 6월4일의 미드웨이 전투 상황은 바다 한가운데에서 항공기들 간의 탐색과 추적 대결이었고, 최적의 항공기 이륙 시점을 결심해야 하는 해상부대 지휘관과 적함을 찾아 방공망을 뚫고 공격을 성공시켜야하는 항공기 지휘관들 간의 대결이기도 했다. 이 대결은 전적으로 전쟁의 불확실성 속에서 진행되고 있었다. 그리고 운명의 5분이라 일컬어지는 6월4일 오전 10시22분에서 28분 사이에 미국 TF 기동함대 급강하 폭격기들이 일본 항공모함에 대해 집중 공격을 하는 것을 끝으로 미드웨이 전투는 막을 내렸다. 운명의 5분이 시작될 때까지 일본 기동부대는 정찰 활동의 실패로 미군 TF 기동함대를 발견하지 못했고, 대신 미드웨이 지상기지에서 출격한 미국 항공기들이 일본 기동부대를 먼저 발견하고 공격을 감행했었다. 미드웨이에서 이륙한 미군 항공기들은 일본 함대에 거의 손실을 입히지 못하고 일본 방공 전투기들에 의해 전멸되었다. 그렇게 미드웨이 섬에서 이륙한 미국 육군 항공기와 해군 항공기들이 낮은 고도로 일본 기동부대 공격에 돌입하다 전멸하는 동안, 일본 방공 전투기들은 피로감에 빠져들었고 낮은 고도의 전투에 몰려들 수밖에 없었다. 그때, 후일 미국 태평양 함대 사령관 니미츠 제독이 발언했듯이 미군 TF 기동함대 급강하 폭격기들은 계획되지 않은 시간에, 그러나 가장 절호의 기회가 될 수 있는 시간과 장소에 등장했다. 미국 급강하 폭격기들이 일본 기동부대 항공모함들 상공에 높은 고도를 유지하며 도착한 그때는, 일본 항공모함들이 공격 전투기들의 이륙을 잠시 대기시키고 미드웨이 폭격을 마친 항공기들을 먼저 착륙시키며 폭탄을 교체하고 있는 어수선한 상황이었다. 더구나 그동안 미군기와 전투를 벌여온 일본 방공 전투기들도 모두 낮은 고도에 몰려 있어 미군 급강하 폭격기를 신속하게 방어할 수 없는 상태였다. 행운은 미국 편이었다. 곧 미국 급강하 폭격기들은 거의 무방비 상태로 있는 일본 항공모함을 향해 급강하 공격을 시작하였다. 전쟁의 불확실성이 또다시 작동을 한 것이다. 결국 미국 급강하 폭격기들의 공격으로 1941년 진주만 작전부터 일본 기동부대를 구성해오던 해군 항공모함 4척 아카키, 카가, 소류, 히류는 모두 격침되었다. 일본 기동부대는 복귀할 항공모함조차 없어진 함재기들로 마지막으로 그러나 뒤늦은 반격을 시도했고, 미군 TF 기동부대 항공모함 요크타운을 격침시켰다. 그러나 일본 해군은 기동부대를 상징적으로 구성해왔던 6척의 항공모함 중 4척과 다수의 경험많은 조종사들을 상실하고 미드웨이 섬 상륙도 포기하게 되었다. 미드웨이 해전은 미국 해군이 처음으로 일본 해군을 크게 격파하여 대승리를 거둔 전투였고, 일본 해군이 중부 태평양을 넘어 동쪽 폴리네시아 권역으로 진출하려는 생각을 더 이상 하지 못하도록 만들었다. 이렇듯 1941년 12월 일본의 기습 공격으로 시작된 태평양 전쟁은 1942년까지 이어지며 장기화되었고, 그럼에 따라 전쟁에서의 도전에 대한 대응 차원에서 정치외교, 사회경제, 군사작전 분야의 정책 결정들이 뒤따르게 되었다. 그리고 이런 결정들은 제복과의 대화 특징에 영향을 받았다.

3. 전쟁 초반 일본에서 제복과의 대화

1941년 태평양 전쟁이 발발한 이후 일본에서는 전쟁의 복잡성을 대표하는 정치외교, 군사작전, 사회경제 전 분야에 걸쳐 중요한 정책들이 결정되어졌다. 그러나 일본에서 제복과의 대화 특징으로 인해 전쟁의 복잡성은 고려되지 못했고, 각각의 분야는 서로 조율되지 않았다. 정치외교 분야에서 일본은 태평양 전쟁 개전 당시 계획했던 군사 목표를 달성했으므로 장기전에 대비할 수 있는 전쟁 목표를 설정하고, 미국에 대한 국력의 열세를 극복하기 위해서 대외적으로 우방 세력들을 집결시켜야 했다. 더구나 일본은 중국 전선에서 1942년 9월 중국 국민당 정부의 마지막 수도인 충칭[重慶] 점령을 위한 공격이 실패로 돌아간 이후부터는, 미국과 유리한 휴전 협상을 위한 정치외교적 수단이 절실히 필요했다. 그러나 일본에서는 장기전을 대비하기 위한 구체적인 휴전 조건은 전쟁 목표 차원에서 검토되지 않았으며, 단지 군사작전의 요구에 의한 전쟁 목표만이 존재했다. 그리고 장기전 구상에 적합한 우방 세력의 결집도 일본의 전쟁 목표에 포함되지 않았다. 1940년 9월에 일본은 독일, 이탈리아와 3국 동맹을 체결하였으므로, 유럽의 동맹국들을 태평양 전쟁으로 끌어들이려는 노력이 필요할 수 있었다. 1941

년 12월부터 일본은 영국과 교전 상태에 진입하였는데, 이미 1940년부터 영국은 일본의 동맹국인 독일과 이탈리아 모두와 교전 중이었다. 그러므로 일본은 독일과 이탈리아 군사력의 직접적인 이동을 요구하던지 아니면 동맹국들과 전략적 수준의 협의체나 정보 공유 채널을 갖출 필요가 있었다. 그러나 일본은 독일과 이탈리아와 외교적 접촉은 비교적 활발하게 유지했지만, 두 동맹국과의 군사적 협력은 거의 시도하지 않았다. 따라서 태평양 전쟁이 종료될 때까지 독일과 이탈리아와 일본 간의 직접적인 군사 공조는 이루어지지 않았고, 외교 채널에서도 군사적 의제가 배제된 까닭에 미국과 영국의 사례와 같은 연합 참모단도 구성되지 않았다.

사회경제 분야에서 일본은 장기전에 적합하도록 국내의 전시 경제 능력도 강화시켜야했고, 일본의 태평양 전쟁 시작의 직접적 원인이기도 했던 석유 등의 주요 자원을 안정적으로 확보해야만 했다. 사실 일본의 전시 경제는 1930년대부터 이미 가동되고 있었다. 1930년대말 일본의 군사비는 전체 예산의 70퍼센트였고, 1938년부터 배급제가 시작될 정도로 일본에서는 태평양 전쟁 전부터 총력전 상태로 돌입해 있었다.[179] 그런 가운데 일본 전시 경제는 1939년 유럽에서의 전쟁 발발과 함께 시작된 원자재 가격의 급등과 인플레이션 상황을 맞이하며 저물가와 생산력 확충이라는 상반된 목표를 추구하다보니, 경제 기업 주체들의 이윤 동기보다는 계획경제에 가까운 관리와 통제에 치중하게 되었다.[180] 그리고 1941년부터는 정부의 기업 통제가 확대되었고, 중요

179 폴 케네디, 『강대국의 흥망』, pp.412-414.

180 고바야시 히데오 등, 김응렬 · 서용석 외 역, 『일본 주식회사: 관료 지배 구조의

산업 업종은 정부가 강제 카르텔을 맺게하며 관리해나갔다. 이와 같은 계획경제 형식의 기업 통제는 군부의 요청을 최대로 반영하기 위한 것이었고, 군부의 요구대로 물자 배분이 결정되었다. 1943년 11월에는 기업을 통제하던 정부 부처인 기획원과 상공성이 통합되어 군수성이 창설되었는데, 군수성 장관은 육군 대장 도죠 히데키 수상이 겸직하였다.[181] 이처럼 일본 전시경제에서는 군부의 요구 반영이 최우선이었고, 군부가 직접 기업 통제에 개입하고 있었다.

이런 상태에서 태평양 전쟁이 장기화됨에 따라 일본에서는 장기전에 대비한 생산 증가와 자원 확보가 가장 중요한 사회경제 분야의 요구였다. 그런 요구를 충족하기 위해서는 태평양 전쟁 초기에 확보한 동남아시아 지역에서의 전략 자원을 효과적으로 개발하여 일본 본토 군수산업 기지로 원활히 이동시키는 것이 중요했다. 이를 위해서는 우선적으로 인도네시아와 말레이 반도 식민지의 중요 자원들의 산출을 체계적으로 확대할 수 있는 노련한 행정 시스템이 필요했다. 그리고 그렇게 증산된 자원들이 일본 본토로 효율적으로 이동될 수 있는 해상 교통로가 지속적으로 유지되어야 했다. 특히 새로운 점령지에서 원주민을 통제하면서, 유럽 식민지 시절의 행정 체제를 접수하여 활용할 수 있는 행정력이 필요했다. 그리고 일본 군부 뿐 아니라 민간 관료와 기업이 참여하는 장기적이고 체계적인 관리 계획이 요구되었다. 그러나 동남아시아 식민지의 행정력 재건이나 장기적 자원 생산 계획에 대해서

기원과 형성』, (서울: 일신사, 1998), p.147.

181 고바야시 히데오 등, 김응렬 · 서용석 외 역, 『일본 주식회사: 관료 지배 구조의 기원과 형성』, p.121.

일본 군부도 관심이 없었고, 군부에 비해 상대적으로 취약했던 일본 민간 관료 역시 관심이 없었다. 동남아시아 식민지에서의 모든 계획과 행정은 임시방편적이었고 지속적이지 않았다. 그리고 동남아시아 식민지에서의 생산량 증가만이 아니라, 확보된 자원이 안정적으로 일본 본토로 공급되기 위해서는 충분한 선박과 해상 교통로에 대한 효과적인 보호도 필요했다. 이때 이미 미국의 잠수함들은 동남아시아와 일본 본토 간의 해양에서 통상파괴작전을 시작하고 있었다. 미국은 무제한 잠수함작전으로 일본의 해상수송능력을 파괴하여 전쟁수행능력을 말살하겠다는 계획을 전쟁 전부터 수립해 놓은 상태였다.[182] 따라서 일본은 미국의 잠수함 전력으로부터 해상 교통로를 보호하기 위한 노력까지 수행해야 했다. 일본의 선박은 더 증가되어야 했고, 잠수함으로부터 생존하기 위해 영국이 대서양에서 시행했던 바와 같이 잠수함 공격을 방어할 수 있는 호송 선단 체계를 갖추어야 했다. 그러나 일본의 군부는 민간 선박의 차출과 동원에만 관심을 갖았고 선박의 총량을 증가시키기 위한 생산 계획에는 관심이 없었다. 또한 운용중인 선박을 잠수함 공격으로부터 보호하기 위한 호송선단 체계 역시 구축되지 않았다. 결국 태평양 전쟁 기간 중 일본 상선의 총톤수 800만톤 중 60퍼센트가 미국 잠수함에게 격침되었다.

군사작전 분야에서 일본에게 필요한 것은 장기전에 적합한 군사 목표였다. 기본적으로 일본은 군사 목표를 검토할 때 미국의 군사력이 날로 증강되고 있고, 일본에 비해 미국이 상대적으로 우월한 산업 생

182 에드워드 밀러, 『오렌지 전쟁계획』, p.551.

산력을 보유하고 있다는 것을 고려해야 했다. 그러나 일본의 군사 목표 선정은 단기적이고도 국지적인 군사력 비교 결과와 근거가 부족한 희망섞인 분석들에 의해 좌우되었다. 1941년 12월 당시에만 해당되며 태평양 지역으로만 한정된 군사력 평가에 의하면, 일본은 미국에 비해 전함은 10:8, 항공모함은 10:3, 중순양함은 18:13, 경순양함은 20:11, 잠수함은 65:56으로 유리한 상황이었다.[183] 더구나 일본에서는 민족적으로 일본인이 미국인보다 우월하고, 일본 국민들이 일치단결된 훈련을 해왔기 때문에 물질주의가 만연한 미국보다 정신력이 더 우세하다는 근거없는 평가가 널리 퍼져있었다. 일본은 단기적인 군사력 비교와 근거없는 인종적 평가를 바탕으로, 미국 국민의 생명과 재산의 피해를 강요하는 몇 차례의 단기 결전을 통해 미국이 먼저 전쟁에 지치도록 할 수 있다고 판단했다. 이와 같은 부정확하고 지나치게 낙관적인 판단에 기초하여, 일본의 군사 목표는 모험적인 공세 작전을 수행하도록 선정되어졌다. 따라서 일본은 중부 태평양 미크로네시아 전체와 남서 태평양 멜라네시아 일부와 함께 동남 아시아 식민지 전체를 장악한 상태에서도, 동부 태평양 폴리네시아 권역과 오스트레일리아를 향한 공세를 지속하기로 한 것이다.

지금까지 살펴본 것처럼 정치외교, 사회경제, 군사작전 분야에 걸쳐 일본에게 요구되는 공통적인 고려사항은 장기전 대비였다. 그러나 1941년 이후로 일본에서는 정치외교 분야에서 장기전을 대비하기 위한 정치적 목표와 동맹국들을 군사적으로 활용하기 위한 외교적 방안

183 Jeffrey Record, *Japan's Decision for War in 1941*, pp.25-26.

은 무시되어졌다. 그리고 사회경제 분야에서는 전시 경제를 장악한 군부가 점령지로부터의 자원 확보에 필요한 행정력 건설도 무시하고 있었고, 식민지와 일본 본토 사이의 해상 교통로를 보호하는 임무도 경시하고 있었다. 그래서 미국의 무제한 잠수함 작전으로부터 해상 교통로를 지킬 방안도 강구되지 않았다. 또한 군사작전 분야에서 군부는 현실성 없는 공세 작전에만 집착하여 장기전을 수행하고자 했다. 일본에서 전쟁의 복잡성에 대한 대응은 정치외교, 사회경제, 군사작전 분야에 걸쳐 일관성이 없었고 서로 조율되지 못했다. 이때 일본의 정책 결정 과정에서 군 통수권자인 덴노는 군부의 행동과 판단에 거의 개입하지 않았고, 군부의 결정에 대해 이의를 제기하는 민간 집단도 없었다. 일본에서 민간의 선택적 개입은 대단히 낮은 수준이었고 군의 협상력은 매우 강했던 것이다. 그리고 그 결과는 정치외교, 사회경제, 군사작전 분야에 걸친 전쟁의 복잡성은 고려되지 못하고, 비현실적인 군사작전 분야 주장이 다른 분야의 고려사항을 지배하는 현상이었다. 이것은 민간의 선택적 개입이 약하고 군의 협상력이 강할수록 전쟁의 복잡성을 고려하지 않은 전시 정책 결정이 일어날 가능성이 커짐을 의미한다.

4. 전쟁 초반 미국에서 제복과의 대화

1941년 태평양 전쟁이 시작된 이후로 미국에서도 전쟁에서의 도전에 대한 대응하기 위한 중요 정책들이 정치외교, 군사작전, 사회경제의 모든 분야에서 결정되어왔다. 이때 미국에서는 제복과의 대화 특징으로 인해 일본에 비해 전쟁의 복잡성을 더 고려한 정책 결정이 이루어졌다. 정치외교 분야에서 미국에게 요구된 것은 태평양과 유럽의 2개의 적을 동시에 대비하기 위한 국내정치적 합의와 동맹국과의 협력 태세였다. 미국의 루스벨트 대통령이 원했던 국방예산 증가와 해외 군사개입에 대한 가장 큰 장애물이었던 미국 국내의 고립주의 여론은 아이러니하게도 일본의 진주만 기습을 계기로 해결되었다. 진주만 기습 다음날 루스벨트 대통령은 일본의 공격을 불법 기습으로 발표했고, 다음날 '전쟁참가법'이 미국 의회 상원에서는 만장일치로 의결되었으며, 하원에서는 단 한 표만의 반대 속에서 압도적으로 가결되었다. 따라서 루스벨트 대통령 뿐 아니라 의회도 전쟁 선포를 하였으며, 미국내 여론도 '진주만을 기억하라'를 구호로 삼게 되었다. 그리고 미국과 동맹국들의 협력도 강화되었다. 영국과는 유럽과 태평양에서 2개의 전선을 유지하기 위한 협력이 시작되었다. 그리고 태평양과 아시아에서 영국과 중국이 대 일본 공동전선에 계속 참여하도록 협조되었다. 또한 남서 태평양에서 일본과 맞서게 된 오스트레일리아와 뉴질랜드가 미국의 연합 협조 체제에 포함되어졌다. 결국 미국은 태평양에서 영국, 중국, 오스트레일리아, 뉴질랜드를 동맹 세력으로 결집시킨 것이었다.

사회경제 분야에서 미국은 경제 대공황부터 계속되어 온 불황을 극복하며 2개의 전선을 감당할 수 있는 군사력을 건설하고, 장기전에 대비한 전시 경제로의 전환을 이루어야했다. 특히 군사력 건설을 위해서는 인력의 동원과 훈련도 중요했지만, 다량의 무기 생산이 가능하도록 생산 능력을 확충시킬 필요가 있었다. 이와 같은 국내 생산량 증가를 위해서는 경기 부양과 함께 생산시설과 노동력 확보도 중요했다. 그래서 미국은 1938년부터 국방비를 증가시키되, 예산 증가분이 모두 연방정부의 경기 부양을 위한 지출의 일부가 되도록 조정했다.[184] 1940년부터 미국은 행정부 내의 경제 관련 조직을 증가시키며 군비 조달을 위한 세수를 확보함과 동시에 국내 수요를 충족시키는 노력도 해나갔다. 전시 경제 주요 업무는 긴급관리청(The Office of Emergency Management, OEM)이 신설되어 시행되어졌고, 긴급관리청 산하에 생산관리청(The Office of Production Management)은 군수물자와 민간 필수품 생산과 공급을 담당했으며, 물가관리청(The Office of Price Administration)은 적극적인 물가 통제에 나섰다.[185] 미국은 1929년 대공황 이후 수천만의 실직자가 있는 상태였으므로 동원 가능한 노동력이 풍부했다. 또한 대공황 이전과 대비할 때 생산 시설 전체의 절반만 가동 중이었으므로 생산량 증가를 위해 생산시설을 더 건설할 필요는 없었고, 요구되는 것은 명확한 정책 목표와 효율적인 행정력이었다.[186] 따라서 미국 행정부와 민간 부문에서 조직된 위원회들을 통한 행정 활동의 증가는 미국의 전시 경제 전환과 잠재적 생산능력을 가동하기 위해 적합한 조치들이었다. 그 결과 미국의 생산량은 2배로 증가했고, 동시에 완전고용도 달성되었다. 당시 미국에서는 생산력 증가와 가격 통제를 위한 수십개의 민간과 정부 소속의 전시 위원회 조직이 설치되어 운영되었다. 결국 미국의 전시 경제는 민간 분야 경제 행위자들과 정부가 주도한 다양한 위원회 조직들 간의 업무 조정을 통해 운영되어졌고, 그 결과는 생산량의

---

184 이주영, 『미국경제사 개설』, (서울: 건국대학교 출판부, 1988), p.214.

185 이주영, 『미국경제사 개설』, p.214.

186 주명건, 『미국경제사』, (서울: 박영사, 1987), p.571.

기록적인 증가였다.

군사작전 분야에서 미국은 유럽 우선 전략 속에서도 일본의 팽창을 조기에 저지해야만 하는 2개의 목표를 감당해야 했다. 미국은 개전 초의 기습공격으로 인한 피해에도 불구하고, 태평양과 유럽을 오가며 유동적인 전력 이동이 가능하도록 태평양 함대와 육군항공군 폭격기 전력의 증강에 우선순위를 두었다. 태평양 함대는 항공모함 전력을 충분히 확보하기까지는 무제한 잠수함작전을 위해 잠수함 전력을 태평양에 집중시켰다. 특히 육군항공군의 항공 전력은 태평양과 유럽 2개의 전선에서 모두 임무 수행이 가능했으며 필요에 따라 신속한 이동이 가능했다. 육군항공군의 항공전력 중에서도 장거리 폭격기 전력이 우선적으로 증강되었다. 따라서 루스벨트 대통령이 1942년을 태평양 전투에서 반드시 승리해야 할 시기로 인식했을 때, 유럽으로부터 신속하게 태평양으로 장거리 폭격기들이 이동될 수 있었다. 새로 증강된 육군항공군의 장거리 폭격기들은 태평양에서 필요로 하는 공중우세를 확보하는데도 긴요했다. 미국은 여전히 유럽 우선 전략을 고수하고 있었음에도 전쟁 발발과 함께 잠수함 부대의 통상 파괴작전을 중요 군사 목표로 삼았고, 1942년부터는 태평양의 최전선에서 공중우세 쟁취를 주요 군사 목표로 추가했다. 이와 같은 군사 목표들은 태평양에서 일본의 지속적인 팽창을 저지하는데 유용했다.

태평양 전쟁 초반 미국의 정치외교, 사회경제, 군사작전 분야에서의 공통적인 고려사항은 유럽과 태평양 2개 전선의 동시 강화였다. 이와 같은 고려사항 때문에 1941년 12월 일본의 진주만 기습 공격 이후 미국은 참전에 필요한 국내 정치적 합의를 이루어낸 다음 전시 경제의 가동과 국내 경제 성장을 결합시켰다. 그리고 미국의 동맹국들을 결속시켜 유럽과 태평양 2개 전선에서의 전쟁을 이끌었다. 또한 유럽 우선 전략 속에서도 태평양 전선에서의 결정적 시점에 유럽으로부터 전력을 이동시키면서까지 태평양에 군사적 노력을 집중시킬 수 있었다. 미국에서는 정치외교, 사회경제, 군사작전 분야에 걸쳐 전쟁의 복잡성을 고려한 정책들이 결정되어지고 있었다. 일본과 달리 미국에서는 루스벨트 대통령이 군부에게 권한을 위임해주면서도 중대한 결심 시기에는 직접 개입했다. 즉 군 통수권자인 대통령은 군부를 세심하게 통제하지는 않았지만 중요한 정책은 직접 결정하였고, 군부 지도자들과 함께 많은 민간 관료들이 대통령을 보좌하였다. 미국에서 민간의 선택적 개입 수준은 일본보다 높았으며, 군의 협상력은 일본에 비해 약했던 것이다. 그런 가운데 미국에서는 정치외교, 경제동원, 군사작전 분야를 포괄하면서 상호 조율된 정책이 결정되고 있었다. 이것은 민간의 선택적 개입이 강하고 군의 협상력이 약할 때 전쟁의 복잡성을 고려하는 전시 정책 결정이 일어날 가능성이 커진다는 것을 의미한다.

〈그림 22〉 태평양 전쟁의 시작과 분기점, 진주만과 미드웨이

태평양 전쟁이 시작된 진주만 기습에서 일본은 해군 항공모함으로 구성된 기동부대의 능력을 처음 과시했다. 위의 왼쪽 사진은 일본 해군 기동부대의 기함이었던 항공모함 아카기 호의 모습이다. 그리고 그 오른쪽 사진은 진주만 기습 당시 기동부대 소속 항공모함 쇼카쿠 호에서 이륙하고 있는 일본 함재기의 모습이다.

태평양 전쟁은 1942년 미드웨이 전투에 이르면서 전쟁의 불확실성이 더욱 고조되었다. 미드웨이 전투의 시작은 일본 본토를 최초로 보복 폭격하려는 미국의 시도부터였다. 위의 왼쪽 사진은 전쟁 최초로 일본 본토를 폭격하기 위해 미국 항공모함 호네트 호에서 이륙하고 있는 둘리틀 폭격대의 중거리 폭격기의 모습이다. 그리고 그 오른쪽은 일본 항공모함 4척을 격침시키고 태평양 전쟁 최초로 미국이 대승리를 거두는 미드웨이 전투에 임하고 있는 미국 항공모함 요크타운 호의 모습이다. 미드웨이 전투에서 미국은 일본 항공모함 4척을 격침시키지만 그 뒤를 이어 미국 항공모함 요크타운도 격침되고 만다.

제5장

미국과 일본, 도전과 대응의 계속

1. 전쟁 중반 도전과 대응

태평양 전쟁이 발발하고 6개월이 지난 1942년 6월 시점에서, 일본의 동부 태평양 폴리네시아 권역으로의 진출 시도가 미드웨이 전투로 좌절됨에 따라, 폴리네시아 권역은 일본으로부터 안전해졌다. 그리고 이어서 멜라네시아 권역을 침공한 일본에 대한 미국의 반격이 시작되었다. 미국의 반격은 솔로몬 제도와 뉴기니 섬을 중심으로 한 멜라네시아 권역 내 치열한 전투를 동반했다. 그리고 이 시점부터 일본의 공세와 미국의 방어라는 상황이 서서히 서로 뒤바뀌기 시작했다. 이때부터 시작된 미국의 공세는 일본이 멜라네시아 권역에서 고립되고 미크로네시아 권역을 상실할 때까지 계속되었다.

이와 같은 태평양 전쟁에서의 전황 역전은 미드웨이 전투 이후 남서 태평양에서부터 시작되었다. 당시 미국은 미드웨이 전투에서 승리한 이후로 남서 태평양에서도 일본의 팽창을 저지하고 오스트레일리아를 보호하고자 했다. 미국의 반격은 멜라네시아 권역을 구성하고 있는 주요 도서 중 오스트레일리아로부터 동남쪽으로 가장 멀리 위치한 솔로몬 제도에서부터 시작되었다. 미국의 계획은 솔로몬 제도를 탈환하고 멜라네시아 권역 섬들을 따라 비스마르크 제도까지 전진한다는 것이었다. 그렇게 하여 비스마르크 제도에서 일본의 가장 강력한 전진 기지 역할을 하고 있는 뉴브리튼 섬의 라바울까지 탈환한다면, 뉴기니 섬과 오스트레일리아에 대한 일본의 위협도 종식시킬 수 있어 보였다. 이와 같은 구상 속에서 미국은 우선 솔로몬 제도의 섬들 중 일본이 비행장을 건설하고 있던 과달카날(Guadalcanal) 섬을 첫 번째 공격 목표로 선택하였다. 그리고 1942년 7월에 미국 해병 공격군이 과달카날 섬에 상륙하였다. 태평양 전쟁 역사에서 미국 해병이 본격적으로 전쟁의 주인공 역할을 담당하기 시작하는 순간이기도 했다. 미국 해병 공격군은 곧 소수의 일본군들을 손쉽게 제압하며 과달카날 섬을 정복하고는 미군 비행장을 건설하기 시작했다. 이제 미국이 과달카날에 성공적으로 비행장을 건설하게 되어 지상기지 항공기들이 작전을 시작한다면, 미국 해군 항공모함의 함재기들과의 합동작전으로 멜라네시아 권역 전체의 공중우세 장악에 유리해질 것이었다. 이와 같은 미국의 의도를 묵과할 수 없었던 일본은 곧 과달카날 탈환을 위한 반격을 시작하였다. 이렇게하여 태평양 전쟁의 분수령이 될 과달카날 전투가 시작되었다. 과달카날 전선에서는 일본과 미국의 상륙군 간의 섬을 차지하기 위한 지상 전투와 함께, 양국의 상륙군들을 증원하고 지원할 해상 수송로를 확보하기 위한 해상 전투가 반복적으로 일어났다. 지상 전투에서는 사상 최초로 미국과 일본의 지상군 간의 대결이 일어났다. 양국 군대는 식량 자원이나 인프라가 전혀 없는 과달카날 섬에서 모든 군수 지원을 해상 수송에만 의지하며, 부족한 식량과 장비의 결핍을 감내하면서 6개월 이상의 지상 전투를 치러야 했다. 해상 전투에서는 일본과 미국 해군이 항공모함 전투와 함께 전함들 간의 전통적인 해전까지 반복하며, 역사에 유례없을 정도로 많은 함정들을 바다 속에 수장시키는 해상 소모전이 벌어졌다.

과달카날에서 최초의 해상 전투는 일본 미카와 군이치 사령관이 지휘하는 해군 8함대가 미국 상륙군을 호위하던 미군 순양함 함대에 야간 기습 공격을 감행하며 시작되었다. 일본 해군은 레이더는 없었지만 다년간 야간 해상 전투를 훈련해왔고, 미국 해군은 레이더는 있었으나 야간 전투 훈련 경험도 공중우세도 부족한 가운데 일본에게 기습을 허용했다. 그 결과 미국 해군 역사상 최악의 패배를 경험하며 4척의 중순양함이 격침되고 말았다. 이때부터 과달카날 인근 해역은 침몰한 함정들이 바다 밑바닥에 수없이 많이 가라앉아 있다는 의미에서 아이언버텀(Iron bottom) 이라고 불리워지기 시작했다. 첫 번째 과달카날 지역 해전 이후 일본 육군은 과달카날을 다시 점령하기 위해 상륙군을 보냈고, 이제 일본과 미국 해군은 자국 상륙군의 지상 전투에 필요한 군수 물자를 해상으로 수송해주고 상대방의 해상 보급은 차단하기 위한 전투를 벌여야 했다. 과달카날 섬에 상륙해 있던 밴더그리프트(Alexander Vandergrift) 장군이 지휘하는 미국 해병은 부족한 군수 지원 속에서도 방어 상태에 돌입했고, 일본 육군 상륙군은 역시 식량과 물자가 부족했음에도 과달카날 섬 탈환을 위한 공격을 감행하기 시작했다. 이때부터 과달카날 섬 비행장을 놓고 격전을 치르기 시작한 미국 해병과 일본 육군은 작전의 지속과 스스로의 생존 자체를 모두 해상 수송로에 의존하고 있었다. 그런 상황에서 일본 해군 연합함대는 미군 함대와의 결정적 전투를 통해 제해권을 장악하고, 동시에 일본 상륙군의 해상 수송로를 보장하고자 했다. 그래서 8월에 진주만과 미드웨이에서 미국과 싸웠던 나구모 제독의 기동부대가 다시 과달카날 해역으로 출동했다. 그러자 미국도 미드웨이 전투의 승자인 플래처 제독의 61TF 기동함대를 출동시키면서, 동부 솔로몬 해전으로 알려진 과달카날 해역에서의 두 번째 해전이 벌어졌다. 이 전투는 2개월 전의 미드웨이 해전과 같은 방식의 항공모함 간 전투의 재현이었다. 이때 일본은 미드웨이 전투에 참전했던 미국 항공모함 엔터프라이즈를 파손시켜 전열에서 이탈시켰지만, 미드웨이 전투처럼 다수의 항공기와 경험 많은 조종사를 상실하고 말았다.

그리고 10월초에 과달카날로의 물자 양륙을 지원하던 일본 해군 순양함 함대와 해안 경계중이었던 미국 해군 순양함 함대가 서로 만나면서 세 번째 과달카날 지역 해전이 벌어졌다. 이렇게 10월까지 계속된 해전에서 일본 해군은 미국 해군에게 상당한 손실을 입히는데 성공했다. 그러나 일본의 모든 해상 전투가 야간에 기습 공격을 하고는 철수하는 패턴으로 이루어졌기 때문에 제해권을 충분하게 장악하지는 못했다. 따라서 과달카날에 상륙한 일본 육군을 위한 보급과 증원은 불일정하고 자주 중단되어, 육군은 심각한 식량과 중장비 부족 상태에 빠져들었다. 이 단계에서 일본과 미국 모두 특단의 결정들을 내렸다. 일본은 미국 항공모함들이 일시적으로 전역에서 이탈한 틈을 타서 육군의 하쿠다케 하루요시 제17군 사령관이 직접 1개 사단을 지휘하며, 과달카날에 상륙하여 지상에서의 공격 작전을 재개했다. 미국은 유럽 우선 전략을 수행하는 중임에도 불구하고 루스벨트 대통령이 과달카날을 지키기 위해 어떤 비용이라도 감수하라는 지시를 내림에 따라, 미국 육군항공군의 중폭격기들이 영국으로부터 태평양으로 이동되었다.[187]

그리고 10월 중순부터 11월까지 과달카날의 향방을 결정짓는 중요한 지상과 해상의 전투가 벌어졌다. 지상 전투에서 미국은 중폭격기까지 동원되는 항공전력으로 인해 공중 우세의 이점을 누렸고, 일본은 연합함대가 수시로 전함과 순양함을 보내 미군 방어진지를 직접 포격해 주고 있다는 이점을 갖고 있었다. 이 단계에 왔을 때는 과달카날 섬의 일본 육군은 해군에게 해상 수송 뿐 아니라 화력지원까지 의존하게 되었다. 이렇게 과달카날 전투에서의 책임이 무거워진 일본 해군 연합함대는 전쟁 주도권 확보를 위해 다시 한번 미국과의 함대 결전을 시도했다. 그래서 산타 크루즈(Santa Cruz) 해전으로 알려진 네 번째 과달카날 지역 해전이 일어났다. 산타 크루즈 섬 인근에서의 해전은 또 한번의 항공모함 전투였고, 미국은 이 전투에서 태평양 전쟁 초기부터 맹활약한 항공모함 호네트를 잃고 엔터프라이즈가 크게 손상을 입었다. 반면 일본 해군은 태평양 전쟁 초기부터 기동부대의 상징 항공모함 중의 하나였던 쇼카쿠가 손상을 입고 상당한 항공기와 조종사를 상실하여, 더 이상의 항공모함 전투를 벌일 수 없는 상태까지 빠져들었다. 이때부터

187 Kent R. Greenfield, *American Strategy in World War 2*, p.73.

일본 기동부대는 당분간 조종사 양성과 훈련만 해야하는 처지가 되고 만 것이었다.

그리고 11월초 일본 아베 히로아키 제독이 지휘하는 전함 2척을 거느리는 급습함대가 출동하여 미국 캘러헌(Daniel Callaghan) 제독의 함대를 포함한 미군 함대들과 연속적인 전투를 벌이면서, 태평양 전쟁 최초로 미국과 일본의 전함 대결까지 발생했다. 이 전투에서 일본 해군은 전함 2척을 잃고 물러났고, 연이은 해전 속에서도 과달카날의 미국 해병을 위한 해상 수송로는 계속 유지되었다. 반면 일본 육군을 위한 해상 지원은 점차 약화되어갔다. 11월에는 일본 다나카 라이치 제독이 이끄는 구축함 함대의 마지막 야간 기습공격까지 이어져서 미국 중순양함을 격침시키는 승리를 거두지만, 정작 일본 상륙군을 지원해야 할 수송선단은 미국의 공중 공격으로 격파되고 말았다. 결국 일본은 과달카날 전투의 전세를 돌이키지 못했고 해군의 공격마저 중단되고 말았다. 그때 과달카날의 미군 비행장까지 완성되어 미국의 공중 우세가 더 강화되면서, 섬에서 전투 중인 일본 육군은 극심한 식량 부족과 질병 속에서 고립되어갔다. 12월에 들어서면서 과달카날 주둔 일본군이 요구하는 병력과 보급품의 수송 가능성은 더욱 희박해지고, 일본 내에서도 과달카날을 포기하자는 주장이 등장하였다. 반면 미군은 지속적인 증원이 이루어져서 더욱 강화된 해병과 육군 3개 사단이 과달카날을 지키게 되었다. 결국 12월말에 일본은 과달카날 포기를 결정했고, 1943년 1월부터는 과달카날 주둔군의 철수가 시작되었다. 과달카날 전투에서 미국의 승산이 높아지던 1942년 11월에 루스벨트 대통령은 뉴욕 헤럴드 트리뷴 신문의 공개 토론에 참석하여 이제 미국은 전쟁의 전환점에 도달했다고 발언하기까지 했다. 1942년의 후반부를 뜨겁게 달구었던 과달카날 전투는 일본에게 남서 태평양에서 멜라네시아 권역을 장악하고 오스트레일리아를 고립시킬 수 있었던 마지막 기회였다. 일본은 기회를 잃어버렸고 그때부터 미국은 솔로몬 제도와 뉴기니 섬, 비스마르크 제도로 구성된 멜라네시아 권역에서 공격으로 전환하기 시작했다.

과달카날 전투가 벌어지는 동안 또다른 멜라네시아 권역에서의 전투가 뉴기니 섬에서도 진행되고 있었다. 1942년 당시 미국 육군과 오스트레일리아군을 지휘하는 맥아더 사령관은 뉴기니 방어 책임을 맡고 있었다. 일본은 뉴기니 남쪽 항구 포트 모레스비의 직접 상륙은 산호해 전투 이후 포기했지만, 대신 뉴기니 북쪽 해안에 상륙하여 지상으로 남쪽의 포트 모레스비까지 진격하고자 했다. 이 상황에서 맥아더 사령관은 공중 공격으로 뉴기니에 상륙한 일본군의 해상 보급을 차단시키면서, 지상에서의 일본군의 공격을 방어해내고 이어서 북쪽을 향한 반격으로 전환하는 전투를 끈질기게 이끌고 나갔다. 뉴기니의 전투는 미국 육군과 오스트레일리아 육군이 일본군과의 전투를 통한 실전 훈련을 얻을 수 있었던 기회이기도 했다. 따라서 전투가 거듭될수록 미국과 오스트레일리아 육군의 실수는 줄어들고 유능한 지휘관들이 발탁되어져 갔다. 그리고 미국은 육군항공군이 강화됨에 따라 공중 우세의 이점도 누릴 수 있었다. 반면에 비스마르크 제도의 뉴브리튼 섬으로부터 뉴기니 섬의 일본 상륙군을 지원해야하는 일본 육군의 이마무라 히도시 장군은 미국의 공중 공격으로 인해 해상 수송로가 자주 차단되는 곤경을 겪고 있었다. 뉴기니 전투는 미국 육군과 일본 육군의 첫 대결이기도 했고, 미국과 오스트레일리아 육군은 전투를 거듭할수록 경험을 쌓으며 강화되어갔으나 일본 육군은 해상 수송로로 도착해야 할 보급이 차단되면서 점차 약화되어갔다. 그리고 맥아더 장군은 빠르지는 않았지만 지속적으로 뉴기니 북쪽을 향해 전진해 나갔다. 결국 미군은 1942년 12월에 뉴기니 북부까지 진출하였으며, 1943년에 들어서면서 일본의 뉴기니 섬 점령 계획은 사실상 완전히 좌절되었고 북쪽 거점 방어에만 전념하게 되었다. 그때 미국은 과달카날 전투에서도 승리했으므로 미국 항공모함 함재기 전력과 지상 기지의 항공 전력이 대규모로 집결시킬 수 있게 되었고, 그 결과 뉴기니로 진입하려는 일본의 보급 대부분을 차단할 수 있었다. 결국 뉴기니 전선의 일본군 부대들은 보급이 거의 끊긴 상태에서 미군의 공격으로 인해 고립되고 분산되어졌다. 이제 미국은 1942년부터 1943년초까지 과달카날에 이어서 뉴기니 전투까지 성공하게 됨에 따라 남서 태평양 전역에서의 주도권을 잡을 수 있게 되었다. 당시 미국 해군과 해병이 과달카날 섬으로부터 시작하여 솔로몬 제도를 거슬러 진격하고 있었고, 미국 육군은 뉴기니에서 계속 전진하고 있었다. 그 시점에서 미국 육군, 해군, 해병의 목표는 모두 비스마르크 제도의 뉴브리튼 섬에 위치한 일본 최대의 전진 기지인 라바울이었다.

이렇게 남서 태평양에서 주도권을 잃어가고 있던 일본은 상황을 반전시킬 필요가 있었고, 따라서 야마모토 연합함대 사령관은 1943년 4월부터 대규모 항공 공격을 계획하였다. 일본 해군은 항공모함의 함재기와 육상기지의 항공기 전력을 집결하여 과달카날 섬과 뉴기니의 포트 모레스비를 중심으로 대규모 폭격을 감행하였다. 이와 같은 대규모 항공 공격으로 인해 미국의 라바울을 향한 진격은 지연되었고, 남서 태평양 주도권을 일본이 되찾을 희망도 잠시 부상했었다. 그런 가운데 미국은 암호 해독을 통해 야마모토 사령관의 부건빌 섬 기지를 시찰하기 위한 비행 일정을 탐지해냈다. 미국으로서는 일본 연합함대 사령관을 제거할 수 있는 기회이기도 했다. 당시 미국 내에서는 특정 인물을 제거하기 위한 요격작전에 대한 윤리적 논란이 잠시 있었으나, 연합함대 사령관의 제거는 중요한 군사작전으로 간주할 수 있다는 결론에 도달했다. 따라서 미국은 야마모토 사령관의 비행 경로에 다수의 전투기들을 미리 대기시켰고, 준비된 요격 작전을 실행에 옮겼다. 그 결과 1년전 미국 둘리틀 폭격대가 도쿄를 폭격했던 날과 같은 날인 4월18일에 일본 연합함대 사령관의 탑승기는 격추되고 야마모토 제독은 전사했다. 그리고 뉴기니에서의 일본 해군의 대규모 항공 공격도 중단되었다.

1943년에 미국이 남서 태평양에서 승기를 잡은 이후로 맥아더 장군의 육군과 니미츠 제독의 해군은 각자 진격 경로는 달랐지만 뉴브리튼 섬의 라바울 기지라는 공동의 목표를 향하고 있었다. 그러나 궁극적인 지향점에는 서로 차이가 있었다. 맥아더는 직접 육군과 해군을 통합 지휘하여 라바울을 점령하고, 그 이후 자신이 방어에 실패했던 필리핀으로 진격하고자 했다. 반면에 니미츠는 일본이 장악하고 있는 미크로네시아 권역 섬들을 탈환하여 중부 태평양을 장악하고자 했다. 맥아더와 니미츠의 의견 차이는 육군과 해군의 입장 차이이기도 했고, 전략적으로는 필리핀과 중부 태평양 간의 우선 순위 차이이기도 했다. 이 논쟁은 미국 합동 참모 회의에서 조율되었고 루스벨트 대통령도 개입하였다. 결국 맥아더와 니미츠의 주장은 절충되어져서, 라바울을 직접 점령하는 대신 고립시키기로 하였다. 따라서 미국 육군은 뉴기니 섬에서 충분한 승리를 거두고 나면 라바울로 향하는 대신 필리핀으로 진출하기로 했고, 해군은 중부 태평양 미크로네시아 권역을 구성하고 있는 섬들을 동쪽부터 공격하기로 했다.

이와 같은 미국의 전쟁 계획에 따라 미국 해군은 1943년 11월부터 중부 태평양의 미크로네시아 권역에 대한 공격을 시작하였다. 중부 태평양 미크로네시아 권역을 일본으로부터 빼앗기 위한 미국의 군사작전은 미크로네시아의 가장 동쪽에 자리잡은 길버트 제도로부터 시작하여, 서쪽으로 진출하여 마샬 제도와 캐롤라인 제도를 거쳐 마리애나 제도에 도달할 때가 절정이 되는 계획이었다. 그리고 미크로네시아의 가장 서쪽인 팔라우 제도를 장악하면서 중부 태평양 전투가 종결될 예정이었다. 이처럼 미크로네시아 탈환 작전의 첫 번째 목표는 길버트 제도였다. 이때 미국의 최초 상륙 목표는 마킨(Makin) 환초 해안이었는데, 마침 그 당시 일본군의 저항은 거의 없었다. 그리고 미군의 다음 목표는 타라와(Tarawa) 섬이었다. 그러나 여기서는 일본 해군이 섬 전체를 요새화하고 미국의 공격에 대비하고 있었다. 타라와 섬은 미국 해군의 기동함대와 해병 상륙군이 본격적으로 첫 합동 작전을 실행한 곳이기도 하고, 일본의 섬 방어군과 미국 상륙군 간의 격렬한 전투가 처음 시작된 곳이기도 했다. 타라와 상륙작전에서 첫 76시간의 전투 끝에 미해병 1,000명 이상이 전사하는 피해가 발생하는 등 상륙작전을 통한 미국의 피해는 예상보다 컸다. 그리고 일본 해군 육전대는 전원이 전멸할 때까지 저항하였다. 결국 타라와 상륙작전은 미국의 승리로 끝났고, 타라와 섬 점령으로 길버트 제도 탈환 작전도 성공적으로 종료되었다. 그러나 미국에서는 상륙작전에 발생되는 많은 인명 피해에 대한 반성도 뒤따랐다. 그래서 타라와 섬 전투 이후 미군은 상륙작전을 위해 궤도형 수륙양용차량을 대량으로 생산하기 시작했고, 상륙작전의 화력 지원을 함포에만 의존하지 않고 항공 공격을 주로 사용하기로 하였다. 이와 같이 미국은 변경된 전술과 장비를 적용하여, 1944년 2월부터 미크로네시아 권역의 두 번째 목표인 마샬 제도 공격을 시작했다. 미국은 타라와 섬 전투와는 달리 작은 손실만으로 마샬 제도의 목표들인 콰절레인(Kwajalein) 환초부터 마샬 제도 서쪽 끝의 에니웨토크(Eniwetok) 환초까지의 상륙작전에 성공을 거둘 수 있었다.

이렇게 미국이 중부 태평양으로 마샬 제도까지 진격해옴에 따라, 일본은 미크로네시아 권역에서 수중에 남아있는 마리애나 제도와 캐롤라인 제도를 절대 방어선으로 선포하고 강력한 방어망을 구축하기 시작했다. 일본의 절대 방어선 전투는 도죠 히데키 수상이 직접 책임지기로 했다. 도죠 수상은 기존의 육군성 장관 겸직에 이어 육군 참모총장까지 겸직하며 방어작전을 직접 지휘하기 시작했다. 방어작전의 지휘관으로서 도죠 수상은 마리애나 제도의 사이판 섬을 요새화시키면서 일본 해군 기동부대를 지휘했던 나구모 제독을 사이판 방어 사령관으로 임명했다. 그 시점에 일본 해군 연합함대는 1942년 과달카날 전투까지의 극심한 조종사 손실로 인해 그 이후 2년간 전투에 참전하지 않고 조종사 양성 훈련만 해오던 해군 기동부대를 절대 방어선 전투에 처음 투입하기로 결정했다. 연합함대 사령관 도요다 소요무 제독은 오자와 지사부로 제독을 기동부대 사령관으로 임명하면서, '이 한번의 전투에 제국의 흥폐가 달려있다' 라는 쓰시마 해전 당시 도고 헤이하치로 제독이 남긴 발언을 반복하였다. 그러나 미국의 함대와 상륙군이 마리애나 제도와 캐롤라인 제도 중 어느 곳으로 올 것인지는 불명확했기 때문에 기동부대의 결전 장소 역시 불확실한 상태였다.

이때 미국의 태평양 함대 사령관 니미츠 제독은 캐롤라인 제도의 강력한 일본 해군 기지인 트루크 섬을 우선 점령해야 한다는 입장이었고, 해군 참모총장 킹(Ernest King) 제독은 마리애나 제도 공격이 먼저라고 주장하고 있었다.[188] 미국에서의 공격 목표 논쟁은 결국 킹 제독의 주장이 승리했고, 트루크 섬에는 직접 점령 작전 대신 대규모 항공 공격 작전이 선택되었다. 1944년 2월의 트루크 섬 일본 해군 기지에 대한 미국의 항공 공격은 1941년 12월 일본 해군의 하와이 진주만 기습의 미국판 재현이었다. 트루크 섬 공격을 위해 출동한 미국 해군 기동함대에는 전쟁 초부터 싸워 온 항공모함 앤터프라이즈 뿐 아니라 최근에 진수된 최신 에섹스(Essex) 급 고속 항공모함 4척이 참여했다. 미국은 진주만 기습 이래 일본 기동부대와의 항공모함 전투를 통해 얻은 경험과 미국이 새로 개발한 항공모함 전투 전술을 함께 적용해 트루크 섬을 집중 공격했다. 트루크 섬에 대한 공격은 대단히 성공적이어서 태평양의 지브롤터 요새라고 불리웠을 정도로 거대했던 일본 해군 기지는 크게 파괴되었고, 막대한 양의 일본 함정과 지상 기지 항공기들이 손실되었다. 이로써 캐롤라인 제도는 무력화되었고, 미국은 미크로네시아에 남아있는 일본군의 거점인 마리애나 제도에 대한 공격 작전을 시작할 수 있게 되었다.

1944년 6월 미국의 니미츠 제독은 마리애나 제도 공격 작전에서

188 브레이턴 해리스, 『니미츠: 별들을 이끈 최고의 리더』, p.312.

사이판, 티니안, 괌 3개 섬 점령을 구체적 목표로 정하고, 항공모함 15척을 거느린 스프루언스 제독의 5함대를 출동시켰다. 그리고 해병 3개 사단과 육군 1개 사단으로 구성된 대규모 상륙작전도 계획되었다. 1944년 6월은 미국이 또다른 전선인 유럽에서 프랑스 노르망디 해안의 대규모 상륙작전을 실행한 시기이기도 했다. 이런 상황을 맞이한 일본 방어 계획의 핵심은 오자와 제독의 해군 기동부대가 마리애나 제도로 출동하여 미국과 함대 결전을 시도하는 것이었다. 이때 오자와 제독은 마리애나 제도의 지상기지에 배치된 500대의 항공기와 9척의 항공모함으로 구성된 기동부대가 보유한 473대의 항공기로 결전을 치르고자 했다. 일본 기동부대의 함대 결전은 사실상 마리애나 제도의 사이판 섬 등에 배치된 일본 지상 방어군의 운명을 결정지을 예정이었다. 만약 일본 해군이 실패한다면 사이판 섬의 일본 지상 방어군은 고립무원의 처지에 빠져들게 될 것이었다. 이때 일본 기동부대의 접근이 미국에게도 탐지되었다. 스프루언스 제독은 일본 기동부대 접근을 탐지했다는 잠수함으로부터의 보고를 받았다. 그러나 스프루언스 제독은 5함대 주력이 일본 기동부대를 추적하기보다는 마리애나 제도 점령 작전의 하이라이트였던 사이판 섬 상륙작전에 집중되기를 원했다. 그래서 미국 5함대의 주력은 사이판 섬 상륙군의 호위와 화력 지원 임무에 전념하기로 했다. 그리고 일본 기동부대와의 대결은 미처(Marc Mitscher) 제독의 항공모함 7척으로 구성된 58TF 기동함대에게 맡겨졌다. 6월18일에 오자와 제독의 기동부대는 미처 제독의 58TF 기동함대를 발견하면서, 마리애나 제도 남서쪽 해상에서 항공기에만 의존하여 상대를 눈으로 보지 않고 공격을 교환하는 항공모함 전투가 다시 한번 벌어졌다. 태평양 전쟁에서 진주만 기습, 산호해 전투, 미드웨이 해전, 과달카날 해역에서의 동부 솔로몬 해전과 산타 크루즈 해전에 이어서 다시 한번 벌어진 해상 항공전력 간의 전투였다.

오자와 제독은 미국보다 우세한 일본 함재기의 항속거리 성능을 최대로 활용하기 위해 미국 함대와 가장 먼 거리에서 함재기들을 이륙시켰다. 따라서 마리애나 해상 전투는 미국 함대에 도달하려는 일본 함재기들과 그것을 거부하려는 미국 함재기들 간의 공중 전투 중심으로 진행되었다. 마리애나 해상에서의 미일 양국 간 공중 전투는 일본 함재기들의 접근을 탐지한 미국 58TF 기동함대가 함재기들을 발진시키면서 본격적으로 시작하였다. 마리애나 전투에서 일본 해군의 승리는 사실상 일본 해군 조종사들의 능력에 달려 있었다. 그러나 일본은 미드웨이 이후 과달카날 전투까지 많은 숙련된 조종사를 상실해왔고, 새로 양성된 조종사들은 미군 조종사에 비해 훈련 시간과 전쟁 경험이 부족한 상태였다. 반면 미군은 항공모함 양산 뿐 아니라 다수의 훈련된 조종사들을 갖추고 있었고 신형 전투기까지 보유하고 있었다. 이와 같은 전투 시작 전 상황은 미일 공중전 결과를 결정지었다. 마리애나 공중전에서 일본 함재기는 346대가 상실된 반면 미국은 25대만 손실하였던 것이다. 일본의 목표는 미군 함대의 격파였지만 대부분의 함재기들이 미군과의 공중전에서 손실되어, 소수의 일본 함재기만이 미군과의 공중 전투 지역을 돌파하여 미국 함대 상공에 도달할 수 있었다. 그리고 그중에서도 미국 함대의 방공망을 돌파한 일본 함재기는 더욱 소수이어서 일본의 공격 전과는 극히 낮았다. 이와 같은 일본 해군 조종사의 양적 그리고 질적 열세 속에서 오자와 기동부대는 또다시 다수의 항공기와 조종사를 상실했고, 미군은 이날의 공중 전투 승리를 '마리애나의 위대한 칠면조 사냥(The Great Marianas Turkey Shoot)'으로 명명하였다. 일본 해군은 마리애나 전투에서 미군 함대를 격파하지도 못했고 미국의 사이판 섬 상륙을 저지하지도 못했던 것이다. 그런 가운데 기동부대는 전투를 마치고 퇴각하는 중 미국의 항공 공격과 잠수함 공격을 만나 기동부대의 상징 항공모함 중 하나였던 쇼카쿠까지 잃었다. 다만 스프루언스 제독이 5함대의 주력으로 함대 결전을 하려고 하지 않은 덕분에 일본 기동부대의 나머지 전력은 온전하게 보존될 수는 있었다.

이렇게 마리애나 전투가 일본 해군의 패배로 종료되면서, 사이판 섬의 일본 방어군은 보급과 증원이 차단된 채 완전히 고립되고 말았다. 그리고 미군은 마리애나 제도의 재해권을 완전히 장악한 상태에서 사이판 섬 상륙작전을 시작할 수 있었다. 사이판 섬의 일본군은 해안 방어 전투에 승부를 걸었으나, 개방된 해안에서의 전투는 강력한 미군의 항공 공격과 함포 지원 사격 속에 미국 상륙군을 맞이해야 하는 상황이었다. 결국 미군은 사이판 섬 상륙에 성공했고 예상보다 빨리 해안의 주요 방어 진지들을 점령했다. 그러자 희망을 잃은 일본 방어군은 곧이어 역사상 최대 규모인 4000명의 자살 돌격을 감행하며 순식간에 전멸하고 말았다. 이렇게 사이판 섬 전투가 종료된 후 미군은 바로 옆의 티니안 섬도 함락시켰고, 7월말에는 괌에 상륙하여 마리애나 제도를 완전히 장악하게 되었다. 그리고 나서 미국은 일본 본토까지 비행이 가능한 장거리 폭격기 B-29 작전기지를 티니안 섬에 건설하기 시작했다. 이때부터 일본 본토도 미국의 전략폭격 표적이 되기 시작했다. 일본에게 있어 마리애나 전투 패배는 일본 본토가 미국의 공중 폭격에 노출되기 시작했다는 것과 함께 미크로네시아 권역의 대부분을 상실했음을 의미했다. 이제 미크로네시아 권역에서 일본의 수중에 남아있는 도서는 서쪽 끝의 팔라우 제도 뿐이었다.

1944년 9월 미국은 미크로네시아의 마지막 일본군 거점인 팔라우 제도 공격을 시작하였다. 필리핀 동쪽 800킬로에 위치한 팔라우 제도는 미크로네시아의 서쪽 끝이기도 했지만 미국이 중부 태평양에서 필리핀으로 진출하기 위한 관문이기도 했다. 팔라우 제도 중에서 가장 큰 항공 기지가 있던 펠렐리우(Peleliu) 섬이 미국의 공격 목표가 되었다. 미국은 펠렐리우 전투에서 지금까지 발전시켜 온 항공모함 전술을 통합 해상전투 전술로 확대하여 적용하였다. 펠렐리우를 마주하여 다시 한번 미국의 대규모 최신 고속 항공모함들이 집결했고, 항공모함들은 기동함대를 구성하여 다른 함대들과 통합적인 작전에 돌입하였다. 그 결과 미국 해군은 일본 기동부대를 상대로 한 항공전투, 일본 해상부대와의 야간 해상전투, 일본의 해상 수송로를 차단하는 전투를 동시에 치를 수 있는 태세를 펠렐리우 섬 앞에서 갖출 수 있었다.[189] 그러나 일본 연합함대는 해상 전투를 시도하지도 않았고, 펠렐리우 수비대를 위한 해상 수송 지원 작전도 하지 않았다. 따라서 해상에서의 전투는 없었다. 그러나 펠렐리우 섬에 상륙한 이후의 지상 전투는 지금까지 그 어떤 전투보다도 치열했다. 펠렐리우 섬의 일본군 방어대는 해안에서 중과부적의 상태로 미군과 전투하는 대신에, 섬 전체를 요새화하고 지하화하며 건설해놓은 조직적인 방어망을 활용하고 있었다. 그리고 일본

189 Thomas C. Hone, "Preparing Battleships with Aircraft Carriers in the Pacific in World War 2" *Naval War College Review* 66:1 (Winter 2013), p.71.

군은 미군의 피해를 오랫동안 강요하는 방식으로 전투를 수행했다. 일본군 방어대는 미군에게 더 많은 피해를 입히고 더 오래 조직적으로 저항하기 위해 최후의 자살 돌격은 최대로 지연시켰다. 미국이 일본군 방어대의 강력한 저항을 패퇴시키고 펠렐리우 섬을 완전히 장악할 때까지는 3개월이 걸렸다. 펠렐리우 전투는 완전히 고립된 섬 전투에서도 미군이 많은 시간과 인명 피해를 감수해야 할 수도 있음을 알리는 첫 사례이기도 했다. 그러나 펠렐리우 전투 종료와 함께 일본은 미크로네시아 전체를 잃었고, 그 결과 멜라네시아에 남아있는 일본군들도 일본 본토와 완전히 차단되어 버렸다. 그리고 미국의 필리핀 진출을 저지할 수 있는 방어선도 모두 사라지게 되었다. 1941년부터의 태평양 전쟁은 1944년에 들어서면서 일본과 미국의 전쟁 주도권은 완전히 역전되었으며, 그런 가운데 전쟁의 불확실성을 극복하기 위한 전쟁에서의 학습경쟁에 관한 정책 결정들이 발생했다. 그리고 그 결정들은 제복과의 대화 특징으로부터 영향을 받았다.

2. 전쟁 중반 미국에서 제복과의 대화

1942년 과달카날 전투를 계기로 미국이 공세로 전환한 이후, 1943년에도 미국은 일본에 대한 공세를 지속해나갔다. 미국의 공세가 가속화될수록 육군, 해병, 해군으로 구성된 대규모 군사력을 어떤 지역으로 어떻게 집중시킬 것인지에 대한 결정이 중요해졌다. 이런 종류의 결정들은 미국의 전쟁 자원 투입 우선순위 선정과 관련이 깊었으므로 군사 조직들 뿐 아니라 민간 관료들의 입장까지 조율할 필요가 있었다. 그리고 그 시점에서 미국의 해상 전투 수행체계의 경우 일본 해군 기동부대가 지닌 우월함을 빨리 극복할 필요가 있었다. 일본 기동부대의 성공적인 기습으로부터 시작된 태평양 전쟁이었기 때문에, 일본을 압도하기 위해서는 일본 기동부대와의 전투로부터 얻은 교훈을 바탕으로 미국 해군을 재편할 필요가 있었다. 이때 학습의 주체는 미국 해군이었고 학습 모델은 일본 해군 기동부대였다. 그리고 이것은 미국의 전쟁 중 적으로부터의 학습을 의미했다. 이와 같은 상황에서 당시 미국에서 제복과의 대화 특징은 민간의 선택적 개입이 일본에 비해 높았고, 군의 협상력은 일본보다 낮은 상태였다.

미국의 제복과의 대화 체계 속에서 대통령의 권한에 영향을 미칠 수 있는 민간 분야 비토 행위자들은 태평양 전쟁 기간 중에도 변화없이 존속하였다. 그리고 대통령과 민간 비토 행위자들 간의 정책 성향 차이는 전쟁 전에 비해 크게 줄어들었다. 일본의 진주만 기습은 미국 사회에서 사상 최초로 미국 영토를 침략당한 사건으로 알려졌고, 그 결과 미국에서 고립주의 성향과 반전 여론은 거의 사라졌다. 따라서 의회와 여론은 대통령의 전쟁 수행을 더 이상 반대하지 않았다. 이와 같은 민간 분야 비토 행위자들의 성향 변화 때문에 루스벨트 대통령이 군사 분야에 개입할 수 있는 기회는 더 커졌다. 이러한 변화 속에서 루스벨트 대통령은 전쟁 시작 이래 군 지도자들에게 재량권을 부여하기는 했지만 중요한 사안들은 항상 직접 결정했다. 예를 들면 1944년 미국의 주요 진격로를 결정하기 위한 논의에서 해군의 니미츠 제독은 타이완과 중국 해안으로 진격하자고 주장했고, 육군의 맥아더 장군은 필리핀 탈환을 주장했다. 미국 합동 참모 회의에서도 육군과 해군의 주장이 비교 검토되었지만, 최종적으로 필리핀 진격을 결정한 것은 루즈벨트 대통령 자신이었다.[190] 결국 대통령의 지시를 구체화하기 위해 미국 합동 참모 회의는 해군이 마리애나 제도를 탈환한 이후 육군이 필리핀 공격을 시작한다는 계획을 작성했다. 전반적으로 미국 군 통수권자는 모든 군사 문제에 개입한 것은 아니었지만, 전쟁 계획에 대한 논쟁과 같은 중요한 사안에 대해서는 반드시 개입하여 최종 결정을 내렸다. 그런 의미에서 태평양 전쟁 중반에 들어서며 미국에서 제복과의 대화 특징은 민간의 선택적 개입의 강화라고 할 수 있었다.

이와 함께 미국과 동맹국의 군사조직들 간의 협의 조직이 정착됨에 따라 민간 분야에 대한 군의 협상력은 보다 낮아졌고, 민간 정부가 군을 통제하기는 더 용이해졌다. 전시 연합 협의 조직 발전은 미국과 동맹국 군사 조직들 모두가 민간 정부의 의논 상대가 되게 했고, 전시 합동 협의 조직은 미국 육군과 해군 간의 논쟁들을 조율할 때 유용했다. 미국과 동맹국 군사조직들 간 협의 조직은 1942년 미국과 영국 정상회담에서 두 나라의 연합 참모부를 창설하기로 한 합의가 출발점이 되었다. 그리고 연합 참모부를 바탕으로 미국과 영국은 두 나라의 고위급 군사 합의 기구인 연합 참모 회의(Combined Chiefs of Staff)까지 구성하였다. 더구나 미국과 영국의 연합 참모 회의는 후일 미국과 오스트레일리아 간 연합 협의 조직의 선례가 되었다. 이렇게 미국은 태평양 전쟁 기간에 영국과도 연합 협의 조직을 운영했고, 오스트레일리아와도

190 노나카 이쿠지로 등, 박철현 역, 『왜 일본제국은 실패하였는가? 태평양 전쟁에서 배우는 조직경영』, (성남: 주영사, 2009), pp.325-326.

유사한 조직을 만들었다. 이 덕분에 루스벨트 대통령은 동맹국 군사 조직과도 직접 전쟁 구상에 대해 논의할 수 있게 되었고, 동맹국 군사 조직들도 자연스럽게 민간 정치 지도자의 군사 보좌 임무에 적응하게 되었다. 이때 미국과 영국의 연합 참모부 내의 영국 측 대표들은 영국의 국방 참모단(Chief of Staff Committee)의 일부로 편입되어 있었다. 미국은 이와 같은 영국의 제도를 참고하여, 미국의 기존 육해군 합동 위원회를 확대 개편하여 합동 참모 회의를 창설하기로 했다.[191] 미국에서 합동 참모 회의와 같은 군사 조직 간의 협의 기구는 태평양 전쟁의 반격 단계에서 미국 해군과 육군의 논쟁을 조정할 때도 유용하게 활용되었다. 미국내 군사 조직 간의 협의 기구는 군사 조직들이 선택이 불가능한 단일 대안만을 제시하는 방식으로 민간 정치 지도자의 정책 결정 권한을 침해하는 현상이 발생하지 않도록, 군사 조직들 간 입장을 조율해 주는 역할을 했다. 태평양 전쟁의 반격 목표에 관한 미국 해군과 육군 간의 논쟁 해결은 그 실례 중의 하나였다. 태평양에서 처음으로 미국의 반격이 본격화될 때 해군의 니미츠 제독은 중부 태평양으로의 반격을 주장했으나, 육군의 맥아더 장군은 남서 태평양에서의 지속적인 공세를 주장하며 중부 태평양 진출을 강력하게 반대했다. 당시 맥아더 장군은 육군의 남서 태평양 공세를 위해 해군의 태평양 함대 모두가 육군을 지원해야 한다고 주장했고, 해군은 함대가 육군 지휘관에게 통솔되는 것에 대해 강력하게 반대하고 있었다. 이와 같은 육군과 해군의 논쟁은 군사 조직 간의 협의 기구인 합동 전략 조사 위원회(Joint Strategic

191 Eric Larrabee, *Commander in Chief*, pp.17–18.

Survey Committee, JSSC)에서 검토되었다. 합동 전략 조사 위원회는 육군과 해군을 설득하여, 중부 태평양 공세는 해군이 주도하는 대신 남서 태평양 공세는 육군이 주도한다는 합의안을 도출해냈다. 이 합의 과정을 통해 군사 조직 간의 논쟁도 해소할 수 있었지만, 특정 군사 조직이 군사 분야를 지배하며 군의 협상력을 높이는 가능성도 차단해 줄 수 있었다. 이처럼 미국에서 운영된 군사 조직 간의 협의 기구는 전쟁 중반 미국의 제복과의 대화 체계에서 군의 협상력이 지나치게 강화되지 않도록 하는데 기여했다.

그리고 태평양 전쟁 중반부터 미국에서 제복과의 대화 특징은 미군의 적으로부터 학습에도 긍정적으로 기여했다. 이때 적으로부터 학습의 주체는 미국 해군이었고 학습 모델은 일본 해군이었다. 태평양 전쟁 발발 전까지 일본은 항공모함 전력에 있어서 미국 보다 우세를 유지하고 있었다. 이러한 우세를 바탕으로 일본 해군은 항공 전력과 항공모함 중심으로 기동부대를 편성하였고, 그 효과는 진주만 기습에서 잘 나타났다. 태평양 전쟁 발발 당시 미국에서 항공모함은 적의 공격으로부터 취약하고, 그 때문에 전투함정들과 같은 해상 부대로 편성하기도 힘든 까다로운 무기체계로 간주되고 있었다.[192] 따라서 태평양 전쟁 초기까지도 미국 해군은 해양에서 항공모함과 항공기의 중요성을 완전히 인식하지 못하고 있었으므로, 일본에 비해 항공모함과 함재기 전력은 여전히 열세였다. 그러나 전쟁이 지속되고 미국 해군이 전쟁 경험을 학습하면서 변화가 시작되었다. 미국에서의 첫 번째 변화는 항공모함을

192 Thomas C. Hone, "Preparing Battleships with Aircraft Carriers in the Pacific in World War 2," p58.

기습공격에 활용하는 것이었다. 미국은 진주만 기습 경험을 통해 항공모함의 활용 필요성을 인식하였으나, 일본 해군 항공모함 전력이 더 우세하다는 상황도 받아들여야 했다. 그래서 미국 해군의 첫 번째 항공모함 운용은 우세한 일본 해군을 기습 공격하고 이탈하는 방식이었다. 최초의 항공모함 전투인 산호해 전투와 미국의 첫 승리를 가져온 미드웨이 전투에서 미국은 항공모함 전력이 일본보다 열세했지만, 기습 공격 후 이탈하는 전술을 적용하며 항공모함 전력을 활용하기 시작했다. 두 번째 변화는 미국 해군이 다수의 함대에 적용 가능하도록 항공모함 전술을 표준화한 것이었다. 미국은 태평양 함대 사령관 니미츠 제독의 지시로 전쟁 기간 중에도 항공모함 전투 방식의 표준화 노력을 계속하였다. 이와 같은 노력을 바탕으로 미국은 1943년부터는 다수의 항공모함을 생산하여 배치했을 뿐 아니라 새로 배치된 항공모함들 모두 표준화된 전술을 따를 수 있게 되었다. 그리고 그때부터 새롭게 표준화된 전술에 따라 미국 항공모함과 전투함정들을 동일한 해상부대에 편성하여, 일본 해군에 대한 실질적인 숫적 우세를 누릴 수 있게 된 것이다. 세 번째 변화는 미국 항공모함 함대와 상륙부대의 통합 운용이었다. 이것은 미국의 학습 모델이었던 일본 해군 기동부대의 장점을 상쇄시키고도 남을 개선 사항이기도 했다. 그 결과 1943년부터 시작된 미크로네시아 권역 내 도서들에 대한 반격부터 미국 항공모함 함대는 상륙 작전의 핵심 전력이 되었다. 미국 항공모함들은 상륙에 앞서 일본 육상기지 항공 전력을 제거하는 임무부터 상륙군의 화력 지원과 일본 해상 전력의 접근을 격퇴하는 임무까지 상륙작전의 전 과정에서 중요한 역할을 담당해냈다. 궁극적으로 미국 항공모함 전력은 1944년에 이르러서는 일본의 항공모함 기동부대와 대등하게 결전을 치룰 수 있으면서도 동시에 미국 상륙군 방호 책임까지 떠맡을 수 있게 되었다. 이와 같이 태평양 전쟁 중반부터 미국이 갖추게 된 강력한 항공모함 전력은 모두 일본 해군이라는 적으로부터 학습 결과였고, 최종적으로는 일본의 능력을 넘어서는 수준으로까지 발전하였다. 이때 미국에서 제복과의 대화 특징이 일본에 비해 민간의 선택적 개입이 높고 군의 협상력은 낮았으며, 이런 가운데 전쟁 중 적으로부터의 학습이 일어났던 것이다.

3. 전쟁 중반 일본에서 제복과의 대화

태평양 전쟁 중반 미국에서는 군사 조직 간의 협의 기구 확대와 적으로부터 학습이 일어났지만, 일본에서 그와 같은 변화는 없었다. 1943년부터 일본은 공세에서 방어로 전환하였고, 전쟁이 장기화되면서 일본보다 국력이 우월한 미국이 전쟁 자원을 더욱 많이 전선으로 투입할 것은 자명해졌다. 그때부터 일본은 전쟁 자원을 재정비하기 위해 아시아의 협력 세력들을 규합하고 중국 전선의 부담을 줄이기 위한 노력을 했다. 이러한 노력의 일환으로 일본은 1943년 8월에 버마를 독립시켜주고, 영국으로부터 인도의 독립운동을 이끌고 있는 찬드라보스와 협력을 강화했다. 그리고 중국 국민당 정부와 대항하는 왕징웨이가 이끄는 난징[南京] 괴뢰정부를 지원하며, 11월에 대동아회의를 개최하며 일본의 괴뢰세력들을 모두 규합하여 세를 과시하였다. 이와 같은 일본의 전쟁 자원 정비 노력 중에서는 외교적 협조를 만들어내는 것도 의미가 있었지만, 일본에게 무엇보다 중요한 것은 부족한 자원을 효율적으로 전쟁에 활용하는 것이었다. 이 경우 일본에 대한 가장 큰 도전은 일본 본토와 동남 아시아 간의 해상 교통로를 심각하게 차단하고 있는 미국의 잠수함 공격이었다. 당시 대서양에서도 독일 잠수함으로부터 유사한 상황이 발생하고 있었는데, 미국과 영국은 모든 선박을 호송 선단으로 구성하여 잠수함 공격에 대처하고 있었다. 따라서 일본은 대서양에서 비슷한 상황을 극복해가고 있는 미국과 영국의 호송 작전을 학습할 필요가 있었다. 그러나 일본에서 동남 아시아 해상 교통로를 보호하기 위한 적으로부터의 학습은 발생하지 않았다. 그리고 같은 시기 일본에서 제복과의 대화 특징은 미국과는 대조적으로 민간의 선택적 개입은 더욱 약화되고 군의 협상력은 강화되는 쪽으로 변화하고 있었다.

일본의 제복과의 대화 체계에서 군 통수권자 지위를 지닌 덴노 히로히토는 태평양 전쟁 발발 후에도 군사 분야에 대한 최소 개입 전통을 계속 유지하고 있었다. 그리고 과거 일본의 근대화 시절에 한때 일본 정치를 이끌어왔던 정당과 의회는 군사 분야에 대해서는 법적으로나 정치적으로나 여전히 영향력을 행사하지 못하고 있었다. 그런 가운데 군부의 정부 내각에 대한 지배력은 더욱 확대되었다. 군부는 군사와 외교 분야 뿐 아니라 경제와 동원 분야까지 직접적인 영향력을 확장해 나갔다. 이렇게 일본 군부가 지배하는 정부 내각에 대해 덴노도 개입하지 않았고 민간 관료의 영향력은 점차 무력화되어갔다. 일본의 제복과의 대화 특징에서 민간의 선택적 개입은 대단히 약해져 갔던 것이다.

그리고 군의 협상력은 군사 조직 간의 경쟁을 조정해주는 협의체가 유명무실함에 따라 개별 군사 조직의 독자적 행동 영역은 커졌고,

결국 전체 군의 협상력은 더욱 커져갔다. 실제로 일본의 주요 군사 조직인 육군과 해군은 자원 분배를 놓고 경쟁하는 관계로 되어갔다. 전쟁 기간 중 전략물자를 둘러싼 육군과 해군의 소모적 싸움은 가열되었고, 육군과 해군 간의 상호 비난도 심해졌다. 이런 문제를 해소하기 위해 육군성과 해군성을 통합하여 국방성을 창설하려는 계획이 1944년에 검토된 바가 있었다. 당시 국방성을 신설하여 육군과 해군 간의 가장 큰 쟁점이었던 항공기 생산 계획과 자원 할당을 통합하려고 했으나, 육군과 해군 모두의 강한 반대로 인해 국방성 신설은 이루어지지 않았다.[193] 육군과 해군 간의 갈등은 여러 형태로 표출되어졌고, 1943년 6월에 덴노 히로히토가 시종무관장 하스누마 시게루 장군에게 자신의 우려를 다음과 같이 털어놓을 정도였다.

"해군과 육군은 정말로 서로 솔직한거요? 마치 한 사람이 불가능한 요구를 하면 다른 사람은 이 요구를 완수하겠다고 무책임하게 약속하는 것 같소. 육군과 해군은 작전계획을 세우는데 있어 서로에게 완전히 열려있어야 하오."[194]

일본에서 군사 조직들의 입장을 조정하고 통제할 수 있는 유용한 협의 조직은 러일전쟁 이후로 가동되지 못하고 있었다. 러일전쟁 이전인 청일전쟁 당시는 일본의 전쟁을 지도할 대본영에 군 수뇌부 뿐 아니라 내각 수상도 참석했었다. 러일전쟁 당시에는 수상과 외무성 장관을 포함한 원로들까지 대본영에 참석하여 전쟁의 기본 방침을 결정하였다. 그러나 군부의 정치 개입이 고조된 이후인 1937년 중일전쟁 당시

193 후지이 히사시, 『일본군의 패인: 실패한 군대의 조직론』, pp.224-225.

194 존 톨런드, 『일본제국 패망사』, p.697.

대본영이 다시 설치되었을 때는 과거 청일전쟁이나 러일전쟁과 달리 정부 내각의 수상도 대본영에 포함되지 못했다. 당시 정부 내각의 수상과 외무성 장관이 군부와 협의하기 위해서는 대본영 밖에 별도의 회의체인 연락회의를 설치해서 운영해야 했다. 그러나 1938년부터 연락회의도 작동하지 않게 되면서, 내각 정부와 군부의 협의는 더욱 어려워졌다. 그리고 대본영 내에서의 군사 조직들 간의 협조 체계도 효율적이지 못했다. 일본 육군과 해군은 대본영 내에서 각각 육군부와 해군부를 운영했으나, 두 기관은 대립하였고 서로를 조율하거나 통합하는 기관은 없었다. 대본영에서는 육군과 해군의 장관과 참모총장급 협의체가 있었고, 작전 부서장급의 '대본영 참모회의'도 열렸으나, 최종적 책임을 질 수 있는 조직들은 아니었다.[195] 그 결과 육군과 해군 간의 고위급 협의는 거의 무의미했고, 세부적인 협조는 현지 협정이라는 형태로 일선의 육해군 부대에게 맡겨 버리는 경향이 많았다. 즉 대본영에서 육군과 해군 간의 의견 차이가 조율되는 것이 아니라 육해군의 협조는 전선 지휘관들의 개인 관계에 의존했던 것이다. 이런 상황은 개별 군사 조직의 독자적 행동을 통제할 제도적 장치가 없다는 것을 의미했고, 결과적으로 군의 협상력이 더욱 커지도록 만들었다. 즉 전쟁 중반 일본에서 제복과의 대화 특징은 군의 협상력이 더 커지는 방향으로 변화하고 있었던 것이다.

이와 같은 제복과의 대화 특징 속에서 일본에서는 전쟁의 불확실성에 대처할 수 있는 적으로부터의 학습은 발생하지 않았다. 일본 입장

195 노나카 이쿠지로 등, 『왜 일본제국은 실패하였는가?』, pp.327-329.

에서 적으로부터의 학습이 있었어야 할 문제는 동남아시아와 일본 본토 사이의 해상 교통로를 심각하게 위협하고 있는 미국 잠수함들의 통상 파괴작전이었다. 이 문제는 일본이 필요로하는 동남아시아 자원의 본토 이동을 차단시키고, 동시에 태평양 전역에서 일본의 군수 지원에 필요한 선박을 급감시키는 심각한 사안이었다. 그런데 같은 시기에 대서양에서 미국과 영국은 독일 잠수함 공격으로 인해 유사한 문제에 직면해 있었다. 당시 미국과 영국의 해법은 모든 선박을 호송선단 체계로 구성하여 철저한 호위를 받게 하면서 항공 전력까지 동원하여 적극적인 대 잠수함 작전을 펼치는 것이었다. 미국과 영국의 호송선단 체계 방안은 독일 잠수함 공격의 효용성을 크게 저하시키고, 연합국 선박을 생존시키는데 중요한 역할을 하고 있었다. 그러므로 미국과 영국의 호송선단 체계는 일본의 학습 모델이 될 수 있었다. 태평양 전쟁에서 일본이 부족한 자원 문제를 극복하며 미국과의 장기전을 수행하기 위해서는 호송선단 체계와 같은 방법들이 적대국인 미국과 영국으로부터 학습될 필요가 있었던 것이다. 그러나 일본에서는 호송선단 구성을 전담하고 책임지는 기관도 설립되지 않았고, 호위함을 대량으로 생산한다는 결정도 이루어지지 않았다. 일본에서는 태평양 전쟁이 끝날 때까지 호송선단이 구성되지 않았다. 그러는 가운데 1943년 9월 한달 동안 잠수함 공격으로 인한 일본의 선박 손실은 17만 2천톤이었고, 11월 한 달간은 26만 5천톤에 이르렀다.[196] 일본에서 제복과의 대화 특징이 미국에 비해 민간의 선택적 개입이 약화되고 군의 협상력이 강화되는 동

196 존 톨런드, 『일본제국 패망사』, p.745.

안, 미국과 달리 일본에서는 전쟁 중 적으로부터의 학습은 일어나지 않았던 것이다.

〈그림 23〉 태평양 전선의 역전, 그리고 미국과 일본의 제복과 대화 차이

1942년 멜라네시아 권역 솔로몬 제도의 과달카날 섬에서의 전투에서 미국이 승리한 이후부터 미국은 태평양 전쟁의 주도권을 잡게 되었다. 그리고 미국 항공모함 전술과 해상부대 편성을 위한 적으로부터의 학습은 성공적이어서 미크로네시아 권역 전투부터 일본 해군을 압도할 수 있게 되었다. 위의 왼쪽 사진은 과달카날 섬에서 전투에 임하고 있는 미국 해병대 병사들이다. 그리고 오른쪽 사진은 미크로네시아의 일본군 최대 거점인 마리애나 제도를 장악하기 위한 1944년 마리애나 전투에서 공중전을 위해 출동하고 있는 미국 해병 전투기이다. 미국은 마리애나 전투에서 승리하면서 미크로네시아 권역의 대부분을 탈환할 수 있었다.

태평양 전쟁 중반에 들어서서 일본과 미국의 제복과의 대화 체계 차이점도 커져 갔다. 일본의 현역 장군이자 수상을 겸직하고 있던 도죠 히데키 장군은 마리애나 전투를 직접 지휘하면서 육군 참모총장까지 겸직하였다. 반면에 미국의 루스벨트 대통령은 휘하의 맥아더 육군 사령관과 니미츠 태평양 함대 사령관에게 권한을 위임하되, 의견 대립에 대해서는 조정 통제에 나서고 있었다. 위의 왼쪽 사진은 일본의 도죠 히데키 수상이고 그 오른쪽은 미국 루스벨트 대통령이다. 그리고 그 오른쪽부터 태평양 전쟁 반격 단계에서 자주 의견 대립을 했던 육군 사령관 맥아더 장군과 태평양 함대 사령관 니미츠 제독의 사진이다. 루스벨트 대통령은 이 두 사람의 의견 조정에 있어 최종적인 권한을 행사했다.

제6장
도전과 대응의 결말

1. 1944년, 연합함대의 최후

1944년 후반부터 태평양 전쟁의 주도권은 완전히 미국으로 넘어가 있었다. 미국은 태평양 전쟁 전부터 약속해왔던 필리핀 방위 공약을 실현하기 위해서 필리핀 상륙을 결정하였고, 일본도 본토가 동남아시아로부터 분리되는 것을 막기 위해 필리핀 방어에 사활을 걸어야 했다. 따라서 일본 해군 연합함대는 필리핀 방어를 위해 남아있는 전력을 총집결한 해상 전투를 계획했고, 이로 인해 후일 레이테(Leyte) 해전으로 불리우는 함대 결전이 일어났다. 레이테 해전은 사실상 일본 연합함대의 마지막 전투가 되었고, 이 전투를 끝으로 연합함대의 전설도 최후를 맞이하고 미국의 일본 본토 진격을 막을 수 있는 수단도 모두 사라지게 되었다.

이와 같은 1944년의 상황 전개를 앞두고 정치외교적으로 미국은 동맹국들의 결집을 계속 유지하기 위해서는 동맹국들과의 합의를 지켜야했고, 그러기 위해서 무조건 항복이라는 합의된 전쟁 목표를 흔들림 없이 밀고 나가야했다. 반면 일본은 아시아의 동맹세력들이 이탈해 나가는 것을 방지하면서 일본에게 불리하지 않은 휴전 가능성을 찾아야 했다. 사회경제 분야에서 미국은 전쟁의 장기화와 전시 경제의 지속으로 인한 국민들의 전쟁 피로를 해소시켜야 할 필요가 있었다. 이에 비해 일본은 미국의 무제한 잠수함작전과 함께 본토 전략폭격까지 가중되는 가운데 전시 경제를 유지하기 위한 피해 복구 능력을 갖춰나가야 했다. 군사작전 분야에서 일본은 미국의 공격 방향을 정확히 예측해야 하는 어려움에 직면해 있었다. 일본 입장에서는 미국의 다음 공격 목표가 필리핀인지 타이완인지 아니면 일본 본토가 될 것인지를 예측해야 했다. 반면 미국은 일본의 주력 방어 부대의 위치를 예측해야 했고, 특히 연합함대의 움직임을 예상해야 했다.

이러한 전쟁의 복잡성에 따른 고려사항 속에서 1944년 필리핀이 새로운 전선이 되었다. 당시 미국은 필리핀을 장악한다면 일본 본토에 보다 가깝게 진출할 수 있을 뿐 아니라, 동남아시아의 일본 점령지와 일본 본토의 연결선을 사실상 차단할 수 있다고 판단했다. 그 시점에 일본 육군은 필리핀 방어를 위해 싱가폴 점령의 영웅이자 말레이의 호랑이라는 별명으로 알려져 있는 야마시타 도모유키 장군을 방어 사령관으로 부임시켰다. 야마시타 장군은 필리핀에서 가장 큰 섬인 루손 섬에서의 방어를 준비했지만, 이때 미국은 이미 루손 섬보다 남쪽에 있는 레이테 섬을 상륙 목표로 선정한 상태였다. 미국은 레이테 섬 상륙작전의 준비 차원에서 1944년 10월부터 필리핀을 지원할 가능성이 있는 타이완 주둔 일본 항공 전력부터 제압하기로 하였다. 그래서 미국은 미처 제독이 지휘하는 38TF 기동함대의 함재기들로 타이완 공격을 감행했다. 타이완 공격 작전 중 미처 제독의 미국 함재기들은 일본 지상기지 항공대와 두 번의 공중전을 벌였고, 이때 일본은 312대의 항공기를 손실하였다. 타이완 공중전투 결과는 일본이 필리핀부터 일본 본토에 이르는 지역에 잔존하는 모든 지상 기지 항공대의 실질적 파멸이었다. 이제 일본은 1944년 6월 마리애나 전투에서 기동부대 소속 항공대들을 거의 잃었던 패배에 이어 지상 배치 항공대 주력까지 상실하게 된 것이다. 일본 항공대의 피해는 너무 심각해서, 마리애나 전투에 앞서 2년간 조종사를 훈련시키며 양성시켰던 것 같은 준비는 시간적으로나 물량적으로 더 이상 불가능해졌다. 그러자 일본은 훈련이 부족한 조종사들을 자살 특공으로 보내 단기간 내에 임시방편적 성과를 얻는 쪽으로 돌아섰다. 이들 자살 특공대는 '카미카제'로 불리어져 필리핀 방어 전투부터 등장했는데, 태평양 전쟁이 끝날 때까지 사실상의 일본 해군 항공작전의 주역이 되고 말았다. 이 시점에 일본 지상기지 항공대는 타이완 전투 실패로 인해 파멸 상태였고, 일본 연합함대도 마리애나 전투 이후로 조종사와 항공기 자체가 부족하여 기동부대는 항공기없는 항공모함만 보유한 상태였다. 그런 가운데 1944년 10월18일에 미군의 레이테 섬 상륙작전이 시작되었다. 그러자 일본 해군 연합함대는 가용한 모든 전력을 총동원해 레이테 섬의 미군 상륙군을 공격하기로 결정했다.

이때 일본 연합함대는 레이테 섬에 해상으로 접근한 후, 미국 상륙군을 바다로부터 격파하는 것을 목표로 삼고, 3개의 함대가 원거리에서 상호 협격하는 계획을 구상하였다. 3개의 함대 중 하나인 쿠리타 다케오 제독의 함대는 일본 최대의 전함인 야마토와 그 자매함 무사시를 포함한 5척의 전함을 주력으로 하고 있었다. 쿠리타 함대는 미군 상륙부대와 양륙수송선단을 주력함의 화력으로 격파하기 위해 시부얀(Sibuyan) 해를 거쳐 레이테 섬 동쪽의 상륙지대를 향해 진출하기로 했다. 그리고 연합함대의 두 번째 함대는 오자와 자부시로 제독이 지휘하는 기동부대였다. 당시 기동부대는 6척의 항공모함으로 구성되었으나 항공작전이 불가능할 정도로 함재기와 조종사가 부족했다. 그러므로 기동부대는 쿠리타 제독의 함대가 미국 상륙군을 공격할 기회를 만들어주기 위해 미국 해군의 주력부대를 먼 바다로 유인하는 역할을 맡았다. 이와 함께 연합함대의 세 번째 함대는 니시무라 쇼지 제독의 지휘 아래 레이테 섬의 남쪽으로부터 미국 상륙군에게 접근하기로 했다. 연합함대의 두 번째, 세 번째 함대가 자신들의 임무에 성공한다면 레이테 섬의 미국 상륙군을 엄호하는 미해군 주력부대와 항공부대는 모두 일본의 해상부대를 따라가게 될 것이었다. 그렇게 될 경우 연합함대의 첫 번째 함대인 쿠리타 함대는 레이테 섬에 무방비 상태로 놓인 미국 상륙군을 공격할 수 있게 될 것이었다. 그러나 쿠리타 함대가 레이테 섬을 향해 출발해 시부얀 해를 지날 때부터 전쟁의 불확실성이 작동하기 시작했다. 쿠리타 함대는 시부얀 해에서 미군의 항공기에게 발견되어 두 차례에 걸쳐 미국의 항공 공격을 받고 말았다. 결국 쿠리타 함대는 전함 무사시가 격침되는 피해를 입고는 방향을 돌려 후퇴하기 시작했다. 같은 시간에 두 번째 함대인 오자와 기동부대가 레이테 섬에서의 상륙부대를 호위하고 있던 미국 해군 3함대와 38TF 기동함대에게 발견되었다. 미국 해군 3함대를 지휘하는 헬지(William Halsey) 제독은 일본 항공모함 격멸이 최우선이라고 판단하여, 레이테 상륙군을 버려두고 전 함대를 이끌고 오자와 기동부대를 추적하기 시작했다. 이렇게 하여 오자와 기동부대는 미국 해군 주력부대와 항공부대 유인이라는 원래의 목적을 달성했다. 그리고는 오자와 기동부대는 미국 3함대의 항공공격을 받고 그때까지 생존해있던 기동부대의 마지막 상징 항공모함 즈이카쿠를 포함한 모든 항공모함들을 잃고 말았다.

이렇게 일본 해군 기동부대가 역사에서 사라지는 동안 연합함대의 세 번째 함대인 니시무라 함대는 같은 시간에 레이테 섬 남쪽 수리가오(Surigao) 해협으로 돌진하고 있었다. 곧 니시무라 함대를 탐지한 미국 올덴도르프(Jesse Oldendorf) 소장이 지휘하는 전함 부대가 수리가오 해협으로 향했다. 이제 레이테 만 미군 상륙군을 바다로부터 지켜줄 미 해군 주력부대 모두가 떠나게 된 것이다. 곧이어 벌어진 니시무라 함대와 올덴도르프 함대 간의 수리가오 전투는 지금까지의 해군 역사상 마지막 전함 대결이기도 했다. 수리가오 전투 결과는 미국 함대의 대승이었으나, 일본 연합함대가 계획했던 바처럼 레이테 만의 모든 미국 해군 주력을 유인해내는데는 성공한 셈이었다.

그 사이에 시부얀 해에서 후퇴하던 마지막 연합함대 전력인 쿠리타 함대가 연합함대 사령부의 지시를 받고 다시 레이테 섬을 향해 방향을 바꿨다. 이어서 쿠리타 함대는 레이테 섬 북쪽의 산 베르나르디노(San Bernardino) 해협을 통과하여, 드디어 미국 상륙군들이 위치해 있는 해안까지 진출했다. 그때 레이테 섬의 미군 상륙군을 보호해 줄 미국 해군의 주력은 거의 다 떠나고 화력이 약한 상륙강습함 전력만 남아

있는 상태였다. 일본 연합함대가 기동부대를 포함한 두 개의 함대를 모두 잃으면서 얻어낸 상황이기도 했다. 이어서 일본 연합함대의 마지막 전력이기도 한 쿠리타 함대가 미국 상륙 강습함들을 공격하기 시작했다. 쿠리타 함대는 여전히 세계 최대 전함 야마토를 보유하고 있었고, 미국 상륙 강습함들보다 월등한 우위의 화력을 갖고 있었다. 그러나 쿠리타 함대는 시부얀 전투에서의 손실과 한번의 퇴각과 재진입의 반복을 경험하며 언제 나타날지 모르를 미국 항공 부대의 위협을 극도로 느끼고 있었다. 결국 강력한 심리적 압박 속에 있던 쿠리타 제독은 미국 상륙 강습함들을 격파한 후 이어서 미국 상륙군을 공격한다는 계획을 계속 밀어붙일 수가 없었다. 그대신 어딘가에 있을 미국 기동함대와의 결전을 위해 마지막 남은 연료와 탄약을 비축하기로 하고, 눈 앞의 미군을 버려두고 급반전하여 레이테를 떠나 버렸다. 또다시 전쟁의 불확실성은 미국의 편이었다. 쿠리타 함대의 레이테 섬으로부터의 이탈과 함께 1944년의 레이테 해전도 종료되었다. 그 결과는 일본 연합함대의 사실상 소멸이었고, 일본 해군은 다시는 위협적인 군사작전을 할 수 없는 상태로 추락하고 말았다. 그리고 일본은 필리핀에 상륙하는 미군을 저지할 수단을 완전히 잃어버렸다.

일본 해군의 레이테 전투 실패로 인해 레이테 섬의 일본 육군 방어대는 보급이 완전히 차단되어 악전고투를 하게 되었다. 레이테 섬의 방어 전투는 12월까지 이어졌으나, 그 이후는 게릴라식 저항만이 남게 되었다. 레이테 섬에서의 일본군의 조직적인 저항이 무력화됨에 따라 맥아더 장군은 1945년 1월에 루손 섬 상륙작전에 돌입하였다. 맥아더 장군의 미국 육군은 격렬한 전투 끝에 루손 섬에서 가장 큰 도시인 마닐라(Manila)를 탈환했고, 야마시타 장군의 일본 육군은 게릴라 전으로 전환할 것 까지 염두에 두면서 장기적이고 지속적인 저항에 돌입하였다. 그런 가운데 미국은 1945년초까지 필리핀의 대부분 지역을 탈환할 수 있었고, 일본의 군사적 저항은 고립된 지역에서만 계속되어졌다. 당시까지도 태평양 전쟁 시작 전 동남아시아를 구성한 네 개의 식민지였던 필리핀, 인도차이나, 말레이 반도, 인도네시아 중 필리핀을 제외한 나머지는 아직도 일본이 장악하고 있는 상태였다. 그러나 일본에게 있어 필리핀의 상실은 나머지 동남아시아 식민지 지역이 일본 본토와 단절되고 말았다는 것을 의미했다.

2. 1945년, 태평양의 절해고도[絶海孤島]

1945년에 들어서서는 일본의 군사적 승리 가능성은 사라졌고, 단지 미국에게 심각한 피해를 입히는 전투를 통해 휴전 기회를 포착하겠다는 기대만을 갖고 있었다. 1945년 5월에 이르러서 독일도 항복하면서 일본은 고립무원의 상태가 되었고, 미국은 필리핀과 중부 태평양으로부터 출발하여 일본 본토로 접근해갔다. 당시 일본은 여전히 중국의 상당 부분과 동남아시아의 대부분을 장악하고 있었고, 다수의 육군 병력을 보유하고 있었다. 따라서 미국은 미군의 손실을 감소시키며 승리하는 방안을 찾아야 했다.

이와 같은 1945년 상황 전개를 앞두고 정치외교적으로 일본은 마지막 휴전 기회를 얻는 것이 군사작전의 목표가 되었고, 미국에게는 미국 군대의 희생을 감소시키며 승리를 달성할 방법이 중요했다. 사회경제 분야에서 일본은 자원 부족에 시달리고 있기는 했지만 경제활동이 중단되거나 국민의 결집이 와해될 정도는 아니었다. 그러나 가까운 미래에 발생할 것으로 예상되는 미국의 본토 상륙을 방어하는데 필요한 무기체계 확보와 방어 진지 건설은 손쉬운 임무가 아니었다. 반면 미국은 일본 본토 상륙에서 예상되는 상당한 인명 손실이 중요한 도전 요인이었다. 그리고 군사작전 분야에서 일본은 여전히 미국의 다음 공격 목표를 예측해야만 했고, 타이완, 이오지마, 오키나와는 모두 미국의 목표가 될 법한 섬들이었다. 그리고 미국은 공격 목표로 선정된 섬에서의 일본군 방어체계가 어느 정도로 견고한지를 예상해야 했다.

이러한 전쟁의 복잡성에 따른 고려사항 속에서 1945년 상황이 미국의 일본 본토 공격 작전 속에서 전개되었다. 미국의 일본 본토를 향한 첫 번째 공격은 1944년에 점령한 마리애나 제도로부터 출격하는 B-29 폭격기들에 의한 전략폭격이었다. 대 일본 전략폭격은 1944년 11월에 시작되었고, 최초의 목표는 유럽에서처럼 일본 군수산업의 마비였다. 그러나 1945년 1월까지도 전략폭격으로 인한 군수산업 마비 효과는 나타나지 않고 있었다. 그런 상황에서 미국의 대 일본 전략폭격 지휘가 육군항공군의 리메이(Curtis LeMay) 장군에게 넘어갔다. 리메이 장군은 전략폭격의 목표를 일본인들의 전쟁 수행 의지와 사기 저하로 전환하여 일본 도시에 대한 폭격을 시작했다. 1945년 3월부터는 일본 도시에 대한 피해를 가중시켜 본토 상륙작전 없이도 일본이 항복을 수용하도록 하기 위해 소이탄 폭격을 본격적으로 시작하였다. 도시의 건물들을 화염으로 태우는 소이탄 폭격은 최초로 도쿄에서 시작되었고, 이어서 일본의 다른 대도시들로 소이탄 폭격이 확산되었다. 사실 제2차 세계대전 당시 전략폭격은 독일을 대상으로도 오랫동안 실행되었었다. 그러나 독일과 달리 일본에서는 본토 방공 작전에 투입할 수 있는 전투기와 경보 체계가 심각하게 부족했고, 소방능력 등 피해 복구 체계의 역량도 부족했다. 이와 같은 이유로 인해 1945년 3월부터 수 개월 동안 일본에서의 소이탄 폭격으로 인한 일본인 희생자 규모는 독일에서 여러 해 동안 지속된 전략폭격의 희생자 수와 맞먹는 수준이었다. 그럼에도 불구하고 일본 국민의 사기가 와해되고 있다는 증거는 나타나지 않았다.

이렇게 일본에 대한 전략폭격이 지속되는 가운데 미국은 마리애나 제도의 티니안 섬에서 이륙한 B−29가 일본 본토 폭격을 마치고 돌아오는 경로의 중간에 B−29들이 사용할 비상 착륙기지가 필요해졌다. 이때 일본 본토와 티니안 섬 사이의 중간 지점에 있는 섬이 이오지마(Iwojima)였다. 그래서 미국의 이오지마 상륙작전이 시작되었다. 미국은 이오지마 방어망을 약화시키기 위한 사전 폭격을 시작했고, 당시 일본은 중부 태평양을 모두 상실하고 연합함대까지 무력화된 상태였으므로 이오지마는 완전히 고립되어 있었다. 이오지마의 일본군 방어대는 앞서 미국의 상륙작전에 맞섰던 태평양 지역 다른 섬들에서의 일본군 방어대보다 훨씬 더 암울한 상태였다. 다른 지역에서의 일본군 방어대는 적어도 전투 시작 전에는 일본 해군과 육군의 합동작전으로 섬을 방어할 수 있다는 희망이 있었다. 그래서 일본 해군이 작전이 실패하고 섬의 고립이 확정되었을 때, 일본군 방어대는 마지막 희망을 잃고 최후의 자살 돌격을 선택하고는 했다. 그러나 이와 달리 이오지마는 이미 전투의 계획 단계부터 고립되어 있었던 것이다. 다른 섬의 일본군 방어대는 일본 해군의 전투 결과에 따라 고립을 면할 기회가 있었지만, 일본 연합함대가 소멸한 이후의 이오지마는 고립무원 상태에서 방어계획을 세워야했다. 일본 입장에서 이오지마는 태평양의 절해고도라는 표현이 적절했다. 그런 가운데 이오지마 방어 사령관인 구리바야시 다다미치 장군은 거의 1년에 걸쳐 섬 내부에서 서로 지하로 연결된 방어진지들을 건설하며 전투 준비를 했다. 그리고 미군이 이오지마에 상륙하자 일본군은 해안 방어는 포기하고, 자살 돌격 시기는 최대한 늦추면서 지하로 연결된 방어진지들을 활용한 방어작전을 지속했다. 마치 1년전의 팔라우 제도의 펠렐리우 섬에서와 같은 방어전이 재현된 것이다. 1945년 2월에 시작된 이오지마 전투는 3월까지 이어졌고 상륙작전에 참가한 미국 해병은 5500명의 전사와 1만7천명의 부상이라는 미국 해병 사상 최대의 피해를 입었다. 이오지마 전투는 일본 방어군이 대부분의 지하 진지를 상실한 후 마지막 자살 돌격을 하면서 끝났다. 그리고나서야 미국은 이오지마를 함락하고 마리애나 제도에서 일본 본토 폭격을 위해 이륙한 B-29의 비상착륙기지를 얻게 되었다.

이어서 1945년 3월부터 일본 본토의 마지막 방어 거점인 오키나와 섬에 대한 미국의 상륙작전이 계획되었다. 오키나와 역시 이오지마처럼 고립무원의 태평양의 절해고도 상태였었다. 그리고 오키나와 방어군도 펠렐리우와 이오지마 방어군처럼 해안 방어 대신 내륙의 동굴과 터널을 활용한 방어체계를 준비하고 있었다. 오키나와 방어군의 방어진지가 시작하는 곳은 오키나와의 과거 류큐 왕국의 왕성이었던 슈리 지역이었다. 미국의 상륙작전은 4월1일에 시작되었고, 상륙할 때는 일본군의 저항은 크지 않았다. 그러나 미군이 오키나와 슈리 지역까지 진출했을 때부터 일본군의 강력한 저항이 시작되었다. 오키나와 전투도 이오지마와 펠렐리우 전투의 재현이었다. 일본군은 자살 돌격을 늦추고 지하에 구축된 방어시설들을 활용해 격렬히 저항했다. 오키나와 전투 기간 중 일본 해군은 많은 자살 특공으로 고립무원의 일본 육군을 지원했다. 카미카제 자살 특공기가 연일 미군을 공격했고 연합함대의 마지막 남은 전함 야마토까지 자살 특공을 위해 출동했다. 자살 특공에 나선 전함 야마토가 미국 해군 함재기에게 발견되어 공중 공격을 받고 격침될 때 일본의 마지막 해상부대도 함께 소멸하고 말았다. 그런 가운데 4월12일에 미국 루스벨트 대통령이 사망하였고 5월에는 일본의 마지막 남은 동맹국 독일이 항복을 했다는 소식이 전파되었다. 그럼에도 여전히 오키나와 슈리 방어선 전투는 계속되고 있었다. 그러나 오키나와의 일본 방어군은 승리의 가능성도 탈출의 가능성도 없는 상태였고, 시간이 갈수록 방어군 지휘부의 장기전 의지도 상실되어 갔다. 결국 오키나와 일본 방어군 사령관의 지시도 없이 참모장의 독단으로 자살 돌격이 감행되었다. 일본군의 자살 돌격 피해는 심각했고, 그 결과 오키나와 슈리 방어선은 무너지고 말았다. 그리고 6월말에 오키나와는 최종적으로 함락되었다. 이 시점부터 일본의 신임 수상 스즈키 간타로 제독은 항복과 종전을 내부적으로 검토하기 시작했다. 당시 유럽에서의 전쟁을 끝낸 연합국은 독일의 도시 포츠담(Potsdam)에 모였고, 7월26일에 일본의 무조건 항복과 모든 점령지의 반환을 요구하는 포츠담 선언을 발표하였다. 그때 마리애나 제도 티니안 섬 B-29 기지에서는 세계 최초로 전쟁에 사용되어질 원자폭탄이 조립되고 있었다. 8월6일 에놀라 게이(Enola Gay)라는 별명을 가진 B-29에 원자폭탄이 탑재되었고, 첫 번째 폭탄이 히로시마에 투하되었다. 8월8일에는 소련이 대 일본 선전포고를 하고 만주 침공을 시작하였다. 소련군의 공격이 시작되자마자 만주에 배치되었던 일본의 관동군은 빠르게 붕괴되었다. 이어서 8월9일 두 번째 원자폭탄이 투하되었다. 두 번째 폭탄의 원래 목표는 규슈 북동부의 도시 고쿠라였지만 기상이 좋지 않아 목표가 변경되어서 나가사키에 투하되었다. 이렇게 연합국의 포츠담 선언, 두 번의 원자폭탄 투하, 소련의 선전포고와 침공이 이어지는 가운데 일본 덴노는 이제 무조건 항복 이외의 선택지가 없다고 느끼게 되었다. 그러나 덴노의 항복 결심은 군 최고 지휘부와 정부 내각에 포진해 있는 군인 장관들의 전쟁은 포기시킬 수 있었으나, 군부 전체의 전쟁은 중단시킬 수 없었다. 1930년대 하극상처럼 덴노의 항복 선언 발표를 막으려는 군부 소장파 장교들의 쿠데타가 8월10일에 일어났다. 쿠데타를 주도한 영관급 장교들이 고위급 각료들과 장성들을 협박하거나 암살했다는 점에서 1945년 8월 사건은 마치 1932년 5.15 사건이나 1935년 2.26 쿠데타와 동일했다. 그 시점에서 덴노는 이미 무조건 항복 발표를 녹음했고, 곧 라디오를 통해 방송될 예정이었으므로 쿠데타 세력은 라디오 방송을 막으려했다. 쿠데타 세력은 도쿄 일대의 경비를 책임지고 있던 근위 1사단장을 피살하고 방송국과 궁성을 장악했다. 덴노의 방송 발표를 책임진 궁성의 궁내부와 방송사는 쿠데타 세력의 수색과 피살 위협 속에서 녹음 테이프를 발표 당일까지 숨기고 지켜내야만 했다. 태평양 전쟁의 마지막 순간은 이렇듯 일본 도쿄 궁성 내의 쿠데타 세력과 반대 세력 간의 각축전의 결과에 의존하게 되었다. 그러나 1930년대 하극상과 달랐던 것은 군부 소장파 장교들의 하극상을 용인하고 비호해 줄 참모본부도 군인 장관들도 존재하지 않았던 것이다. 결국 덴노의 무조건 항복 선언은 8월15일에 발표되었고, 쿠데타 주동 장교들은 자결하면서 쿠데타는 막을 내렸고 태평양 전쟁도 마침내 끝났다. 덴노는 신의 지위에서 인간의 지위로 내려왔고, 미국 점령군 사령관이 될 맥아더 장군에게 항복 절차를 수행하기 위한 협조를 구했다. 이어서 미국 점령군 사령관은 미국 전함 미주리(Missouri)호로 일본 정부 대표단을 모아 항복문서에 서명하도록 했다. 그렇게하여 제2차 세계대전은 최종적으로 종결되었다.

제7장

태평양 전선에서의 도전과 대응, 그리고 제복과의 대화

제2차 세계대전의 태평양 전쟁에서 격돌한 미국과 일본은 전략 환경과 제복과의 대화 체계에서 모두 상당히 차이가 컸던 라이벌이었다. 일본은 제2차 세계대전의 주요 참전국이자 강대국의 일원이었지만 미국에 비해 인구 규모나 경제 생산량 모두 크게 열세했다. 그리고 일본은 태평양 전쟁이 발발하기 전에 이미 중국과 전면전을 치르는 상태였고, 동시에 유럽 강대국들의 식민지를 포함한 기존의 국제 질서를 일본에 유리하게 바꾸기 위한 침략전쟁을 계속해오고 있었다. 반면에 미국은 제1차 세계대전 이후부터 고립주의와 전쟁 반대 여론의 방해 속에서, 일본의 세력 확장을 억제하며 국제적인 현상 유지 노력을 하고 있었다. 이처럼 일본과 미국의 전략 환경에는 큰 차이가 있었고, 제복과의 대화 특성 역시 군부의 지배력이 강했던 일본과 군과 민간의 영역

구분이 뚜렷했던 미국은 서로 크게 달랐다.

일본 군부는 하극상과 독단적 행동을 반복하며 정부 내각의 통제로부터 벗어났고, 태평양 전쟁 시작 시점부터는 현역 장성들이 내각을 지배했다. 그리고 제도적 군 통수권자인 일본 덴노는 정부 내각과 군부의 의사결정에 관여하지 않는 전통을 고수했다. 이와 같은 일본에서의 제복과의 대화 특징은 태평양 전쟁이 지속될수록 심화되었던 육군과 해군의 자원 경쟁과 갈등을 조정해주는 협의 기구의 부재함까지 겹쳐져서 민간의 선택적 개입은 점차 약화되고, 군의 협상력은 더욱 강화되었다. 이에 비해 미국에서는 민간 정치 지도자가 정책 목표를 결정하면, 군부는 주어진 군사력으로 그 목표를 달성한다는 방식으로 군부와 민간의 역할 분담이 뚜렷했다. 그리고 태평양 전쟁이 시작되면서 군 통수권자인 대통령은 군부에게 권한을 위임하면서도 중요한 사안은 직접 결정하였으므로, 민간의 선택적 개입은 일본에 비해 상대적으로 강했다. 그리고 미국의 군사 조직은 육군과 해군 이외에도 해병과 반독립적인 육군항공군을 갖고 있었으며, 합동 참모 회의와 연합 참모부와 같은 군사 조직들 간의 협의 기구가 군 통수권자인 대통령을 직접 보좌했으므로 군의 협상력은 일본보다 낮았다. 이와 같은 미국과 일본의 전략 환경과 제복과의 대화 체계에서의 큰 차이점들 사이에서 일본의 선제기습으로 태평양 전쟁이 발발했고, 유럽에서의 전쟁처럼 태평양 전쟁도 장기적이고 소모적인 총력전 양상으로 변화되었다. 그런 가운데 전쟁에서의 도전과 대응 관점에서 일본과 미국은 정치외교, 사회경제, 군사작전 분야에 걸쳐 전쟁의 복잡성을 고려한 정책 결정을 해야했다. 그리고 전쟁의 불확실성 속에서 적과의 학습 경쟁에서 승리하기 위해서는 적으로부터의 학습이 이루어져야 했다.

일본이 태평양 전쟁에서 당면한 과제는 미국의 정복이 아니라 미국과 유리한 상태로 휴전하는 것이었으므로, 정치외교 분야에서 일본은 개전 직후의 성공을 바탕으로 장기전에 대비하는 목표를 설정하고 유럽의 동맹국을 충분히 활용해야만 했다. 그러나 일본은 장기적이기보다는 단기적인 목표에 집착했고, 동맹국과의 실질적 군사 협력에 관심을 기울이지 않았다. 사회경제 분야에서도 일본의 전시 경제는 군부의 요구만 반영되었고, 장기전에 필요한 동남아시아 자원의 효율적 개발이나 미국의 잠수함 공격으로부터 안전한 해상 교통로 확보 문제가 관심받지 못했다. 또한 군사작전 분야에서도 미국에게 승산이 크지 않았음에도, 단기적 관점에서의 군사력 비교와 정신력에 대한 근거없는 낙관론에 따라 비현실적인 공세 작전에만 의존하였다. 이처럼 일본에서는 정치외교, 사회경제, 군사작전 분야에 걸친 전쟁의 복잡성이 고려되기보다 군부의 이해관계에 주로 경도되었다. 반면 미국에서 전쟁의 복잡성에 관한 공통적 고려사항은 유럽과 태평양이라는 2개 전선을 동시에 운영해야한다는 것이었다. 이때 일본과 달리 미국에서는 정치외교, 사회경제, 군사작전에 걸쳐 2개의 전선을 동시에 강화한다는 목표가 일관성있게 유지되었다. 미국은 정치외교 분야에서 2개 전선에서의 전쟁에 대한 국내 정치적 지지를 일본의 선제 기습 공격을 명분으로 개전초부터 확보했으며 전쟁 기간 내 국민적 동의를 지속하기 위한 노력을 계속했다. 그리고 동시에 2개 전선을 유지하기 위해 필요한 유럽과 아시아, 태평양에 걸친 결속력있는 동맹 체제를 계속 유지해나갔다. 사회경제 분야에서는 유럽과 태평양에서 전쟁 지속을 위한 생산 증대에 노력을 집중하여 결국 전체 국가 생산량을 사상 최대로 확대시켰고, 그런 가운데 완전고용까지 달성하였다. 그리고 군사작전 분야에서는 유럽 전선과 태평양 전선을 전황에 따라 융통성있게 상호 이동 배치 가능한 항공 전력과 수중 전력을 집중적으로 증강하여 필요에 따라 개별 전선에 집중시켰다. 그리고 미국에서는 전쟁 초기의 실패를 경험삼아 적으로부터의 학습도 발생했다. 전쟁 중 학습 경쟁에서 미국 해군은 학습 주체였고 일본 해군 기동부대가 학습 모델이 되었다. 그 결과 미국 해군은 초반의 항공모함 전투 능력 열세를 극복하고 일본을 추월할 수 있는 항공모함 전술과 통합함대 편성을 보유하게 되었다. 그러나 미국과 달리 일본에서는 전쟁 중 적으로부터 학습은 발생하지 않았다.

이처럼 일본과 미국의 전쟁의 복잡성과 불확실성에 대한 대응은 서로 크게 달랐다. 이와 같은 차이가 일본과 미국의 전략 환경과 제복과의 대화 특징 차이와 함께 나타났던 것이다. 특히 제복과의 대화 특징에 있어서, 일본의 군부는 정치와 경제 모든 분야를 직접 통제하였고, 덴노는 군사 분야에 거의 개입하지 않았다. 일본에서의 민간의 선택적 개입은 대단히 약했고, 군의 협상력은 매우 강했다. 이와 달리 미국의 군사 조직은 정치와 사회로부터 분리되어 있고, 군 통수권자인 대통령은 중요한 군사 문제는 직접 결정했다. 미국의 민간의 선택적 개입은 일본보다 강했고, 군의 협상력은 일본보다는 낮았다. 이와 같은 제복과의 대화 특징으로 인해 미국에 비해 일본에서 정부 관료를 포함한 민간 분야의 조언 기능은 무력화되었고, 따라서 정책 결정에 있어 전쟁의 복잡성이 상대적으로 덜 고려되어졌다. 일본에 비해 민간 분야의 개입 수준이 높았던 미국에서는 일본에 비해 전쟁의 복잡성이 고려된 정책 결정이 이루어졌고, 일본과 달리 적으로부터의 학습이 이루어졌다. 이렇듯 일본과 미국은 전략 환경과 제복과의 대화 특징은 차이가 컸고, 전쟁의 도전과 대응에서도 큰 차이를 보여주었다.

제5부
결 론

제5부

결 론

제1차 세계대전과 제2차 세계대전은 인류 역사상 보기 드물었던 장기간의 총력전이 펼쳐진 전쟁이었고, 참전국들의 숫자만 많을 뿐 아니라 전쟁을 중재해 줄 국가들조차 참전했기 때문에 진정한 의미의 세계대전이었다. 그 결과 양차 세계대전은 상대방 진영이 완전히 탈진하여 항복할 때까지 지속되었고, 그런 가운데 전쟁의 복잡성과 불확실성이라는 전쟁의 도전 속에서 국가적 대응이 선택되었다. 전쟁의 복잡성이라는 도전으로부터 국가가 바람직한 결과를 얻기 위해서는 정치외교, 사회경제, 군사작전 분야에 걸친 고려사항들이 조율되어져서 정책결정에 반영되어야했다. 그리고 전쟁의 불확실성이라는 도전으로부터 바람직한 결과를 얻기 위해서는 적과의 학습 경쟁에서 우월해야 했고, 그러기 위해서는 전쟁 중의 실수와 실패로부터 신속하게 극복하기 위해 적으로부터 학습이 이루어져야했다. 제1차, 2차 세계대전의 역사는 서로 총력을 다해 대결했던 라이벌 국가들이 전쟁에서의 도전에 어떻게 대응했는지를 확인해 볼 수 있는 사례였다. 이때 전쟁에서의 도전에 대한 국가적 대응은 라이벌 국가들이 마주했던 전략 환경과 함께 국가별 제복과의 대화 특징에 의해 결정되었다는 것을 알 수 있었다.

제1차 세계대전에서 서부 전선의 라이벌이었던 독일과 영국은 국가의 국력과 국제정치적 위상, 국내정치적 합의 수준 등의 전략 환경은 유사했으나 제복과의 대화 특징에서는 큰 차이가 있었다. 독일의 군 통수권자인 카이저 빌헬름 2세는 군사 분야의 개입을 점차 축소해갔고, 힌덴부르크와 루덴도르프 장군 콤비의 활동 속에서 독일 군부의 정치 관여와 민간에 대한 영향력은 계속 증대되어갔다. 독일에서 제복과의 대화 특징은 민간의 선택적 개입 수준이 대단히 낮고 군의 협상력은 상당히 높다는 것이었다. 반면 영국의 군 통수권자였던 애스퀴스 수상과 그의 후임 로이드 조지 수상은 점진적으로 군사 분야에 대한 개입을 확대해 나갔고, 영국 전시 내각의 민간인 장관들과 민간 위원회의 영향력은 상당했으며, 영국 군부는 대체로 젠틀맨 장교의 조직 문화 속에서 정치와 분리된 길을 걸었다. 영국에서 제복과의 대화 특징은 독일에 비해 민간의 선택적 개입 수준이 높았고, 군부의 협상력은 낮았다. 그로 인해 영국에 비해 독일에서는 정치외교, 사회경제, 군사작전 분야 정책 결정에서 민간 정부 관료 등 민간 분야의 조언 기능이 배제되었다. 그 결과는 독일에서 전쟁의 도전에 대한 대응은 정치외교, 사회경제, 군사작전 분야에 걸쳐 전쟁의 복잡성을 고려한 정책 결정이라고 할 수 없다는 것이었다. 독일의 정책 결정은 대부분 군부가 지배했으며, 독일은 1914년 8월 프랑스 침공을 결정할 때 서부 전선 우선이라는 군사적 고려사항에 경도되어 러시아에 대한 예방 공격이나 영국을 중립으로 유지시킬 방안을 경시하였다. 또한 독일의 1917년 1월 무제한 잠수함작전 결정 과정에서도 정치외교적으로 중립국 미국의 참전 가능성이 고려되지 않았고, 사회경제적으로는 전시 식량 증산 노력이 경시되었고, 군사작전 분야에서 잠수함 작전의 군사적 효용성이 다른 분야의 고려사항들을 지배했다. 이에 비해 영국에서 전쟁의 도전에 대한 국가적 대응은 전쟁의 복잡성을 고려한 정책 결정이라 할 수 있었다. 영국의 1914년 참전 결정은 정치외교, 사회경제, 군사작전 모든 분야에서 공통적 고려사항인 프랑스와의 협력이라는 기조를 유지하면서 이루어진 것이었다. 그리고 독일이 여러 차례의 무제한 잠수함작전으로 영국 본토를 봉쇄하려고 할 때에도 영국에서는 독일 잠수함으로부터의 선박 보호, 전시 식량 증산, 충분한 인력 동원이라는 공통적 고려사항들을 위해 정치외교, 사회경제, 군사작전 분야의 노력들이 서로 조율되어졌다. 전쟁의 승패를 떠나서 독일과 영국은 전략 환경의 유사성에도 불구하고 두 라이벌 국가의 제복과의 대화 특징 차이는 컸으며, 전쟁에서의 도전에 대한 국가적 대응에 있어서도 차이가 컸다. 제1차 세계대전의 라이벌 독일과 영국의 비교에서 제복과의 대화 특징 차이가 전쟁의 복잡성을 고려해야 하는 정책 결정에 영향을 미친 것은 분명했다. 제복과의 대화 특징인 민간의 선택적 개입이 강하고 군의 협상력 약할수록 전시 정책 결정에 있어 전쟁의 복잡성이 고려되어질 가능성은 컸다.

제2차 세계대전에서 독소전쟁의 라이벌이었던 나치 독일과 공산주의 종주국 소련은 강력한 국방력 우선 건설, 독재자의 통치, 테러와 선전에 의한 국내정치적 합의 유지 등 유사한 전략 환경을 지녔다. 또한 두 국가의 제복과의 대화 특징 측면에서도 히틀러와 스탈린은 군 통수권자로서 직접적으로 그리고 세부적으로 군부를 관할하고 군사작전 지휘를 즐겨했다. 또한 독일군과 소련군은 독재자로부터 강한 통제를 받았고 이데올로기로도 철저히 종속되어 있었다. 즉 전략 환경 요인 뿐 아니라 제복과의 대화 특징에서도 독일과 소련은 유사한 면이 많았다. 두 나라 모두 민간의 선택적 개입은 대단히 높았고, 군의 협상력은 낮았다. 그럼에도 독소전쟁이 지속됨에 따라 제복과의 대화 특징에서 독일과 소련 사이에 차이가 발생했다. 히틀러는 전쟁이 지속됨에 따라 육군 총사령관과 전선 지휘관까지 겸직하며 군사작전 지휘에 더욱 깊숙이 개입했고, 히틀러에 대한 독일 군사조직들의 충성 경쟁 역시 심화되었다. 반면에 스탈린은 1941년의 대 패배 이후 군사 지휘권을 군부에 위임하기 시작했고, 소련 공산당에 의한 군부의 통제 역시 군사작전에 한해서는 완화되어 갔다. 즉 독소전쟁의 진전에 따라 독일에 비해 소련에서 민간의 선택적 개입 수준은 낮아졌고 군의 협상력은 높아져 간 것이다. 전쟁 초기의 독일과 소련의 제복과의 대화 특징에서의 유사성으로 인해 두 국가 모두 민간 독재자에 대한 군부의 조언과 관여가 약화되었고 민간 관료와 군부 간 협조된 조언도 충분하지 못했다. 그 결과 두 국가 모두 전쟁의 도전에 대한 대응에 있어서 정치외교, 사회경제, 군사작전 분야 고려사항들이 조율되지 못한 상태로 정책 결정에 반영되었다. 독일에서 전쟁의 복잡성에 관한 공통적 고려사항은 모스크바 전투 실패 이후 예견된 장기전에 대한 대비였다. 그러나 1941년 12월 시점에 독일은 정치외교적으로는 실익이 없는 대 미국 선전포고를 결정하여 장기적 관점에서 중립국으로 유지시킬 필요가 있었던 미국이라는 강대국을 공식적인 적대국으로 만들었다. 또한 사회경제적으로 장기전에 필요했던 전시 경제 전환은 지연되면서 약탈 경제와 이데올로기에 집착하여 소련 점령지의 주민과 경제 기반을 활용하기보다는 파괴하고 제거했다. 군사작전 분야에서 독일의 군사목표는 산업 요충지, 정치적 상징, 소련 군사력 파괴 사이에서 장기적이 아닌 단기적 관점에서 일관성 없이 순환하였다. 전쟁 초기 독일로부터 입은 피해를 복구하며 궁극적 승리를 거두어야 했던 소련에서의 정책 결정 역시 독일과 크게 다르지 않았다. 다만 소련은 1941년의 패배와 함께 서부 지역과 도네츠 강 유역의 산업 기반과 노동력을 신속히 우랄 산맥 동쪽으로 이동시키고 전시 경제 가동을 시작한다는 빠른 사회경제적 결정을 내렸다. 그러나 이 결정은 숙고된 것이라기보다 전쟁 초기 패배와 후퇴로 인한 임시방편적인 대응에 가까웠다. 또한 소련은 정치외교적으로도 미국과 영국을 우방국으로 활용하며 지속적인 전쟁 물자 지원을 얻는 성과를 얻었지만, 이것 역시 소련이 직접 노력해서 얻은 결과라기보다는 독일이 범세계적으로 전쟁을 확대하는 상황으로 얻은 반사 이익이라 할 수 있었다. 군사작전 분야에서도 부족한 훈련과 부대 편성에서의 문제를 개선하기보다 신속한 영토 회복을 위해 능력을 초과하는 수준의 대반격에 집착하여 전쟁 초기에 심각한 손실을 자초했다. 소련 역시 정치외교, 사회경제, 군사작전 분야 고려사항들을 조율하며 반영하는 정책 결정은 이루어지지 않았고, 중요한 정책 결정은 임시방편적 결정에 가까웠다.

그러나 전쟁이 진행되면서 독일과 소련의 제복과의 대화 특징에서 발생하기 시작한 차이점은 독일이 아닌 소련에서 전쟁 중 적으로부터의 학습이 가능하도록 해주었다. 전쟁 중 적으로부터의 학습의 주체는 소련 붉은 군대였고, 학습의 모델은 전격전을 수행하는 독일의 전쟁 수행체계였다. 소련이 적으로부터의 학습을 완료한 1943년 이후 소련의 전쟁 수행체계는 독일과 대등해졌고, 1945년에 이르러서는 종심방어 전투와 기계화 부대의 공격 전투 모두에서 독일을 압도할 수 있었다. 독소전쟁 기간에 독일과 소련의 제복과의 대화 특징인 강한 민간의 선택적 개입과 약한 군의 협상력이라는 경향성 자체는 제1차 세계대전 당시 영국과 유사했다. 그러나 그 정도는 영국보다 훨씬 강했다. 그리고 독일과 소련에서는 모두 영국과 달리 전쟁의 복잡성을 고려한 정책결정이 잘 일어나지 않았다. 이것은 제복과의 대화 특징과 전쟁 중 국가적 대응 간의 관계가 선형적이지 않음을 의미한다. 제1차 세계대전의 영국에 비해 제2차 세계대전 당시 독일과 소련의 민간의 선택적 개입은 과도하게 높았고 군의 협상력은 상당히 낮았다. 그 결과 민간 출신 독재자에 대한 군부와 다른 민간 행위자들의 조언과 관여가 원천적으로 차단됨에 따라 정책 결정에서 전쟁의 복잡성은 충분히 고려하지 못하게 되었다. 즉 일정 수준을 넘는 과도한 민간의 선택적 개입과 군의 협상력 약화는 전쟁의 복잡성을 고려하지 못하도록 만드는 것이다. 그럼에도 독소전쟁의 후반부에 독일과 소련 간에 민간의 선택적 개입과 군의 협상력 수준에 차이가 발생했고, 그 결과는 전쟁 중 적으로부터의 학습의 차이로 이어졌다. 전반적으로 유사한 제복과의 대화 특징을 지녔던 두 나라였지만 전쟁 중에 발생한 미묘한 차이점이 의미있는 영향을 미쳤던 것이다.

제2차 세계대전 태평양 전쟁에서 라이벌이었던 일본과 미국은 전략 환경과 제복과의 대화 특징에서 모두 큰 차이점이 있었다. 전략 환경 측면에서 일본의 국력은 미국에 비할 바 없을 정도로 열세였고, 국제 질서 속에서 일본은 현실을 재편하려는 침략국가였고 미국은 침략국을 억제하려는 현상 유지 국가였다. 국내 정치적으로 일본은 단합되고 통합되었으며, 경제는 정치에 종속되어 있었다. 이에 비해 미국의 국론은 일본의 진주만 기습 전까지 분열되고 행정부를 지지하지 않았으며, 경제에 대한 행정부의 영향력 행사는 근본적으로 한계가 있었다. 또한 제복과의 대화 특징에서 일본은 하극상과 독단적 행동이라는 특징을 지닌 군부가 오랫동안 정치와 경제에 관여해왔고, 덴노 히로히토의 개입은 극히 제한적이었으므로, 민간의 선택적 개입 수준은 극히 낮았고 군의 협상력은 대단히 강했다. 반면 미국은 헌팅턴이 주장한 객관적 문민통제의 실례가 될 수 있을 정도로 군은 정치, 사회와 분리되어 프로페셔널리즘의 길을 걷고 있었고, 루스벨트 대통령은 결정적인 상황에서는 군사 분야에 개입하였지만 군부 지도자에게 권한을 위임하는 경우가 많았다. 미국은 일본보다 민간의 선택적 개입 수준은 높았고, 군의 협상력 수준은 낮았다.

이와 같은 전략 환경과 제복과의 대화 특징 모두의 차이로 인해 일본과 미국에서 전쟁의 도전에 대한 국가적 대응에도 큰 차이가 발생했다. 일본에서 정치외교, 사회경제, 군사작전 분야에 걸쳐 전쟁의 복잡성을 고려한 정책 결정은 잘 이루어지지 않았다. 일본이 전쟁의 복잡성을 대표하는 세 가지 분야에 걸쳐 공통적으로 고려해야 할 사항은 장기전 대비였다. 그러나 일본에서 정치외교적으로 장기전에 대비하기 위한 목표 선정은 군사작전의 필요에 의해 무시되어졌고, 독일과 이탈리아와의 동맹도 활용되지 못했다. 또한 사회경제 분야에서는 전시 경제에 필수적인 동남아시아 자원의 증산이나 일본 본토와의 안전한 해상 교통로 유지에도 적극적이지 않았다. 군사작전 분야에서 일본 군부는 근거없는 정신력 우월주의 속에서 국력 수준을 초과하는 공세 일변의 군사목표를 선택했다. 결국 일본에서 전쟁 중 국가적 대응은 장기전 대비라는 관점의 공통적 고려사항들이 경시된 선택들로 이루어졌던 것이다. 반면 미국에서는 일본에 비해 정치외교, 사회경제, 군사작전 분야에 걸쳐 전쟁의 복잡성을 고려한 정책 결정이 이루어졌다. 전쟁 기간 중 미국에서 전쟁의 복잡성에 관한 공통적 고려사항은 유럽과 태평양 2개 전선 전쟁의 동시 수행이었다. 일본과 달리 미국에서 전쟁 중 국가적 대응을 위한 정책 결정들은 2개 전선의 전쟁 수행을 일관성있게 지지하고 있었다. 미국에서는 정치외교적으로 참전을 지지하는 국내정치적 합의를 계속 이끌어내면서, 유럽 우선 전략 속에서도 필요한 시기에 태평양 전선으로 전력을 집중할 수 있었다. 그리고 영국과 오스트레일리아와의 군사협력은 실효성있게 강화시켜 나갔다. 사회경제 분야에서 미국의 전시 경제는 유휴 생산 시설과 노동력을 흡수하여 국가 생산량 증대와 함께 유럽과 태평양 전선으로부터 요구되는 군수 생산을 동시에 달성했다. 군사작전 분야에서는 태평양에서 결정적 전투가 필요한 시기에 유럽의 군사 태세를 조정해가면서까지 태평양으로 군사력을 집중하는데 성공했다. 또한 태평양에서의 공중우세를 위해 요구되었던 항공전력의 증강과 함께 일본에 대한 무제한 잠수함작전을 성공시켰다. 그리고 전쟁 중 적으로부터의 학습 역시 미국에서만 이루어졌다. 미국 해군은 전쟁 발발까지 항공모함과 항공전력의 유용성에 관심이 없었으나 일본 해군 항공모함들로 구성된 기동부대의 진주만 기습 이후로 미국 해군은 전시 학습의 주체가 되었고 학습 모델은 일본 해군 기동부대가 되었다. 미국은 전쟁 중 적으로부터의 학습을 통해 전쟁 후반부터 미국 해군 항공모함 부대들이 통합해상전투 수행과 상륙작전 지원에 있어서 일본 해군을 압도하게 만들 수 있었다. 반면 일본에서는 전쟁 중 적으로부터의 학습은 발생하지 않았다. 태평양 전쟁 기간 중 일본과 미국의 전략 환경과 제복과의 대화 특징은 대단히 차이가 컸고, 전쟁의 도전에 대한 국가적 대응이라는 관점에서 전쟁의 복잡성을 고려한 정책 결정과 전쟁 중 적으로부터의 학습에서도 일본과 미국의 차이는 극명했다.

결국 전쟁에서의 도전에 대한 국가적 대응은 제복과의 대화 특징에 의해 결정되었다. 민간의 선택적 개입이 강하고 군의 협상력이 약할수록 전쟁의 복잡성을 고려한 정책 결정이 잘 일어났고 전쟁 중 적으로부터의 학습도 가능했다. 그렇기 때문에 제1차 세계대전 당시는 독일보다 영국에서, 제2차 세계대전 당시에는 일본보다 미국에서 전쟁의 복잡성을 고려한 정책 결정이 일어났다. 그런데 제복과의 대화 특징과 전쟁에서의 도전에 대한 국가적 대응 간의 관계는 비선형적이었다. 그래서 제2차 세계대전 당시 태평양 전쟁의 당사자인 일본과 독소전쟁의 당사자인 독일은 각자의 민간의 선택적 개입과 군의 협상력이라는 제복과의 대화 특징이 서로 정반대였음에도 모두 전쟁의 복잡성을 고려하지 못한 정책 결정을 보여준 것이다. 또한 시간과 공간을 초월해서 가장 민간의 선택적 개입이 약하고 반면 군의 협상력은 가장 강했던 군국주의 일본과 그 반대로 민간의 선택적 개입 강화와 군의 협상력 약화가 가장 심했던 나치 독일이 전쟁 중 국가적 대응에 있어서는 유사한 결과를 보여주었다. 제복과의 대화 특징이 극단적일 때는 민간 또는 군사 분야 중 어느 한쪽 분야의 조직과 개인의 전문적인 조언 기능은 무력화된다. 군국주의 일본에서는 정부 내각 관료 등 민간 분야의 조언 기능이 차단되거나 경시되어졌다. 그리고 나치 독일에서는 다양한 군사 조직과 군인들의 조언 기능이 무시되어졌다. 이처럼 어느 한 분야의 조언 기능이 무력화될 때 전쟁에서의 도전과 대응에서 전쟁의 복잡성은 잘 반영되지 않았다. 이것은 제복과의 대화에서 민간 분야 또는 군사 분야 중 어느 한쪽의 과도한 지배는 전쟁의 바람직한 결과에 도움이 되지 않을 수 있음을 의미한다. 전쟁의 복잡성과 불확실성이라는 측면에서 바람직한 결과를 얻기 위해서는 민간과 군사 분야의 조언이 균형을 이루며 제공될 수 있는 제복과의 대화 체계가 필요한 것이다. 제1, 2차 세계대전 사례에서 궁극적으로 전쟁의 승자이기도 했던 국가들이 어느 한 방향으로 극단적이지 않은 제복과의 대화 특징 속에서 정치외교, 사회경제, 군사작전 전 분야를 공통적으로 고려하는 정책 결정을 했다는 것은 의미가 있다.

이와 같은 비교 분석 결과는 현대의 국방정책 설계에 있어서도 시사하는 바가 있다. 첫째, 이번 비교 분석은 민군관계와 전쟁 결과에 관한 역사적으로 오랜 논쟁에 대안을 제시해 줄 것이다. 앞서 논의한 바처럼 바람직한 민군관계는 문민통제 원칙과 함께 전쟁에서의 성공으로 구성된다. 이때 전쟁에서의 성공을 군사적 승리의 관점으로 이해한다면, 군사 분야의 비전문가인 민간 정치 지도자는 군에게 충분한 권한위임을 해야하고 군사 분야의 전문가인 군 지휘관에 대한 제약은 없을 수록 좋다. 그런 의미에서 중국 무경칠서[武經七書] 중의 하나인 손자병법의 모공[謨攻]편에서 승리의 방법 중의 하나로 유능한 장수를 군주가 구속하거나 간섭하지 말아야 함을 언급하고 있다. 또한 지형[地形]편에서는 장수가 승리할 것 같으면 군주가 싸우지 말라고 해도 싸워야 하며, 반대로 이기지 못할 태세이면 군주가 싸우라고 해도 싸우지 말아야한다고 했다.[197] 역시 무경칠서 중의 하나인 육도삼략[六韜三略]의 용도[龍韜]편 입장[立將]에서는 장수가 군주의 명을 받고 출정한 이후에는 군주가 간섭하지 말아야 장수의 직위를 수행할 수 있다고 했다.[198] 반면에 제1차 세계대전 기간 중에 프랑스 수상으로 전쟁을 지도했던 클레망소우(Georges Clemenceau)는 "전쟁은 너무나 중요하기 때문에 장군들에게만 맡겨놓아서는 안된다"라는 말을 하며 민간 정치 지도자의 군사 문제 개입의 필요성을 역설한 바가 있다. 민군관계 연구에서도 민간 정치 지도자와 군 지휘관 간의 '불평등 대화'를 강조하는 주장들은 문민통제가 전쟁에서의 최종적 승리와 건전한 국방정책 수립을 위해서도 필요하다는 입장이다.[199]

이와 같은 문민통제에 관한 오래된 대칭적 주장들에 대해 제복과의 대화 특징과 전쟁 중 국가적 대응 간의 관계 분석은 적절한 대안을 찾는데 도움을 줄 수 있다. 앞서 제1차, 제2차 세계대전의 라이벌 국가들의 비교를 통해 알 수 있었듯이 전쟁 중 정책 결정에는 민간 분야와

197 손무, 이민수 역해, 『손자병법』, (서울: 혜원, 1995), pp.73-74, pp.207-208.

198 강태공, 하재철 역, 『육도삼략』, (서울: 범우사, 1990), pp.106-108.

199 엘리엇 코언, 『최고사령부: 전쟁을 승리로 이끈 위대한 정치지도자의 리더십』, pp.26-30.

군사 분야의 조언이 모두 폭 넓게 제공되어야한다. 그런 의미에서 민간 정치 지도자가 간섭을 하지 않는 것도 장군들이 배제되는 것도 모두 바람직하지 않다. 독일의 경우 제1차 세계대전 발발을 전후하여 베트만 홀베크 수상이 서서히 외교와 군사 분야에서 영향력을 잃어갈 때의 상황과, 제2차 세계대전 당시 히틀러가 군 지휘관을 겸직하면서 장군들의 역할이 축소된 이후의 파국적 상황이 유사하다. 이처럼 전쟁의 복잡성이라는 도전에 잘 대응하기 위해서는 민간과 군사 부문을 넘나드는 폭 넓은 조언과 의견 교환의 장이 필요하다. 이때 민간과 군사 부문 간의 대화의 수준과 범위는 제복과의 대화 특징에 따라 결정될 것이다. 이 책에서 제시한 바와 같이 민간과 군사 부문으로부터 충분한 조언이 조율되어져 제공될 수 있는 제복과의 대화 체계에서는 문민통제의 원칙도 가능하고 전쟁의 복잡성도 극복할 수 있다. 그런 의미에서 문민통제와 전쟁에서의 성공은 상충되지 않는다. 적절한 제복과의 대화 체계를 지닌 국가는 문민통제도 잘 정착시키고 전쟁의 복잡성에도 잘 적응할 것이다. 그러므로 국방정책 설계에 있어, 민간 부문 조언자와 군사 부문 전문가 간의 수평적이고 포용적인 관계를 조성할 수 있는 제도, 문화, 인재 풀 관리는 중요하다.

둘째, 제복과의 대화 특징 분석은 무기체계와 군사 기술만으로 해결되지 않는 영역을 찾고 그것에 대한 해법을 모색하는데 도움이 될 수 있다. 국방 정책 수립시 의외로 과학 기술과 물리적 능력 중심의 관점에 경도되는 경우가 많았다. 그래서 무기체계와 지휘통제 체계가 제공해주는 여건이 우월하다면 전쟁에서도 항상 바람직한 결과를 얻는다고 가정하는 경우도 많다. 그러나 전쟁에는 우연과 행운이 개입하며, 정보를 왜곡하고 기만하려는 상대와 대결해야 한다는 불확실성이 존재한다. 제2차 세계대전 태평양 전선에서의 미드웨이 해전 당시 일본 기동부대 항공모함 상공에 미군 급강하 폭격기들이 정확한 타이밍에 나타난 운명의 5분은 과학 기술 덕분도 지휘통제의 우월함 때문도 아니었다. 단지 전쟁의 불확실성으로 인해 어느 한편에게만 나타난 행운이었을 뿐이다. 통상적으로 우연과 행운을 통제할 확률을 증가시킬 방안으로 과학기술과 무기체계에 의존하려는 경향이 있다. 그리고 최신의 기술과 개념을 기반으로 모든 우연과 행운을 통제할 것을 기대하는 계획을 세우기도 한다. 그러나 제1차 세계대전 전에 독일이 발전시켰던 슐리펜 계획이 전쟁 발발 후의 새로운 현상들로 인해 계획 자체가 버려져야 했듯이, 계획을 세우는 것보다 계획 실행 이후의 대처가 더 중요할 수 있다. 더구나 능력이 대등한 상대방과의 경쟁 상황이라면, 상대방과 유사한 수준의 과학기술과 무기체계로 상대의 기만 노력을 분별해 낼 것이라고 장담할 수는 없다. 제2차 세계대전 독소전쟁 당시 독일과 소련은 거의 대등한 능력을 갖춘 상태에서도 여러 차례 상대를 기만하여 결정적 공세를 승리로 이끌었다. 1941년 여름 발바로사 작전과 1942년 여름 청색 작전은 독일의 기만이 작동하였고, 1942년 스탈린그라드 반격과 1944년 여름 바그라티온 작전은 소련이 기만에 성공을 거두었다. 이처럼 서로 대등한 능력을 갖추었다면 상대방의 기만에 대처하기는 어려울 것이다. 그리고 과학기술에 뒤처진 상대방이라도 오랜 훈련으로 숙련된 인력을 양성했다면 기술적 우위를 극복할 수도 있다. 제2차 세계대전 태평양 전쟁 중 1942년 과달카날 인근 해전에서 일본 해군은 레이더가 없는 함대를 운용했지만 야간 전투에 적응된 숙련된 인력이 있었고, 그 결과 여러차례의 야간 해전에서 레이더를 보유한 미국 해군 함대에게 전술적으로 승리했었다. 따라서 이 책의 비교 분석에서 살펴 본 바와 같이 전쟁에서 무기체계와 군사기술로만 전쟁의 불확실성으로 인해 발생하는 실패와 실수를 신속히 극복할 수는 없을 것이다. 당대의 최신 과학 기술과 물량의 우세함을 갖추는 것이 반드시 경쟁 상대보다 상대적 우위로 이어지는 것은 아니다. 그보다는 상대방보다 덜 실수하고 상대방의 행동을 신속하게 분석하고 반응할 수 있는 능력이 더 유용할 수 있다. 이런 의미에서 국방 정책 설계에 있어서 군사 기술과 물리적 능력을 만병통치약으로 생각하는 사고방식에서는 탈피해야 한다. 그리고 예상하지 못했던 불확실한 상황에 신속하고 융통성있게 대응할 수 있는 조직 건설과 인재 양성에도 관심을 기울일 필요가 있는 것이다. 그러므로 국방정책 설계에서 유사시에 신속한 학습과 적응을 담당할 인력과 조직, 그리고 그와 관련된 교육훈련 방안이 포함되어져야 할 것이다.

지금까지 살펴 본 바와 같이 제복과의 대화의 비교 분석 결과는 현실의 국방정책을 위한 영감을 제공할 수 있다. 인류의 역사에서 국가간 전쟁 경험과 항상 동행해 온 것이 민군관계의 경험이기도 하다. 그런 의미에서 제복과의 대화 비교 분석은 인류 역사의 오래된 동반자인 전쟁과 민군관계를 함께 조망하게 해주었다고 할 수 있다.

참고문헌

강정인 · 오향미 · 이화영 · 홍태영, 『유럽 민주화의 이념과 역사』, 서울: 후마니타스, 2010.

강태공, 하재철 역, 『육도삼략』, 서울: 범우사, 1990.

게하르트 그로스, 진중근 역, 『독일군의 신화와 진실: 총참모부 작전적 사고의 역사』, 과천: 이미지프레임, 2016.

고든 레더만, 김동기 · 권영근 역, 『합동성 강화: 미 국방개혁의 역사』 서울: 연경문화사, 2015.

고바야시 히데오 등, 김응렬 · 서용석 외 역, 『일본 주식회사: 관료 지배 구조의 기원과 형성』, 서울: 일신사, 1998.

김광진, 『민주국가의 전쟁: 이라크 전쟁과 코소보 전쟁 그리고 한미동맹』, 서울: 서강대학교 출판부, 2014.

김정섭, "민군간의 불평등 대화: 한국군의 헌팅턴 이론 극복과 국방기획에 대한 문민통제 강화", 『국가전략 17:1』 (2011) 93-125.

김정섭, 『낙엽이 지기 전에』, 서울: 엠아이디, 2017.

나카니시 테루마사, 서재봉 역, 『대영제국 쇠망사』, 서울: 까치, 2000.

노나카 이쿠지로 등, 박철현 역, 『왜 일본제국은 실패하였는가? 태평양 전쟁에서 배우는 조직경영』, 성남: 주영사, 2009.

데이비드 글랜츠 · 조너선 하우스, 권도승 · 남창우 · 윤시우 역, 『독소전쟁사 1941~1945: 붉은 군대는 어떻게 히틀러를 막았는가』, 파주: 열린책들, 2007.

도널드 케이건, 김지원 역, 『전쟁과 인간』, 서울: 세종연구원, 1997.

도베 료이치, 윤현명 · 이승혁 역, 『역설의 군대: 근대 일본군의 기이한 변용』, 서울: 소명, 2019.

리처드 오버리, 조행복 역, 『독재자들: 히틀러 대 스탈린, 권력 작동의 비밀』, 서울: 교양인, 2008.
리처드 오버리, 류한수 역, 『스탈린과 히틀러의 전쟁』, 서울: 지식의 풍경, 2003.
맨서 올슨, 이성규 역, 『전쟁과 식량 부족의 경제학: 영국의 경험과 교훈』, 서울: 해남, 2019.
박상섭, 『1차세계대전의 기원: 패권 경쟁의 격화와 제국 체제의 해체』, 파주: 아카넷, 2014.
볼프람 베테, 김승렬 역, 『독일 국방군: 2차대전과 깨끗한 독일군의 신화』, 서울: 미지북스, 2011.
브레이턴 해리스, 김홍래 역, 『니미츠: 별들을 이끈 최고의 리더』, 서울: 플래닛 미디어, 2012.
손무, 이민수 역해, 『손자병법』, 서울: 혜원, 1995.
신동준, 『근대 일본론: 군국 일본의 정치제도와 그 운용자들』 서울: 지식산업, 2004.
아이작 도이처, 김종철 역, 『무장한 예언자 트로츠키』, 서울: 필맥, 2005.
에드워드 밀러, 김현승 역, 『오렌지 전쟁계획: 태평양 전쟁을 승리로 이끈 미국의 전략, 1897-1945』, 서울: 연경, 2015.
엘리엇 코언, 이진우 역, 『최고사령부: 전쟁을 승리로 이끈 위대한 정치지도자의 리더십』, 서울: 가산, 2002.
온만금 · 김인수, 『군대와 사회』, 서울: 육군사관학교 화랑대연구소, 2002.
올랜도 파이지스, 조준래 역, 『혁명의 러시아 1881~1991』, 서울: 어크로스, 2017.
위톈런, 박윤식 역, 『대본영의 참모들: 일본 군국주의의 광기』, 서울: 나남, 2014.
이근욱, "한국 육군과 한국 민주주의, 기여와 미래", 이근욱 편, 『민군관계와 대한민국 육군』, 서울: 한울 아카데미, 2018.
이내주, 『군신의 다양한 얼굴: 제1차 세계대전과 영국』, 파주: 아카넷, 2018.
이재훈, 『소련군사정책 1917~1991』, 서울: 국방군사연구소, 1997.
이주영, 『미국경제사 개설』, 서울: 건국대학교 출판부, 1988.
임길섭 외 집필진, 『국방정책 개론』 서울:한국국방연구원, 2020.
정해본, 『독일근대사회경제사』, 서울: 지식산업사, 1991.
제바스티안 하프너, 안인희 역, 『비스마르크에서 히틀러까지』, 서울: 돌베

개, 2016.

제프리 메가기, 김홍래 역, 『히틀러 최고사령부 1933~1945』, 서울: 플래닛미디어, 2009.

존 톨런드, 박병화 · 이두영 역, 『일본제국 패망사』, 파주: 글항아리, 2019.

주명건, 『미국경제사』, 서울: 박영사, 1987.

카토 요코, 윤현명 · 이승혁 역, 『그럼에도 일본은 전쟁을 선택했다: 청일전쟁부터 태평양전쟁까지』, 파주: 서해문집, 2018.

쿠로노 타에루, 최종호 역, 『참모본부와 육군대학교: 제국육군의 영광과 종언』, 서울: 논형, 2015.

폴 케네디, 이일수 등 역, 『강대국의 흥망』, 서울: 한국경제신문사, 1989.

피터 하트, 정재면 역, 『더 그레이트 워: 제1차 세계대전사』, 서울: 관악, 2014.

후지이 히사시, 최종호 역, 『일본군의 패인: 실패한 군대의 조직론』, 서울: 논형, 2016.

Walter Görlitz, 강달호 역, 『독일군 이야기: 전쟁과 정치』, 서울: 해드림, 2018.

Arreguin-Toft, Ivan. *How the Weak Win Wars: A Theory of Asymmetric Conflict.* Cambridge: Cambridge University Press, 2005.

Biddle, Stephen. *Military Power: Explaining Victory and Defeat in Modern Battle*. Princeton: Princeton University Press, 2004.

Biddle, Stephen and Robert Zirkle, "Technology, civil-military relations and warfare in the developing world." *The Journal of Strategic Studies* 19:2 (June 1996) 171-212.

Birnbaum, Karl-E. *Peace Moves and U-boat Warfare, A Study of Imperial Germany's Policy towards the United States April 18, 1916-January 9, 1917.* Stockholm: Almqvist & Wiksell, 1958.

Chong, Ja Ian and Todd H. Hall. "The Lessons of 1914 for East Asia Today: Missing the Tress for the Forest" *International Security* 39:1 (Summer 2014) 7-43.

Clausewitz, Carl von. Michael Howard and Peter Paret ed. and trans. *On War.* Princeton: Princeton University Press, 1976.

Colton, Timothy J. *Commisars, Commanders and Civilian Authority*. Cambridge: Harvard University Press, 1979.

Desch, Michael C. *Civilian Control of the Military: The Changing Security Environment*. Baltimore: The Johns Hopkins University Press, 1999.

English, J.A. "The Trafalgar Syndrome: Jutland and the Indecisiveness of Modern Naval Warfare" *Naval War College Review* 32:3 (May–June 1979) 60–77.

Fearon, James. "Rationalist Explanations for War" *International Organization* 49:3 (1995) 379–414.

Feaver, Peter D. "Civil–Military Relations" *Annual Review Political Science* 1992:2. (1999) 211–241.

Feaver, Peter D. "The Civil–Military Problematique: Huntington, Janowitz and the Questions of Civilian Control" *Armed Forces & Society* 23 (1996) 149–178.

Feaver, Peter D. *Armed Servants: Agency, Oversight, and Civil-Military Relations*, Cambridge: Harvard University Press, 2003.

Gatzke, Hans Wilhelm. *Germany's Dirve to the West: A Study of Germany's Western War Aims during the First World War*. Baltimore: The Johns Hopkins Press, 1966.

Gompert, David C. Hans Binnendijk and Bonny Lin, Blinders, *Blunders, and Wars: What America and China Can Learn*. Santa Monica: RAND, 2014.

Greenfield, Kent R. *American Strategy in World War 2*. Malabar: Krieger Pub., 1982.

Grotelueschen, Mark E. "Joint Planning for Global Warfare: The Development of the Rainbow Plans in the United States, 1938–1941" *Army History* 97 (Fall 2015) 8–27.

Harding, David P. "Heinz Guderian As the Agent of Change: His Significant Impact on the Development of German Armed Forces Between the World Wars" *Army History* 31 (Summer 1994) 26–34.

Herwig, Holger H. "Miscalculated Risks: The German Declaration of War against the United States, 1917 and 1941" *Naval War College Review*

39:4, (Autumn 1986) 88–100.

Hirama, Yoichi. "Japanese Naval Preparations for World War 2" *Naval War College Review* 44:2 (Spring 1991) 63–81.

Hone, Thomas C. "Preparing Battleships with Aircraft Carriers in the Pacific in World War 2" *Naval War College Review* 66:1 (Winter 2013) 56–76.

Huntington, Samuel P. *The Soldier and The State: The Theory and Politics of Civil-Military Relations*. Cambridge: Harvard University Press, 1956.

Janowitz, Morris. *The Professional Solider: A Social and Political Portrait*. Glencoe: Free Press, 1960.

Kadercan, Burak. "Strong Armies, Slow Adaptation: Civil–Military Relations and the Diffusion of Military Power" *International Security* 38:3 (Winter 2013/2014) 117–152.

Keegan, John. *The First World War*. New York: Vintage Books, 1998

Kier, Elizabeth. *Imagining War: French and British Military Doctrine between the Wars*. Princeton: Princeton University Press, 1997.

Kober, Avi. "From Blitzkrieg to Attrition: Israel's Attrition Strategy and Staying Power" *Small Wars and Insurgencies* 16:2 (2007) 216–240.

Kolkowicz, Roman. *The Soviet Military and the Communist Party*. Princeton: Princeton University Press, 1966.

Larrabee, Eric. *Commander in Chief: Franklin D. Roosevelt, His Lieutenants and Their War*. New York: Simon & Schuster, 1988.

Levy, Jack S. "Preferences, Constraints, and Choices in July 1914" *International Security* 15:3 (Winter 1990–1991) 151–186.

Lieber, Keir A. "The New History of World War 1 and What It Means for International Relations Theory" *International Security* 32:2 (Fall 2007) 155–191.

Mearsheimer, John. *Conventional Deterrence*. Ithaca: Cornell University Press, 1983.

Newton, Steven H. *Hitler's Commander: Field Marshall Model*. Cambridge: Da Capo, 2006.

Odom, William "The Party–Military Connection: A Critique" in Dale R. Herspring and Ivan Volgyes ed. *Civil-Military Relations in Communist System*. Boulder: Westview, 1978.

Pape, Robert A. *Bombing to Win: Airpower and Coercion in War*. Ithaca: Cornell University Press, 1996.

Pettyjohn, Stace L. *U.S. Global Defense Posture, 1783-2011*. Santa Monica: RAND, 2012.

Posen, Barry R. *The Sources of Military Doctrine: France, Britain, and Germany between the World Wars*. Ithaca: Cornell University Press, 1984.

Prange, Gordon W. Donald M. Goldstein, and Katherine V. Dillon, *At Dawn We Slept: The Untold Story of Pearl Harbor*. N.Y.: Penguin, 1981.

Record, Jeffrey. *Japan's Decision for War in 1941: Some Enduring Lessons*, (February 2009) www.StrategicStudiesInstitute.army.mil.

Reiter, Dan. *How Wars Ends*. Princeton: Princeton University Press, 2009.

Reiter, Dan. and Curtis Meek, "Determinants of Military Strategies 1903–1994, A Quantitative Empirical Test" *International Studies Quarterly* 43:2 (1999) 363–387.

Rosen, Frederik. "Third–generation Civil–Military Relations: Moving Beyond the Security– Development Nexus" *Prism* 2:1 (12/2010) 27–42.

Schiff, Rebecca L. "Civil–Military Relations Reconsidered: A Theory of Concordance" *Armed Force & Society* 22:1 (1995) 7–24.

Snyder, Jack. "Civil–Military Relations and the Cult of the Offensive, 1914 and 1984", *International Security* 9:1 (Summer 1984) 108–146.

Snyder, Jack. "Better Now Than Later: The Paradox of 1914 as Everyone's Favored Year for War" *International Security* 39:1 (Summer 2014) 71–94.

Stam Ⅲ, Allan C. *Win, Lose, or Draw : Domestic Politics and the Crucible of War.* Ann Arbor : University of Michigan Press, 1996.

Stepan, Alfred C. *Rethinking Military Politics: Brazil and the Southern Cone*. Princeton: Princeton University Press, 1988.

Stevenson, David. "Militarization and Diplomacy in Europe before 1914"

International Security 22:2 (Summer 1997) 125–161.

Stoessinger, John G. *Why Nations Go To War*. New York: St. Martin's Press, 1982.

Talbott, J.E. "Weapons Development, War Planning and Policy: The US Navy and the Submarine, 1917–1941" *Naval War College Review* 37:3 (May–June 1984) 53–71.

Toynbee, Arnold J. *A Study of History*. New York: Oxford University Press, 1963.

Tsebelis, George. *Veto Players: How Political Institutions Work*. Princeton: Princeton University Press, 2002.

Wallace, Geoffrey P.R. "Alliances, Institutional Design, and the Determinants of Military Strategy" *Conflict Management and Peace Science* 25:3 (2008) 224–243.

Weir, Gary E. "The Search for an American Submarine Strategy and Design, 1916–1936" *Naval War College Review* 44:1 (Winter 1991) 34–48.

Wray, Timothy A. "Standing Fast: German Defensive Doctrine on the Russian Front During World War 2, Prewar to 1943" *US Army College Research Survey* No.5. Carlisle: US Army College, 1986.

찾아보기